21 世纪全国应用型本科电子商务与信息管理系列实用规划教材

# ERP 原理及应用

主　编　朱宝慧
副主编　苏理玲　何　琳　梁　宁
参　编　李　婷　陈路昌　郭建华
　　　　张　娜

北京大学出版社
PEKING UNIVERSITY PRESS

## 内 容 简 介

ERP——企业资源计划(Enterprise Resource Planning)已经从一个晦涩难懂的咨询公司词汇过渡到了现实信息化生活的普通概念，从 IT 精英到普通企业的各个阶层人士都不同层面地在和 ERP 打交道，虽然有的也许更加有主动性，有的也许是无意识被动参与，但是无可否认，ERP 已经全面参与到了我们的社会发展及日常生活中。本书从初识 ERP 到了解其原理，然后过渡到如何做好 ERP 及其在社会行业中的应用。书中内容一方面详尽清晰地阐述了系统原理和流程，另一方面从读者角度通俗易懂地讲解了 ERP 抽象的概论，并配以案例、实例、数据、图表、推荐阅读与网络链接来逐步加深对知识点的理解和消化，具有可读性、实用性和可操作性。

本书知识体系实用有效，适合作为计算机应用、信息管理、经济管理及其他相关专业的 ERP 教材，其中的理论讲解简单实用，也可作为 ERP 培训教材或参考用书，供企事业单位管理干部和计算机应用人员参考使用。

**图书在版编目(CIP)数据**

ERP 原理及应用/朱宝慧主编．—北京：北京大学出版社，2014.3

(21 世纪全国应用型本科电子商务与信息管理系列实用规划教材)

ISBN 978-7-301-23735-9

Ⅰ.①E…　Ⅱ.①朱…　Ⅲ.①企业管理—计算机管理系统—高等学校—教材　Ⅳ.①F270.7

中国版本图书馆 CIP 数据核字(2014)第 011489 号

**书　　名：ERP 原理及应用**

著作责任者：朱宝慧　主编

策 划 编 辑：程志强

责 任 编 辑：程志强

标 准 书 号：ISBN 978-7-301-23735-9/TP・1320

出 版 发 行：北京大学出版社

地　　址：北京市海淀区成府路 205 号　100871

网　　址：http://www.pup.cn　新浪官方微博:@北京大学出版社

电 子 信 箱：pup_6@163.com

电　　话：邮购部 62752015　发行部 62750672　编辑部 62750667　出版部 62754962

印 刷 者：三河市博文印刷有限公司

经 销 者：新华书店

787 毫米×1092 毫米　16 开本　21.25 印张　492 千字

2014 年 3 月第 1 版　2015 年 6 月第 2 次印刷

定　　价：43.00 元

---

# 丛 书 序

随着电子商务与信息管理技术及应用在我国和全球的迅速发展，政府、行业和企业对电子商务与信息管理的重视程度不断提高，我国高校电子商务与信息管理人才培养的任务也不断加重。作为一个新兴的跨学科领域的专业，电子商务与信息管理的教育在快速发展的同时还存在着许多值得我们思考和改进的问题。特别是开办电子商务专业和信息管理专业的学校学科背景不同，有文科的、理工科的、经管类学科等，使得不同学校对核心课程的设置差异很大；另外，近年来有关电子商务与信息管理方面的教材出版的数量虽然不少，但适合于财经管理类知识背景本科生的电子商务系列与信息管理系列教材一直缺乏，而在开办电子商务和信息管理本科专业的高校中，财经管理类的高校占的比重很大。为此北京大学出版社于2006年11月在北京召开了“21世纪全国应用型本科财经管理系列实用规划教材”研讨会暨组稿会，会上出版社的领导和编辑通过对国内经管类学科背景的多所大学电子商务与信息管理系列教材实际情况的调研，在与众多专家学者讨论的基础上，决定成立电子商务与信息管理系列丛书专家编审委员会，组织编写和出版一套面向经管类学科背景的电子商务与信息管理专业的应用型系列教材，暨“21世纪全国应用型本科电子商务与信息管理系列实用规划教材”。

本系列教材的特点在于，按照高等学校电子商务专业与信息管理专业对本科教学的基本要求，参考教育部高等学校电子商务专业与信息管理专业的课程体系和知识体系，定位于实用型人才培养。

本系列教材还体现了教育思想和教育观念的转变，依据教学内容、教学方法和教学手段的现状和趋势进行了精心策划，系统、全面地研究普通高校教学改革、教材建设的需求，优先开发其中教学急需、改革方案明确、适用范围较广的教材。此次教材建设的内容、架构重点考虑了以下几个要素。

(1) 关注电子商务与信息管理发展的大背景，拓宽经济管理理论基础、强调计算机应用与网络技术应用技能和专业知识，着眼于增强教学内容的联系实际和应用性，突出创造能力和创新意识。

(2) 尽可能符合学校、学科的课程设置要求。以高等教育的培养目标为依据，注重教材的科学性、实用性和通用性，尽量满足同类专业院校的需求。

(3) 集中了在电子商务专业与信息管理专业教学方面具有丰富经验的许多教师和研究人员的宝贵意见，准确定位教材在人才培养过程中的地位和作用。面向就业，突出应用。

(4) 进行了合理选材和编排。教材内容很好地处理了传统内容与现代内容的关系，补充了大量新知识、新技术和新成果。根据教学内容、学时、教学大纲的要求，突出了重点和难点。

(5) 创新写作方法，侧重案例教学。本套教材收集了大量新的典型案例，并且用通俗易懂的方式将这些案例中所包含的电子商务与信息管理的战略问题传授给读者。

前任联合国秘书长安南在联合国2003年电子商务报告中说："人类所表现出的创造力，几乎都没有像互联网及其他信息和通信技术在过去十年中的兴起那样，能够如此广泛和迅速地改变社会。尽管这些变革非常显著，然而消化和学习的过程却只是刚刚开始。"可以说没有一个学科像电子商务与信息管理这样如此完美地融技术与管理于一体，也没有哪一个人的知识能如此的全面丰富。参与本系列教材编写的人员涉及国内几十所高校的几十位老师，他们均是近年来从事电子商务与信息管理教学一线的高校教师，并均在此领域取得了丰富的教学和科研成果。所以本系列教材是集体智慧的结晶，它集所有参与编写的教师之长为培养电子商务与信息管理人才铺垫基础。

在本系列教材即将出版之际，我要感谢参加本系列教材编写和审稿的各位老师所付出的辛勤劳动。由于时间紧，相互协调难度大等原因，尽管本系列教材即将面世，但一定存在着很多的不足。我们希望本套系列教材能为开办电子商务和信息管理专业的学校师生提供尽可能好的教学用书，我们也希望能得到各位用书老师的宝贵意见，以便使编者们与时俱进，使教材得到不断的改进和完善。

李洪心

2007年11月于大连

**李洪心**　李洪心博士现为东北财经大学教授，教育部高等学校电子商务专业教学指导委员会委员，劳动和社会保障部国家职业技能鉴定专家委员会电子商务专业委员会委员，中国信息经济学会电子商务专业委员会副主任委员。

# 前　言

曾几何时，ERP——企业资源计划离我们是如此遥远而又奢侈。中国企业也曾经一度陷入 ERP 投资回报的黑洞之中，关于中国企业是否适合 ERP 之路的讨论也是风起云涌。但是随着近十年来的发展，我们欣喜地看到，随着一个一个问题的出现和解决，ERP 开始越来越深入到我们国家信息化的发展、行业的发展、企业的发展以及个体的发展，甚至不管是有意识还是无意识，人们都在不可避免地和 ERP 打交道。

生在这样一个不断变革、进步和创新的时代，我们有幸集合了几位有丰富 ERP 教学与 ERP 工程实践经验的同仁共同编写了本书。我们希望本书不仅仅可以成为高等教育机构的教材，也可以成为企业、公司信息资源的相关参考资料，以及个人读者手中 ERP 信息化知识普及类读物。

全书共分为 4 个篇章。第一个篇章是初识 ERP，用 1 个章节为读者介绍 ERP 系统的含义。第二个篇章介绍了 ERP 和企业资源的方方面面，从 ERP 系统原理的角度用 9 个章节做了详尽的分析和阐述，包括企业基础数据、综合计划、主生产计划、物料需求计划、采购作业计划、销售计划、生产作业计划、人力资源管理、供应链管理。第三个篇章介绍了企业如何做好 ERP 项目实施，用了 3 个章节来介绍这部分知识，分别是 ERP 系统选型与培训、ERP 系统项目实施的规律、ERP 系统实施成败探究。第四个篇章探讨了 ERP 的社会应用，用了 2 个章节来介绍，一个章节介绍了典型行业 ERP 系统应用，一个章节探讨了 ERP 创造的社会价值及未来的发展方向。在每一个章节的首页，我们为读者写出了本章节学习的目标，并配以章节知识的结构图来帮助读者降低阅读障碍。每个章节后有练习题目，可以配合课堂教学、讨论、课后拓展阅读来加深对该章知识的掌握、对 ERP 相关时事的了解，紧跟时代潮流，把握社会动脉。

本书结构体系完整，知识涵盖全面。考虑到这一类书籍常常由于其较强的专业性质而使阅读者在学习过程中要有足够的毅力和耐心，这也是编者曾经在学习、教学过程中有过的感觉。因此，尽量降低阅读障碍、降低学习障碍就成为编者编写本书的一个目标。所以，在每一个章节，我们都会选取章节导入阅读，在知识点中间，我们加入了许多 ERP 相关时事资料、知识点的讨论、知识点的拓展。在每个章节后面都有案例分析、实训拓展的环节。本书共计选取了 78 个案例，从知识点的导入、趣味性的提升、时事的拓展、案例的讨论、技术的发展等方面来全方位丰富本书的内容，提升读者阅读学习的兴趣，加深对相关知识的理解及掌握，开拓读者的视野。

感谢每一位参与编写的同仁，在繁忙的工作之余参与到本书的编写工作中。本书第 1 章到第 7 章由朱宝慧编写，第 8 章到第 12 章由苏理玲编写，第 13 章到第 16 章由何琳编写，第 17 章由梁宁编写，第 18 章由李婷编写。其中张娜参与了第 3 章部分章节的前期资料汇总工作。全书的统稿、案例汇总整理由朱宝慧、郭建华共同完成。在本书的编写过程中，陈路昌提供了 ERP 系统软件资源及相关图片、技术文档以供参考。感谢每一位参编人员全身心的投入，我们才能够如期完成本书的编撰工作。

由于我们的编写团队水平有限，书中难免存在不足之处，恳请广大读者批评指正。我们的联系方式：erp20136@126.com。

编　者

2013年11月

# 目　录

## 第三篇 企业如何做好 ERP 项目实施



## 第四篇 ERP 的社会应用

# 第一篇　初识ERP

# 第1章　ERP系统的含义

## 学习目标

通过本章的学习，读者应该能够：

(1) 定义术语ERP，能够用自己的语言阐述ERP的基本含义；

(2) 理解ERP的基本原理；

(3) 理解ERP的管理思想；

(4) 了解ERP系统的前景与风险。

## 知识结构

本章的知识结构如图1.1所示。

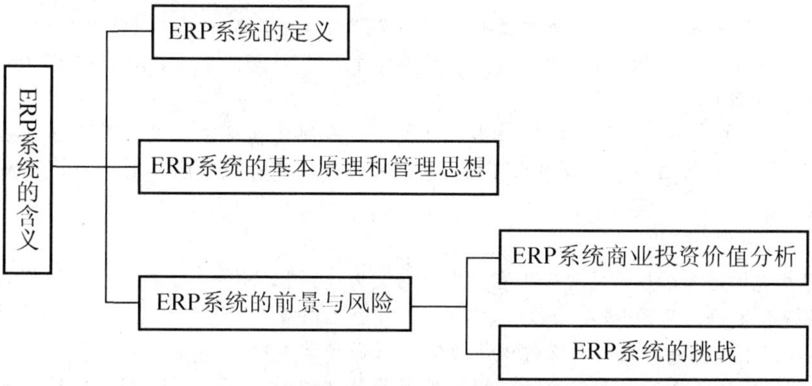


图1.1　本章知识结构图

## 导入案例

一天中午，丈夫在外给家里打电话："亲爱的老婆，晚上我想带几个同事回家吃饭可以吗？"(订货意向)

妻子："当然可以。来几个人？几点来？想吃什么菜？"

丈夫："6个人，我们7点左右回来，准备些酒、烤鸭、番茄炒蛋、凉菜、蛋花汤……你看可以吗？"(商务沟通)

妻子："没问题，我会准备好的。"(订单确认)

妻子记录下需要做的菜单(MPS计划)，具体要准备的东西：鸭、酒、番茄、鸡蛋、调料……(BOM物料清单)，发现需要：1只鸭蛋，5瓶酒，4个鸡蛋……(BOM展开)，炒蛋需要6个鸡蛋，蛋花汤需要4个鸡蛋(共用物料)。

打开冰箱(库房)一看，只剩下2个鸡蛋(缺料)。

来到自由市场，妻子："请问鸡蛋怎么卖？"(采购询价)

小贩："1个1元，半打5元，1打9.5元。"

妻子："我只需要8个，但这次买1打。"(经济批量采购)

妻子："这有一个坏的，换一个。"(验收、退料、换料)

回到家中，准备洗菜、切菜、炒菜……(工艺线路)，厨房中有燃气灶、微波炉、电饭煲……(工作中心)。

妻子发现拔鸭毛最费时间(瓶颈工序，关键工艺路线)，用微波炉自己做烤鸭可能来不及(产能不足)，于是，在楼下的餐厅里买现成的(产品委外)。

下午4点，妻子接到儿子的电话："妈妈，晚上几个同学想来家里吃饭，你帮忙准备一下。"(紧急订单)

"好的，你们想吃什么？爸爸晚上也有客人，你愿意和他们一起吃吗？"

"菜你看着办吧，但一定要有番茄炒鸡蛋，我们不和大人一起吃，6:30左右回来。"(不能并单处理)

"好的，肯定让你们满意。"(订单确定)

"鸡蛋又不够了，打电话叫小店送来。"(紧急采购)

6:30，一切准备就绪，可烤鸭还没送来，妻子急忙打电话询问："我是李太太，怎么订的烤鸭还不送来？"(采购委外单跟催)

"不好意思，送货的人已经走了，可能是堵车吧，马上就会到的。"

门铃响了。

"李太太，这是您要的烤鸭。请在单上签一个字。"(验收、入库、转应付账款)

6:45，妻子接到女儿的电话："妈妈，我想现在带几个朋友回家吃饭可以吗？"(又是紧急订购意向，要求现货)

"不行呀，女儿，今天妈已经需要准备两桌饭了，时间实在是来不及，真的非常抱歉，下次早点说，一定给你们准备好。"(这就是ERP的使用局限，要有稳定的外部环境，要有一个起码的提前期)

……

送走了所有的客人，疲惫的妻子坐在沙发上对丈夫说："亲爱的，现在咱们家请客的频率非常高，应该要买些厨房用品了(设备采购)，最好能再雇个小保姆。"(连人力资源系统也有缺口了)

丈夫："家里你做主，需要什么你就去办吧。"(通过审核)

妻子："还有，最近家里花销太大，用你的私房钱来补贴一下，好吗？"(最后就是应收货款的催要)

ERP 的概念，对于大多数非信息化人员来说是非常晦涩难懂的，通过上面的小故事我们把 ERP 的概念融入到生活当中去，原来 ERP 会涉及众多的企业流程，从订单管理到资金管理，这些都是企业管理中不可缺少的模块，管理一个企业和管理一个家是如此相同。难怪古人云：“一屋不扫，何以扫天下！”麻雀虽小却肝胆俱全。通过上述小故事，让资源调控的意义从概念落实到平实的生活中，进而帮助读者一步步地走向 ERP 的世界。

在本章，我们将向读者讲述 ERP 概念的来源和意义，介绍 ERP 基本原理及其在企业管理中的意义，让读者理解 ERP 的核心思想；为了帮助读者理解 ERP 的核心思想，我们又引入了 ERP 概念的发展历史以及关键的历史事件，让读者充分地领会 ERP 的含义，明白在 ERP 如此普及的时代，它不再是少数大型企业的贵族式消费，而是更加广泛的大众化的应用。因此，掌握 ERP 的含义对于所有人来说都是意义非凡的。

## 1.1 ERP 系统的定义

ERP 是企业资源计划(Enterprise Resource Planning，ERP)的英文缩写，翻译成中文就是企业资源计划。也就是说，ERP 就是通过信息化的手段对企业的所有资源进行更加高效率、高持续性并影响深远的管理变革。

**ERP 时事摘录 1-1**

### ERP 为我们提供难以预计的未来

1946 年，“计算机之父”冯·诺依曼在世界第一台计算机埃历阿克(ENIAC)诞生后，曾鼓足勇气大胆预言：“有 4 台像 ENIAC 这样的计算机就足够全世界使用。”IBM 公司创始人沃森则在此给自己略微留下一点回旋余地：“世界市场对计算机需求大约只有 5 部。”无论是科学家还是企业家，他们做出的前瞻性判断无一例外地失算了，或许，计算机世纪的人类拒绝预言。计算机为我们身处的世界引发了“惊天动地的技术大革命”，因为计算机乃是当代变化最剧烈的科学技术。而基于计算机的发展而发展的信息化的技术更是日新月异，20 世纪 90 年代开始，计算机应用进入网络化时代，离开网络，就不可能实现先进的信息基础设施带来的巨大优越性，联在网上的国家比装在轮子上的国家具有更高的效率和效益。奈斯比特在《亚洲大趋势》中说：“21 世纪将回归到龙的世纪。”美国前国务卿舒尔茨说：“信息革命渴望像 19 世纪工业革命那样决定性地改变我们星球的常规。我们的经济基础正在迅速地从工业生产转变为以信息为基础的货物和劳务。”

我国信息化正式起步于 1993 年，党和国家领导人江泽民、李鹏、朱镕基、李岚清等提出信息化建设的任务，启动了金卡、金桥、金关等重大信息化工程，拉开了国民经济信息化的序幕。1996 年以后，中央和地方都确立了信息化在国民经济和社会发展中的重要地位，信息化在各领域、各地区形成了强劲的发展潮流。国务院于 1996 年 1 月成立了以国务院副总理邹家华任组长，由 20 多个部委领导组成的国务院信息化工作领导小组，统一领导和组织协调全国的信息化工作。1997 年 4 月 18—21 日，国务院信息化工作领导小组在深圳召开了首次全国信息化工作会议，邹家华同志作了题为“把握大局，大力协同，积极推进国家信息化，为国民经济持续、快速、健康发展和社会全面进步服务”的主题报告。此后，全国的信息化工作从解决应急性的热点问题，步入为经济发展和社会全面进步服务，有组织、有计划的发展轨道上来。大力推进国民经济和社会信息化，是覆盖现代化建设全局的战略举措，从而以信息化带动工业化，发挥后发优势，实现社会生产力的跨越式发展。

ERP能够为企业提供一个高效率的内部信息处理机制，它的实施已经成为全世界现代企业的客观需要和发展趋势。企业采用现代管理科学，运用ERP软件系统实现企业信息化管理已成为提升企业核心竞争力的重要手段。

ERP是由美国的Gartner Group Inc. 咨询公司首先提出的。ERP是当今国际上先进的企业管理模式。其主要宗旨是对企业所拥有的人、财、物、信息、时间和空间等资源进行综合平衡和优化管理，面向全球市场，协调企业各个管理部门，围绕市场导向开展业务活动，使得企业在激烈的市场竞争中全方位地发挥其能力，从而取得更好的经济效益。

### 1.1.1 Gartner公司是如何提出ERP的定义的

1990年4月12日，Gartner Group公司发表了以《ERP：下一代MRP Ⅱ的远景设想(ERP：A Vision of the Next-Generation MRP Ⅱ)》为题，由L. Wylie署名的研究报告，这是第一次提出的ERP概念。这份研究报告虽然只有2页纸，却是一份非常具有前瞻性的精辟设想。之后，Gartner公司又陆续发表了一系列的分析和研究报告，例如，J. Borelli署名的《ERP的功能性(ERP Functionality)》，E. Keller署名的《实现MRP Ⅱ到ERP的跨越(Making the Jump from MRP Ⅱ to ERP)》以及多次对各软件商ERP产品的技术与功能的分析评价报告等。值得注意的一点是：所有这些研究报告都归类于“计算机集成制造(CIM)”类别中，这说明ERP本来是一种用于制造业的信息化管理系统。

1993年，ERP的概念已经比较成熟并变得更为现实，Gartner Group公司以《ERP：远景设想的定量化(Quantifying the Vision)》为题发表的会议报告(Conference Presentation)用了26页的篇幅比较详尽地阐述了ERP的理念和对今后三五年内可能实现的估计(用概率百分数表示)，深刻阐明了ERP的实质和定义，它是ERP发展史中一篇极其重要和具有较高分析水平的文献。

综合以上一些早期文献的精神，Gartner公司最初对ERP的定义可用最简明的话表达如下。

ERP是MRP Ⅱ(Manufacturing Resources Planning，制造资源计划)的下一代，它的内涵主要是“打破企业的四壁，把信息集成的范围扩大到企业的上下游，管理整个供需链，实现供需链制造”。

**ERP时事摘录1-2**

**信息高速公路——横扫世界的美国冲击波**

美国前总统克林顿在国情咨文中这样重申：争取在2000年以前，把“全国的每一个教室，每一个诊疗所，每一个图书馆，每一所医院都联系在一起，形成一个全国范围的信息高速公路”。建设信息高速公路的想法产生于20世纪80年代中后期，并成为1992年美国总统、副总统的竞选纲领。克林顿一上台，就成立了“信息基础设施特别小组”。美国的信息高速公路设想的出发点是振兴美国经济，恢复企业竞争活力，以保持其经济在世界上的老大地位。如果说20世纪50年代的美国是在汽车轮子上构筑了一个工业化社会，那么今天他们则是要在信息网络上建设一个信息化社会。克林顿政府的“信息高速公路”的构想一提出来，就在世界范围内引起强烈反响，欧共体各国、日本、新加坡纷纷仿效，也要投资兴建。欧共体已于去年年底提出开发欧洲信息基础设施的庞大项目，并增加高技术研究经费，以求跟上建设“信息高速公路”的步伐。15个国家的17家电信公司于今年4月在欧洲大陆范围内，试验一种以异步传输码的交换与传输技术为核心的“革命性的新网络”。英国电信公司也宣布，它准备投资高达100亿英镑来建设通向千家万户的光纤通路，电话公司、有限公司、卫星及电视公司……

资料来源：社科信息文荟，1994年第21期

Gartner Group 提出 ERP 具备的功能标准应包括以下4个方面。

1. 超越 MRPⅡ范围的集成功能

该功能标准包括质量管理、试验室管理；流程作业管理、配方管理、产品数据管理、维护管理、管制报告和仓库管理。

2. 支持混合方式的制造环境

该功能标准包括既可支持离散又可支持流程的制造环境、按照面向对象的业务模型组合业务过程的能力和国际范围内的应用。

3. 支持能动的监控能力，提高业务绩效

该功能标准包括在整个企业内采用控制和工程方法、模拟功能、决策支持和用于生产及分析的图形能力。

4. 支持开放的客户机/服务器计算环境

该功能标准包括客户机/服务器体系结构、图形用户界面(GUI)、计算机辅助设计工程(CASE)、面向对象技术、使用 SQL 对关系数据库查询、内部集成的工程系统、商业系统、数据采集和外部集成(EDI)。

### 1.1.2 Gartner 定义的影响

Gartner 公司1990年的研究报告中，列出的“功能核对表”的内容至今仍有重要意义。其定义功能树表如图1.2所示。

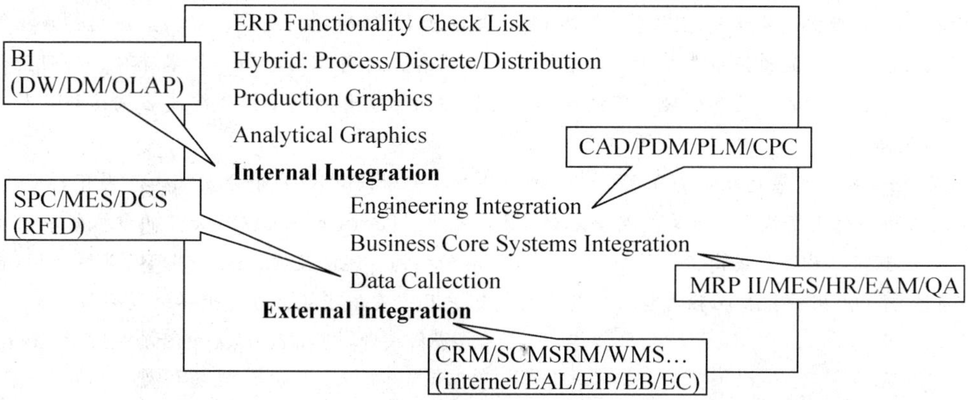


图1.2 ERP系统的定义功能树表

功能树表的第一条要求ERP系统要能适应离散、流程和分销配送不同的类型，也就是说囊括了各种类型的制造业。

接下来功能树表提出了ERP要能采用图解方法处理和分析各种经营生产问题。就是说，ERP不再是简单的事务处理系统，而要突出整体决策分析的功能。在这个设想指导下，陆续出现了数据仓库(Data Warehouse，DW)、数据挖掘技术(Data Mining，DM)和在线分析处理(On-Line Analytical Processing，OLAP)以及业务智能(Business Intelligence，BI)等应用系统。

内部集成提到了3个方面。在同产品研发集成方面，ERP在成组技术(Group Technology，GT)、计算机辅助设计(Computer Added Design，CAD)和计算机辅助工艺设计(Computer Added Process Planning，CAPP)基础上陆续发展了产品数据管理(Product Data Management，PDM)、产品生命周期管理(Product Lifecycle Management，PLM)以及电子商务支持下的协同产品商务(Collaborative Product Commerce，CPC)。

在核心业务集成方面，ERP在MRP Ⅱ的基础上发展了制造执行系统(Manufacturing Execution System，MES)、人力资源管理(Human Resource，HR)、企业资产管理(Enterprise Asset Management，EAM)及办公自动化(Office Automation，OA)等。

在数据采集方面，除了质量管理的统计过程控制(Statistical Process Control，SPC)和结合流程控制的分布控制系统(Distributed Control System，DCS)等外，在条形码基础上发展了射频识别技术(Radio Frequency Identification，RFID)。

在外部集成方面，ERP开发了客户关系管理(Customer Relationship Management，CRM)、供应链管理(Supply Chain Management，SCM)、供应商关系管理(Supplier Relationship Management，SRM)、供应链例外事件管理(Supply Chain Event Management，SCEM)以及仓库管理系统(Warehouse Management System，VMS)等。

**ERP时事摘录1-3**

### 高德纳咨询公司

Gartner(NYSE：IT and ITB)是全球最具权威的IT研究与顾问咨询公司，成立于1979年，总部设在美国康涅狄克州斯坦福。其研究范围覆盖全部IT产业，就IT的研究、发展、评估、应用、市场等领域为客户提供客观、公正的论证报告及市场调研报告，协助客户进行市场分析、技术选择、项目论证、投资决策。为决策者在投资风险和管理、营销策略、发展方向等重大问题上提供重要咨询建议，帮助决策者作出正确抉择。

公司2002财务年度营运收入为9.072亿美元。公司在全球设有80多个分支机构，共有4 000多名员工，包括1 200多位世界级分析专家。在全球的IT产业中，Gartner公司以其公认的权威性和拥有包括供应商、生产厂商、系统集成商、咨询公司、银行、金融机构、能源交通、政府部门及其他领域(包括中国在内)超过11 000客户机构而独占鳌头。其中公司客户几乎囊括了绝大部分世界级大公司。

资料来源：TechTarget中国，2012年10月30日

### 1.1.3 其他相关的定义

在当前的理论研究和实际应用中，有关ERP及ERP系统的定义有许多版本，下面介绍一些比较典型的定义。

(1) 从企业活动相关方面出发的定义。

ERP是用于改善企业业务流程性能的一系列活动的集合，由基于模块的应用程序支持，它集成了从产品计划、零件采购、库存控制、产品分销和订单跟踪等多个职能部门的活动。

ERP是一种对企业所有资源进行计划和控制的方法，这种方法以完成客户订单为目标，涉及订单签约、制造、运输以及成本核算等多个业务环节，广泛应用于制造、分销、服务等多个领域。

(2) 从工业术语角度出发的定义。

ERP是由多个模块的应用程序支持的一系列活动组成的。ERP可以帮助制造企业或者其他类型的企业管理主要的业务，包括产品计划、零件采购、库存维护、与供应商交流沟通、提供客户服务和跟踪客户订单等。

从信息系统角度出发的定义为：ERP系统是一种集成了所有制造应用程序和与制造应用程序相关的其他应用程序、用于整个企业的信息系统。ERP系统是一种商业软件包，允许企业自动化和集成主要的业务流程、共享通用的数据且分布在整个企业范围内，并且提供了生成和访问业务信息的实时环境。

(3) 从商业战略角度出发的定义。

ERP系统是一种集成了制造、财务和分销职能以便实现动态地平衡和优化企业的资源。ERP系统是一种集成的应用软件包，可以用于平衡制造、分销和财务功能。ERP系统是通过利用关系型数据库管理系统(Relational Database Management System，RDBMS)、计算机辅助软件工程(Computer-Aided Software Engineering，CASE)、第四代语言开发工具和客户机/服务器体系架构而从制造资源计划(Manufacturing Resource Planning，MRP Ⅱ)演变过来的。当企业成功地实施了完整的ERP系统之后，ERP系统允许企业优化业务流程、执行各项必要的管理分析以及快速有效地提供决策支持。随着技术的不断进步，ERP系统不断增强了应对市场变化的能力。

(4) 从信息技术工业术语角度出发的定义。

ERP是集成的、基于多模块的应用软件包，为企业的各种相关业务职能提供服务。ERP系统是一个战略工具，它可以通过集成业务流程帮助企业提高经营和管理水平，有助于企业优化可以利用的资源。ERP系统有助于企业更好地理解其业务、指导资源的利用和制定未来的计划。ERP系统允许企业根据当前行业的最佳管理实践标准化其业务流程。

从这么多的定义看来，每一个定义都有自己的合理性。为什么会有如此多的定义呢？分析其原因，主要有两个方面：第一，ERP系统本身的内涵比较复杂，很难从一个方面完整、准确地描述清楚，从多个不同的角度来看待分析反而更加全面。第二，ERP本身所代表的是较为前沿的管理思想，管理界及大众对此概念的认知还在不断完善、修正、成熟中，所以，有众多的定义的版本也就不难理解了。

ERP 时事摘录 1-4

## 我国信息服务业与发达国家相比差距明显

《信息服务业发展的国际比较研究》课题组最新研究报告显示，我国信息服务业与一些发达国家和准发达国家相比仍存在一定差距，表现在整体比重较低、行业内部结构有待改善、部分子行业生产率较为低下等方面。

报告指出，信息服务就是服务者以独特的策略和内容帮助信息用户解决问题的社会经济行为，包括生产行为、管理行为和服务行为。信息服务业就是指从事信息服务活动的所有单位的集合，主要包括信息传输服务业、信息处理服务业、信息分析与咨询业、经纪与代理业、公益信息服务业。

该报告对所收集的 27 个国家信息服务业增加值、占各国的 GDP 和服务业增加值比重和人均增加值进行了横向比较。产值规模从最高开始排列依次是美国、法国、英国、德国、中国、意大利、西班牙、巴西、荷兰、比利时和瑞典。中国处于第 5 位，总量上看比较高；但从信息服务业占国民经济总量的比重来看，中国却是 27 个国家中最低的，不但低于美国、法国、英国等发达国家，也低于巴西、波兰、奥地利等国家；如果从人均增加值的角度对比，中国的水平更是远远低于世界其他国家。

利用美国 2008 年服务业年度普查和我国第二次全国经济普查数据，报告对中国与美国信息服务业发展状况进行了对比分析。

中美两国信息服务业产业结构的差异较大。美国信息服务业以信息分析与咨询业和信息处理服务业为主导产业，比例最高的信息分析与咨询业的产值占比 46.1%，其次信息处理服务业占比则为 25.7%。中国信息服务业中，信息传输服务业比重最高，几乎占据“半壁江山”，达到 47.6%，其次则为信息处理服务业，占比 34.5%，而信息分析与咨询业的比重仅为 11%，与美国相比差距很大。与中国相比，美国信息服务业中小企业的比重更高。除信息处理服务业比美国略低之外，我国其他 4 个子行业的机构平均从业人员数均高于美国，尤其是信息传输服务业的平均从业人员数更是远远超过美国的平均水平。美国信息服务业企业的人均劳动生产率也明显高于中国。我国信息分析与咨询业不仅在产业规模(企业数量和总产值)上落后于美国，而且在企业的赢利能力(人均劳动生产率)上也要远远落后于美国。

报告还对中国和欧盟信息服务业发展状况进行了对比分析。欧盟 24 国信息分析与咨询业的产值比重最高(40.8%)，其次为信息处理服务业(30.5%)。总体来看，欧美发达国家在发展信息服务业方面，普遍以附加值高、产业辐射力强的信息分析与咨询业和信息处理服务业为龙头，具有较为鲜明的高端化特征。

中国与巴西信息服务业发展状况对比分析显示，中巴两国信息服务业的产业结构存在较为明显的趋同性。两国信息服务业均以信息传输服务业和信息处理服务业为主导行业。巴西和中国同属于发展中国家，两国同样面临较多的信息基础设施建设的任务。在这一背景下，巴西和中国以电信业为主体的信息传输服务业均迅速成为信息服务业的主导产业。

报告据此归纳出我国信息服务业发展的国际差距。

一是行业整体规模比重偏低。中国信息服务业的整体规模较大，但存在整体比重较低的问题，与报告所收集的发达国家和准发达国家相比，信息服务业占经济总量的比重差距十分明显：我国只有 7.3%，而发达国家的信息服务业平均比重已经达到 11.7%，准发达国家的信息服务业比重也已达到 9.7%。从总体上看，我国信息服务上升空间依然很大。

二是行业内部结构有待改善。与发达国家相比，我国信息服务业的内部产业结构差别较为明显，目前信息服务业 4 大子行业的产值比重与发达国家和准发达国家相比均有不同，主要体现在信息传输服务业和信息分析与咨询业这两个子行业上，信息传输服务业中，发达国家比重最低，其次为准发达国家，我国最高；信息分析与咨询业则相反，发达国家比重最高，其次为准发达国家，我国最低。

三是部分子行业生产率较为低下。我国信息服务业与美国相比，整体生产率水平较低，目前美国信息服务业的整体劳动生产率是中国的4.1倍。而信息服务业的各门类之中，差距最大的信息分析与咨询业则达到11.5倍。目前，我国本土IT咨询公司生存十分艰难，缺乏核心技术、产品低端、价格战等问题较为严重。

报告提出了加快我国信息服务业发展的对策。

——采取各种措施积极推动信息服务业产业结构调整。针对不同门类的信息服务业采取不同的发展措施和投入力度，在政策层面保障信息服务业在未来实现产业结构调整和转型升级。大力促进信息分析与咨询业发展，进一步提高信息处理服务业和经纪与代理业的发展水平，努力提升公益信息服务机构的数量和规模，稳步推动信息传输服务业转型提升。

——加大对中小信息服务机构的政策扶持力度。强化政府对信息服务业中小企业的服务和支撑力度，充分发挥信息服务业行业联盟的作用，进一步加大对信息服务业中小企业的技术创新与技术转移的扶持力度。

——探索信息服务高端专业人才培养新模式。鼓励企业与高校联合培养高端信息服务业人才，缩短信息服务业领域的高等教育与产业实践的距离。尝试建立信息服务业高等专业人才培养体系，在适当时候推出针对信息服务业实际需求的紧缺型人才职业培训项目和专业能力水平认证项目。

资料来源：中国信息报，2011年1月25日

## 1.2 ERP系统的基本原理和管理思想

信息技术从未像今天这样深刻影响人类的制造活动，ERP系统的基本原理及管理思想也经历了一个和现代企业管理同样的发展过程，本节将向读者一一介绍ERP系统的基本原理和管理思想。

### 1.2.1 ERP系统的基本原理

ERP系统是一个庞大的管理信息系统，要完全掌握ERP原理，要从最为基本的六十年代时的MRP原理讲起。

早在20世纪30年代初期，企业控制物料的需求通常采用控制库存物品数量的方法，为需求的每一种物料设置一个最大库存量和安全库存量。最大库存量为库存容量，根据库存暂用的资金、场地、消耗等限制而设置。安全库存量也叫最小库存量，为预备企业运营中的风险而设置，即物料的消耗不能小于安全库存量。

**ERP时事摘录1-5**

美国20世纪60年代的主要经济发展目标是向“富裕的社会”前进。其间是美国历史上的繁荣时期。虽然当时东西方处于冷战状态，但美国国内的经济发展速度很快。当时支撑美国经济发展的主要动力是以制造业为核心的强有力的国际竞争能力。美国的工业品向全世界出口，Made In USA成为优质品的代名词。因此，美国20世纪60年代是大量生产、大量消费的时代。生产厂商为了追求规模经济进行大量生产，而生产出的产品大量地进入流通领域。

20世纪60年代的大量生产和大量消费使得人口迅速增长，出现了农村向城市的转移，同时，中心城市的人口向城市边缘地区转移。这一趋势的变化导致超市和大型百货店向郊区扩张，大型百货商店、

超级市场纷纷出现在城市的内部和郊区。同时，人口的增加也促使超市等商品的种类和花色大幅度增加，使得经营者不得不大幅提高库存量。这也造成订货频率和数量的增加。

与此相反，当时美国企业的库存系统却没有很大的改进，究其原因，第一，在持续大量生产、大量消费的美国经济时代，企业并没有太大的压力。在大量生产、大量消费的生产模式下，虽然企业一般都拥有大量的仓库，但由于经济的快速增长，企业的收益相对稳定，这使得企业对削减库存不太关心。在20世纪60年代，备货日期达到30天，为此，企业一般都拥有大量库存。对于企业的物流管理者来说，大量库存是天经地义的事，没有必要进行改善。

20世纪70年代，美国经济发生了重大变革。两次石油危机对美国经济产生了深刻的影响。石油价格从1973年2美元一桶高涨到40美元一桶。能源价格的高涨造成通货膨胀、库存率增加。

物价上涨给美国企业的经营带来了很多困难，原油价格的上涨直接导致油价上涨，使得运输成本大幅提高。ICC(The International Chamber of commerce，国际商会)的规定中，货物运输业者很容易将燃料价格的上涨转嫁到运价中，使得利用卡车运输的企业成本增加，所以企业不得不研究如何降低物流费用。同时物价上涨也导致美国经济停滞不前，影响产品的销售。其结果使得企业产品积压。过去，企业的库存始终处于粗放经营状态，而现在则成为企业的重大问题。另外，当时美国为了抑制通货膨胀，采取了高利息的政策，这就给拥有大量产品库存的企业带来了需要负担高额利息的压力。为此，20世纪70年代的美国企业开始全面改善大量生产、大量消费时代的物流系统。

资料来源：国际问题研究，2011年第4期选编

20世纪60年代，制造系统的焦点是库存控制。在计算机还是庞然大物的时代，它的应用还主要集中于政府和学校当中。企业要处理与库存有关的问题，则必须保持足够的库存，以便满足客户的需要。这个时期企业资源管理主要是研究订货点的时期，在此系统中客户需求平滑，订购量不变，在许多领域，这是一个有效的假设，可以满足当时时代竞争的需要。然后由于企业经营的庞杂导致管理数据量的急剧增加，要得到准确的物料及库存的需求等数据已经非常困难了。到20世纪70年代，随着计算机体积减小，价格降低，企业也开始在库存方面采用计算机辅助物料的管理，通过计划和计算，企业只是订购其所需的物料，而非订购“所有的物料”。而需要的物料是基于企业即将销售的产品、库存中已经存在的物料，以及那些已经订购但是还没有到货、正在生产但是还没有完成加工的物料等数据计算出来。这个时候，物料需求计划(Material Requirements Planning，MPR)的概念就产生了。MRP是计算机技术对管理最初的影响形式。这个时候，计划人员在办公室里面就能提前了解生产线的物料缺件。但是，在物料的需求计划不断完整的同时，人们又发现，由于一些重要的生产数据没有被考虑进来，导致需求计划的缺陷，为了能够按时完成生产，能力需求计划(Capacity Requirements Planning，CRP)又成为了一个新的发展阶段。因此，当能力计划被添加到MRP中，企业用能力计划来验证物料需求计划时，MRP变成了一个闭环的系统，

在叙述这些系统的原理之前，有必要对一些相关的概念先做简要的介绍。

(1) 物料清单。

物料清单(Bill of Material，BOM)是描述产品构成的原材料和零部件数量及其相互关系的技术文件，一般由构成数量的明细表和构成关系的结构树图表示，有的还包括原材料和零部件的成本数据和工艺数据。BOM是安排生产计划时计算所需原材料和零部件的数量和费用、采购或自制所需时间的基础数据。

（2）物料的独立需求与相关需求。

产品由组件构成，组件由零部件构成，零部件又由原材料构成，将产品、组件、零部件和原材料都看作物料，那么生产中有必要对物料的需求进行区分。依据客户订单和市场预测算出的直接的物料需求称为物料的独立需求，依据独立需求物料的构成推算出的其他物料的需求称为相对需求。例如，客户订购和市场趋势预测的台式计算机需求是独立需求，制造这些计算机所需的内存条、显示器、插件等组件的需求是相关需求。

（3）主生产计划和物料需求计划。

根据独立需求制订的一段时期(如月度)的生产计划为主生产计划(Master Production Schedule，MPS)，主生产计划是经过生产能力平衡后的可行的生产计划。物料需求计划(MRP)是根据主生产计划计算出的相对需求，明确这些物料需求是采购还是自制，需求数量和时间的安排。

MRP、MRP Ⅱ和 ERP 都起源于制造业，制造企业过去最主要的管理活动是“供、产、销”。在供大于需的市场环境中或计划经济体制下，生产处于重要地位，销售地位不突出。在市场经济体制下企业以“以销定产”的模式运作，客户需求什么、需求多少就生产什么、生产多少，然后决定采购什么、采购多少。

MRP Ⅱ的基本思想是：“根据产品的需求情况和产品结构，确定原材料和零部件的需求数量及订购时间，在满足生产需要的前提下，有效降低库存和生产成本。”在企业经营计划和生产计划大纲的指导下，企业依据客户订单需求和市场需求趋势预测，并在保证按期供货的前提下，制定主生产计划，提出最终产品品种、数量和完成日期；在主生产计划和生产能力(设备、人力、原材料、资金等)之间作平衡，使主生产计划可行。在生产能力不足时，还要制定能力需求计划。对于生产日常消费品的企业，也有客户订单，但依据历史数据所做的市场需求趋势预测数据是主生产计划的重要依据。

然后企业根据主生产计划与物料清单以及工艺流程等数据，制定零部件和材料在品种、数量和时间上的需求计划——物料需求计划，以保证主生产计划的完成；根据物料需求计划确定哪些物料要采购、哪些零部件要自制，制定出物料采购计划和车间作业计划。物料需求计划的安排还要考虑物料库存情况，如果库存已有一定数量的物料，那么可以减少采购数量或生产数量。

MRP Ⅱ还有库存和成本的管理环节。库存管理采用经济订购量和上下限控制等管理方法，使库存在满足生产需要的前提下，资金占用尽可能减少。成本管理测算整个生产过程和采购的开销，为财务系统提供基础信息。

MRP Ⅱ的核心是生产管理的计划与控制，主要的计划依次是：经营计划、生产计划大纲、主生产计划、能力需求计划、物料需求计划、物料采购计划和车间作业计划等。通过精细的计划安排，将生产制造管理过程各环节与营销、销售、成本的部分管理过程紧密联系起来，实现 MRP Ⅱ的目标。

MRP Ⅱ还只限于企业内部的制造资源，决策支持主要针对结构化的问题。随着市场的国际化，客户需求的个性化和多样化，MRP Ⅱ已不能满足先进企业的需要。因此又发展出了涉及面更广的 ERP。ERP 仍以 MRP Ⅱ为核心，在管理内容上基于 MRP Ⅱ向企业内部和外部两个方向有许多延伸。

在企业内部，ERP几乎延伸到各个角落。

（1）将企业全体员工（MRP Ⅱ仅考虑车间工人）以人力资源来管理，不仅是员工使用，还包括培训、激励等考虑更长远的管理。

（2）将企业整体发展战略纳入系统，不仅是经营计划，还包括高层次的战略管理。

（3）将成本控制扩展为全面成本管理，而不仅仅是生产制造成本的管理，同时还延伸到会计财务的管理。

在企业外部，ERP延伸到有密切合作关系的相关企业和客户。

（1）加入敏捷物流（Agile Logistics）管理，改进与供应商、零部件加工企业等合作伙伴的协作，提高物料供应的敏捷度和柔性能力。

（2）加入供应链中合作企业关系的管理，如供应商经营状况、信用、合作质量等信息的管理。

（3）加入下游企业或客户关系的管理，如有关客户信息，客户价值和客户满意度的管理，让客户随时了解订单的执行进展情况等。

资金是企业的一类重要资源，物流的状况在资金流中能得到反映。产品销售业务向客户的收款、反映生产过程中的物料、人力、设备等消耗的成本支出、物料采购业务向供应商的付款、物料库存资金的占用，都是企业物流的资金流表现。通过资金流来集成企业生产经营管理活动是一个合适的和可行的思路。由此，ERP的原理也能从资金流的角度加以阐述。美国生产与库存管理协会认为："ERP系统是一个面向财务会计的信息系统，其主要功能是将企业用于满足客户需求所需的资源进行有效的集成与计划，以提高整体经营绩效和降低成本。"这一观点从资金流的角度描述了ERP的基本原理。

ERP也是一个不断发展的概念。目前的ERP已出现第二代，即所谓的ERP Ⅱ。第二代ERP进一步延伸到与供应商和客户等合作伙伴的商务协同，向供应链管理的方向发展。另一个发展趋势是纳入知识管理，将知识作为一类重要的资源加以开发和利用，与各个业务过程的管理进行更全面的集成。

如今，不仅制造业普遍引入了ERP系统，甚至银行、通信、商贸等服务业也开始引入ERP。ERP本来源于离散型制造企业，基本逻辑以物料需求计划为核心。服务类企业与制造类企业在此有很大的区别，如果服务业应用ERP系统，那么其物料需求计划、生产和作业计划等核心模块将失去意义，除非根据服务业的服务流程对这些模块做全面的改造或重新设计和开发。当然，ERP面向客户和市场需求、基于业务流程的全面精细的计划管理、以财务会计的资金流来集成的思想还是值得服务业借鉴的。将离散型制造业的ERP拓展到连续型的制造业，如石油、化工、冶金等过程制造企业，则应该是可行的，实践中也已经取得很大的进展。

### 1.2.2 ERP系统的管理思想

ERP的核心管理思想就是实现对整个供应链的有效管理，主要体现在以下3个方面。

#### 1. 体现对整个供应链资源进行管理的思想

在知识经济时代，企业仅靠自己的资源不可能有效地参与市场竞争，还必须把经营过程中的有关各方如供应商、制造工厂、分销网络、客户等纳入一个紧密的供应链中，才能有效地安排企业的产、供、销活动，满足企业利用全社会一切市场资源快速高效地进行生产经营的需求，以期进一步提高效率和在市场上获得竞争优势。换句话说，现代企业竞争不是单一企业与单一企业间的竞争，而是一个企业供应链与另一个企业供应链之间的竞争。ERP 系统实现了对整个企业供应链的管理，适应了企业在知识经济时代市场竞争的需要。

2. 体现精益生产、同步工程和敏捷制造的思想

ERP 系统支持对混合型生产方式的管理，其管理思想表现在两个方面：其一是“精益生产(Lean Production)”的思想，它是由美国麻省理工学院(MIT)提出的一种企业经营战略体系。即企业按大批量生产方式组织生产时，把客户、销售代理商、供应商、协作单位纳入生产体系，企业同其销售代理、客户和供应商的关系，已不再简单地是业务往来关系，而是利益共享的合作伙伴关系，这种合作伙伴关系组成了一个企业的供应链，这即是精益生产的核心思想。其二是“敏捷制造(Agile Manufacturing)”的思想。当市场发生变化，企业遇有特定的市场和产品需求时，企业的基本合作伙伴不一定能满足新产品开发生产的要求，这时，企业会组织一个由特定的供应商和销售渠道组成的短期或一次性供应链，形成“虚拟工厂”，把供应和协作单位看成是企业的一个组成部分，运用“同步工程(Simultaneous Engineering，SE)”组织生产，用最短的时间将新产品打入市场，时刻保持产品的高质量、多样化和灵活性，这即是“敏捷制造”的核心思想。

3. 体现事先计划与事中控制的思想

ERP 系统中的计划体系主要包括：主生产计划、物料需求计划、能力计划、采购计划、销售执行计划、利润计划、财务预算和人力资源计划等，而且这些计划功能与价值控制功能已完全集成到整个供应链系统中。

另一方面，ERP 系统通过定义事务处理(Transaction)相关的会计核算科目与核算方式，在事务处理发生的同时自动生成会计核算分录，保证了资金流与物流的同步记录和数据的一致性。从而使企业可以根据财务资金现状追溯资金的来龙去脉，并进一步追溯所发生的相关业务活动，改变了资金信息滞后于物料信息的状况，便于实现事中控制和实时做出决策。

此外，计划、事务处理、控制与决策功能都在整个供应链的业务处理流程中实现，要求在每个流程业务处理过程中最大限度地发挥每个人的工作潜能与责任心，流程与流程之间则强调人与人之间的合作精神，以便在有机组织中充分发挥每个人的主观能动性与潜能，实现企业管理从“高耸式”组织结构向“扁平式”组织机构的转变，提高企业对市场动态变化的响应速度。

总之，借助 IT 技术的飞速发展与应用，ERP 系统得以将很多先进的管理思想变成现实中可实施应用的计算机软件系统。

## 1.3 ERP 系统的前景与风险

近年来，几乎所有的全球 500 强公司都已成功地实施了集成的 ERP 系统，越来越多

的国内企业也被 ERP 的管理理念和管理思想所吸引。从企业信息化实施的战略高度分析，ERP 项目投资回报与战略实施应该是企业最为关注的话题。

### 1.3.1 IT 项目投资观点概述

ERP 项目投资的高风险性和高失败率要求企业在进行 ERP 项目投资决策之前进行合理的战略定位，综合论证 ERP 项目技术上的先进性和可行性，财务上实施的可能性，应用方面的合理性和有效性，与未来企业发展的融合性。但是在计算投资回报方面，很多学者前赴后继地进行了 30 多年的研究，始终存在两种观点："IT 生产力悖论"和"IT 增值论"。

**ERP 时事摘录 1－6**

20 世纪 80 年代末，美国学者查斯曼(Strassman)调查了 292 个企业，结果发现这些企业的 IT 投资和投资回报率(ROI)之间没有明显的关联。对信息技术的大规模投资没能提升生产力水平——这个质疑后来逐渐演变为著名的"生产力悖论"。"生产力悖论"指出：从 20 世纪 60 年代到 20 世纪 90 年代中，美国 GDP 在增长，实际工资在增长，新技术层出不穷，人民的生活水平在提升，全要素生产力的增长率却一直呈现节节下降趋势，直到 20 世纪 90 年代最后几年才有较强劲回升。数量模型与统计数据的研究结果与人们的常识和感受不甚相合。

2001 年 10 月 17 日，麦肯锡公布了研究报告《IT 与生产力》，结论与"生产力悖论"吻合："在 1995 年到 2000 年期间，美国经济确实得到了提高，但促成这一转变的能量主要来自少数几个商业领域，与人们普遍预料的相反，对 IT 行业的高额投资并不是创造美国生产力增长'神话'的主要力量。在绝大部分经济领域中，对 IT 方面的大幅投资没有起到任何帮助生产力增长的作用。"麦肯锡报告推论的逻辑是，"占经济总量 69%的 53 个行业部门为生产力增长的贡献率仅为 0.3%。尽管 IT 投资浪潮中 62%的资金增长是投入在这 53 个部门，但它们中的大多数遭受了生产力下降的厄运。"

而另一种观点则支持"IT 增值论"的观点。据美国 Interactive Week 杂志和 MIT 的电子商务研究中心合作连续 3 年(1999，2000，2001)对美国的电子商务 500 强排名的调查研究发现，电子商务收入前十名的企业都是传统企业。在对这些企业调查中发现，电子商务战略的财务收入仅仅是它们追求目标的一部分，以 IBM 和 Intel 为代表的厂商已经用新标准来测量电子商务投入回报。他们从供应链、客户、资源利用等角度进行分析，充分利用了一些在传统观念上被视为"企业外部"的因素来思考问题。例如，现在 Intel 的订单处理的总量中，有 30%是公司下班以后自动进行的，虽然企业没有增加收入，但是方便了上下游企业和客户。这种情况财务报表没有反映，但是这种"外部性"无疑增加了企业的竞争力。这个观点表明，在评估 IT 对组织的贡献方面，IT 的应用存在着很强的"外部性"，"外部性"效应无法在企业的财务报表中体现出来，因此传统的绩效衡量体系有可能会给项目管理者错误的导向。由于 IT 成本的回报具有短长期之分，企业在评估 IT 的价值时往往会忽略对隐性收益的评估、对人的能力和意识提高的评估、对长期收益的评估等。这种评价体系会对持续的提高和创新给出令人误解的信号，纵容经理层为了追求短期效益而削弱长期的投入，从而使得企业缺乏长期发展的实力。

资料来源：1. EWORD，2005 年 4 月 11 日
2. 电脑商情报，2007 年 8 月 3 日

与传统的其他实物投资的绩效评估相比，ERP 项目的投资更具复杂性，隐性的因素较多，况且受到很多变量的影响。对 ERP 项目进行投资分析时，需要进行全面综合的衡量。

ERP 项目有如下一些特点：第一，创造性。ERP 系统是以创造性劳动为主，由 ERP 系统咨询实施人员等项目组成员通过业务设计和二次开发实现，因此 ERP 系统项目比一般项目具有更大的增值效应。第二，知识密集性。与一般项目相比，ERP 系统项目物质消耗较少，但其中包含的或者用到的知识、技术、智力、信息是巨大的。第三，投资的密集性。由于 ERP 系统实施需要的知识密集，技术先进，后续的升级优化不断，所以需要投入大量的高水平的人才和大量的先进设备，人力和财力的投入都比较大。第四，寿命周期短。ERP 系统的升级优化以及更新换代的速度都非常快，因而寿命期比较短，具有时效性。第五，风险性。由于投资大，寿命周期短，技术更新快，ERP 项目的整个过程和结果都存在着不确定性和风险性。ERP 系统项目的上述特点，使得 ERP 系统项目投资成为目前众多企业面临的最为困惑的投资决策问题。

### 1.3.2 ERP 系统商业投资价值分析

1. ERP 系统的收益分析

对于 ERP 系统进行商业投资价值分析的一个重要环节是对可见和不可见两个方面来进行评估。根据 Benchmarking Parterners 咨询公司对 62 家《财富》500 强企业进行的调查，企业实施 ERP 系统之后明显的收益体现在库存水平显著降低等方面。企业在实施 ERP 之后的可见收益见表 1-1。

表 1-1 实施 ERP 之后的可见收益

| 可见收益 | 企业认可度/% |
|---|---|
| 库存降低 | 32 |
| 人员精简 | 27 |
| 生产率提高 | 26 |
| 订单管理水平提高 | 20 |
| 财务结算周期缩短 | 19 |
| IT 成本降低 | 14 |
| 采购成本降低 | 12 |
| 现金管理水平提高 | 11 |
| 营业额及利润增加 | 11 |
| 运输及物流成本降低 | 9 |
| 系统维护工作的减少 | 7 |
| 准时发货率的提高 | 6 |

在不可见收益方面，信息的可用性是一个重要的因素，信息可以帮助企业的决策者们在资源的合理分配方面做出更好的决策。并且，客户响应时间的缩短，业务流程的集成化、标准化、灵活性的增加，对于企业更好地适应市场竞争，满足客户需求，增加客户满

意度方面，同样可以带来可见的收益，因为它们可以帮助企业获得更加稳定而忠诚的客户群体，降低企业的营销成本，增加企业的实际收入。企业在实施 ERP 之后的不可见收益见表 1－2。

表 1－2　实施 ERP 之后的不可见收益

| 不可见收益 | 企业认可度/% |
|---|---|
| 信息的可用性 | 55 |
| 新业务流程和改进的业务流程 | 24 |
| 客户响应时间的缩短 | 22 |
| 集成化 | 13 |
| 标准化 | 12 |
| 灵活性 | 9 |
| 全球化 | 9 |
| “千年虫” | 8 |
| 业务管理水平 | 7 |
| 供应链/需求链 | 5 |

2. ERP 项目的成本效益分析

对于 ERP 项目的实施的决策是一项商业投资决策，与企业投资新的能源、新开一条生产线一样，都需要当前的投资为企业带来可计算的商业投资收益。并且，这样的收益要大于企业购买及实施当前 ERP 项目的基本成本才有意义。和上一节分析的一样，ERP 的商业投资价值包括能够使企业的业务流程流水线化、能够让企业通过网络访问企业的信息资源，能够降低库存、精简人员、提高企业整体运营效率等多方面。对美国(Mabert et al.，2000)和瑞典(Olhager and Selldin，2003)两国有关企业进行的 ERP 成本因素分析报告见表 1－3。

表 1－3　ERP 项目的实施成本

| ERP 成本因素 | 瑞典/% | 美国/% |
|---|---|---|
| 软件 | 24.2 | 30.1 |
| 硬件 | 18.5 | 17.8 |
| 咨询 | 30.1 | 24.1 |
| 培训 | 13.8 | 10.9 |
| 项目实施团队 | 12.0 | 13.6 |

下面我们用净现值的方法来进行 ERP 系统项目的成本收益分析。净现值把资金的时间价值考虑在了投资的参考范围之内。首先我们通过一个例子来了解一下什么是资金的时间价值。假设智能内燃机公司投资了 1 000 000 元在 ERP 项目中，如果投资收益率是

10%，那么该公司在5年内就应该收回1 610 510元。也就是说在做净现值计算的时候，资金的时间价值是一个不可忽略的因素。表1-4中DCF因数指的就是现金流的贴现率。由于ERP项目的实施周期最少也要花费3年的时间，所以，对于大型的ERP项目，投资回报的评估周期是5～10年的时间。

表1-4是某ERP项目的成本收益分析表，采用的评估方法是净现值法。当前项目的成本做了划分，有启动成本及后续的维护性周期成本。启动成本又包括了ERP软件的初始投资等。那么例子当中也划分为了软件成本和硬件成本，及相关的专业咨询人员实施费用，公司内容的项目培训等。具体数据参考见表1-4。

表1-4　某ERP项目的净现值分析表

| 项目 \ 期间 | 第0年 | 第1年 | 第2年 | 第3年 | 第4年 | 第5年 |
|---|---|---|---|---|---|---|
| 软件 | 7 260 000 | | | | | |
| 软件授权 | 0 | 660 000 | 660 000 | 660 000 | 660 000 | 660 000 |
| 硬件 | 5 550 000 | | | | | |
| 咨询 | 9 001 200 | | | | | |
| 培训 | 3 840 000 | | | | | |
| 项目实施团队 | 1 200 000 | 1 200 000 | 1 200 000 | 1 200 000 | | |
| 总成本 | 26 851 200 | 1 860 000 | 1 860 000 | 1 860 000 | 660 000 | 660 000 |
| 节约金额 | 0 | 0 | 0 | 0 | 0 | 0 |
| 减少的库存成本 | 0 | 8 250 000 | 8 250 000 | 8 250 000 | 8 250 000 | 8 250 000 |
| 减少的管理成本 | 0 | 3 750 000 | 3 750 000 | 3 750 000 | 3 750 000 | 3 750 000 |
| 不可见收益 | 0 | 0 | 0 | 0 | 0 | 0 |
| 总节约金额 | 0 | 12 000 000 | 12 000 000 | 12 000 000 | 12 000 000 | 12 000 000 |
| 净余额 | −26 851 200 | 10 140 000 | 10 140 000 | 1 140 000 | 11 340 000 | 11 340 000 |
| DCF因数 | 1.000 | 0.909 | 0.826 | 0.751 | 0.683 | 0.621 |
| 当期余额 | −26 851 200 | 9 217 260 | 8 375 640 | 7 615 140 | 7 745 220 | 7 042 140 |
| 累计余额 | −26 851 200 | −17 633 940 | −9 258 300 | −1 643 160 | 6 102 060 | 13 144 200 |

从表中可以看到，假设这个项目的实施至少需要花费3年的时间，那么这个项目的收益就要等到第4年才可以开始计算。在这个例子中，可计算的商业收益每年大约为8 250 000元，并且，由于减少的管理成本，每年大约节省3 750 000元。并且还有更多不可见的收益无法在表中细项变现出来，比如客户满意度的提高，员工经验技能的提高，被节省的重复劳动力等。从表1-4中可以看到，这个项目从第1年就已经有了可以计算的收益。当前即便如此，要回收ERP系统方面的软件投资还是需要到第4年才有成效。在这个分析中，这个项目关于ERP的投资就是一个有价值的选择。

对ERP效益分析方法很多，在这里主要介绍了上面两种方法，当然还有很多其他的方法，如估算模型构建，又如更多的实证研究的数理分析等，相比较而言，上述两种评价体系比较通行、简单，并易于理解。总之，ERP效益受很多不确定因素影响，直接效益明显，间接效益亦很巨大，ERP效益估算的不确定性和复杂性决定了这方面的研究有待于进一步深入。随着ERP应用实践的不断广泛深入，ERP项目方面的经济研究将会取得更多的理论成果，进而更好地指导ERP项目投资的经济实践活动。

### 1.3.3 ERP系统的挑战

通过上节的分析可以了解到，ERP的不良实施可能导致企业整体业务流程变慢、增加额外人员应对ERP系统、给客户和供应商带来负面影响、出现数据质量问题以及导致不完善的管理报告等问题。并且，ERP项目的风险是持续性的，在ERP系统上线前和上线后都会存在。那么应当明确ERP系统带来的挑战，首先来回顾一下ERP系统的价值所在。

在ERP所有功能中，提高效率和资源整合是其最基本的功能，这是任何一款ERP产品都应该具备的功能。但这两个功能显然不是大多数企业最希望获得的效益，他们希望ERP系统能够提高经济效益和提升管理水平。ERP系统为决策者提供了准确而快捷的数字或图表，让决策者能够准确地了解企业的情况，这是ERP系统对管理最大的贡献，但这只是在一定程度上给企业带来了管理的进步，并不能完全代替管理。要保障ERP价值的实现，首先得进行业务流程优化，以流程管理突破职能管理，保障业务流的通畅；其次进行信息资源规划，预测信息在各个业务部门的利用程度，以信息共享代替信息孤岛，实现ERP的应用价值；然后进行ERP系统模块的统一规划，优先实施业务协同性好的模块，保证先期实施的系统产生业务协同价值。做到这些，才能实现企业对ERP的真正利用，充分发挥ERP的价值导向，使ERP系统为企业的发展作出最大的贡献。

了解了ERP系统的价值所在，就要努力准备好面临ERP系统的挑战了。MIS系统曾经面临局限性——信息孤岛，ERP系统的“生搬硬套”同样广受质疑。一方面是如何使企业的个性化不至于淹没在通行的解决方案之中，另一方面是如何在已经固化的流程中体现企业独特优势的灵活性，并且将这二者进行有效的结合。越来越多的实践证明用ERP可以规范和改进企业的业务流程，整合信息流、物流、资金流的协调运作，解决管理中存在的流程不畅、效率低下等弊端。对于一个具体的企业来讲，关键要认清企业自身处于何种管理状况。

同时，如同我们在ERP系统的商业价值分析中看到的一样，ERP系统项目的实施需要花费大量的时间及金钱，而ERP的收益需要在今后相当长的一段时间后才能体现出来。Standish Group公司进行的研究表明，有90%的ERP项目或是超出了预定的时间，或是超出了当初的预算。并且这一部分具体数据的公开研究在我们国家还是非常有限的，其中一个非常重要的因素就是由于ERP系统这项复杂的系统工程相关关键信息披露不透明、信息不对称，所以增加了企业投资者的决策风险。

证券研究机构2006年的相关分析披露的ERP项目投资金额平均值为2 267.35万元，最高为11 000万元，最低为83.76万元。并且有大量的企业不公开信息，如证券研究机构收集样本企业信息时曾发现，有一家企业投资1 712万元建设ERP，在其2002年和2003

年董事会报告投资情况分析中分别披露“企业资源计划(ERP)管理项目完工后，预计年产生效益1 280万元，现已实现220/420万元。”尽管该企业也没有说明预计效益和已实现效益的金额是怎样确定的，而且ERP项目为企业带来的效益应如何量化至今仍未能科学解决，但遗憾的是像这样明确地披露ERP项目投资的金额、进度，甚至试图披露ERP项目产生的效益数字的情况在样本企业中寥寥无几。而关于ERP项目投资存在的问题和风险，更是从无一家企业提及。如此庞大的投资，如此复杂的系统工程建设，上市公司董事会报告投资情况分析中信息的披露却如此匮乏，由此产生的信息不对称问题给报告使用者带来的风险是难以估量的。①

## 本章小结

本章对ERP系统的概念进行了全面的介绍。

首先介绍了ERP系统的概念，从Gartner公司对ERP的定义讲起，然后从不同的角度阐述了ERP系统的定义，并分析了为什么会出现这个定义，来帮助读者进行理解。

第二部分阐述了ERP系统的基本原理及管理思想，从最初的MRP原理讲起，从时间为线索，从工业发展的角度阐述了信息系统与其管理思想相辅相成的发展历程，从而帮助读者更充分地理解ERP系统的管理内涵。

第三部分分析了ERP系统的前景与风险。从ERP系统的商业价值的角度来解析ERP系统作为一项负责的系统工程对于企业的价值，并且从ERP系统的收益分析、项目的成本效益分析等角度来帮助读者了解ERP系统的价值。但同时也让读者了解到实施ERP系统所面临的巨大的风险挑战，帮助读者认识到企业只有充分了解了自身的情况，认识到面临的一系列风险和变革，才能应对ERP系统的挑战。

## 思考练习

1. 判断对错并分析

(1) ERP系统主要指的就是ERP系统的软件。

(2) ERP的概念是由美国的Gartner Group Inc. 咨询公司首先提出的。

(3) 集成化不是ERP系统关注的问题。

(4) 在20世纪60年代，制造系统的焦点是库存控制。

(5) ERP项目投资的高风险性和高失败率要求企业在进行ERP项目投资决策之前进行合理的战略定位。

(6) ERP系统项目物质消耗较少。

2. 填空题

(1) ERP的主要宗旨是对企业所拥有的人、(　　)、物、信息、(　　)和空间等综

---

① 张瑞君，等. 中国企业ERP投资关键信息披露问题研究[J]. 会计研究，2008.3.

合资源进行综合平衡和优化管理。

（2）ERP 的核心管理思想就是实现对整个（　　）的有效管理。

（3）ERP 项目的特点有（　　）、知识密集型、（　　）、寿命周期短、风险性高。

（4）计算 IT 投资回报方面始终存在两种观点：（　　）和“IT 增值论”。

3. 问答题

（1）请用 1 分钟、5 分钟、30 分钟的时间分别阐述 ERP 系统概念的含义。

（2）查找关于订货点理论的相关资料，订货点法的基本原理是什么？它和 ERP 系统的概论有什么相关性？

（3）闭环的 MRP 系统的基本原理是什么？是什么原因导致了它的出现？它和开环的 MRP 有什么不同？各自有什么优缺点？

（4）简述 ERP 系统的基本原理。

（5）ERP 系统的核心管理思想是什么？结合现实的案例谈一谈。

## 实训拓展

1. 案例分析

**ERP 拓展阅读 1-1**

### 宝钢：信息化进程迈进世界一流钢企行列

近 10 年，钢铁行业经历了黄金发展期，也经历着从规模急剧扩张到产业整体进入微利时代的转变，转型创新成为摆在中国钢铁产业面前的重要课题。宝钢依靠先行一步的勇气和不断创新的努力，在国内钢企中脱颖而出。面对产业困局，他们不退反进，将眼光放得更广、更远。

近年来，受全球经济下滑、我国经济增速下降、市场需求萎缩影响，钢铁行业进入微利时代。在严峻的形势面前，宝钢经营业绩继续保持国内业界最优。人们也许会探究：是什么原因让宝钢始终保持着旺盛的生命力和领先一步的优势？

国际钢铁协会主席张晓刚认为：“宝钢的成长模式为国内首创，也是中国钢铁行业发展模式的一次转变。”10 年来，改革创新的基因引领着宝钢勇于变革、敢于探索；宝钢走出的这条独具特色的发展道路，又对中国钢铁工业今后的发展起到了重要的引领作用。

1998 年底，宝钢兼并重组上钢和梅钢，拉开了我国钢铁企业战略性结构调整的序幕。此后的十几年间，宝钢坚持“有所为，有所不为”的方针，以发展钢铁精品和提高可持续发展能力为导向，大力淘汰落后工艺装备，实现国有资产的优化配置，率先探索出了新建与重建相结合的钢铁企业扩张方式，并以此为契机，走上了做大做强的道路。2007 年，宝钢成功并购新疆八一钢铁，开始跨地域并购重组，随后重组宁波钢铁，在跨地域整合钢铁资源方面，再一次先人一步；而广东湛江钢铁基地项目建成之后，将进一步推动全国钢铁行业结构调整和淘汰落后，提高行业整体竞争力，满足珠三角地区产业结构调整对钢铁产品的需求，同时也可发挥大型项目对广东粤西地区经济的拉动作用，推动钢铁产业上下游产业链的延伸。

宝山钢铁股份有限公司于 1998 年 3 月份建立了公司整体产销系统，同时陆续改造新增了包括一、二、三期炼铁、炼钢、连铸、热轧、冷轧、钢管、高线等生产线在内的二十多套 MES 系统，如图 1.3 所示。

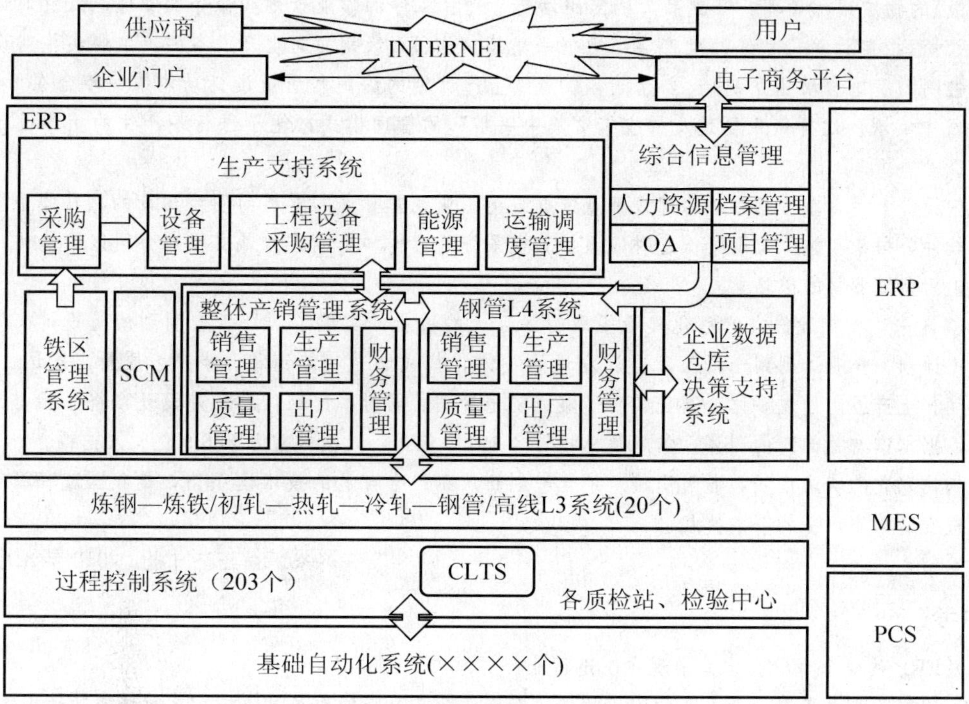


**图 1.3　宝钢股份信息化系统架构**

宝钢股份在一期工程阶段，产品主要是初级的冶金产品——钢坯。在 1985 年 9 月投产的同时，宝钢自主开发的基于批处理方式的中央数据处理机和微机网络计算机系统支撑了宝钢一期工程制造管理的需要，建立了第一个炼钢生产实绩数据库，实现了从过程控制计算机到中央数据处理机的“数据不落地”。

宝钢股份在二期工程阶段，建设了冷轧和热轧薄板生产线，主导产品为冷、热轧薄板。由于一期工程的钢坏生产管理模式难以胜任热轧和冷轧生产管理的需要，宝钢又从德国引进了 2050 热轧区域的制造管理计算机系统，并在稍后自主开发了 2030 冷轧区域的制造管理计算机系统。这两套在线的制造管理信息系统通过各自的“生产控制计算机系统”(FLS)与其下位的多台过程控制计算机系统集成，支撑宝钢冷、热轧生产单元实现厂“按合同组织生产”的企业产销管理的运作模式，形成了在区域管理机支持下的以钢材产品为主的宝钢生产管理技术。

从一期工程到二期工程，宝钢生产管理模式的演变和信息支撑手段的跟踪以及同步发展为宝钢以后的信息化建设提供了宝贵的经验。当时的两套“生产控制计算机系统”(FLS)就是 MES 系统的雏形。这两套 FLS 系统的共同点就是控制这两个区域的物流、收集下位多台过程控制计算机系统的生产实际数据，再上传到上述的区域制造管理计算机系统。这两套 FLS 系统的不同点是，当时热轧的生产计划是在热轧区域制造管理计算机系统上编制，而冷轧的生产计划是在冷轧的生产控制计算机系统上编制。

宝钢股份在二期工程阶段又建设了两条冷轧和一条热轧薄板生产线。根据企业发展的需要，宝钢开发了覆盖公司全部生产线的制造管理信息系统、设备维修综合管理系统，在业务再造的基础上，又整合了原来的冷、热轧区域的制造管理系统，初步建成了宝钢自己的冶金 ERP 系统(宝钢称为 L4 级核心系统)。该系统体现了宝钢“以财务为中心”的经营管理理念，实现了从合同签订一直到产品出厂、财务结算、用户服务的计算机全过程跟踪管理。与此同时，宝钢规范了原来各条生产线“生产控制计算机系统”(宝钢称为 L3 级计算机系统)的功能，即 L3 是面向生产线的，主要实施对该区域(即面向整条生产线)的物流跟踪管理、产副品库的三维动态管理、工序的作业计划和命令的管理，以及对该区域内L2级过程控制计算机系统的生产实绩数据采集等功能(L1级是面向生产设备的，主要实施对设备的检测和控制的基础自动化系统)。宝钢把各条产线生产计划的编制和质量设计功能统一整合在L4级的ERP系统中实现。这样做主要是支撑宝钢“集中一贯”的管理模式，便于进行多产线的生产设计和制造管理。

宝钢股份上述各套信息系统的建设都是依据自己企业经营管理的发展而同步建设的，具体系统开发由宝信软件公司来实施。宝钢股份这种四级计算机系统的架构和集成有力地支撑着公司以信息化带动工业化，走新型工业化的道路。

20多年来，宝钢股份在信息化建设上取得了巨大的成就，实现了从订货合同到质量设计、质量跟踪、生产计划、作业计划到产品入库出厂发运的一体化集成制造，使销售、生产、质量、发运、财务、计划调度和生产控制连成一体，真正实现了集成制造管理。同时，宝钢信息化建设还取得了相当大的经济效益，据宝钢有关部门的测算，信息化总投资7.191 3亿元，直接效益8.626 9亿元人民币。

宝钢信息化的实践证明，通过引进—消化—创新从而产生自己的技术这条路，是我国流程型行业缩短与先进发达国家水平的一条捷径。

资料来源：经济日报，2012年8月24日

**思考：**

(1) ERP的概念为什么首先出现在制造行业?

(2) 请查阅相关资料，看看我们国家的传统制造企业在不断的改革竞争中，有哪些成功转型的例子?这些企业是否有实施ERP系统的背景? ERP系统有效地帮助了企业还是起到了相反的作用?

(3) 请继续查阅宝钢信息化的相关资料，看一看宝钢信息化的历程和ERP系统原理发展的历程有无相似之处，为什么?结合ERP的核心管理思想，谈一谈自己的看法。

2. 课程设计

几位同学可以组成一个项目小组。选择两个同行业的并且正在使用网站从事商品交易的竞争企业。访问它们的网站、实体店面及能够接触到的相关信息部门，试图去分析比较。例如，国美电器网上商城(www.gome.com.cn国美在线，图1.4)和苏宁电器网上商城(www.suning.com苏宁易购，图1.5)。

图1.4 国美在线

图 1.5　苏宁网络商城

请同学们按照用户购物流程、交互界面的友好性、敏捷反应的时间、问题处理的导向、ERP 软件提供商做出一个评价，思考为什么说电子商务的基础是企业信息化，并可以提出一些值得改善的流程建议，形成自己项目的调查报告。

3. 查阅文献

搜集 ERP 软件市场及其发展的最新的相关资料。以小组为单位就某一个软件从其公司背景、社会特性、产品特征、应用实践等方面进行讨论。

4. 拓展学习

使用图书馆的数字资源去检索商业刊物上有关 ERP 实施工作的文章。通过这些文章更好地理解以下问题：

（1）ERP 在某些特殊行业的普及程度如何？

（2）实施 ERP 会给企业带来哪些好处？它有哪些局限性和不足？

# 第二篇　ERP 和企业资源的方方面面

# 第 2 章　企业基础数据

## 学习目标

通过本章的学习，读者应该能够：

（1）掌握企业基础数据的含义；

（2）理解企业数据清理对 ERP 系统成功实施的重要意义；

（3）掌握企业基础数据清理的过程；

（4）掌握典型的企业基础数据的管理办法。

## 知识结构

本章的知识结构如图 2.1 所示。

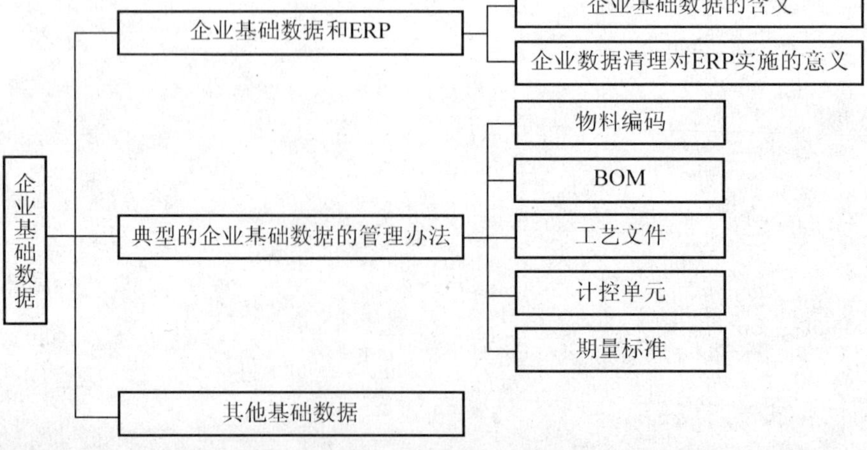


图 2.1　本章知识结构图

**导入案例**

**山西电力ERP数据清理工作全面铺开**

2010年5月10日，山西电力公司ERP推广全覆盖项目数据清理工作全面铺开，项目深化应用工作重心已由数据清理培训转移到具体工作中。

数据清理工作是ERP系统成功实施的关键所在，其工作质量直接影响着系统上线的成败，工作效率直接决定了系统上线时间。为确保数据清理工作高效、规范的完成，项目深化应用办公室精心组织，科学实施，充分借鉴试点与推广阶段的经验，进一步完善了数据清理模板，制订了详细的数据清理计划。5个直属单位抽调精兵强将成立了专门的数据清理工作组，制定了周密实施方案和工作计划，明确直管领导、工作内容和完成时限。

自5月5日项目启动开始短短5天时间，数据清理工作即取得了阶段性成果。财务管理组完成了总账、预算及收入流程的实施，并将成本中心、银行账户等6类数据清理模板下发。现已完成了成本中心、银行账户等信息的收集。人力资源管理组完成了组织相关流程实施，并完成了人员数据、薪资专项数据等4类模板的培训和下发。设备管理组完成了大修项目，设备新增，功能位置新增，设备转移流程的实施，并下发了计划员组、工作中心、功能位置和设备收集模板，现已完成了计划员组、工作中心数据收集工作。物资管理组完成了物资管理模块概览培训工作和新增物料主数据、供应商主数据业务流程的培训以及项目物资需求计划上报、采购、收发货的流程的培训，并将物料主数据、供应商主数据模板下发，现已完成了工厂配置数据的收集。项目管理组完成了科技开发、科技推广项目流程宣贯工作，下发了供应商主数据模板、未清项目模板、WBS架构3类数据收集模板。

按照项目推进时间节点要求，山西公司ERP推广全覆盖项目数据清理7月初完成静态数据清理，8月初完成动态数据清理。目前，5个直属单位正依据数据清理计划，有序高效地开展数据清理工作。

资料来源：中国发电机供应网，2010年5月12日

在前面，我们已经学习了ERP的概念，了解了ERP的管理内涵及其对企业发展变革的重要意义和推动作用。本章，在学习整个系统之前，我们首先一起走进企业，了解什么是ERP系统管理的数字资源，企业基础数据在ERP系统中意味着什么？我们将掌握企业基础数据的含义，理解企业数据清理对ERP系统成功实施的重要意义；掌握企业基础数据清理的过程；学习典型的企业基础数据的管理办法，及其他相关的数字资源的含义。

## 2.1 企业基础数据和ERP

ERP项目成功实施靠的是三分技术，七分管理，十二分数据。这是管理软件业内人士和应用企业在推进管理信息化建设中的经验之谈，揭示了技术、管理和基础数据三者在管理信息化建设中的权重关系，即管理创新的任务和工作量比技术的任务和工作量重。其中，基础数据工作不仅工作量非常大，而且其工作质量好坏还决定着信息化建设的成败。有过ERP项目实施经验的人都应该知道，ERP项目能否实施成功，关键在于细节。有人

这样说，ERP 不难，只是很繁。这里所说的繁，指的就是整理 ERP 基础数据的过程，可见，ERP 系统中基础数据整理很重要。

### 2.1.1 企业基础数据的含义

企业基础数据就是企业资源在 ERP 系统中的数据体现。企业资源遵循一定的规则，存储在企业的数据库系统中，ERP 系统通过内置的各种管理优化数学模型，实现企业资源的优化配置和合理调度。

基础数据涉及面广，几乎涵盖了企业方方面面可见和不可见的信息。物料基本信息、产品结构数据信息、会计科目信息、供应商信息、客户信息、部门信息、工厂信息、仓库信息、车间信息等属于可见信息，这些信息在手工作业中也会用到，但是在上系统之前需要规范。不可见信息如单据类型、仓库性质、计划参数、安全库存、提前期等，这些信息在手工管理信息时大部分依赖于个人的经验，没有整理为看得见的书面资料，这些数据是需要花大力气整理的。

基础数据准备的工作量大，以上各类信息的记录数从几个到几十万都有，而每条记录包含的字段又可多达几十个甚至上百个，两者的乘积简直是天文数字，造成项目延期的原因通常有 90%来自于基础数据整理。

数据的正确性是最重要的，数据是程序正确运行的基础，如果其中的数据与实际不符，系统产生的结果将会差之千里。造成项目失败的原因通常有 80%以上来自于数据不正确，没有指导意义。

正是因为基础数据具有这些特征，从而造成了数据收集准备工作量大，一般需要多个部门协调，投入的人力和时间都比较多，所以一定要引起足够的重视。

ERP 实施需要准备的数据分为三大类，即代码数据、静态数据和运行初始化数据，前两项也称为基础数据，后一项称为业务数据。下面主要针对基础数据部分加以说明，包括物料编码、BOM(含材料定额)、工艺数据(含工时定额)、计控单元、期量标准、价格数据等 6 类数据，这 6 类数据是最基本的，也是最重要的。

**ERP 时事摘录 2-1**

**基础数据管理打牢“数字油田”根基**

还在因找不到你想要的资料而发愁吗？为做一项研究，四处奔跑——档案馆、实验中心、关联单位，或者为获取生产作业的最新情况，让下级部门打报告，一等就是三五天。

在中海油湛江分公司(下称湛江分公司)，这一令人头疼的现象正逐渐成为过往的记忆。如今，坐在计算机屏幕前，只需轻点鼠标，无论是开发生产的实时动态，还是测井、录井等方面的历史资料，都会源源而至，这要归功于基础数据管理的不断完善。

**填补数据空白，偿还历史“旧债”**

整理并数字化约 1 200 万页的纸质资料，完成结构化数据约 1.2 亿条。这是湛江分公司行政部信息管理经理夏如君和她的团队最近几年为基础数据管理所付出的努力。她说：“如果把‘数字油田’比作是一栋大厦的话，那么这些数据就是基石。”

自 20 世纪 70 年代末到现在，南海西部海域共钻井 800 多口，而有关它们的大多数资料都游离在现有的数据系统之外，散乱地分布在各个地方，给利用带来很大的不便。在意识到这一问题后，湛江分公司开始尝试进行历史基础数据资源的建设，以弥补过往的数据空白。

基础数据庞大而烦琐。为确保最终结果的一致性、准确性和安全性，在各业务部门的协助下，湛江分公司信息化建设团队制定了不同的基础数据收集规范和模板，建立了相应的收集、审核、录入及更新流程。经过6年建设，如今2000年以后的资料已基本全部纳入系统。下一步，项目组还将进一步完善2000年以前的数据资料内容。

**及时更新信息，确保不欠“新账”**

为避免还“旧债”的同时又欠下“新账”，湛江分公司在一些岗位的职责和作业制度里加入了关于信息报送的规定。“以后，所有的数据采集都与具体的岗位绑定在一起，什么时间提交，放到哪个库里，都有详细的说明。如果没有做到的话，年终考核就会被扣分，”夏如君解释说，“这样做的目的是为了保证新数据及时入库，方便大家共享最新数据成果。”

除此之外，新投产油气田的设备、设施等也将装上传感器，与数据系统一同组成“物联网”。生产作业过程中的温度、压力、湿度、岩心、产量等数据不需人工抄报便可实时传入系统，不仅节省了大量的人力物力，更重要的是为全面了解油气田的实时状况创造了条件。

到目前为止，湛江分公司钻井地质、测井、录井、测试、井下作业、物料库存等与科研生产息息相关的数据都纳入了系统，提高了基础管理水平。以物料库存管理为例，过去由于手工线下管理，数据混乱，一线作业人员很难知道所需设备及物料的库存位置和库存量。该类数据纳入系统管理后，相关设备及物料的库存一目了然，并可实现资源协调配置和共享，大大减少了闲置资产。

**系统互联互通，消除“信息孤岛”**

为让大家初步感受到基础数据管理所带来的好处，信息管理团队还将系统互联互通列入工作计划中。目前，已有勘探动态库、钻井地质库、开发生产库、岩心图文库等6个系统实现了联通。

“通过一个平台就可以查到所有你想要的资料，很少再像过去那样需要找其他部门协助。”经过一个多月的试用，湛江分公司勘探开发部地质总监蔡军认为，新的架构消除了过去的“信息孤岛”现象，推动了勘探开发一体化数据的整合。

据统计，现在系统平均每天总用户数量已达到300人，成为生产科研人员日常工作的重要工具之一。湛江分公司信息化建设团队还将加大基础数据建设力度，不断充实系统内容，加快南海西部“数字油田”的建设。

资料来源：中国海洋石油报，2012年12月03日

### 2.1.2 企业数据清理和ERP

1. 数据清理的概念和意义

数据清理、收集、转换是ERP实施中最重要的部分之一，数据清理的质量是决定上线是否能成功的关键因素。数据的种类较多，数据量巨大，数据之间的核对难度非常大，需要投入大量的人力，设立数据收集相关原则以保证数据的有效性；制定数据转换的策略和具体实施步骤，以保证数据顺利转换导入系统，日常业务在系统上线后能够正常运转。

2. 数据清理的范围和相关体制

数据全面清理工作包括公司ERP项目所覆盖的人力资源、财务管理、物资管理、项目管理、设备管理等专业的数据清理。数据全面清理工作要坚持ERP项目组总体管理控制，由单位主导开展，按计划、科学、有序、有效进行。为保障数据全面清理工作的有效

进行，可成立公司企业资源管理系统数据清理工作领导小组，全面负责数据清理工作。领导小组下设协调支持组、人资数据组、设备及资产数据组、财务数据组、物资数据组、项目数据组；基层单位根据公司数据清理工作组织机构成立本单位相应组织机构；企业资源管理系统数据清理工作遵守“统一领导、分工负责、基层主导”的原则进行。

3. 数据清理的内容和范围

公司企业资源管理系统数据清理分为五大类，包括设备及资产数据、财务数据、物资数据、项目数据、人力资源数据等，既包含静态数据，又包含动态数据。动态数据是指随着时间变化有很高更新频率的数据。

静态数据是相对于动态数据而言，随时间变化在更新频率上较为固定基本没有变化的数据。

4. 数据收集的注意事项

在数据收集时应注意以下几点。

(1) 未结项目是指到数据收集截止日，还未竣工投产或者已经投产但是财务还未决算的工程项目。

(2) 未结项目数据的上报，要严格按照下发的收集表格进行填写，数据要求准确、及时、完整。

(3) 对于收集上报的数据，需要各业务部门相应的负责人员对于数据的质量进行确认，包括所有的静态数据和动态数据，必须由相关部门的负责人签收确认后才能导入 ERP 系统。

图 2.2 所示为某企业的数据清理模板案例。

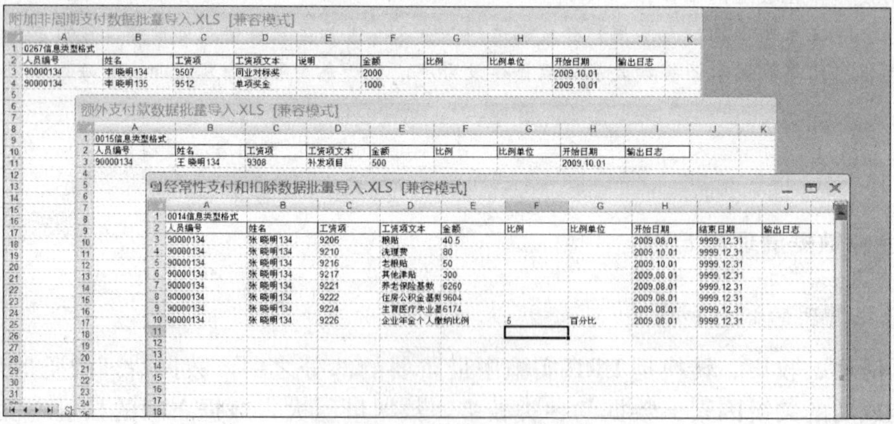


图 2.2 数据清理模板案例

## 2.2 典型的企业基础数据的管理办法

本节将介绍 ERP 系统运行所需要的几类典型基础数据：物料主文件、物料清单、工作中心、工艺路线、提前期和库存记录，以及为支持供应链管理所需的供应商主文件和客户主文件。其中库存记录数据是动态数据，其他数据是相对静态数据。事物总是处于运动变化之中，变化是绝对的。因此，对相对静态数据也必须定期维护，以保证数据的完整性和准确性。

### 2.2.1 物料编码和物料主文件

物料数据是企业管理的基础信息，也是企业 ERP 系统成功实施的重要基础。从小处说，准确清晰的物料信息是保证 ERP 系统正常运行的前提和基础；从大处说，物料数据的规范化程度体现出一个企业整体的管理水平，而且，一套有效实用的物料编码体系除了可以衡量企业物料管理的标准化程度外，还可以有效降低物料管理的复杂度。

1. 物料编码

企业首先要制定不同类物料的编码规则，然后根据编码规则进行上述物料的编码，其中工具类和设备备品备件类等物料不属于直接组成产品的物料，可以单独进行编码，由工具、设备相关部门按照编码规则独立维护，最终进入物料主文件以物料的形式进行管理。图 2.3 所示为某电力公司的物料编码。

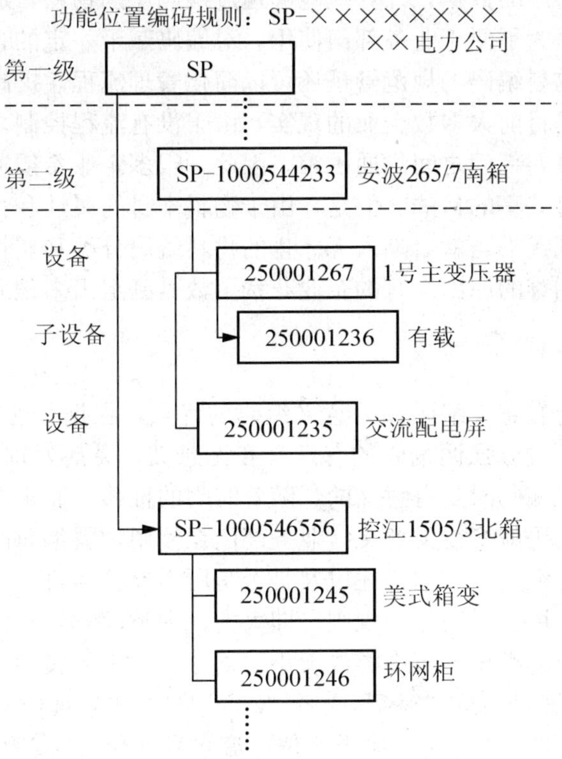


图 2.3 物料编码示意图 1

2. 物料主文件

根据编码规则进行编码后建立物料主文件信息，物料主文件的建立可按照企业的实际情况，可以手工录入，也可以从原有系统中移植过来，再根据 ERP 系统的要求进行数据的整理和定义。物料主文件信息包括：物料号、名称、图号、材质、规格、计量单位、工艺路线、重量、来源码、订货方针码、物料分类码、计划员、采购员、备注等。

3. 物料编码的常用方法

物料编码有以下3种常见的方法。

1）无意义编码

物料编码只是作为计算机识别物料的代号，本身并无任何含义，因此采用数字流水号进行编码。这个方法编码简单，易于扩充，不用记忆，使用方便。

如果企业内部技术管理非常规范，产品数据管理有标准流程控制，建立了完善的技术标准，有相当的技术积累，技术部门与业务部门之间的产品数据能保持一致性，在这种情况下，物料编码可以采用无意义编码方法。例如，采用数字流水号对现有物料进行编码。为了管理的方便，可以采用等长的流水号，即所有的物料都用相同的流水号位数，一般用6位或8位数字即可。采用6位数字时，要注意第一个流水号从100001开始，而不从000001开始。

2）有意义编码

物料编码是人机共用的数据，计算机能够通过编码识别物料，通常更多的是业务人员在使用物料编码数据。为了便于业务部门使用，对编码赋予一定的含义，可以有效降低物料管理难度。同时，物料编码的规范管理还可以简化管理流程，提高业务运作效率。

技术管理不规范是目前大多数企业的现实，由于没有流程控制，从研发到业务部门运用，产品数据信息失真，部门之间沟通困难。因此，很多企业希望通过规范和统一物料编码来达到部门之间信息共享的目的。但是，由于物料本身的属性和特征较多，每一种业务都有其特殊的属性，把握不当就会陷入无休止的物料编码分类和属性争论中。这是有意义编码痛遭诟病、推行困难的原因。有的企业花费了数月制定出来编码规则，在具体编码时还是要做较大调整。

3）实用性编码

实用性编码是结合有意义编码和无意义编码的优点，根据企业的实际需要进行编码。即以实用性为原则，不过分强调编码的有意义和无意义，灵活处理难于界定的物料分类。例如，有的物料编码在编码时是有意义的，随着时间的推移，原来的规则和含义都会进行调整，有意义的物料编码就变得无意义。业务部门在使用物料编码时，并不关注编码本身的含义，关注的往往是编码对应的描述以及是否是所需要的物料。

实用性编码一般采用三段式编码规则，即大类、中类（小类）和流水号。把物料的主要属性进行大类划分，在大类里进行中类或者小类划分，非主要属性体现在流水号里。实用性编码一般采用10位编码，按“334”或者“235”的方式处理（334即大类3位，中类3位，流水号4位；235即大类2位，中类3位，流水号5位）。实用性编码一般采用数字，有时也用字母，几乎不用特殊符号。数字之间紧密相连，不用空格或符号分隔。

物料分类考虑物料的共性，可以从不同的角度对物料进行分类。同一个、同一类物料，从技术、销售、计划、生产、采购、库存、财务和质量等方面进行分类，可以归入不同的类别。正因为这些划分往往存在相互重叠的可能，进行物料的类别划分是极为困难的。物料的分类既不能重叠，也不能遗漏，更不能存在歧义。

鉴于物料分类的多样性和复杂性，可以对一个公司内部的物料采用不同的编码规则。如对原材料、半成品、产成品采用不同的分类规则，但要注意不同的分类切忌分类重码和编码重码。在能够清晰界定和分类的情况下，所有部门最好采用同样的编码规则。图 2.4 所示为某公司采购部门的物料编码。

| 公司代码 | 采购组织 | 描述 |
|---|---|---|
| 1900 | 190A | 四川省电力公司物资采购组织 |
| 1900 | 191A | 成都电业局物资采购组织 |
| 1900 | 191B | 成都锦江供电公司物资采购组织 |
| 1900 | 191C | 成都金牛供电公司物资采购组织 |
| 1900 | 191D | 成都青羊供电公司物资采购组织 |
| 1900 | 191E | 成都高新供电公司物资采购组织 |
| 1900 | 191F | 成都青白江供电局物资采购组织 |
| 1900 | 191G | 成都龙泉驿供电局物资采购组织 |
| 1900 | 191H | 成都新都供电局物资采购组织 |
| 1900 | 191I | 成都双流供电局物资采购组织 |
| 1900 | 191J | 成都温江供电局物资采购组织 |

| 采购组 | 描述 |
|---|---|
| 001 | 一次设备采购组 |
| 002 | 二次设备采购组 |
| 003 | 通信设备采购组 |
| 004 | 仪器仪表采购组 |
| 005 | 装置性材料采购组 |
| 006 | 辅助设备设施采购组 |
| 007 | 金属材料采购组 |
| 008 | 建筑材料采购组 |
| 009 | 燃料化工采购组 |
| 010 | 办公、劳保、五金类采购组 |

图 2.4　物料编码示意图 2

4）物料编码的原则

在确定物料编码究竟该采用无意义的编码、有意义的编码还是实用性编码这个大方向后，就要考虑如何对物料数据进行编码了。这里有几个必须考虑到的问题。

（1）继承性。

进行分类和编码时，最好继承现有的分类规则。如已有的国际标准、国家标准、行业标准要充分利用和吸收，达到行业认同和交流简洁的效果。如果这些标准都不具备或不完善，才考虑进行企业分类标准的制定。如对产品数据、工艺数据、物流系统、财务系统和质量认证体系等数据信息进行整理，可以引用的要尽量加以利用，不能引用的应建立数据对照表，便于进行系统接口和数据交换。这不仅能体现企业发展的继承性，更重要的是能有效降低数据准备工作量，缩短系统上线时间。图 2.5 所示为继承性编码规则示意图。

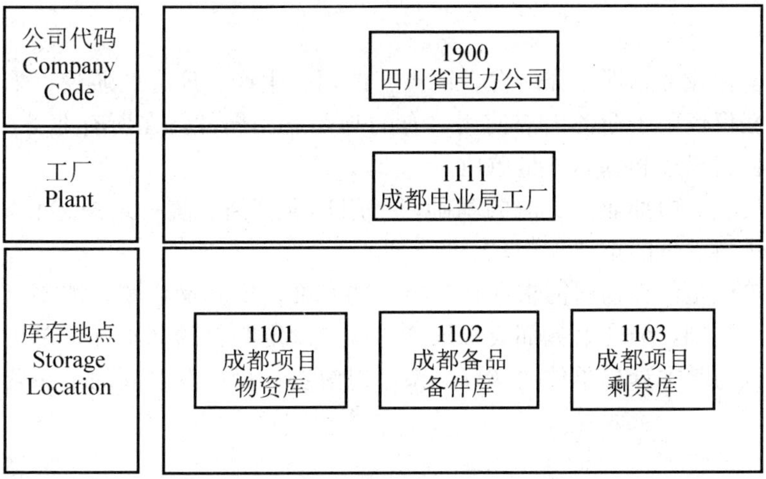


图 2.5　编码规则示意图——继承性

（2）完整性。

企业是一个复杂的系统，其运作需要大量的静态信息和动态信息支撑。物料编码属于基础的静态数据，物料编码不完备将直接影响系统的正常运行。从研发部门产生物料信息到产成品销售完成，其信息必须是一致连贯的，中间产生的附加信息不能影响物料的主要特征属性。例如，物料的采购提前期对供应商服务、采购订单跟踪、物料入库和计划执行等都有影响，即采购提前期是采购物料不可或缺的属性。

物料编码的完整性表现为数据完整性和属性完整性，不但要对采购的原材料和生产的产成品物料进行编码，而且要对车间生产的半成品和车间虚拟组件进行编码管理。物料编码的属性完整性就是物料与业务相关的属性必须完整，以维系业务正常运作。对ERP系统而言，其处理逻辑不同，物料属性的配置也不相同。同时，每个企业的运作模式不同，需要的物料属性也不同，编码时应针对企业独特的营运模式，配置相应完整的物料属性。图2.6所示为完整性编码规则示意图。

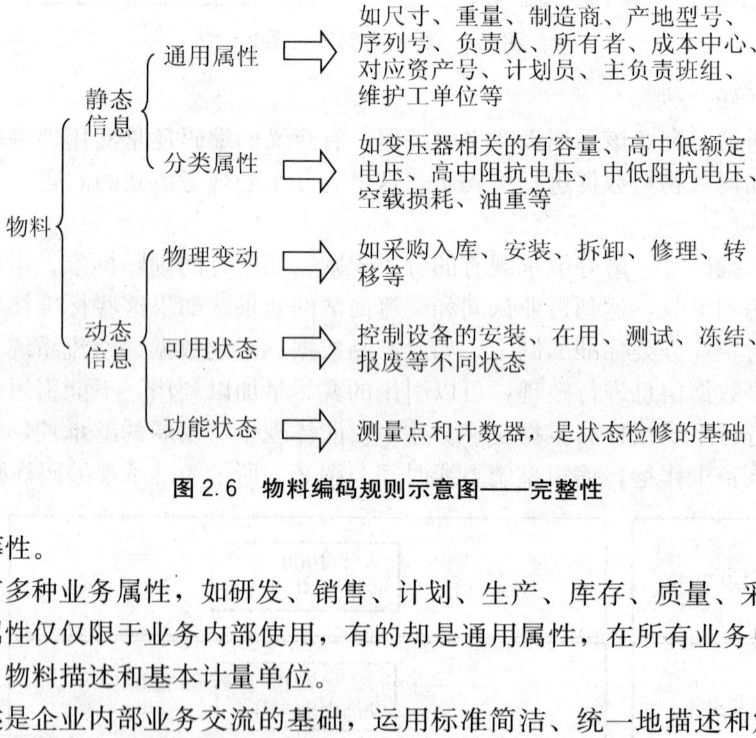


**图2.6　物料编码规则示意图——完整性**

（3）统筹性。

物料具有多种业务属性，如研发、销售、计划、生产、库存、质量、采购和财务等属性。有许多属性仅仅限于业务内部使用，有的却是通用属性，在所有业务中都将使用到，如物料编码、物料描述和基本计量单位。

物料描述是企业内部业务交流的基础，运用标准简洁、统一地描述和定义一个物料，是技术管理和物料管理的重要工作。

基本计量单位是计算物料需求和财务核算的基准。实际操作中，需要以研发部产品明细表用量单位为基础，结合财务部成本核算单位，制定物料的基本计量单位，要建立采购单位、库存单位与基本计量单位的换算关系，以解决计量单位之间的不一致，减少库存收发工作量。

（4）唯一性。

物料编码的唯一性就如同人的身份证号码一样，按照同一编码规则是能够保证唯一性的。正如身份证号码重码的事件不时发生给人们的生活带来了极大的不便，有的甚至引起司法方面的纠纷，物料编码不唯一也会给物料的管理带来很大麻烦。

物料编码的唯一性，简单讲就是一物一码。同一物料在系统中只有一个名称，不同部门对同一物料不能有不同的名称。可要做到一物一码确确实实不是一件简单的事情，好在现有的 ERP 软件系统中能够做到一码一物，因为只要建立编码的唯一性索引就可以完成。关键是如何定义一物，即一个物料具有哪些基本特征。物料的技术性能和物理特征相同时，可以认为是一个物料。但是存在一种情况，即多家供应商供应的物料都能够达到规定的技术性能和物理特征，一般情况下这些供应商的物料是相同的。如果个别客户指定需要其中一家供应商的物料，那么就认为这些物料不是一个物料，而是两个物料，就要编两个编码。

物料编码与物料的唯一对应是通过物料的基本特征实现的。物料的名称、规格、型号、图号、颜色、材质等特征中，反映物料的物理性能的一个特征或者多个特征组合，能够唯一地区分物料差别。

(5) 扩展性。

不管采用哪一种物料编码方法制定的物料编码规则都必须具有相当的扩展性。同时，物料编码规则一旦制定还必须具有相对的稳定性，一般需要保证系统运行 10 年。因为在系统运行过程中，重新进行编码规则的调整存在极大的系统风险。因此，物料编码规则的扩展性和易用性是 ERP 系统实施前必须引起重视的工作。

(6) 实用性。

物料编码规则和物料编码必须以实用为宗旨。编码规则应具有逻辑性、科学性和合理性，保证可以顺利完成物料的编码工作，避免物料重复编码和遗漏。物料编码讲究的是直观性、准确性和易用性，能满足业务部门使用简洁、操作灵活的要求，以求达到实用好用的效果。

5) 物料编码工作的开展步骤

(1) 建立编码管理组织。

数据是系统运行的基础，对数据进行编码管理，是数据管理工作的基本要求。大量的数据整理和筛选需要有一定的业务知识和技术含量，同时又是一件枯燥和烦琐的工作，因此需要专职人员进行专职工作，也需要专职部门进行专职管理。

建议建立以工程技术人员为主、业务人员共同参与的编码小组，明确部门职能和岗位职责，有效推进编码工作。同时，制定与项目阶段匹配的数据编码工作计划，按照计划进行工作考核和监督改进。

(2) 建立编码管理规范。

要建立数据管理规范来指导数据管理工作。静态数据有物料编码、产品结构、工艺路线、科目表、供应商和客户信息等。这些数据必须有相应的管理规范进行管理，数据的新增、修改、删除、查询等操作必须有相应的流程控制。动态数据如采购订单、销售订单、生产订单、库存初始化数据等也需要制定相应的规则，用来规范数据的收集策略和管理流程，规定系统切换期间的数据操作。

(3) 收集加工系统数据。

现有数据通常分散存放于各个业务系统中，如 PDM、SPC、财务和物流系统等，这些数据相互交融，彼此独立，形成企业数据大杂烩。在进行物料编码时，要按照数据的相关性和重要性到相应系统中抽取数据，进行数据的加工处理。如物料数据从 PDM 和物流系统中取数，同时要参考 SPC 和财务系统数据；科目表要从财务系统中获取，供应商信息从物流系统读出。

另外，依据系统的编码规则进行数据的收集、整理和加工时，各个阶段的数据要采用版本进行标识，最终的数据进行归档控制，存放在安全的数据服务器上。

（4）编码过程事务协调。

即使制定了完整的工作流程和编码规范，工作过程也难免会出现一些例外情况，需要及时沟通和协调。不要怕出现问题，关键在于出了问题必须有人跟踪、协调和处理。编码时应在专家的指导下，实事求是、全面系统及时地处理出现的问题。

6）物料编码的注意事项

（1）物料编码管理。

如果 ERP 实施对象需要进行集中采购、集中销售和集中售后服务，就需要进行物料编码的集中管理，这时一般需要专职部门统筹管理。如果分散管理，也要求各分公司遵循相同的编码原则。另外，当前对象内部各部门应该采用相同的编码规则对所有物料进行统一编码管理，这有利于集团的物料管理，也便于对外交流和协调。

（2）物料描述的规范性。

物料命名不规范在使用过程中会产生许多困惑。如电源线、空调电源线、室内电源线，了解情况的认为这就是一个东西，不了解情况的会以为这是 3 种物料。有些困难的是，到目前为止，对于产品和物料命名还没有国际标准，也没有国家标准，也不存在行业标准，有一些企业制定了自己的命名规范，但在推广和执行过程中都遇到了不同程度的阻碍，造成不规范的实际后果，这给物料规范化和标准化带来了较大困难。

我们知道，要准确描述一个物料，仅有名称是不够的，还需要辅助的规格、型号、图号、颜色、材质等属性。这些属性和名称的组合，如果没有规范定义排列位置，将产生许多的混乱。一个系统的物料描述有长度限制，如 SAP 系统要求不超过 40 个字符，即在 40 个字符内，能够准确描述一个物料的主要特征。

（3）物料编码与产品明细表。

物料编码反映的仅仅是物料本身的技术性能和物理特征，而不反映它与产品之间的层次结构。物料与部件、产品之间的层次隶属关系由产品明细表确定。如果把产品的层次关系体现在物料编码里，不利于物料本身的管理，也不利于产品之间的物料借用。

同时，物料编码不但与产品明细表之间存在关系，也与工艺路线之间存在关系。在加工过程中需要储存、委外处理的工序需要进行编码管理，其他的则不需要编码。如果一些零部件要组合组装，同时组合组装关系复杂，且不需要库存管理，表现为零部件的临时性和虚拟性，这种组合件也需要编码管理。

（4）数据加工的信息失真。

数据加工和传播过程往往伴随着信息失真，尤其是不同业务部门之间的信息传递，业务人员根据自己的需求加工数据更容易导致信息的失真和歧义。如何避免数据加工过程中的信息失真，是情报学研究的范畴，目前还没有比较有效的方法。

数据加工的常用工具有 Excel 等。在 Excel 中，用户可以方便地进行数据的排序、过滤、分列、合并和运算以及表之间的数据链接等操作，这些操作都有可能产生数据的错乱，处理完成后一定要进行数据的校验。

7）独立需求和相关需求

独立需求指外界或消费者对制成品或最终产品之市场需求，亦即企业所承接市场之订单需求，因为它的需求量是由市场所决定，企业本身只可根据以往之经验法则予以预测，而无法加以控制或决定，故称之为独立需求。

相关需求是指企业对一项物料的需求与对其他物料项目或最终产品的需求有关，它也被称为非独立需求。这些需求是计算出来的而不是预测的，对于具体的物料项目，有时可能既有独立需求又有非独立需求。

### 2.2.2 物料清单

物料清单是定义产品结构的技术文件，称为产品结构表，或产品结构树。BOM 详细记录了一个项目所用到的所有下阶层材料及相关属性，亦即母件与所有子件的从属关系、单位用量及其他属性，在有些系统称为材料表或配方料表。以树结构的形式搭建产品制造 BOM 时，可根据企业的实际情况，分析哪些产品要进 ERP 系统，采集的范围要按照生产计划中涉及的产品的原则进行采集。在物料清单的采集完成后，要制定相关的数据维护规范，例如，产品配置和合同数据的维护规范、产品配置中选用件的搭建标准、更改通知单的维护规范等。建议：产品和零部件的关系由设计部门维护、零件和材料定额的维护由工艺部门来维护。在 ERP 系统中若要正确地计算出物料需求数量和时间，必须有一个准确而完整的产品结构表来反映生产产品与其组件的数量和从属关系。在所有数据中，物料清单的影响面最大，对它的准确性要求也相当高。图 2.7 所示为某软件系统下的 BOM 图例。

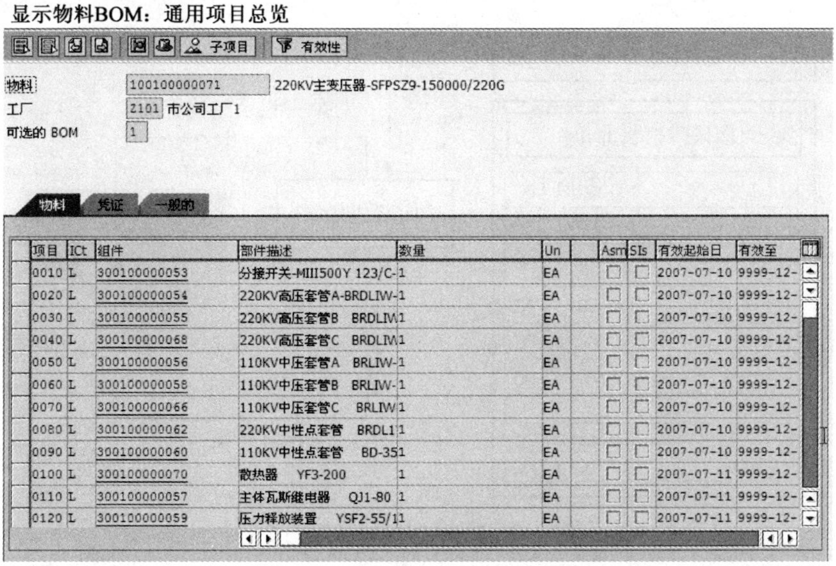


图 2.7 某软件系统下的 BOM 图例

1. 物料清单的作用

物料清单是接收客户订单、选择装配、计算累计提前期，编制生产和采购计划、配套领料、跟踪物流，追溯任务、计算成本、改变成本设计等不可缺少的重要文件。上述工作涉及企业的销售、计划、生产、供应、成本、设计、工艺等部门。因此也有这种说法，BOM不仅是一种技术文件，还是一种管理文件，是联系与沟通各部门的纽带，企业各个部门都要用到BOM表。

物料清单充分体现了数据共享和集成，是构成ERP系统的框架，它必须高度准确并恰当构建。图2.8、图2.9所示为BOM创建过程的两个图例。

企业要运行好ERP，必须要有一套健全、成熟的机制来对BOM的建立、更改进行维护，并对BOM表实施良好的运行管理。这比对BOM建档管理还要重要，因为它是一个动态的管理过程。

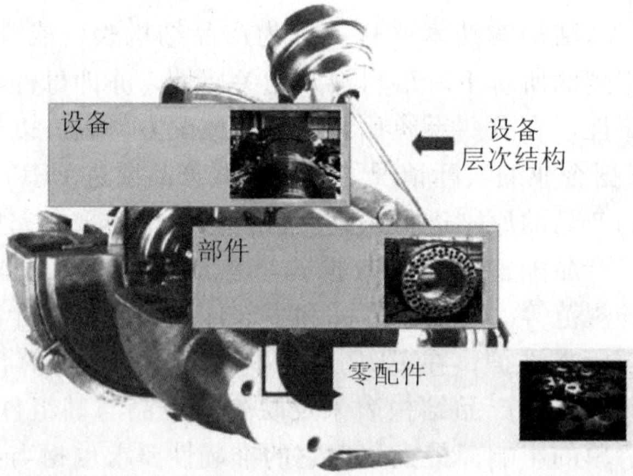


图2.8　BOM创建过程图例1

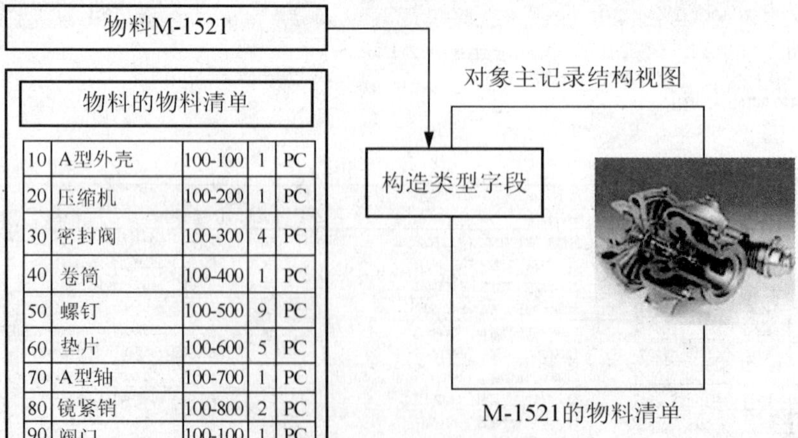


| | | | | |
|---|---|---|---|---|
| 10 | A型外壳 | 100-100 | 1 | PC |
| 20 | 压缩机 | 100-200 | 1 | PC |
| 30 | 密封阀 | 100-300 | 4 | PC |
| 40 | 卷筒 | 100-400 | 1 | PC |
| 50 | 螺钉 | 100-500 | 9 | PC |
| 60 | 垫片 | 100-600 | 5 | PC |
| 70 | A型轴 | 100-700 | 1 | PC |
| 80 | 镜紧销 | 100-800 | 2 | PC |
| 90 | 阀门 | 100-100 | 1 | PC |

图2.9　BOM创建过程图例2

BOM有各种形式，这些形式取决于它的用途，BOM的具体用途包括以下方面：①是计算机识别物料的基础依据；②是编制计划的依据；③是配套和领料的依据；④根据它进行加工过程的跟踪；⑤是采购和外协的依据；⑥根据它进行成本的计算；⑦可以作为报价参考；⑧进行物料追溯；⑨使设计系列化、标准化、通用化。

2. 物料清单和 ERP 的关系

ERP 的基本特点是：根据需求和预测来安排物料供应和生产计划，提出需要什么、需要的时间和数量。ERP 方法的管理对象主要是制造业有相关需求的物料，因此产品数据库中应包含的基本内容为物品主档(Item)和产品结构清单(BOM)。按照主生产计划和 BOM 可计算出企业对各级物料的毛需求量，再加上已有库存量和在制量则可算出动态的物料净需求量，这就生成了按生产进度要求的物料需求计划 MRP。ERP 只是一种指令计划，为了保证 ERP 的实现，需要考虑计划的执行与控制问题，因而发展为制造资源计划 MRP Ⅱ(Manufacturing Resource Planning)，其中重要的内容是车间作业计划 PAC(Production Activity Control)与控制。

因此，BOM 是 ERP 系统运行的依据，ERP 实施的广度和深度取决于 BOM 的覆盖面和数据内容。BOM 的建立，尤其是新产品 BOM 的及时录入就成为制约 ERP 成功运行的瓶颈。

3. BOM 规划工作的主要内容

第一步，组建 BOM 规划小组。

组建 BOM 规划小组，制定小组的工作方式、BOM 创建计划和 BOM 好坏的评价方式，进行工作划分，明确每一个人的工作任务。BOM 规划小组成员应该包括从事产品设计、工艺编制、物料保管、生产计划管理和 ERP 实施技术等人员。

第二步，完成物料数据的定义。

按照企业的编码方式，准确地定义企业物料的物料编码和物料属性。

第三步，熟悉产品的工程图纸。

产品的工程图纸是企业设计人员的工作成果，它完整地反映了产品的结构关系。熟悉产品工程图纸的方式包括：理解产品的工作原理；读懂产品的工程图纸；理解产品与各个零组件之间的关系；理解产品和零组件的编码原则并读懂图纸上的零组件明细表。

第四步，将图纸转化成清晰的产品结构树。

在熟悉产品的工程图纸的基础上，从图纸上取出生成最终产品的所有零组件的清单，为转化成便于计算机管理的 BOM 做好准备。

第五步，确定 BOM 创建原则。

在前 4 步的基础上再进行讨论，确定 BOM 创建的基本原则，如满足产品结构层次划分的功能性、工艺性、简单性；物料代用及选用原则的合理设置等。

第六步，规划设计 BOM 形式。

多次讨论并分析，明确系统模块 BOM 父项和子项之间的关系，确保 BOM 的完整性和正确性，并便于 ERP 系统进行基于一定逻辑运算基础的资源管理。

4. 制作 BOM 表要求

ERP 系统本身是一个计划系统，而 BOM 表是这个计划系统的框架，BOM 表制作质量直接决定 ERP 系统运行的质量。制作 BOM 表的要求如下。

（1）覆盖率。企业正在生产的产品都需要制作 BOM，因此覆盖率要达到 99%以上。因为没有产品 BOM 表，就不可能计算出采购需求计划和制造计划，也不可能进行物料控制。

（2）及时率。BOM 的制作更改和工程更改都需要及时，BOM 必须在 MRP 之前完成，工程更改需要在发套料之前完成。这有两方面的含义：①制作及时；②更新及时。

（3）准确率。BOM 表的准确率要达到 98%以上。测评要求：随意拆卸一件实际组装件与物料清单相比，以单层结构为单元进行统计，有一处不符时，该层结构的准确度即为 0。

BOM 的建立对实施 ERP 的制约是可想而知，众人都说实施 ERP 难，我们体会到其中最难的就是产品数据库的完善，不少企业实施 ERP 进展缓慢或实施不正常往往就卡在数据库的不完善问题上。但是，企业只要有强而有力的实施班子，实施人员有锲而不舍的精神，闯过管理关和数据关，成功实施 ERP 的路就会展现在面前。

### 2.2.3 工艺文件

工艺文件是 ERP 系统中生产管理工单执行的依据，其工序信息是车间作业执行的依据；其路线信息是车间控制模块工单形成的依据；其工时定额数据是车间完工工作量、车间考核、成本核算的重要依据。

#### 1. 工序卡信息

工序卡以技术部门 CAPP 工艺数据为依据，收集记录零件的加工工艺信息，包括零件的加工工艺、路线信息、工时定额信息，由技术部门负责提供和维护相关信息。图 2.10 所示为某 ERP 软件维护工单工序列表图。

工序列表

| 步骤 | 工作中心 | 控制码 | 描述 | 工作 | 人 | 时间 | … |
|---|---|---|---|---|---|---|---|
| 0010 | BY-1 | PM01 | 变压器修前电气试验 | 4H | 2 | 2H | |
| 0020 | BY-1 | PM01 | 取本体大修前油样和试验 | 3H | 3 | 1H | |
| 0030 | BY-1 | PM01 | 拆除各部位的二次接线 | 2H | 4 | 2H | |
| 0040 | BY-1 | PM01 | 拆除各部位的一次引线 | 6H | 2 | 3H | |
| 0050 | BY-1 | PM01 | 关闭冷却器与主体连接阀 | 1H | 1 | 1H | |
| 0060 | BY-1 | PM01 | 主变本体部分放油 | 4H | 2 | 2H | |
| 0070 | BY-1 | PM01 | 拆除套管(220kV,110kV) | 16H | 4 | 4H | |
| 0080 | BY-1 | PM01 | 拆除套管(35kV铁芯接地) | 8H | 4 | 2H | |

图 2.10 某 ERP 软件维护工单工序列表图

2. 工艺过程卡信息

根据零件的工序过程卡信息(工艺路线信息),将相同计控单元进行合并后形成零件的工艺路线,同时将相同计控单元的工序的工时定额汇总后形成工艺过程卡的工时定额信息。工艺过程卡的信息应该由工序卡信息汇总生成,而不应该人工建立。工艺过程卡的信息是车间控制的依据。

### 2.2.4 计控单元

计控单元(Working Center)也叫工作中心,是指在企业生产规划中人为划定的具有某种生产能力的单元。工作中心的规模和构成没有固定的标准,一般是生产计划控制的最小单元,它可以定义到分厂、车间,也可以定义到班组、加工中心等。图 2.11、图 2.12 所示为工作中心图例。

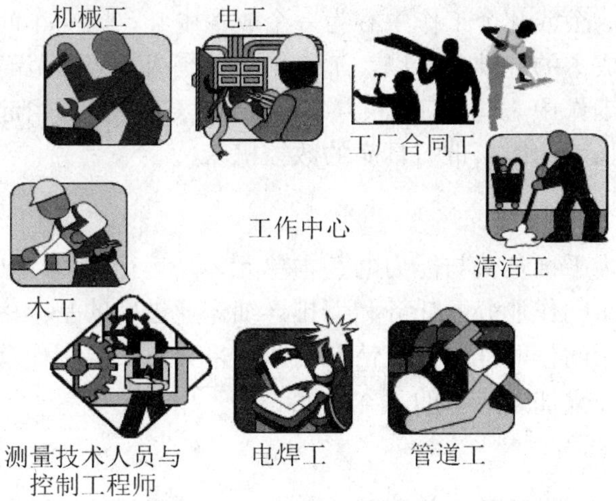


图 2.11 工作中心图例 1

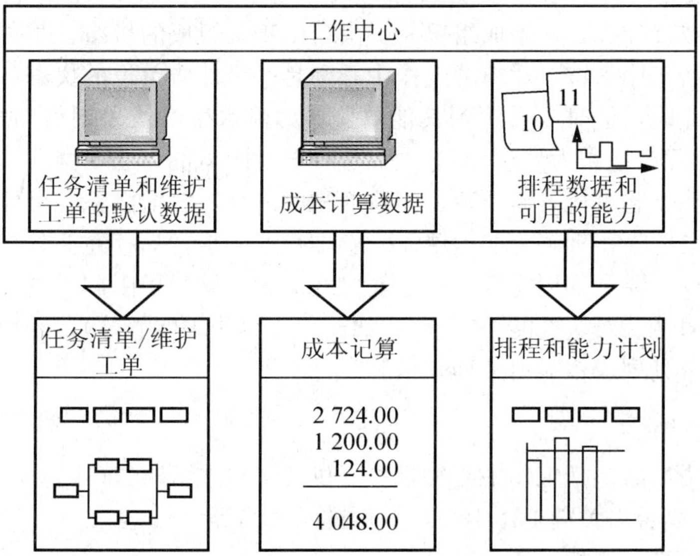


图 2.12 工作中心图例 2

计控单元划分是ERP的生产管理系统中关键技术之一，在划分计控单元时要考虑各个加工单位的生产实际，同时考虑财务成本中心划分原则，成本中心必须能够涵盖计控单元，满足财务核算的需求。

1. 工作中心的特点

(1) 工作中心是各种生产能力单元的统称，也是发生加工成本的实体。因此，它主要是计划与控制范畴，而不是固定资产或设备管理范畴的概念。在传统手工管理进行能力平衡时，往往用各类设备组的可用小时数与负荷小时数对比。工作中心把设备组的概念扩大了，除设备外还可以是人员或面积等。

(2) 在编制工艺路线之前，先要划定工作中心，建立工作中心主文件。工艺路线中，一般每道工序要对应一个工作中心，也可以几个连续工序对应一个工作中心(这种情况往往出现在焊接、装配这类作业)。工件经过每个工作中心要发生费用，产生加工成本。在责任会计制中可定义一个或几个工作中心为一个成本中心；同一车间所有工作中心发生的费用可作为计算车间成本的基础。所以，工作中心又是成本核算范畴的概念。

(3) 注意不要把工作中心同加工中心(Machining Center)混淆起来。众所周知，后者是一种高精度、多种加工功能、带刀具库的数控机床。

2. 建立工作中心的作用

(1) 工作中心作为平衡负荷与能力的基本单元，是运行能力计划时的计算对象。

(2) 工作中心是车间作业分配任务和编排详细作业进度的基本单元。

(3) 工作中心是车间作业计划完成情况的数据采集点，也用作反冲的控制点。

(4) 工作中心是计算加工成本的基本单元。

3. 工作中心的设置

设置工作中心是一项细致的工作，要充分考虑到设置的原则，以使工作中心起到上述4个作用。工作中心可以是一台功能独特的机床或生产装置、一组功能和费率相同的设备、一条生产线或装配线、一个成组单元、由若干工人组成的班组、某种生产单一产品的封闭车间。对外协工序来讲，对应的工作中心则是一个外协单位的代码。工作中心能力的计量单位一般为小时，但时常会用到其他单位，如流水生产线采用件/时、工业炉窑采用吨/时等以单位时间产量作为计量单位。总之，作为能力的单位必须与负荷的单位一致。机械行业中的机床、起重机等需要装配作业面积的产品，装配面积有可能限制了装配产品的产量，可以把装配面积理解为能力单元。卷烟行业的烟丝储存在储丝柜中，一个储丝柜只能存放一种烟丝，在全部用完清仓后才能更换品牌；储丝柜限制了卷烟的产量，也可作为一种能力单元对待。对这类能力需求(诸如面积、容积、能源等)，一般作为关键资源对待，结合资源需求计划或粗能力计划来运算。

4. 工作中心的度量

工作中心能力数据包括工作中心每日可提供的工时或台时数(或每小时可加工的件数，可生产的吨数)，是否为关键工作中心，平均排队时间等。

额定能力的计算公式如下。

工作中心能力＝每日班次×每班工作时数×工作中心效率×工作中心利用率(小时/日)

公式中，效率和利用率这两个因素是为了使工作中心的可用能力更符合实际，从而使计划和成本也更加符合实际。在设置这两个参数时，可按照它们在计算中的逻辑关系，灵活运用。当设备的自动化程度较高，可以连续全日运转，或一个人可同时操作多台设备时，往往用台时作为能力单位。反之，以工时作为能力单位。换句话说，主要看约束能力发挥的是设备台数还是工人人数。

### 2.2.5 期量标准

期量标准数据是ERP系统中生产管理模块和采购管理模块运行的重要数据，以物料为对象收集整理。期量标准主要涉及期和量两个方面，其中期包括提前期和间隔期；量包括安全库存量、最大最小订货量、倍数订货量。

#### 1. 提前期和间隔期

间隔期用来控制计划的批次，自制物料的间隔期表示间隔多长时间进行下一次计划，也就是每生产一次可满足多长时间的耗用，是一个控制生产批量的参数。对于有来源关系物料(同件号，不同加工状态)，其物料装配状态的间隔期≤物料加工状态的间隔期≤物料毛坯状态的间隔期。同理，结合件的间隔期≤其下属零件的间隔期；采购物料的间隔期表示多长时间采购一次，提前期用来控制计划的需求日期。

自制物料的提前期的制定，需要先确定计控单元，然后形成自制物料按计控单元细分的工艺过程卡。采购物料的提前期表示物料的采购周期，即在一般情况下，从供应商得到供货计划开始到供货入库之间的周期。一般在计划考核时使计划日期集中在考核期(习惯以周为单位)的期末，建议将自制物料的提前期设计为考核期的倍数。

#### 2. 量标准

期量标准是对生产作业计划中的生产期限和生产数量经过科学分析和计算而规定的一套标准数据。期量标准是编制生产作业计划的依据。下面依次介绍安全库存量、批量、最大最小订货量、倍数订货量的含义和管理办法。

1) 安全库存量

为了预防需求或供应方面不可预测的波动，在仓库中经常应保持最低库存量作为安全库存量。

影响安全库存量的因素主要有以下方面。①存货需求量的变化、订货间隔期的变化以及交货延误期的长短。预期存货需求量变化越大，企业应保持的安全库存量也越大；同样，在其他因素相同的条件下，订货间隔期、订货提前期的不确定性越大，或预计订货间隔期越长，则存货的中断风险也就越高，安全库存量也应越高。②存货的短缺成本和储存成本。一般地，存货短缺成本的发生概率或可能的发生额越高，企业需要保持的安全库存量就越大。增加安全库存量尽管能减少存货短缺成本，但也会给企业带来储存成本的额外负担。在理想条件下，最优的订货和储存模式可以求得，但在实际操作过程中，订货成本与储存成本反向变化，不确定性带来的风险使得这个自存在商品流通以来就存在的问题一直没有得到有效的解决。一般地，厂商要处理两种流：物流和信息流。公司内部间的隔阂影响了信息的有效流通，信息的成批处理使得公司内“加速原理”生效，需求信息经常被扭曲或延迟，从而引起采购人员和生产计划制定者的典型反应——“前置时间或安全库存综合症”。该效应继续加强，直到增加过量，相应的成本同时随之上升。过剩的生产能力不断蔓延至整条供应链，扭曲的需求数据开始引起第二种效应——“存货削减综合症”，厂商不得不选择永久降低产品的销售价格，从而侵蚀企业的盈利。前一种效应引起过量的存货，公司为了求出路又导致后一种结果，不进行流程改变，这两种效应将持续存在并互相推动。在市场成长期，两种效应的结合所带来的后果常被增长的需求所掩盖，厂商可以生存甚至兴旺而不顾及震荡周期的存在——一段时间内，全力处理存货；另一段时间内却又不顾成本地加速生产。当市场进入平稳发展或下降期后，厂商开始一步步走向衰亡。可以说，在目前企业与企业存在隔阂甚至企业内部门之间也存在隔阂的情况下，信息传递滞后、反应缓慢、成批处理和不确定性是造成上述两种效应的深层原因，应对的根本也在于减少组织隔阂、加强信息疏导并能做到迅速反应。

2）批量

批量是一次投入或产出同种产品或零部件的数量。生产间隔期是相邻两批产品或零部件投入或产出的时间间隔。批量与生产间隔期有密切的联系。两者的关系可用下式表示：批量＝生产间隔期×平均日产量。影响批量的因素主要有3个方面：①设备调整时间的长短和工人熟练程度：批量越大，单位零件所分摊的设备调整费用越少，越易于提高工人的熟练程度；②零件、部件和产品价值的高低：批量越小，在制品占用量越少，有利于加速资金周转；③组织管理因素：如刀具寿命、作业制度、生产面积等都影响批量的确定。机械工业企业在成批生产中的一般做法是在零部件分类的基础上，为不同零部件规定几种生产间隔，如年、季、月、旬、周等。先确定生产间隔期，后求批量，称为定期法。一般贵重零部件的生产间隔期应短些。另一种是定量法，即经济批量法和最小批量法。

3）最大最小订货量、倍数订货量

期量标准是对生产作业计划中的生产期限和生产数量，经过科学分析和计算而规定的一套标准数据。期量标准是编制生产作业计划的依据。

合理的期量标准有助于建立正常的生产秩序和工作秩序，组织均衡生产，充分利用生产能力，缩短产品生产周期，加速流动资金周转，提高企业经济效益。值得注意的是，不同类型的企业，由于生产过程的组织形式不同，应采用不同的期量标准。

**ERP时事摘录2-2**

### 大数据时代的挑战：数据竞争与社交化ERP

导读：这是一个大数据的时代，“大”不仅在于容量，更在于通过数据的整合和分析，发现新的知识，创造大的价值。

过去50年，纽约时报共产生了30亿单词，而现在在Twitter每一天都产生80亿单词；人类每一天产生约15排数据，是全美学术类图书馆图书的8倍。自从2004年社交媒体出现之后，所有的情况都改变了。今天80%的都是非结构化的数据，并且这些都是个人行为的数据。11月4日，由金蝶承办的“2012中国管理·全球论坛”上，KIT Solutions软件公司亚太事务主任、《大数据》作者涂子沛在“企业社交与管理创新”专场，发表了《Analytics：连接ERP、社交媒体和大数据》的主题演讲。涂子沛指出：这是一个大数据的时代，“大”不仅在于容量，更在于通过数据的整合和分析，发现新的知识，创造大的价值。

大数据将给企业带来哪些挑战和改变？

首先，企业数据开始多元化。ERP数据和信息系统数据，每一条都有具体的含义和价值，而社交媒体数据可以称之为模糊数据。现在学界的研究认为，社交化ERP对企业管理是正向的，起到推进作用的。因为社交化ERP把非正式交流渠道纳入到企业管理的视线当中。非正式交流渠道一直是企业内部存在的，而且对企业文化和管理起到很大的作用。以人为中心的交流补充了传统ERP以商务过程为中心的管理。ERP是程序，领导可能是最后知道真相的人，而企业内部社交化媒体的出现，会极大地改善这种情况。很多事情领导只需要知道，并不需要在这个事情上做出决策。因此，社交化的ERP最重要的作用，是把非结构化数据引入到ERP系统，顺应大数据时代的趋势和要求。社会化ERP是多项技术和理念的融合(图2.13)。

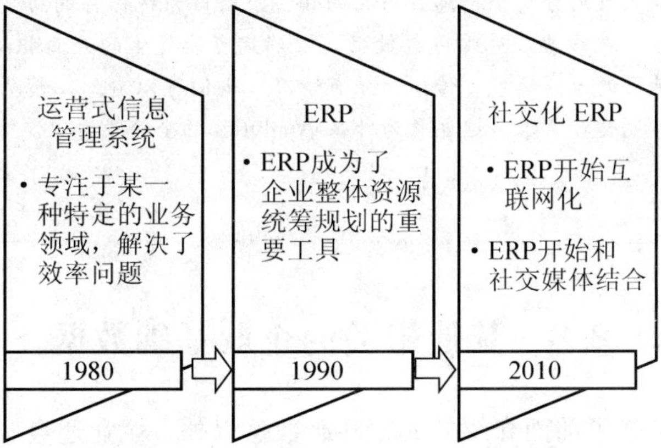


**图2.13 社交化ERP是多项技术和理念的融合**

其次，企业需要面对的最大的挑战就是数据的竞争。数据已经成为了现在生产过程中的基本要素和资产。如天气数据，如果你是一个销售公司，如果你能够把天气数据跟自己的销售数据进行整合，就会发现其中的规律。数据是一种很特殊的资本，首先它没有排它性，没有消耗性，却有整合性，1+1可以大于2。所以数据竞争将成为商业、国家竞争的一种重要形式。人类已经从软件时代进入数据时代，一些公司已经把它们商业活动的每一个环节都建立在数据收集、分析和行动的能力之上了，这样的公司将是最省钱的公司。

数据如何竞争？投资回报率如何建立？

数据投资回报是数据价值除以数据成本，第一，我们需要降低数据成本，提升数据价值。而降低数据成本有很多做法，其中最重要的就是把低活跃度的数据转移到低成本的存储器上去。怎样增加数据的价值呢？要收集更多、更全面的数据，如社交化ERP。第二，针对数据质量要有一个数据治理的队伍和流程。第三，要有很好的数据分析的能力，“数据可视化”是当前的大趋势，通过图形、图像、动画等一同展示数据，让数据浅层的关系得到更好的理解和发现。从2006年开始，业界的主流厂商开始把自己的BI产品称之为Analytics。它跟商务智能区别在哪呢？商务智能有更强的IT导向，而Analytics可以看作商务智能的2.0版本。现在，Analytics开始改变了，在过去的企业中，使用的数据中90%都是ERP的数据，只有10%的企业才会用到外部数据，但在未来的企业中，只有50%是自己的数据，外部数据和新媒体数据会发生越来越大的作用(图2.14)。

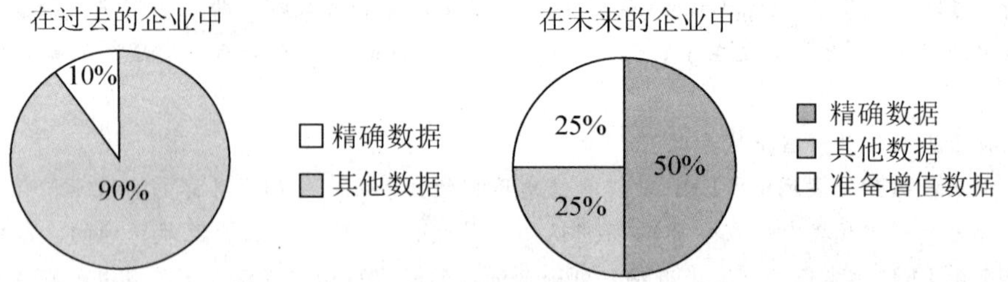


图 2.14　ERP 的精确数据与社交数据等图示

有两个案例可以说明这一点。在迪斯尼乐园里有 100 多个景点，意味着有 100 多条排队的队伍。怎样减少顾客排队的时间？迪斯尼利用十多年的历史数据，结合天气数据、旅游数据预测每一条队伍每一天、每一小时所需要的排队等候时间，为游客计算最佳的园内景点游览次序。同时实时收集 Twitter 的数据，处理突发情况，更新每一条队伍的排队等待时间，使用这些数据的游客平均每人节省了 4 个小时。第二个例子是宾夕法尼亚州政府分析全州感冒药品的销量、对比系统保存的历史数据，以确定可能发生的大面积流感；分析儿童的就诊率，对比历史数据，以确定可能发生的大面积流感；对 Twitter 进行文本分析，实时监控各个地区的流感爆发、传播、分布情况。我们可以看到，精确的数据一旦与社交媒体数据相结合，对未来的预测会非常准。这也是为什么 Analytics 的全球投资仅仅低于云计算，高达 340 多亿美元的原因。

资料来源：天极网，2012 年 11 月 9 日

## 2.3　其他相关的企业基础数据

在 ERP 系统中，除了前面介绍的典型基础数据以外，企业还会有其他一些基础数据。

价格数据是为了准确、及时地反映企业资金流与物流、信息流的同步流动，合理考核成本中心、费用中心、利润中心而建立的严格完整的价格体系，用以满足核算和考核的要求。

工作日历定义是指所在企业的作息安排，首先是符合一个国家一个地区的统一安排(法定安排)，其次是公司或工厂自己换休，简单理解就是在 ERP 系统里面设置公司出勤日的安排规定。

货币种类是为了适应当今企业的国际化经营，对外币结算业务的要求增多而产生的。多币制将企业整个 ERP 的各项功能以各种币制来表示和结算，以便符合当前国家的规定及国际的惯例。

多语言环境数据，不仅仅是一个语言翻译上的问题，还需要兼顾各种语言国的文化习惯，它是 ERP 系统软件成熟的一个重要特征。

常用语数据主要包括企业生产经营过程中经常使用的语句信息，可以降低人工录入这些信息的时间。常用语可以分为个人常用语和企业常用语两种类型。常用语的管理方式应该采用便于扩充的树状结构。图 2.15 所示为某 ERP 软件中的常用术语。

页脚、签核数据主要包括多组页脚注记信息、多组签核信息，可以用于报表和单据。同样，它们降低了人工录入信息的拼字时间，提高录入信息的质量。

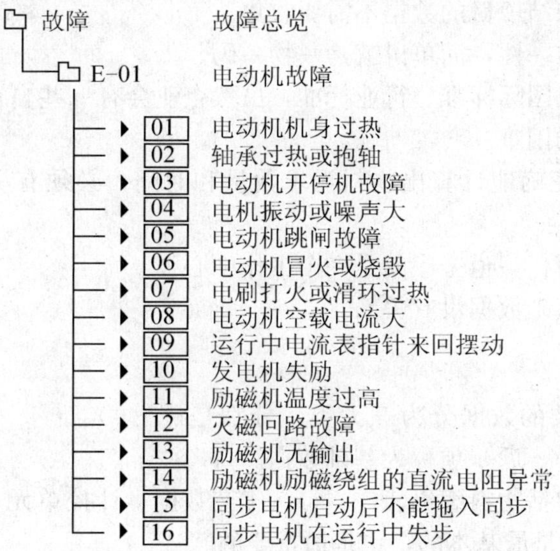


图 2.15　某 ERP 软件中常用术语图

## 本章小结

ERP 实施过程中的数据准备是一项十分繁重而枯燥的工作，同时又是一项十分重要的工作，数据准备的优劣直接影响到系统运行的结果，对于以后能否顺利开展工作也会起到决定性的作用。为此，数据准备时，建议从有关部门抽出从事本部门业务工作、有丰富工作经验、熟悉本部门各项业务的管理人员，把他们组织起来，同计算机专业人员与数据管理人员一起集中工作，专门从事数据的采集与整理，这样便于集中统一管理，保证数据准备的时间进度，对在数据准备过程中发现的错误，能够迅速做出反应，并及时进行调整。

本章介绍了 ERP 系统中数据清理和企业基础数据的相关知识。首先分析了企业基础数据及数据清理对于企业的意义，阐述了数据清理的质量是决定 ERP 系统上线能否成功的关键原因，并介绍了数据清理工作的实施过程。然后介绍了 5 个方面的典型企业基础数据的管理办法以及物料、物料编码、物料清单、工艺文件、计控单元、期量标准，阐述了这些基础数据在 ERP 系统中的重要性。最后对其他相关的基础数据进行了介绍。

## 思考练习

1. 判断对错并分析

(1) ERP 项目实施成功靠的是三分技术，七分管理，十二分数据。这主要是指数量的量比较大，但是就工作量而言并不多。

(2) ERP 系统的基础数据指的是企业所有可见的信息。

(3) 数据清理主要是要清理企业的财务类型数据。

（4）数据清理中未结项目的数据不需要收集。

（5）物料编码的唯一性，简单讲就是一物一码。

（6）某些物料缺乏国际标准、行业标准，虽然企业会有一些自命名的规范，但依然会给物料编码带来极大的困难。

（7）ERP 系统要正确地计算出物料需求数量和时间，必须有一个准确而完整的产品结构表。

（8）对于企业而言，一道工序就是一个工作中心。

（9）企业日历和基础数据没有关系。

2. 填空题

（1）ERP 实施需要的数据分为三大类，分别是（　　）、（　　）和运行初始化数据，前面两项也称为（　　），后一项称为基础数据。

（2）基础数据又包括物料编码、（　　）、工艺数据、计控单元、期量标准、价格数据 6 类数据，这 6 类数据是最基本的，也是最重要的。

（3）物料编码的原则有继承性、完整性、统筹性、（　　）、（　　）、实用性。

3. 问答题

（1）什么是企业基础数据？

（2）请结合您的认识，谈一谈企业资源和企业数字资源之间的关系，如何理解它们和企业 ERP 系统之间的关系的？

（3）企业数据清理的含义是什么？企业数据清理和 ERP 系统实施之间有什么关系？

（4）物料编码的作用是什么？

（5）BOM 是什么含义？它和物料之间是什么关系？

（6）BOM 的特点及其作用是什么？

（7）工艺文件的含义和作用分别是什么？

（8）试述对计控单元的理解。

（9）期量标准包含哪些基本内容？

（10）除了本书列举的企业基础数据之外，还有哪些数据没有被列举出来？请举例说明。

## 实训拓展

1. 案例分析

**ERP 拓展阅读 2-1**

### 家具 ERP 成功之路　专家支招 ERP 数据管理

实施 ERP 就是要解决这样一个问题：如何权衡效益和成本，综合各个业务子系统的信息，实现良好的数据管理。在国内实施 ERP 系统的圈子里流传着这样一句话："成功实施 ERP 的企业具有相似的基本条件，但实施 ERP 失败的原因却各有不同。"

纵观国内实施 ERP 系统终告失败的企业，结合 ERP 的核心管理思想，可以将其失败原因划分为项目管理和技术管理两大方面。

在项目管理方面，或者是由于企业核心业务流程不合理，系统实施时未对其进行充分合理优化，而仅仅套用了 ERP 供应商已有的功能模块；或者是项目实施过程中缺乏系统控制；再可能就是部分企业领导层只是将 ERP 系统看成一种普通信息系统的引入，低估了实施系统的难度，导致实施过程中配合力度不够，后续投资跟不上。

其实，在企业实施 ERP 系统的过程中，还存在着一个巨大的技术管理问题，就是一些企业未能有效地进行基础数据的管理，这是导致 ERP 系统实施失败的重要原因。

众所周知，ERP 帮助企业进行高效管理，必须建立在对大量的全面、准确、实时的企业数据的访问、存储和分析的基础之上。而现在的一些 ERP 供应商为了减少成本，降低客户的疑惑度，便淡化了对企业基础数据结构的优化程度，只是从企业现有的零散混乱的数据源中调用数据，来迎合其产品的数据输入模块，最终导致了企业基础数据处理的严重缺陷。这主要表现在以下几个方面。

首先，在企业实施 ERP 之前，没有及时地调整企业基础数据，为后来的系统数据管理埋下了隐患。通常存在以下 3 方面的前台数据操作问题：①数据输入不规范，同一部门不同的成员有不同的数据输入格式，造成数据不统一；②数据操作权限混乱，从而导致数据来源多，同一业务在不同部门的赋值不同；③企业本身一些业务不规范，没有及时形成业务数据，导致在系统中的数据不完整。

其次，由于 ERP 涉及财务、销售和生产等各方面的数据，数据结构复杂，数据源均来自于不同的二级部门，而那些有一定发展历史的企业已经形成了较为稳定，且各具特色的二级单位数据库。由于在各个部门之间缺乏数据通道，各个二级单位的后台数据库都成了“信息孤岛”。如果在实施 ERP 系统时不能很好地解决这一问题，就无法集成企业的基础数据。结合国内企业在实施 ERP 过程中存在的问题，笔者认为可以围绕企业基础数据做出一系列的调整和管理，主要有以下招数。

以现代企业管理为指导，以信息管理技术为工具，对企业现有的信息流进行整改，包括调整企业的职能模块、优化企业业务流程。ERP 项目上马前，要充分了解企业信息流的情况，从企业权力结构方面入手，分析严重影响数据输入、数据产生或数据管理的原因。在调整企业职能模块的基础上，还需要优化企业业务流程。

现在很多大型企业的二级单位已经建立起了相对稳定的业务子系统，同时具备自身的数据库结构。但是，由于缺乏各部门之间的信息通道，所以就形成了一个个“信息孤岛”。

实施 ERP 就是要解决这样一个问题，即如何权衡效益和成本，综合各个业务子系统的信息。全部重建固然可能达到最好的数据集成，但成本巨大；全面包容又会造成数据平台过多，数据格式过于分散，不能达到 ERP 系统的基本要求。因此，最重要的工作就是认真地考察各个业务子系统现有的数据结构，考虑其数据规模、数据库本身结构、接口设计优劣状况等来确定哪些可以沿用不动，或变动较小。同时，应该明确规定各类数据的出处，保证特定数据具备确定的数据源，清理各部门之间数据管理重叠区，从而建立 ERP 的综合数据管理模式。

资料来源：郴州新闻网，2012 年 05 月 28 日

**思考：**

(1) 从网上数据库查询家具行业实施 ERP 的案例，结合本材料，谈一谈数据管理在 ERP 系统中的地位和应用状况。

(2) 企业基础数据的管理品质是如何影响 ERP 系统实施的？

(3) 数据收集的工作从原来的手工收集整理，到现在的条形码阅读、移动手持设备等一系列科技产品进入当前领域，查询有关信息技术方面的资料，搜索现在数据收集管理新科技如何改变 ERP 系统运营的相关背景资料，结合家具、建材行业 ERP 系统的应用谈一谈自己的看法。

2. 课程设计：使用 Excel 软件实现企业 ERP 数据分析处理

设计目的：用 Excel 软件对物料编码数据进行分析。

准确完善的物料分类和编码不仅是企业管理物料的前提和基础，有利于 ERP 系统的顺利部署与运行，同时也可以为企业对各类业务的事中控制、事后分析和未来预测提供保障。

(1) 原材料分析：分析一段时间内物料的采购订单价格变化可以预测未来物料的价格变化趋势，分析供应商的交货期和质量状况可以检查供应商的服务水平，提出加强供应商管理的建议。

(2) 分析一段时间内物料的价格变化可以预测产成品的标准价格变化趋势，对成本控制和销售报价管理提供辅助决策帮助。

(3) 避免超量库存和物料短缺的发生，是保障生产计划正常执行的基础。分析采购物料的库存价值，进行安全库存、最高库存和最低库存的控制，而库存物料的有效期和批次管理可以用来进行物料质量跟踪，提出库存管理的建议。

(4) 分析半成品分析：对半成品的生产订单进行有效管理，可以提高计划执行率和生产效率，发挥产能优势，保障准时交货。而对半成品的领料和加工过程跟踪控制，则可以准确记录产品的加工增值过程，降低不增值的操作和流程，优化产品的成本结构。

(5) 产成品分析：对产成品的销售时间、销售区域、经销商、品种和销售人员等进行全面分析，寻找其内在的销售规律，预测未来的销售变化趋势。

(6) 故障分析：针对售后服务中的故障原因和频率分析零部件的质量和技术问题，对如何降低售后服务成本，提高产品市场竞争力给出合理化建议。

# 第 3 章 综合计划

## 学习目标

通过本章的学习，读者应该能够：

（1）理解综合计划的含义，并说明它的用途；

（2）理解综合计划和 ERP 系统的关系；

（3）了解综合计划策略的含义，并区分它们的异同；

（4）掌握综合计划中常用的图形工具和数量工具；

（5）掌握综合计划的制订方法、分解过程及计算过程。

## 知识结构

本章的知识结构如图 3.1 所示。

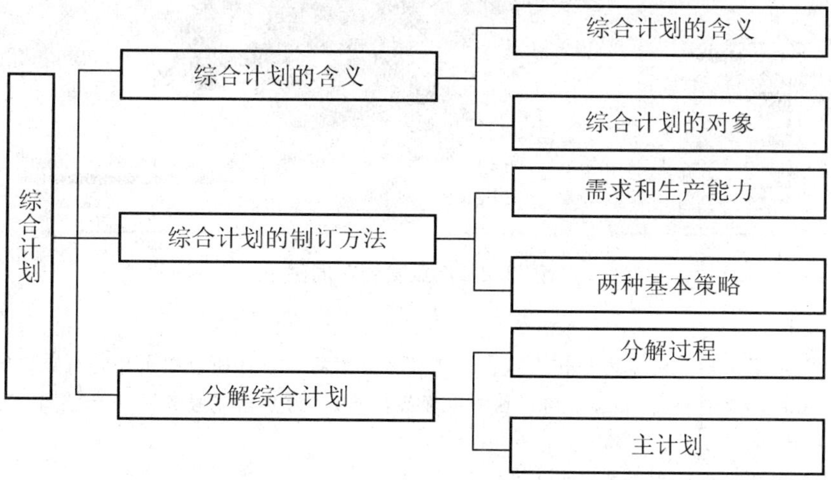


图 3.1　本章知识结构图

## 导入案例

### 普陀区桃浦镇国民经济和社会发展第十二个五年规划(节选)

(2011—2015年)

在认真总结“十一五”期间发展经验的基础上，根据普陀区“十二五”发展的总体思路和战略布局，组织编写好第十二个五年规划(2011—2015年)，对于促进桃浦镇新一轮经济和社会发展具有重要的意义和作用。

**“十二五”产业发展的战略布局**

积极融入普陀区整体功能布局规划，综合考虑产业发展目标以及区域产业基础和环境条件，打造“三片一轴”产业布局(图3.2)。“三片一轴”是按照产业功能布局划分的三个产业区域和一个服务功能轴，其中既包含了市级、区级重点发展区域，也涵盖了桃浦产业调整转型的攻坚地区。

图3.2 产业发展布局图

1. “三片”

“三片”主要是指以镇域内祁连山路、外环线为分割的3个区域，即东片宜商宜居区(祁连山路以东)、中片产业创新区(祁连山路以西，外环线以东)、西片功能服务区(外环线以西)。

2. “一轴”

“一轴”指真南路商务服务轴。

打造意义：以商务服务功能为主，承接诸如城市副中心和中环商务区的辐射，充分利用轨道交通、城市景观等独特优势，围绕沿线周边产业，提供优质的功能配套服务，将东、中、西3片区域有机地连接起来。

功能定位：开发和建设商务楼宇，引进金融咨询、交易展示、交易培训、包装设计、广告策划、会计法律等服务性企业，打造连接“东、西、中”三片区的普陀西北服务枢纽和配套服务平台，成为推动普陀西北产业发展的服务功能轴。

资料来源：中央政府门户网站|中国上海|普陀区政府网站

**思考：**

(1) 这个政府规划和企业的生产计划有何类似之处？

(2) 这个规划时间跨度多长？是否有进一步细化的必要及可能性？对应到企业的生产规划，它比较倾向于哪一类计划层次？

(3) 综合计划是否仅仅适合于传统制造业？对于其他组织机构而言，有何借鉴意义？

在本章，我们将和读者一起学习综合计划。一般认为，ERP系统直接从主生产计划学起就可以了，但是我们认为，主生产计划的理解和综合计划关系密切。要掌握ERP对于企业资源的管理过程，就需要进一步学习综合计划的来源和制订过程。本章将介绍综合计划是如何组织企业资源，以便满足企业的预期需求的。

## 3.1 综合计划概述

一般而言，企业难以在几个月之前精确地预测外部条件(如能源、旅游等季节性变化)变化而导致的需求变化，从而因需求提前对自身的生产能力需求(如劳动力、库存等相关成本)进行概算。企业要实现因外部条件的不断变化而对内部需求的相应调整变化，这一系列的变化调整流程被称为综合计划。在企业对季节性因素或其他波动性因素进行分析的过程中，综合计划是一种极其有用的方法。综合计划的目标是完成能够有效使用企业组织资源的生产计划，满足预期需求。因此，企业的计划者必须对产出率、员工水平及其变化、存货水平及其变化、待发货订单及转包合同等制定相关决策。

**ERP时事摘录3-1**

### 理性看待国际粮价飙升

近期，国际粮价呈现上涨势头。在国内外各种因素影响下，粮价在合理范围内变化是正常现象。应当注意的是，粮价上涨是一柄双刃剑，应当谨防在未来农业成为高效益产业的情况下，国外粮价暴涨损害国内部分进口消费群体的利益。

在过去一个多月时间里，国际玉米、小麦价格的累计涨幅达50%，涨幅最小的大豆期货价格也达到近三成。对此，有观点认为，国际粮价暴涨主要源自世界产粮大国的旱情、炒作资本借题发挥等因素，这种涨势必将传导至国内，带动我国粮价大幅上涨。

且不说我国粮食“八连增”的供应基础，单单是近几年国家储备粮吞吐的作用和最低收购价制度，就足以消除短期内国内粮食市场供求的波动，进而稳定粮价，这种“传导论”的观点并不正确。

从更深层次思考，“传导论”明显忽视了粮价的变动与粮食供求、种粮成本、国家调控政策、国际市场影响等多重因素的关系，将国内外粮食市场简单绑定，粗略得出粮价上涨的结论，与真实情况相差很大。国家统计局公布的居民消费价格变动情况食品品类中，粮食价格的同比涨幅从2010年底两位数的高位持续回落至3%左右。截至今年7月份，粮价同比涨幅影响居民消费价格总水平上涨仅为0.09个百分点，目前环比涨幅仍在低位徘徊。

我们说这一轮国际粮价上涨不会对国内粮食市场产生较大影响，原因有如下几个方面。

从粮食供给看，我国粮食作物自给率很高，对外依存度很低，按照国际通行规则计算，处于95%以上的安全范围内。近10年来，我们不仅扭转了粮食产量连年下滑徘徊的态势，实现了半个世纪以来的首次“八连增”，而且产量连续5年超过1万亿斤。强有力的供给有效抑制了粮价过快上涨。

当然，国际市场的风吹草动对国内并非完全没有影响。从谷物作物看，这种影响主要来自玉米。在粮食需求方面，目前除去饲料业和口粮食用，国内玉米增量大部分用于加工业，而其中相当一部分进口玉米用于生物燃料以及食用油加工。作为乙醇等生物燃料的重要原料，玉米成为一些地区依靠非粮食加工业创造余粮价值的首选。2010年我国玉米加工企业产能超过6 700万吨，比5年前增加60%以上。一方面是粮食加工业落后产能过剩，粮食有效利用率低，达到合理经济规模、具有较高产能利用率的优质产能明显不足；另一方面，各地对以粮食为原料的生物燃料项目趋之若鹜，甚至不惜从国外进口玉米，扩大加工规模。

这些“没用好粮食，没用足粮食”的做法，在一定程度上加大了粮食安全隐患，也增加了粮价飙升的压力。为此，有关部门连续出台《关于促进玉米深加工业健康发展的指导意见》、《关于2011年玉米深加工调整整顿的专项通知》等多个文件。在国内通胀压力背景下，这些举措不但控制了玉米深加工业发展，促使粮食加工业加快淘汰落后产能，而且保障了国家粮食安全和粮价稳定。

从种粮成本看，世界能源价格仍将高企，成本上涨的因素在其他国家和地区都不同程度存在，这种趋势并不具备瞬间传导性。例如，由于从事农业生产的人口持续减少，全球人工成本不断增加，劳动力价格快速提高。加上土地价格和物流成本正处于上升通道，农业土地流转费用和用地成本正持续攀升。但这些因素相对于气象灾害和病虫害来说，不具有突发性，很难瞬间传导。加上农业生产周期较长，相对稳定的成本水平，不可能瞬间导致全球粮食主产区价格暴涨暴跌，更不会短期牵连国内粮价。

从粮食流通体制建设看，我国早就建立起粮食储备制度和最低收购价制度，一旦粮价飙升，可通过竞拍储备粮平抑粮价，稳定国内粮食市场。不仅如此，限制出口、税收调节、化肥限价、各项强农惠农补贴等措施，以及其他对市场价格的干预政策，在抑制粮食价格过快上涨、保护低收入群体过程中也可以发挥很大作用。

粮食也是商品。在2004年我国完全放开粮食市场流通后，粮食价格在国内外各种因素影响下，在合理范围内变化是正常现象。应当注意的是，粮价上涨是一柄双刃剑，应当谨防未来农业成为高效益产业的情况下，国外粮价暴涨损害国内部分进口消费群体的利益。

资料来源：经济日报，2012年8月21日

### 3.1.1 综合计划的含义

综合计划又称为生产大纲，它是对企业未来较长一段时间内资源和需求之间的平衡所作的概括性设想，是根据企业所拥有的生产能力和需求预测对企业未来较长一段时间内的产出内容、产出量、劳动力水平、库存、投资等问题所做的大致性描述。

企业在3个层次上制定生产能力决策：长期、中期和短期。长期决策与产品和服务选择、场所大小和布局、设备及其布局相关，长期计划实质上定义了对中期计划执行的生产能力限制。中期计划与员工、产出、存货的一般水平有关，进而限定了短期生产能力决策的边界。短期决策实质上是在长、中期决策限定的范围内，为达到预期目的而制定的最佳

生产经营方式，包括对工作、工人、设备等工作进度安排及其他匹配方面。企业的计划层次见表 3-1，长期计划的相关能力决策本书没有涉及，有兴趣的读者可以查阅运营管理类的相关书籍。短期计划的相关知识会在后面的章节中详细介绍。本章主要讲述的是中期的生产能力决策。

表 3-1 计划层次纵览

| 长期计划 | 中期计划 | 短期计划 |
|---|---|---|
| 长期生产能力<br>选择<br>布局<br>产品设计<br>生产系统设计 | 一般水平的：<br>员工<br>产出<br>产成品库存<br>外包<br>待发货订单 | 详细计划：<br>机器负荷<br>工作分配<br>工作次序<br>生产批量大小<br>订单数量<br>工作进度表 |

从综合计划到主生产计划，再到物料需求计划和作业计划，构成了完整的生产计划体系。它由运营能力规划、需求预测、综合计划、主生产计划、物料需求计划、作业计划等构成，是以生产过程中的信息反馈为基础而构成的，具有一定层次的复杂系统。其层次关系如图 3.3 所示。

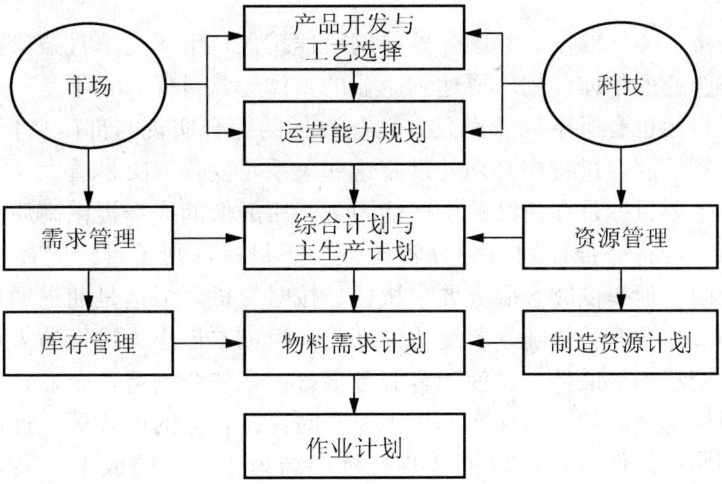


图 3.3 综合计划层次关系

综合计划在生产体系中起承上启下的作用，对上落实运营能力规划方案，对下则是制订主计划、物料需求计划及生产作业计划的前提。

### 3.1.2 综合计划的对象

综合计划并不具体制订每一品种的生产数量、生产时间及每一车间、人员的具体工作任务，而是按照以下的方式对产品、时间和人员作安排。

(1) 产品：按照产品的需求特性、加工特性、所需人员和设备上的相似性等，将产品综合为几大系列，以系列为单位来制订综合计划。例如，服装厂根据产品的需求特性分为女装和童装两大系列，电器生产厂商可能将产品分为电冰箱、电视机、空调三大系列。在这里，综合计划关心的是“总的”概念，我们计划的非单个产品或服务，而是一组类似的产品，整条生产线或者服务线。如女装可能有更多的不同的尺码，电视机也有不同的英寸，计划者只关心全面的需求状况及全面过程的生产能力。

(2) 时间：综合计划的计划期通常是年(有些生产周期较长的产品，如大型机床等，可能是2年、3年或5年)，因此有些企业也把综合计划称为年度生产计划或年度生产大纲。在该计划期内，使用的计划时间单位是月、双月或季。在采用滚动式计划方式的企业，还有可能对未来3个月的计划时间单位是月，其余9个月的计划时间单位是季等。

(3) 人员：综合计划可用几种不同方式来考虑人员安排问题。例如，将人员按照产品系列也分成相应的组，分别考虑所需人员水平，将人员根据产品的工艺特点和人员所需的技能水平分组等。综合计划中对人员的安排还需考虑到需求变化引起的对人员需求数量的变动，从而决定是采取加班，还是增加聘用人数等基本方针措施。

## 3.2 综合计划的制订方法

### 3.2.1 概述

随着全球经济一体化的发展和国际贸易的迅速扩大，市场竞争日益激烈，人们越来越清楚综合计划是企业的整体计划，要达到企业的整体经营目标。它不是一个部门计划，因此其目标与部门目标也有所不同。而且，这些目标的综合实现与部门目标有时是相悖的。因此，在综合计划的制定过程中必须处理好这些关系，妥善解决矛盾。

综合计划的主要目标是在持续的生产能力下，用最低的成本提供高质量的可靠的产品或服务。很显然，若将综合计划目标分解成较多子目标，则子目标间存在某种相悖的特性。例如，最大限度地提供顾客服务要求快速、按时交货，但这是通过增加库存，而不是减少库存来达到的；在业务量随季节变化的部门，以成本最小为目标的人员计划不可能同时做到即使人员变动水平最低，又使顾客服务最好。在一个制造业企业，当产品需求随季节波动时，要想保持稳定的产出速率，也需要同时保持较大的库存等，这些均说明了这些子目标之间的相悖性。但是，可以把这些目标归结为用最小的成本，最大限度地满足需求。因此，在制订综合计划时，需要权衡上述的这些目标因素，进行适当的折中，并同时考虑到一些非定量因素。

在对这些具有相悖关系的目标进行平衡时，首先需要提出些初步的候选方案，然后综合考虑，最后作出抉择。

### 3.2.2 综合计划战略

综合计划战略是企业组织可以做出的提前性的、反应性的或者是综合性的战略。提前做出的战略包括了需求选项，企业或组织通过控制需求以便和生产能力相匹配。反应性的战略包括了生产能力选项，企业通过生产能力的改变以便和需求相匹配。综合性的战略则是对两种战略的综合应用，它的调节包含了前面两个战略的每一个因素。

1. 提前性战略

用反应性战略思路来处理季节性需求或其他波动较大的需求往往需要花费较高成本。与之相反，提前性战略的思路则力图通过调节需求模式影响、改变需求，调节对资源的不平衡要求来达到有效地、低成本地满足需求的目的。常用的方法有以下几种。

1）导入互补产品

在一些需求分布差别极大的产品生产中，企业或组织面临的问题是使不同产品的需求“峰”、“谷”错开。例如，生产拖拉机的企业可同时生产机动雪橇，这样其主要部件——发动机的年需求则可基本保持稳定(春季、夏季主要装配拖拉机，秋季、冬季主要装配雪橇)；例如，在工作日早晚的高峰期，公共交通会达到峰值，而其他时间，此类需求却少得多，这个时候为公共交通创造新的需求(如学校、社区、老年团体的短途路线)；这些措施可以让闲置的生产能力得到更为充分的利用。

这里的关键是：找到合适的互补产品，它们既能够充分使用现有资源(人力、设备)，又可以使不同需求的峰谷错开，使产出保持均衡。

2）定价

通过差别定价调节产品在不同时期的需求，这种方法极为常见。在需求淡季，可通过各种促销活动、降低价格等方式刺激需求。例如，夏季削价出售冬季服装，冬季降价出售空调，电影院的日常票价通常很低，航空货运业在需求淡季出售廉价飞机票等。这样，最高峰时期的客流压力可以减小，当然，企业也要注意到商品价格弹性对于产品的影响，弹性越大，定价对于需求的影响力就越明显。

3）促销

广告、展览等不同形式的促销活动都可以对需求的改变产生非常有效的影响。但是，为了达到预期效果，企业需要对这些促销方式的时机选择、回报率以及市场反映状况等提前进行风险分析，否则可能恶化原本优化的市场环境。

4）待发货订单

通过待发货订单，企业能够把需求转移到新的时期。也就是说，企业在当期取得订单，但将交货期间延后。但是，这种方法的风险在于，顾客不一定接受，且待发货订单所产生的相关成本难以估计。

2. 反应性战略

这种类型的基本思路是：根据市场需求制定相应的计划。即将预测的市场需求视为给定条件，通过改变人员水平、加班加点、安排休假、改变库存水平、外协等方式来应对市场需求。在这种基本思路之下，常用的应变方法有以下几种。

1）调节人力水平

通过聘用和解聘人员来实现这一点。当人员来源充足，且主要是非熟练工人或半熟练工人时，采用这一方法是可行的，但是，对于很多企业来说，符合其技能要求的人员来源是非常有限的，并不是什么时候想聘用什么时候就有；新工人是需要加以培训的，培训是需要时间的，一个企业的培训设施能力也是有限的。此外，对于很多企业来说，解聘工人是很困难的，或者说很特殊情况下才有可能(如社会制度的不同、工会强大与否、行业特点、社会保险制度的特点)；而对于某些产业来说，解聘再聘则是很平常的事，如旅游业、农场等。

聘用和解聘都会带来一定的成本，并且解聘可能会对留下的工人造成恶劣的影响，影响工人对企业的忠诚度。因此，越来越多的企业把工人看成是资产而不是可变成本，不再考虑使用这种方法了。企业出于其他方面的考虑开始使用加班或部分开工的方法。

2）加班或部分开工

相对于调节人员水平而言，加班或者减少工作时间显得更为人性化，并且这种方法的贯彻和执行也比聘用和解聘来的快得多，它允许公司维持一个相对稳定的员工数量，在对付季节性高峰需求时，使用这个方法更加有吸引力，不但为公司维持了熟练工人，同时还为员工增加了收入。

当正常工作时间不足以满足需求时，可考虑加班；反过来，正常工作时间的产量大于需求量时，可部分开工，只生产所需的量。但是，加班是需要付出更高的工资的，通常为正常工资的1.5倍，这是运营管理人员经常限制加班时间的主要原因。尽管工人一般会喜欢加班带来的额外收入，但他们有时候也不愿意加班太多，或长期加班，还会导致生产率降低、质量下降、更多的意外事故等。部分开工是在需求量不足，但又不解聘人员的情况下才使用的方法。在许多采取工艺对象专业化组织方式的企业，对工人所需技能的要求较高，再聘具有相当技能的人不容易，就常常采用这种方法。但在有些情况下，这只是一种不得已而为之的方法，例如，根据合同或有关法规不能解聘人员。这种方法的主要缺点是导致生产成本升高(单位产品中的人工成本增加)以及人力资源、设备资源的利用效率低下。

3）安排休假

安排休假是在需求淡季时只留下一部分骨干人员进行设备维修和最低限度的生产，大部分设备和人员都停工。在这段时间内，可使工人全部休假或部分休假。例如，西方企业经常在圣诞节期间使用这种方案。技术工人可以利用这段时间接受再教育，公司用这段时间解决一些生产中存在的问题，如设备维修、安装、工艺工序的改进。这种方案可有几种使用方法，例如，由企业安排工人的休假时间和休假长度(按需求)，或企业规定每年的休假长度，由工人自由选择时间。前者是容易操作的，但在后者的情况下就需要考虑在需求高峰时工人的休假要求如何对应。此外，还有带薪休假、无薪休假等方式。

4）调节库存

企业可在需求淡季储存一些调节库存，在需求旺季时使用。这种方法可以使生产速率和人员水平保持一定，但这却是一种需要耗费相当成本的方法。如前所述，成品的储存是最费钱的一种库存投资形式，因为它所包含的附加劳动最多。因此，如果有可能的话，应该尽量储藏零部件、半成品，当需求到来时，再迅速组装。

这种方法在制造业中更为有用，因为制造业的产品能够被储存，而服务业通常不行，当然服务业也可以通过努力形成流线型服务，在松弛时间提供部分服务内容。当然尽管如此，服务业通过这个方法来调节生产能力还是比较困难的。

5）外协加工

这是用来弥补生产能力短期不足的一种常用方法。企业可利用承包商提供服务、制作零部件，某些情况下，也可以让他们承包完成品。这个方法可能让计划者获得临时性的生产能力，但组织对产出的控制能力变小，并可能引发高昂的成本和质量问题。

总而言之，提前性或反应性战略最终要决定不同时间段的不同生产速率，无论上述哪一种应变方法或哪几种应变方法被考虑，都意味着在该时间段内的产出速率被决定了。换言之，生产速率是上述这些因素的函数。

### 3.2.3 综合计划的制订程序

综合计划的制订者总是在政策、协议、最小成本的约束中寻求供需平衡。一般根据总成本来衡量各种选择方案，有很多方法可以帮助决策制定者完成综合计划任务。这些方法大致可以分为两个大类，在实践中，非正式技术较为常用，但大量的研究工作却投入到了数学技术方面。本节首先介绍一下数学技术。

综合计划通常包含以下各步骤。

（1）确定各期需求。

（2）确定各期生产能力。

（3）明确相关的公司或部门政策。

（4）确定正常时间、加班时间、转包合同、持有库存、延迟交货、聘用解聘等单位成本及其他相关成本。

（5）规划可供选择的计划方案并计算出各自成本。

（6）如果出现满意的计划，选择其中最为中意的，否则回到上一步。

在本章的例子和问题中，运用以下关系决定工人数量、库存量以及特定计划成本。

各期间可用的工人数量可按下式计算。

本期间的工人数量＝前期期末工人数量＋本期期初新工人数—本期期初解聘工人数

**注意：**同一时期中聘用和解聘不会同时发生，因此上面公式中的后两项至少有一项为零。

某个特定期间的期末存货量可按下式计算。

期末存货＝前期期末存货＋本期产量－本期产品需求量

某期平均存货＝(期初存货＋期末存货)/2

某特定期间在给定期间的成本是其相关成本的总和。

期间成本＝产出成本(正常＋加班＋转包合同)＋聘用/解聘成本＋存货成本＋订货成本

相关成本的计算见表3－2。

要更好地理解综合计划中众多变量变动对于计划的影响，有用的方法是一次让一个变量变化，而其他的变量不变，观察其变动的影响。下面的例子显示了孤立的决策变量对生产成本的影响，为了更好地传达潜在的概念，我们以简化的形式给出。更为现实的问题将会在后面涉及。

表 3-2 相关成本计算表

| 成本种类 | 相关公式 |
|---|---|
| 产出 | |
| 正常 | 每单位产品正常成本×正常产出数量 |
| 加班 | 每单位产品加班成本×加班数量 |
| 转包合同 | 每单位产品转包成本×转包数量 |
| 聘用/解聘 | |
| 聘用 | 单位聘用成本×聘用数量 |
| 解聘 | 单位解聘成本×解聘数量 |
| 存货 | 单位持有成本×平均存货数量 |
| 订货 | 单位订货成本×订货数量 |

**【例 3-1】**成都大熊猫糖果公司对它的季度需求估计如表 3-3 和图 3.4 所示。公司预期下一个需求周期和该期间相似，并希望能够重新设计库存和员工等变量到相应的初始水平。

表 3-3 需求

| 季 度 | 数 量 |
|---|---|
| 1 | 600 |
| 2 | 1 000 |
| 3 | 800 |
| 4 | 400 |

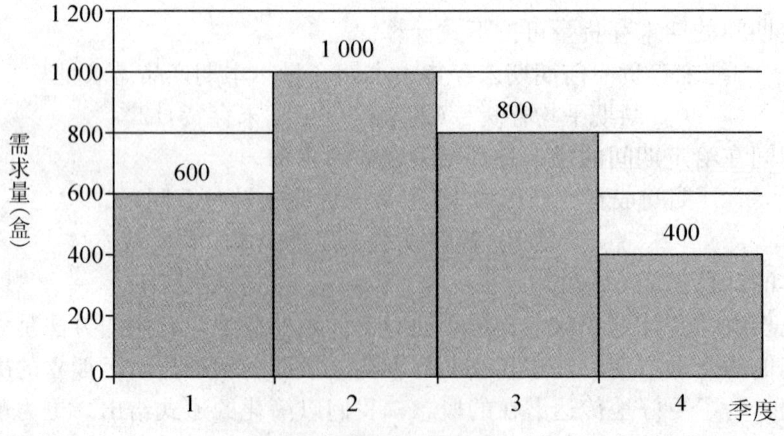


图 3.4 季度需求的直方图

**解**：(1)（员工人数变动）每个季度产量变动 200 个单位，增加的劳动力成本为 2 200 元，且最终的水平应和初始水平一致，改变员工人数的相关成本是多少？如图 3.5 所示，假设产量变动需要 200 个单位，从第 1 季度开始，以 200 个单位的产量为一次变动，变动次数一共为 6 次。

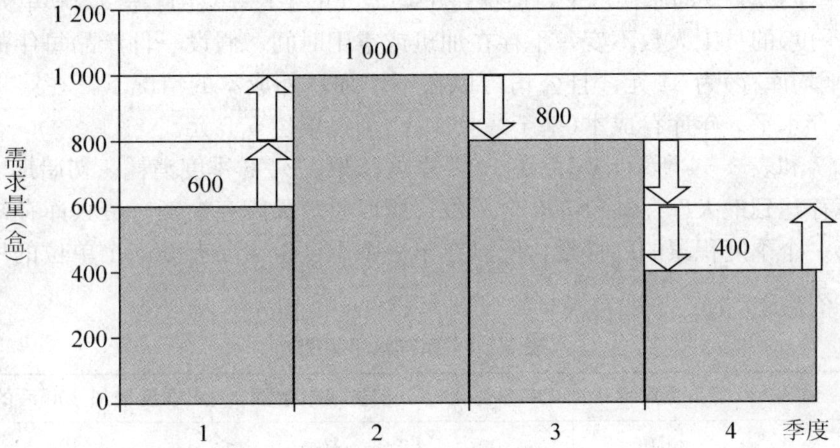


**图 3.5 产量变动**

员工成本变动＝6×2 200＝13 200(元)

(2)（加班和空闲时间）保持每个季度 700 单位的生产能力的员工人数不变，用 $OT$ 表示空闲时间工资，8 元每小时，$IT$ 表示加班时间工资，28 元每小时。

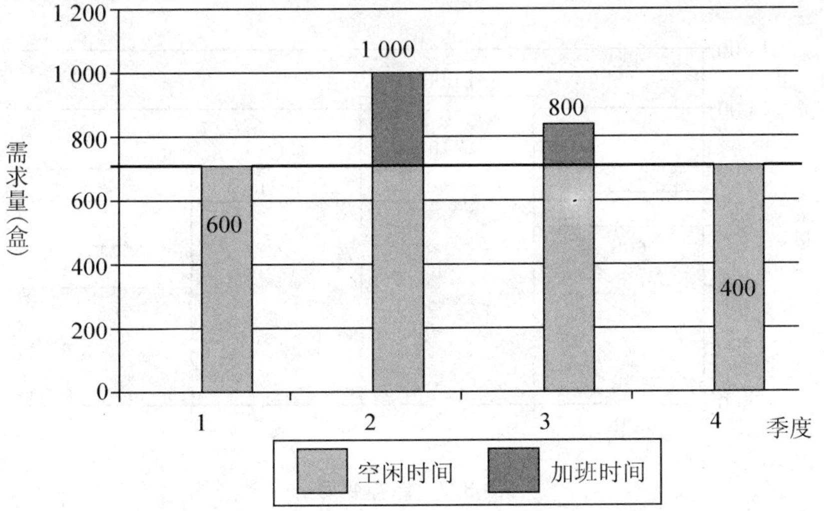


**图 3.6 加班和空闲时间**

如图 3.6 所示，公司维持每个季度 700 单位产能，第 1 季度的需求可以满足并有 100 个单位的松弛时间，第 2 季度的需求为 1 000 个单位，将有 300 个单位的加班时间，到了第 3 季度，为了满足 800 个单位的需求需要安排 100 个单位的加班，第 4 季度只有 400 个单位的需求，由于产能是 700 个单位，工人将有 300 个单位的松弛时间。也就是说，总共要加班生产 400 个单位。空闲松弛时间也为 400 个单位。

$IT$=(300+100)×28=400×28=11 200(元)

$OT$=(100+300)×8=400×8=3 200(元)

加班空闲时间成本=$IT$+$OT$=400×28+400×8=14 400(元)

(3) (库存变动)变动库存水平，但保持平均需要的生产率(生产率 2 800 单元/4 季度=700 单元每季度)的员工人数不变，不存在加班或空闲时间。假设一件产品每年的库存持有成本(基于平均库存)为 34 元，且公司可以在不增加额外成本的情况下，在第 1 季度前达到任意的库存水平。年库存成本(基于最大库存)为每单位 5.5 元。

如图 3.7 和表 3－4 所示，库存在 1、4 季度积累，2、3 季度消耗。初始期末余额显示第 3 季度库存达到最大库存缺口 300 个单位，所以要消灭库存余额，最大库存缺量就是最小需要在第一个季度积累的库存量，所以在第一个季度至少要有 300 个单位的库存量，以避免需求不足。

表 3－4　库存水平平衡

| 季度 | 预测 | 生产率 | 库存变化 | 初步期末余额 | 1 季度增加 300 后的期末余额 |
|---|---|---|---|---|---|
| 1 | 600 | 700 | 100 | 100 | 400 |
| 2 | 1 000 | 700 | －300 | －200 | 100 |
| 3 | 800 | 700 | －100 | －300 | 0 |
| 4 | 400 | 700 | 300 | 0 | 300 |
| | 合计 | 2 800 | | | 800 |

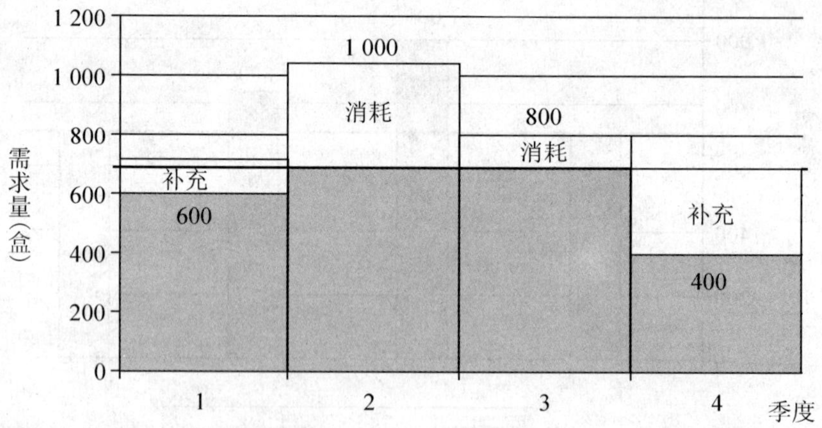


图 3.7　库存变动

平均库存=最终的总余额 800 个单位/4 个季度=200 个单位每季度

库存维持成本 $C_C$(基于平均库存)=34×200=6 800(元)

储存成本 $C_S$(基于最大库存)=5.5×400=2 200(元)

总库存成本 $C_C+C_S$=9 000(元)

(4)（延期交货）公司每季度恒定生产600单位产品，当需求超过600个单位时，接受一定限度的延期交货。延期交货的费用为每单位29元。

延期交货是指在以后的时间满足现有订单的方式。但产品不能立即供给而造成一些销售量的流失就会产生一定的脱销费用。在本例中如图3.8所示，第二季度有400个单位的超额需求，其中的200个单位的超额可以在第4季度中延期交货，但依然有200个单位的销售量流失。第3季度有200个单位的销售量流失。

脱销费用＝(200＋200)×29＝11 200(元)

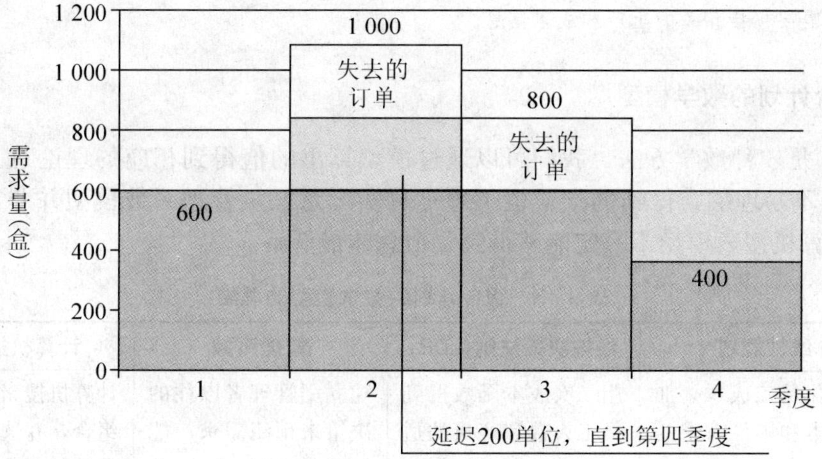


**图3.8 延期交货**

(5)（转包）公司每季度恒定生产400单位产品，超额需求转包给其他公司，转包成本为每单位9.8元。

如图3.9所示，公司在第1季度要转包200个单位的产品，第2季度为(1 000－400)＝600个单位的产品，第3季度为(800－400)＝400个单位的产品。第4个季度产能和需求相符合，不需要转包。

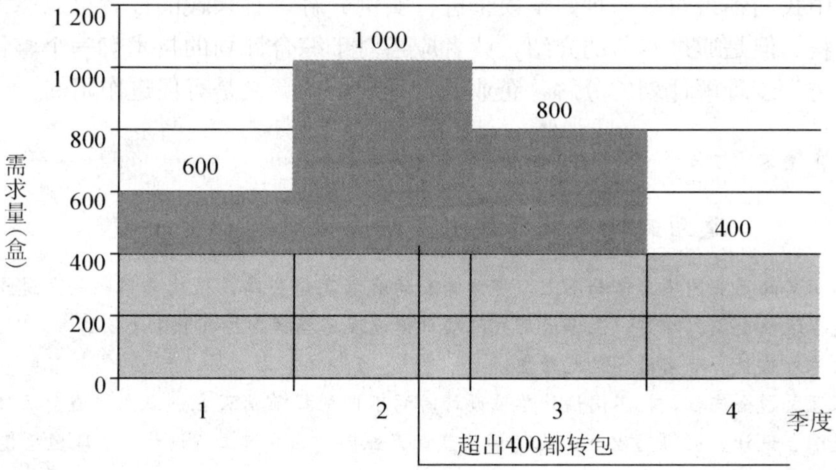


**图3.9 转包**

因此，转包成本=(200+600+400)×9.8=11 760(元)

综上所述，在以上5个决策变量中，员工人数变动的成本是13 200元，加班空闲时间的成本是14 400元，调节库存的成本是9 000元，延迟交货的成本是11 200元，转包成本是11 760元。成本最低的是调节库存水平。

**小知识**

本节我们学习了用大量的表格和图形形式来分析不同的计划而得到的可比性数据，当然利用计算机建模和电子表格也有助于提高这种分析的效率，并得到更加直观的表现形式。注意，当对不同的计划进行比较时，只需要包括相关的生产和成本信息。

### 3.2.4 综合计划的数学模型

表3-5是4种数学方法，我们可以通过模型算出的值得到相应的理论意义及实际价值。LDR法不易理解，得到的产量也不总是有实际意义，管理系数模型并非最优，也易传递，而计算机搜索模型不一定能够得到一个总体最低解。

表3-5 综合计划的数学模型的总结

| 方法 | 线性规划 | 线性决策法则(LDR) | 管理系数 | 计算机搜索模型 |
|---|---|---|---|---|
| 应有 | 最小化员工成本，加班成本和满足需求的库存成本 | 用二次成本函数得到员工人数和产量的适用法则 | 建立用管理者以往的决策来预测需求产能的回归模型 | 计算机搜索大量的产能组合，并选择其中成本最低的组合 |

线性规划模型中有一类问题(运输问题)把综合计划问题视为分配产量，以满足预测需求量的问题。其中供应由现有库存和正常时间以及加班、转包等的产量构成。需求包括各个时期的需求加上所需的期末库存。把特定期间与产品相关的成本、或先生产进入库存，直到晚些时候使用的产品成本写入矩形框内的小框中，和标准的运算线性规划的解法一样。

在本书中我们不再对每一种数学模型进行实例分解，有兴趣的读者可以参考相关运营管理类的资料。但是通过本节的介绍，读者应当对于综合计划的技术有一个整体而宏观的认知，对于进一步理解计划的分解，企业的管理规划的意义是有促进作用的。

**ERP时事摘录3-2**

**通用武汉产业园试水“综合设计”初尝甜头**

在上海通用武汉产业园项目布局图上，贯穿南北的武嘉高速公路，很快会新辟一个进出互通口，供通用的汉产汽车运往全国。昨日，上海通用武汉项目建设现场指挥部指挥长金志宏透露，“这是采用综合设计后的一次意外收获，节省近5亿元开支。”

由设计联盟总揽全流程，把不同设计单位设计时的不匹配提前消灭在图纸上，避免反复开挖、重复施工，这就是综合设计。14平方公里的上海通用武汉产业园，由武汉工程设计产业联盟总揽，11个设计院共同参与，是国内第一次在大型工业项目中使用综合设计。

按照市政府与上海通用的协议，武汉产业园边的高速公路上要开通出入口，供通用产品直通高速。

原计划在青郑高速上先开一个出入口，造价约2.7亿元，加上后期维护，费用总额约5亿元。

一次综合设计协调会上，市交委提供的最新工作安排就有即将启动建设的武嘉高速，其中有按通用要求设置的金口互通立交。经过设计联盟论证，武嘉高速通道可以达到上海通用的要求，青郑高速没必要重复建设。

金志宏说，综合设计的好处还在于，所有的基础设施可以从统一宏观角度设计，线路最经济且合理，成本被最优化。现场指挥部的统计也证实，截至目前，仅在道路建设和场地平整方面，节约的造价已超过10亿元。

从欧美经验看，中国处于城镇化率由50%向70%挺进的“黄金发展期”，未来10年最大的潜力在城镇化，有望拉动40万亿投资。设计联盟负责人认为，上海通用武汉产业园采用的综合设计模式可以在城镇化建设中不断被复制，“不仅经济效益显而易见，环境效益也可以得到保证”。

通用武汉产业园总施工方中建三局指挥长周建国正在盼望最终的设计图纸，“这次的项目建设与以往很不相同，水、电、路、气都是一气呵成，统一设计，施工时不会互相打架。”

今年3月，上海通用汽车项目正式落户江夏金口，按进度，2014年一季度试产。两年从零起步到整车下线，一期生产基地及相关产业投资总额将超过140亿元，建成后整车及零部件年产值超过2 000亿元。在这之前，上海通用选定的产业园是大片水田和零散分布的村庄，市政设施基本为零。

与上海通用武汉项目的合作协议里，武汉市几乎要为上海通用再造一座新城。

项目一开始，按照“有压让无压，低压让高压”的总体原则，长江院确定了设计的具体标准、规模和走向等大框框，把任务分解下去。各子项、分项最后要在一张图上无缝对接。“开始，不是人人都认可”。

10多家成员单位，协调会每周至少一次，小型的协调更是不计其数。协调会上听取各家单位意见，再进行汇总、修改。“大家本来还想按着老思路，先到为王，但不行，要讲新规矩。”

“图纸改了一次又一次，汇集起来，可以用吨来计算。”邓越胜说，“不过与省下来的钱相比，图纸的成本几乎可以忽略。”

在上海通用武汉项目建设现场指挥部指挥长金志宏眼里，此次综合设计是一次很重要的尝试，“建设中的垄断资源被打破，城市空间得到最佳利用。”

掌管多年城市建设的金志宏认为，常规建设的路数，是建设中先修路，保障工厂开工，再配水、电等路网设计，除了路与场地平整是地方政府主抓，其他的水、电、气，都有独立的行政部门垄断，很难把这些部门捏合到一起。

每一个单项主体都希望自己是最省钱、最简单的，而且由于建设是分期，就造成了按各自最方便的来，资源被分割。“更糟糕的是，空间不能得到有效利用。”有些管线穿过了，别的项目再想使用很难，只能退而求其次，采用其他线路，造成了浪费。

在“一个项目、综合设计”原则的指导下，今年4月，设计联盟成立了以长江勘测规划设计研究院为组长单位，中交第二公路勘察设计研究院有限公司、中铁第四勘察设计院集团有限公司等11家大中型甲级勘测设计院为成员的项目综合设计组，开始全面展开综合设计工作。

资料来源：华夏经纬网，2012年12月21日

## 3.3　分解综合计划

要把生产计划转换成有价值的生产符号，必须对综合计划进行分解，包括确定劳动需求、材料、库存需求，把综合计划分解成明确详细的产品需求。这个过程将在第4.5节详细

介绍。在此，我们要理解分解的必要性及相关术语的含义，以便理解综合计划对于企业实际生产经营的指导意义。

### 3.3.1 分解过程概述

综合计划通过调整生产速度、员工数量、库存和其他可控变量来控制计划中期生产的数量和时间。

图 3.10 阐述了综合计划是如何与长期及短期计划联系的。

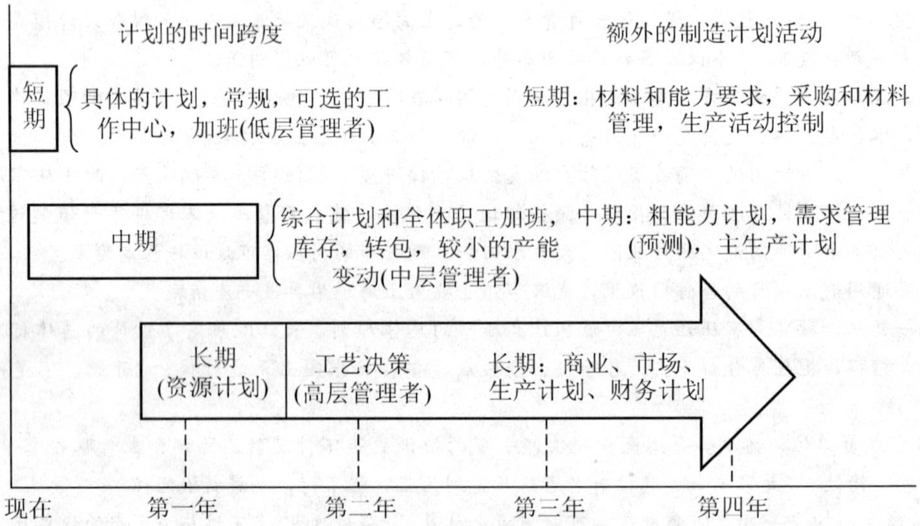


**图 3.10 计划层次和活动**

主生产计划在综合计划之后制定，它是以生产的具体的最终产品和生产日期来表现整个计划，它使用的信息可来自预测和手上订单，而且它是主要生产活动的驱动者。

把生产计划转换成有意义的生产术语，必须对综合计划进行分解，包括确定劳动需求、材料和存货需求、把综合计划分解成明确详细的产品需求。各单位的合作将促进中期计划的完成。然而，要将生产计划付诸实施，必须把那些总的计量单位转变或分解成为能够生产或提供的实际的产品或服务单位。如某播种机生产商列出了一个综合计划，要在 1 月生产 200 台播种机，2 月生产 350 台，3 月生产 500 台，它可以生产手推式播种机、自力推进式播种机、滚动式播种机，尽管所有的播种机部件大致相同，涉及一些类似的或同样的构造和装配过程，但每一种机器在材料、构件和运作上都会有所区别。因此，要在 3 个月中分别生产 200、350、500 台播种机总数必须在购买相关材料和部件、列出生产运作时间表和规划存货需求之前，转换成每种播种机的具体数目。图 3.11 说明了分解过程的概述。

**图 3.11 分解综合计划 1**

为了清楚地展示分解的概念，在此需做一个假设前提，即综合计划的总数和分解后的单位数量是相等的。但实际上这个假设是非常有限的，实际意义上的分解过程是很复杂并且需要组织的各个部门付出极大的努力的。

图 3.12 说明了如何分解综合计划，展示了根据单位数量来分解综合计划的过程。当然，也可以根据不同产品或产品家族的百分比来分解综合计划。分解综合计划的结果是主计划，它展示了预订时期内各个具体的最终细项的数量和时间安排，显示了个别产品而不是整个产品组的计划产出，以及生产时间安排。

| | | 1月 | 2月 | 3月 |
|---|---|---|---|---|
| 综合计划 | 计划每月产出总单位数 | 200 | 350 | 500 |
| 主计划 | 计划每月产出实际单位数 | 1月 | 2月 | 3月 |
| | 手推式播种机 | 100 | 100 | 100 |
| | 自力推进式播种机 | 50 | 150 | 200 |
| | 滚动式播种机 | 50 | 100 | 200 |
| | 总计 | 200 | 350 | 500 |

**图 3.12 分解综合计划 2**

### 3.3.2 制订主计划

主计划包含着重要的营销和生产信息，清楚地展示订单何时列入生产计划，已经完成的订单何时运送等内容。

主计划包含一件或一组产品的数量和时间安排，但它并不显示计划生产量。例如，主计划要求在 10 月 1 日按时运送 50 盒酸奶，但它可能对生产不做任何要求，存货可能还有 150 盒。在别的情况下，它也许会有一些生产要求：假如存货只有 40 盒，为达到特定的运输量需要再生产 10 盒。此外，还可能涉及生产 50 盒或 50 盒以上的情形，有时候，大量生产比少量生产更为经济，多生产出的产品在需求之前先暂时入库。因此，生产批量大小可以是 100 盒，于是，一旦有额外的需求，一次即一个生产批量就要生产 100 盒。

主生产计划指明了生产计划的生产数量和时间安排，它同时考虑了期望运输量和运送时间及现有库存等因素。如图 3.13 所示，主生产计划是制订主计划过程中的主要产出之一。

**图 3.13 主计划的制订流程**

一旦制订出了试探性的主计划，就必须对该计划进行确认，这个确认的主计划就是粗能力计划(RCCP)，它包括检验与主计划有关的有效生产能力的可靠性，并以此来确认不存在的明显的生产能力限制。这就意味着要检验生产、仓库等设施、劳动力以及供应商，以确保没有会导致主计划无法工作的缺陷。接着，将主计划作为制订短期计划的基础。注意的是，综合计划的时间跨度可能是12个月，但主计划可能只包含其中的一部分，当然，尽管主计划的时间跨度在2到3个月，但依然可能要每个月进行更新。关于制订主生产计划的详细过程我们会在接下来的章节中进行学习，本节只对综合计划进行试探性的接触学习，建立基本概念。

## 本章小结

本章对综合计划的相关知识进行了全面的学习。本章第一部分介绍了综合计划的含义，详细分解了综合计划的对象，明确了综合计划在ERP系统中的作用和意义。本章第二部分介绍了综合计划的制订方法，综合计划的实质是把一系列产品或服务综合成一件“产品”或一项“服务”，使计划者摆脱特定的细节、考虑劳动力和存货的总体水平，介绍了用非正式的图标技术进行规划，并为读者介绍了简要的数学模型，帮助读者了解相关技术的复杂性、局限性，以及它们在实践中的广泛应用。本章第三部分简要介绍了主计划的分解过程和生产计划的关系，以及主生产计划的基本概念，为下一章节的学习奠定了基础。

## 思考练习

1. 判断对错并分析

(1) 综合计划是一种针对中等生产规模的生产方式。

(2) 综合计划时间不长，一般不超过3个月。

(3) 需求是无法控制点的，综合计划只需考虑生产能力。

(4) 综合计划不允许通过解聘来调节生产能力。

(5) 厂家为了保持柔性，避免失去转包商，会选择自己完成一部分工作，让他人完成剩余的工作。

(6) 服务业中难以通过库存来调节生产能力。

2. 综合计划和ERP系统的关系是什么样的？请举例说明。

3. 现在的综合计划的方法有哪些？请举例说明。

4. 某家具公司人数恒定，每季度能生产3 500张桌子(没有加班，延期交货或转包)。年需求量为14 000张桌子。每季度按下列季度指数生产：$Q_1=0.9$，$Q_2=1.40$，$Q_3=1.00$，$Q_4=0.8$。当需求比产能低或高时，工厂会设置库存。为了供应年总需求：(1) 每个月必须积累多少库存？(2) 在1季度初工厂必须有多少库存？

5. 公司为一个需求受季度因素影响的产品做出下面的需求预测(表3-6)。

表 3-6 某公司需求预测

| | | | | | | | |
|---|---|---|---|---|---|---|---|
| 1月22天 | 320 | 4月22天 | 446 | 7月21天 | 260 | 10月23天 | 98 |
| 2月18天 | 116 | 5月22天 | 700 | 8月22天 | 169 | 11月19天 | 98 |
| 3月21天 | 213 | 6月20天 | 620 | 9月20天 | 560 | 12月20天 | 460 |

（1）画出表现公司产品日需求的图表。

（2）画出需求直方图和累计需求图。

（3）确定满足平均需求所需的生产率。

6. 使用上题的数据，按照让库存消除需求中的所有波动的计划，确定每月需要的库存余额。题中的工作人数恒定，没有空闲时间或加班，不存在延期交货，不使用转包方法，也没有产能的调整。假设公司不使用安全库存货缓冲库存来满足需求。

## 实训拓展

阅读拓展

**ERP 拓展阅读 3-1**

### 传统水产加工企业向管理要效益

“用上市公司的标准打造传统企业。”浙江舟山市普陀区青年企业家协会首届理事会常务理事胡建杰说的可不是大话。自去年6月份加盟岳父一手创建的普陀海汇水产有限公司后，胡建杰将新鲜理念注入公司，令公司去年的营业额增长了60%，管理日益精进。

**贴牌生产拓销路**

“如今这个时代，酒香也怕巷子深。”胡建杰这样跟笔者谈道，“再好的产品，也不能光等客户上门，而是要主动去寻求商机。”本着自家产品质优价廉的优势，他当机立断地选择了海鲜礼包OEM代工这条新式销售渠道。OEM代工俗称贴牌生产，就是指一家厂家根据另一家厂商的要求，为其生产产品和产品配件，亦称为定牌生产或授权贴牌生产。

“也许有人会认为贴牌生产是为他人做嫁衣，但我不这么认为。”在胡建杰看来，贴牌生产能够扬长避短，发挥专业优势，可以把资金和精力全部集中于生产，赢得长久持续的订单，“这更是扩宽市场，打开销量的第一步。”

新模式初见成效，胡建杰也没有抛弃老的销售模式。海汇水产主销冷冻食品、调味食品和海鲜礼包，尤其是海鲜礼包可按客户需求量身定制，最为畅销。目前，工厂除了赶制海鲜礼包OEM代工外，还在加班加点赶制数十笔“海汇”品牌的传统海鲜礼包订单。

“父辈的经验是企业最大的财富，只有‘新’‘老’完美结合，才能使企业运行得健步如飞，而不是单脚跳。”胡建杰笑着说。

**精确管理提效率**

“拥有对企业信息的实时了解，我才能拥有100%的安全感。”胡建杰自嘲是个很有掌控欲的男人，对数字则有种天生的敏锐感。他认为一个生产企业最重要的两条线就是“钱”和“货”。为使自己能够随时随地了解这两条线的最新动向，他专门引进了一套在上市公司才配备的简易ERP系统(财务计算系统)。

"库房和财务室工作人员原先一月一次，或是一季度一次的记录、汇报，无法让管理人员随时随地了解，更无法平衡'钱'和'货'。"胡建杰认为，尽管这些"常驻军"比他更了解企业，但一些传统的不适应上市公司科技化发展的制度，就必须果断革新。

胡建杰说，公司管理要依靠团体的力量，但企业家不是车间主任，要懂得如何放手，更要懂得如何提高员工的科技能力，提高员工的效率，让员工成长，"部门自己的事务，就应该让他们自己去张罗。"

**内外"包装"树形象**

毕业于德语系的他也深深地迷上了德国人引以为傲的精准度。他坦言，公司现在的Logo虽然统一，但产品包装大小、颜色的不统一让企业的辨识度变低。目前公司正在着手做的一件事就是改造产品的"外套"。通过统一外包装的颜色、形状、尺寸等细节，打造专属于海汇的产品。

"此外，完善企业网站，也是刻不容缓的事。"胡建杰说。"既然用上市公司的标准来打造我们的企业，那就要事事都做到完美。"胡建杰说，他还想拍一支专属于海汇的宣传片，全方位宣传海汇。

参展扩大知名度，用"学无止境"这4个字来形容胡建杰海绵般吸收各种专业知识的态度不为过。他积极参加展会、外出考察学习、向行业内老前辈讨教……胡建杰说，上市公司需要定期参加各种投资会议，扩大企业知名度。传统企业也一样，亦需要与自己的客户及潜在客户保持交流，推广品牌和产品。

为此，只要和行业相关的展览，胡建杰都积极参加，特别是每年的"渔博会"。"这是个很好的亮相平台，不仅给公司带来了客户，也让品牌接受了'检阅'，是个双赢的过程。"胡建杰说，在很多人眼里，渔博会是最好的展销平台，而在他看来，向竞争对手学习，向客户讨教，向供应商取经，这才是参展的最重要目的。"而且，专业展会云集了优秀的水产企业，也是先进食品机械的集中展示地，因此绝对是提高企业机械化程度，以及吸取创新营销理念的学习良机。"办企业，胡建杰有自己的准则，"谋定而后动，欲速则不达。"这也是海汇水产能取得销售额大幅增长的原因所在。

资料来源：中国渔业报，2013年1月15日

### ERP拓展阅读3-2

## 发电企业综合计划管理系统模型的研究(节选)

计划管理是发电企业各项管理工作的龙头，是发电企业决策管理层指导和控制各项生产经营活动依据。发电企业计划管理以预算管理为中心，强调战略经营规划和年度(月度)计划的重要性，与各业务流程紧密结合，全面作用于发电企业各种计划的通知、申报、编制、审核、汇总、审批、下发、执行、跟踪、统计、考核和分析各个环节。

通过计划管理把发电企业的决策、管理和操作3个层次有机地贯穿起来，形成有计划、执行、检查和改进(反馈)的闭环控制系统(PDCA)，大大提高了发电企业计划编制、执行、跟踪、考核工作的有效性，增强了决策管理层对发电企业各项生产经营活动的控制作用。闭环控制系统如图3.14所示。

发电企业综合计划管理系统(简称综合计划管理系统)的模型建立、分析设计、开发实施对于实现发电企业管理手段现代化，提高发电企业经济活动分析水平，加深经济活动分析深度，提升发电企业现代化管理水平具有重要的现实意义。在确保机组安全和稳定运行的前提下，转换经营机制，建立现代企业制度，综合计划管理系统具有承上启下的桥梁作用。系统设计应遵循以市场需求为导向、以资本为纽带、以安全生产为基础、以经济效益为中心、以科技进步为动力、以优质服务为宗旨的经营管理理念，将目标管理与计划管理相结合、相融合，在计划管理中体现目标，目标依托于计划管理，致力于完善发电企业系统的内控制度，提高发电企业的经济效益，促进可持续性发展。

发电企业综合计划管理系统分为三大部分：综合计划管理、综合统计管理、经济活动分析，三大部分相互联系，功能不同，相互依存，形成有机的整体。

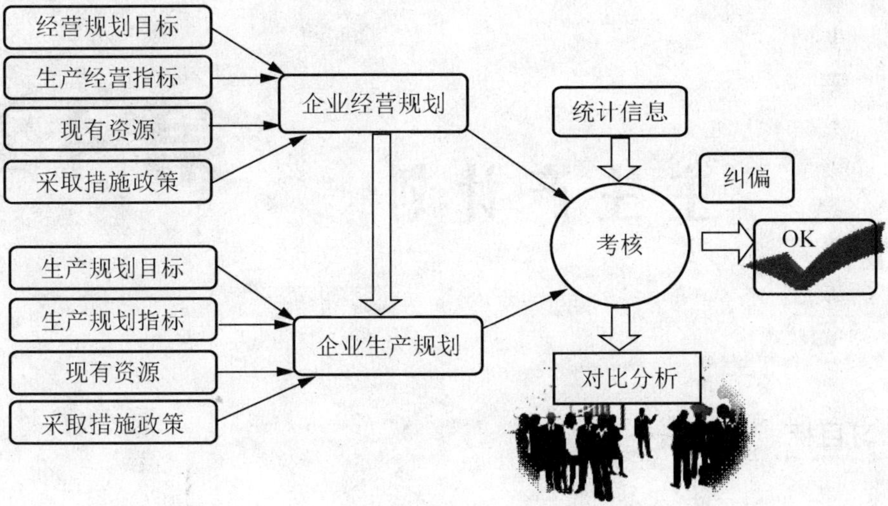


图 3.14 闭环控制系统

资料来源：畅享网，李江林，2006 年 3 月 8 日

# 第4章 主生产计划

## 学习目标

通过本章的学习，读者应该能够：

(1) 能够阐述主生产计划的含义，并说明它的用途；

(2) 掌握MPS报表描述的内容；

(3) 掌握MPS的相关术语及在企业管理中的现实意义；

(4) 了解MPS影响的主要因素；

(5) 掌握MPS的基本原理；

(6) 掌握MPS报表的编制过程。

## 知识结构

本章的知识结构如图4.1所示。

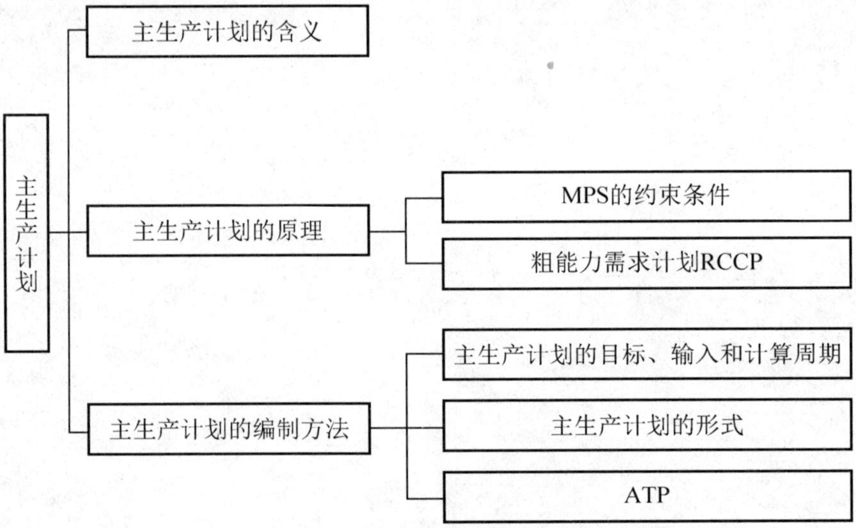


图4.1 本章知识结构图

导入案例

**节能减排贯穿十二五热点　加快重点行业淘汰落后产能**

国际能源网讯：节能减排已经成为贯穿“十二五”期间的热点，节能减排目标的完成和政策的出台都将对我国经济发展起到一定的刺激作用，进一步加强节能减排工作将成为今后我国经济发展中最为关键的环节之一。

国家统计局局长马建堂在此前介绍2012年国民经济运行情况时表示，单位国内生产总值能耗初步核算比上年下降3.6%，而前年只下降2%，节能减排有明显的进展。2012年在中国的能源消费中，天然气、水电、风电、核电4种能源方式加在一起，占全部能源消费的比重是14.5%，比2011年提高了1.5个百分点。目前我国在节能减排工作上已经取得显著的成绩，节能减排将成为我国高耗能、高污染行业转变发展方式和加强宏观调控的重要推动力量。而对于节能减排的重点行业来说，淘汰落后产能和完善行业节能减排体系会给钢铁、电力、水泥等重点行业的企业结构调整和可持续发展提供可靠的保障。

钢铁行业一直是我国能耗大户，能源消耗量约占全国能耗的1/10。报告提出，把钢铁行业节能降耗、改善环保作为长期的战略任务抓好。根据中国钢铁工业协会的数据显示，2012年3季度，重点钢铁企业总能耗为6 875.24万吨标煤，比去年同期减少10.39万吨，同比下降0.15%，钢铁行业节能减排工作取得了一定的成效。

此外，中国电力企业联合会的统计数据也显示，2011年全国6 000千瓦及以上的火电机组平均供电标准煤耗同比下降4克/千瓦时，2012年再下降3克/千瓦时，达到326克/千瓦时，接近“十二五”电力节能减排规划目标。

上述分析师还指出，水泥、有色金属、石油化工等行业在生产、冶炼等环节上，通过创新的生产方式以及节能设备的使用也在节能减排工作上取得了新的进展。行业间节能减排工作的进一步加强，也会给相关的环保产业带来强劲发展动力。

资料来源：国际能源网，2013年2月1日

**思考：**

(1) 你所身处的城市或者地区是否有高能耗的产业或企业？这些企业正在面临什么样的经验环境？

(2) 这个信息对企业的生产规划有什么样的影响？这样的影响有持续性和长期性吗？

(3) 企业制订主生产计划应该重视哪些方面的信息？它们对计划的制订分别会产生哪些方面的影响？

在本章，我们将和读者一起学习主生产计划。主生产计划是一个非常重要的计划层次，是仅次于综合计划后ERP系统的开始，它将企业中长期计划、宏观计划转变成短期的微观的可操作的作业计划，将企业的营销信息和生产信息关联，MPS的报告为企业规划订单何时列入生产计划，已经完成的订单何时运送等信息。MPS是关联ERP系统基础数据的工具，是企业生产部门关联和指导生产的重要依据。

# 4.1 主生产计划概述

MPS是主生产计划的简称，是预先建立的一份计划，由主生产计划员负责维护，是确定每一个具体的最终细项在每一个具体时间段内生产数量的计划。

一般来说，这里的最终细项是指对于企业来说最终完成、要出厂的完成品，它要具体到产品的品种、型号。但要注意，有时在产品之下的某个层次上做主生产计划是有意义的。例如，一个零件很贵重，或很难获得，或很难制造，则应当把它直接置于主生产计划的控制之下。主生产计划可以针对对公司业务有意义的任何对象来做，具体的选择最终依赖于公司打算如何来满足客户的需求。在有些情况下，如工程设计中，主生产计划的对象还可以是活动或事件。

主生产计划以周或天作为计划时区，从而可以及时地对多变的市场和不准确的预测做出反应。主生产计划使用关键的时界，即计划时界和需求时界，这样既便于计划的维护，又可避免被不可能满足的客户需求所驱使。

企业是否可以考虑直接通过销售预测或者客户订单来获得物料需求计划呢？首先，企业面临的市场环境是非常复杂多变的，要跟踪这样的变化对企业来说是非常艰难的，并且可控的因素不多。其次，对于企业来说，如何来衡量不同的生产车间、产品线的能力，如何和生产力有关的一些产品的符号和信息如何关联起来，这些都需要主生产计划提供桥梁作用。因此，主生产计划不仅是企业和市场的纽带，同时也是企业的生产活动与销售活动之间的缓冲。企业有了主生产计划，就可以有效地衡量以往难以衡量的不同生产车间、生产线之间的能力并保持顾客的订单和企业的预测水平与生产能力大体相当，并在一定时期内拥有一个稳定而有均衡的系统。

**ERP时事摘录4-1**

### 信息化应用为制造企业创造正能量

随着信息化应用受到国内制造企业越来越多的肯定，其市场发展也日渐迅速。在近两年内，信息化服务商为广大制造企业提供了众多便捷应用。在这个信息化高速发展的社会，谁掌握更多、更有价值的资源，谁就能更好地把握决策，决胜于千里之外，赢得市场。扬州柴油机有限公司就是善于利用信息化资源，将企业的内外部资源做整合，为业务发展起到了支撑作用。

扬州柴油机有限公司(以下简称扬柴)(图4.2)从信息化建设中得到正能量，对企业内部流程梳理、业务产品优化等起到了重要改进作用。

**信息化促进企业更多资源共享**

扬柴公司近几年来通过实施信息化，加强了企业内部的协同，在快速应变市场方面取得了良好的效果。公司在全面实施信息化前，对于快速响应市场，满足客户订单需求方面总感觉力不从心。首先公司生产计划人员不是直接面对市场，得不到客户的直接信息，需通过销售公司计划员反馈的市场订单信息来制定计划，由于订单准确性不高，销售公司计划员对公司生产状况又不是十分清楚，因此计划预测准确度相对较低，生产部门下达的生产计划合理性也存在问题。生产计划人员在手工管理方式下无法实时了解生产现场的动态数据(设备状况、质量问题、存货状态，零部件是否缺件等)，经常出现生产安排不合理、调度困难，导致不能按时交货。

图 4.2 车间实景

实施信息化后，公司对于订单组织结构进行了调整，订单计划人员能够直接面向市场，通过信息化系统让生产计划人员实时了解产品、零件存货状态，在订单生产计划下达前进行缺件分析，做到产品缺件的生产计划坚决不下达，及时将缺件信息通知下游生产部门和采购部门，及时补料。通过信息系统，使各职能部门及时了解各生产线的生产状态，加快对前方生产的响应速度，提高服务意识，及时预测和解决现场存在的问题。

**信息化改变管理的粗放模式**

信息化让扬柴从粗放式管理逐步过渡到精细化管理。很多问题是有预兆的，通过数据分析和监控，使得管理由事后控制逐步转变为事中控制或事前控制。扬柴通过过程控制系统(SPC)加强生产线关键工序的监控，对生产过程中出现的异常及时发现，及时解决，坚决不让不良品流入下道工序，提高了产品生产的品质。

同时，扬柴内部对一些关键性数据进行关联性的分析和数据挖掘，从中得到一些规律，帮助企业进行决策。现在扬柴公司在采购成本、存货控制等数据分析方面都取得了一定的效果。

扬柴在推行信息化过程中，需要大量的基础数据和动态数据。以前手工管理时基础数据不规范，人为因素很多，执行时沟通成本很高。在新的信息化过程中，如果数据不规范、不标准，计算机系统就不能正确执行，因此必须对基础数据进行整理、规范、标准化。像客户信息、供应商信息、物料编码、物料分类、BOM、产品图纸管理、技术文档等，通过数据规范和标准化，也使企业管理上了一个台阶。

扬州柴油机公司从 2003 年 5 月开始实施信息化，通过这几年的努力，大大提升了企业的管理水平和市场响应速度，公司订单响应速度由以前的一周多，提高到现在的 3 天；装配准备从以前的 3 天，提高到现在的一天；公司存货总量较以前下降了 1/3；实现了关键件从采购、生产、装配、售后服务的全过程跟踪。很多以前管理的盲点，现在已逐步纳入受控管理范围。信息化给扬柴带来了快速响应市场的能力，带来了高品质低成本的产品。这一改变还在继续……

资料来源：比特网，2013 年 1 月 23 日

## 4.2 主生产计划的基本原理

### 4.2.1 概述

主生产计划(Master Production Schedule，MPS)是闭环计划系统的一个部分。MPS

的实质是保证销售规划和生产规划对规定的需求(需求什么，需求多少和什么时候需求)与所使用的资源取得一致。MPS 考虑了经营规划和销售规划，使生产规划同它们相协调。它着眼于销售什么和能够制造什么，这就能为车间制定一个合适的“主生产进度计划”，并且以粗能力数据调整这个计划，直到负荷平衡。

### 4.2.2 主生产计划的目标、输入和计算周期

1. 目标

主生产计划把生产计划公式转换成短期到中期的计划周期内对最终产品的需求。然后，最终产品由物料需求计划和能力需求计划系统分解成对具体的物料和能力的要求。因此，主生产计划实质上是整个生产和库存系统的驱动力。

计划制定者经常在 MRP 和 CRP 系统中测试 MPS 的适应性，以证实一个初步计划在被考虑之前是能够得到满足的。一个好的 MPS 系统应当包括来自工序的反馈，以确保实际执行计划时，系统使用的订单优先级和能力使用情况的数据依然是有效的。

2. 输入

主生产计划的主要输入包含以下部分。

1）需求的预测

需求预测是指估计未来一定时间内，整个产品或特定产品的需求量和需求金额，如对最终产品和服务的需求。

需求预测的目的在于通过充分利用现在和过去的历史数据、考虑未来各种影响因素，结合本企业的实际情况，采用合适的科学分析方法，提出切合实际的需求目标，从而制订订购需求计划，进而了解原材料或商品的订货、库存控制、必要设施的配合等企业生产流转工作的开展情况。

需求预测为企业给出了其产品在未来一段时间里的需求期望水平，并为企业的计划和控制决策提供了依据。既然企业生产的目的是向社会提供产品或服务，其生产决策无疑会很大程度地受到需求预测的影响。需求预测与企业生产经营活动关系最紧密。

对企业产品或服务的实际需求是市场上众多因素作用的结果。其中，有些因素是企业可以影响甚至决定的，而另外一些因素则是企业无法控制的。在众多的因素中，一般来讲，某产品或服务的需求取决于该产品或服务的市场容量以及该企业所拥有的市场份额。

**ERP 时事摘录 4－2**

预测性调研是指专门为了预测未来一定时期内某一环节因素的变动趋势及其对企业市场营销活动的影响而进行的市场调研。如市场上消费者对某种产品的需求量变化趋势调研，某产品供给量的变化趋势调研等。这类调研的结果就是对事物未来发展变化的一个预测。

需求是生产的先决条件，也是企业生存的条件，市场需求的估计对每个企业来说都具有重大意义，因为唯有知道未来的需求(就算估计数字也好)，企业才能作生产、财务、人事、组织等计划。如果完全不了解或无从估计企业产品的需求的话，日后所冒的风险显然很大，可能发生生产过剩(生产大过需求)，或生产不足(需求大过生产)。两种情形都会使企业发生损失。前者为实际损失，而后者则为机会损失(Opportunity Loss)，因此预测性调研的意义重大。

## 2013年鱼粉需求市场预测

在鱼粉价格高位运行和终端养殖行业不景气的大背景下，可以预见的是2013年国内市场进口鱼粉消费并不乐观，需求疲软和成交清淡将会是未来很长一段时间内整个鱼粉市场的主旋律。

从猪料消费角度看，2012年4季度末生猪存栏量为4.81亿头，创下了2010年以来季度存栏量的新高；能繁母猪存栏量超过5 000万头，保持在2010年以来最高点左右。这意味着2013年生猪出栏压力将制约生猪价格的反弹，同时规模化养殖企业的扩张将会延长能繁母猪去库存化的过程，使得生猪养殖景气拐点来临的时间推迟。明年上半年猪价继续低位运行将会极大地打击散养户的补栏积极性，以教槽料和乳猪料为主的猪料鱼粉消费很可能呈现环比不断下降的态势。

从水产饲料行业来看，目前由于大部分水产养殖品种价格低迷，养殖户大面积亏损，以生鱼为例，2012年珠三角地区生鱼的养殖量同比增加20%～25%，生鱼供应量增加，而生鱼价格从年初的11元/斤跌落至目前的5.5元/斤左右，跌幅达到50%。终端养殖亏损使得饲料企业回款困难，对于中小型饲料企业而言，资金瓶颈使得鱼粉采购只能以即用即买为主。从2013年水产饲料的鱼粉消费细分来看，天气因素是明年虾料鱼粉消费的关键，而鱼料鱼粉消费会由于当前鱼价低迷明年形势将会比较严峻。

需求是有关价格变量的函数，当前鱼粉价格高位运行，对于鱼粉的消费影响不言而喻。对比历史数据，不难发现由于2009年鱼粉价格一路上涨，2010年年初鱼粉价格同样是高位运行，而2010年上半年的进口鱼粉消费量只有36万吨，同比减少48%，与过去5年1～6月份国内平均进口鱼粉消费量55万吨相比，也减少了35%。鱼粉价格暴涨之后需求大幅下降是我们可以预见的结果。

不同品质鱼粉之间需求分化是鱼粉价格高企的另一个影响。猪料对秘鲁高品质的蒸汽鱼粉的刚性需求使得秘鲁超级鱼粉成为目前现货市场的硬通货，价格坚挺。对于水产饲料企业而言，选择以其他国家杂牌鱼粉和国产鱼粉替代秘鲁低品质蒸汽鱼粉，既能有效控制生产成本，又不会过多地牺牲饲料本身的质量。

因此在鱼粉价格高企背景下秘鲁低品质蒸汽鱼粉已经被纳入与其他国家杂牌鱼粉和国产鱼粉的价格竞争框架中，这也是为什么目前秘鲁超级蒸汽鱼粉现货成交价格在14 200元/吨，而秘鲁普通级别鱼粉成交价格仅为12 500元/吨，两者价差达到1 700元/吨。2013年第一季度这种需求分化导致的价格差有可能会继续存在。

资料来源：中国饲料行业信息网 | 水产频道，2013年1月28日

2）客户的订单

订单因素指的是销售部门签约的产品销售订单信息。对于MPS来说，在某种程度上，其他影响因素都可以忽略，唯独不能缺少订单因素。包括任何库存和工厂间的需求。销售订单(图4.3)详细描述了产品销售时的相关数据。

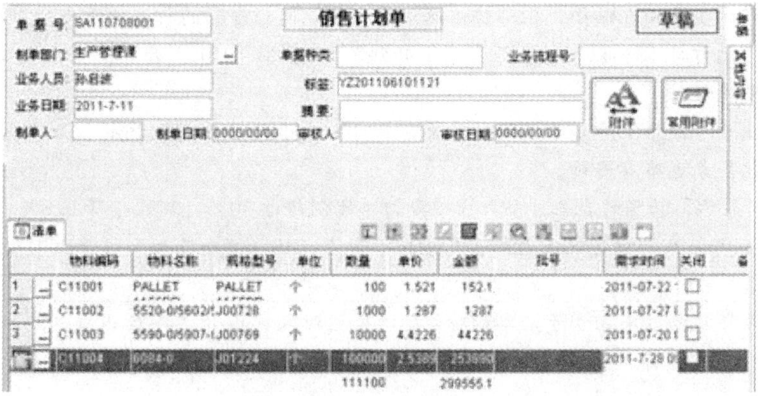


图4.3 销售单据

一个典型的销售订单主要包括下列字段：订单类型、订单编码、销售组织、销售渠道、产品组、销售部门、售达客户、送达客户(货物最终送达的客户与售达客户不同时需要填写)、付款条件、折扣原因、业务员、物料、物料描述、订单数量、物料计量单位、辅助单位数量、辅助计量单位、币种、不含税单价、税率、含税单价、不含税金额、税额、价税合计金额、交货日期(首次交货日期)、交货库存组织、全部交货(一次性交货或分批次交货)、交货冻结、交货仓库、装运点、承运商、运输方式和运输状态等。在这些字段中，对MPS影响最大的是订单数量。

需要补充说明的是，有的人认为，除了上面所列的因素之外，MPS的影响因素还应包括客户备品备件、维修用备品备件等。实际上，造成这种现象的主要原因是分类标准不一致。这里提到的其他因素都可以包括到订单因素和预测因素之中。如果客户备品备件是客户订单中要求的，则应该把这一类因素归结为订单因素。对于维修用备品备件，通常通过预测的方式来得到。

**ERP时事摘录4-3**

### 客户订单转移的外贸企业减少

尽管当前外贸企业订单短期化程度略有好转，客户订单转移的企业面也在缩小，但受国内外双重压力的影响，外贸企业日子依然不好过，外需低迷和生产成本持续上升，成为当下外贸企业前行的最大障碍。

根据昨天公布的6月份我市外贸出口监测分析报告，自今年年初以来，虽然生产成本压力日渐趋缓，但它依然是影响企业出口的主要因素，而外需不振越来越为外贸企业所担忧，相对而言，企业对汇率风险、招工与融资难的担忧情绪日趋减缓。

**订单转移的企业面缩小**

由于生产成本日渐走高，外贸企业的竞争力有所下滑，尤其是传统产业，订单转移现象很普遍。自今年年初以来，不少订单转向东南亚或国内中西部劳务成本低的地区，嘉兴部分企业因此而遭遇订单量下滑的困境。

据统计，6月份，在受监测的193家重点联系企业中，26.3%的企业遭遇了客户订单转移问题，这类企业占比环比下降6.6%，说明订单转移的企业面在缩小。在遭遇客户订单转移的企业中，转移到东南亚等国家的企业占比11.9%，环比下降0.6%；转移到国内中西部及其他地区的占17.6%，环比下降2.8%。

尽管订单转移的企业面在缩小，但形势依然不容乐观，因为转移的订单比重有所上升。数据显示，6月份，转移订单占总订单10%以上的企业占比上升到了26.8%，环比上升8%。

**订单短期化程度好转**

近段时间，由于人民币汇率趋于稳定，外贸企业对人民币升值吞噬利润的担忧情绪日渐减弱，企业所签订单的短期化现象也略有好转。

6月监测数据显示，65%的企业3个月内短期订单比例超过50%，环比下降0.8%。其中，16%的企业短期订单比例在50%～75%，比上月降了1.1个百分点；49%的企业短期订单比例超过75%，环比增长0.3个百分点。

事实上，自今年年初以来，由于汇率相对稳定，企业对人民币升值导致出口利润减少、出口经营风险加大的担忧情绪有所缓解。监测数据显示，今年2月份，68%的企业对汇率风险表示担忧，但此后数月，这一担忧情绪逐月减弱，到6月份担忧的企业缩至54%。

**企业日益担心外需不振**

外需不振是导致我市外贸出口形势严峻的主要因素之一，尤其是欧洲经济不景气，不仅导致我市对欧出口下滑，而且影响到亚洲一些新兴经济体，造成我市对韩国等国家和香港、中国台湾等地区的出口也出现大幅下滑。

由于欧债危机并无好转迹象，外贸企业对外需不振的担忧越来越强烈。监测数据显示，对于外需不振的影响，今年1月只有31.6%的企业表示担忧，其后数月担忧情绪逐月增强，到4月份担忧的企业占比升至42.4%，6月份攀升至49%。

相比外需不振，由于原材料价格持续下降，企业对原材料成本上涨的担忧也在减弱，但这依然是影响企业赚钱的主要障碍。好在，随着货币政策的调整和国内经济增长放缓，企业融资紧张的情况有所好转，用工和开工的情况也趋于稳定。

资料来源：南湖晚报，2012年8月3日

3）来自前期的库存

来自前期的库存主要指企业在当前的计划周期的开始阶段的产品初始库存，它可以源于上一期的生产销售结余，也可能是前面几个计划期间发生了延迟，由于某种因素造成的延迟生产或者交货，或者是销售订单的变化，还有可能是返工的产品等。来自前期的库存表现在MPS的报表中是一个具体的数字，一个重要的输入，会直接影响当期的生产计划排程。

**ERP时事摘录4-4**

## “三招”降钢材库存

今年以来，齐鲁石化物装中心通过实施改代利用、供应商回购、利用供应商库存3项措施，进一步优化了钢材库存结构，降低了钢材库存。截至5月底，钢材库存降至246万元，比年初的342万元降低了96万元，其中积压物资库存225万元，比年初降低了22万元。

“改代利库”降库。过去，物装中心只对生产计划平衡利库，基建钢材由基建钢材计划员直接做采购申请下达至钢材采购员采购，不经过平衡利库这一流程。

今年以来，齐鲁石化物装中心根据中心挖潜增效要求落实降库指标，加强计划管理工作，从需求计划的源头开始控制，不仅对生产计划，基建计划也纳入了平衡利库流程。计划员接到基建和生产计划后先和需用单位对接，再平衡利库，认定能改代利用的就耐心细致地去做需用单位的工作，最大限度盘活了库存物资，减少了库存占用，降低了采购成本。

据统计，今年前5个月，钢材平衡计划200余项，利库19项，改制代用7项，涉及14余吨，有效降低库存10.15万元。

“供应商原值回购”降库。今年年初，齐鲁石化的库存账面上有215项247万元的积压钢材，为了将这些积压物资尽快处理掉，齐鲁石化物装中心提出了供应商原值回购的措施。

负责钢材的业务人员按照业绩引导采购的指导思想，首先将主力供应商纳入回购名单，然后和主力供应商逐一进行沟通，达成初步意向后，根据总部下发的《关于在框架协议中增加供应商回购条款的通知》要求，以库存原值作为回购价格制定回购方案，并在商务洽谈过程中，按照采购资金额度的不同对供应商分配相应的积压物资回购数量，以激励供应商原值回购的积极性。

自今年2月份实施以来，至5月底，物装中心已将40.57万元的闲置和积压库存资金收回，在盘活库存资产的同时降低了储备资金占用。

"利用供应商库存"降库。齐鲁石化物装中心年采购钢材约1亿元，占总采购额的1/90，虽然采购金额小，但钢材使用贯穿齐鲁石化所有检维修、抢修、工程项目的始终，以需求紧急、随机性强为显著特点，需求计划批次多、数量零星，这些都给采购管理带来了一定的难度。

为做好安全经济保供，自2006年以来，齐鲁石化物装中心大力推进钢材的框架协议采购工作，已陆续将小型钢材、钢格栅板、无缝管等16个品种纳入框架协议采购。据测算，2011年由于执行钢材框架协议采购，充分利用供应商库存，降低库存资金占用545万元，且节约利息至少30万元。

资料来源：中国石化新闻网，2012年6月21日

需求预测是制造用于库存的产品的主要输入，然而，为了具有竞争力，很多根据订单生产的公司必须对提前期长的产品进行预测，并在有订单时使顾客订单和预测相匹配。

3. 计划周期

时间跨度和产品的类型、产量、提前期密切相关。它可以是周、月，或者是两者的混合体，但是，计划期的时间跨度要足够长，要涵盖所有的产品采购、产品装配的提前期。一般情况下，计划展望期的最小值等于产品的累计提前期，最大值是在累计提前期的基础上加上3～6个月。所以，如果某个企业的主要产品的累计提前期需要几个月甚至超过一年，那么，该企业的MPS的计划展望期就比较长。当然也有时间比较短的情况，如某个企业的主要产品的累计提前期只有几天或几周，则该企业的MPS的计划展望期就很短。通常情况下，MPS的计划展望期的范围是3～18个月。

时段是表示持续时间的一个长度单位，含义是整个时间过程中的一段时间，时段是描述计划的时间粒度单位。划分时段是为了准确说明计划在各个时段上的需求量、计划量和产出量。通常采用的时段粒度是天、周、旬、月、季和年等。如果计划的时段粒度是天，则比天时段粒度大的周、旬、月、季和年等时段粒度主要用于对计划工作的监视、统计和输出报表等。计划中的时段粒度愈小，则该计划愈容易得到准确的描述、执行和控制。为了阅读上的方便，跨度比较长的计划往往采用近细远粗的汇总方式呈现出来。

在图4.4中一个由3个部分装配而成的产品的提前期为10周，其中包含了原材料采

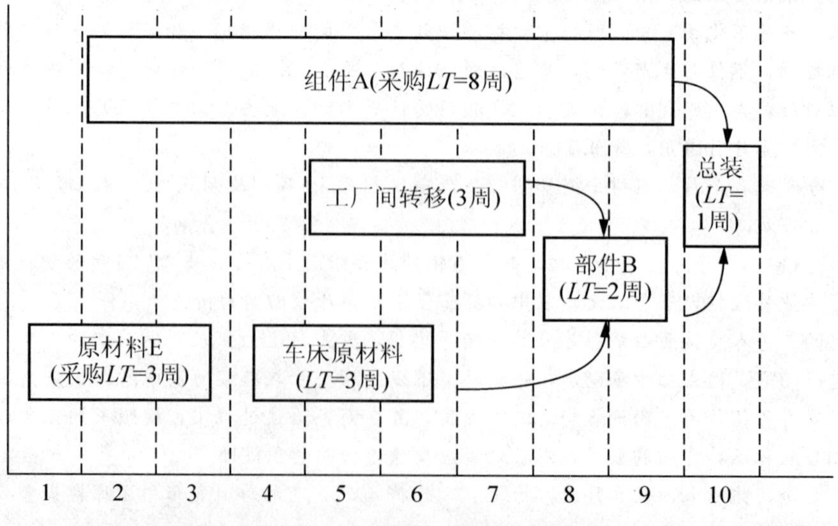


图4.4 10周累计提前期示意图

购、加工、组装、总装的提前期，注意提前期是动态的数据，随产品的不同而不同。除非原材料和部件有库存，或匹配和装配的时间可以缩短(如加班、转包等)，主生产计划的制定者必须允许有10周的时间来生产产品。

时界表示时间界限，是一个时刻点，是MPS中的计划参考点。时界表明了修改计划的难易程度。那么企业在主生产计划中如何考虑时间的变动因素呢？主生产计划中有稳定和灵活的部分，表4-1说明了一家制鞋企业的主生产计划，它的计划中稳定的部分和灵活的部分都已经标出。稳定的部分包括制鞋企业必须的最小提前期，是不能变动的。

**表4-1　一家制鞋企业的主生产计划**

| | 周 | | | | | | | | | | | | | | | |
|---|---|---|---|---|---|---|---|---|---|---|---|---|---|---|---|---|
| 产品 | 1 | 2 | 3 | 4 | 5 | 6 | 7 | 8 | 9 | 10 | 11 | 12 | 13 | 14 | 15 | 16 |
| U30型底 | 80 | 80 | 80 | | | 40 | | 40 | | 40 | | 40 | | | | 40 |
| H40型底 | | 60 | 20 | 40 | | 60 | 20 | | 20 | | 20 | | 20 | | 20 | |
| L11型面 | 30 | | 10 | | 10 | | 10 | | | 40 | | 10 | | 10 | | 10 |
| | ←稳定→<br>仅紧急变动 | | | | ←灵活→<br>产能固定(材料随时订购) | | | | | | | | ←开放→<br>(增加和变动可以) | | | |

时区直译为时间区间，用于描述在某个时刻某个产品在其计划展望期中所处的位置。一般情况下，时区可以分为稳定区间、灵活区间和开放区间。如表4-1中的稳定区间，当前时区中的订单是下达订单，产品已经开始制造，计划不能轻易地被调整，主要的含义是指不能通过ERP软件系统自动调整，但它依然赋予主生产计划的制定者一个可以管理的基础，通过允许在克服限制时具有一些判断力。灵活区间也被称为计划时区，灵活区间中的订单是确认订单，表示当期时区订单中的产品数量和时段不能由ERP系统自动调整，即表4-1中的灵活区域只有MPS计划员才可以修改。开放区间也被称为预测时区，开放区间的订单是计划订单，这种订单中的数据在情况发生变化时可以由ERP系统自动调整。

### 4.2.3　MPS的约束条件

编制主生产计划(MPS)时要确定每一个具体的最终产品在每一个具体时间段内的生产数量。它所需要满足的约束条件如下。

(1) 主生产计划所确定的生产总量必须等于总体计划确定的生产总量。

该约束条件包括两个方面：第一个方面是每个月某种产品各个型号的产量之和等于总体计划确定的该种产品的月生产总量；第二个方面是总体计划所确定的某种产品在某时间段内的生产总量(也就是需求总量)应该以一种有效的方式分配在该段时间段内的不同时间生产。

当然，这种分配应该是基于多方面考虑的，例如，需求的历史数据，对未来市场的预测，订单以及企业经营方面的其他考虑。此外，主生产计划既可以周为单位，也可以日、旬或月为单位。当选定以周为单位以后，必须根据周来考虑生产批量(断续生产的情况下)的大小，其中重要的考虑因素是作业交换成本和库存成本。

（2）在决定产品批量和生产时间时必须考虑资源的约束。

与生产量有关的资源约束有若干种，例如，设备能力、人员能力、库存能力(仓储空间的大小)、流动资金总量等。在制定主生产计划时，必须首先清楚地了解这些约束条件，根据产品的轻重缓急来分配资源，将关键资源用于关键产品。

（3）销售环境和生产类型的约束。

在不同的制造战略下，如按库存生产、订单生产、订单装配下，主生产计划的不同之处在于其定位是不同的。图 4.5 所示为主生产计划的定位约束。

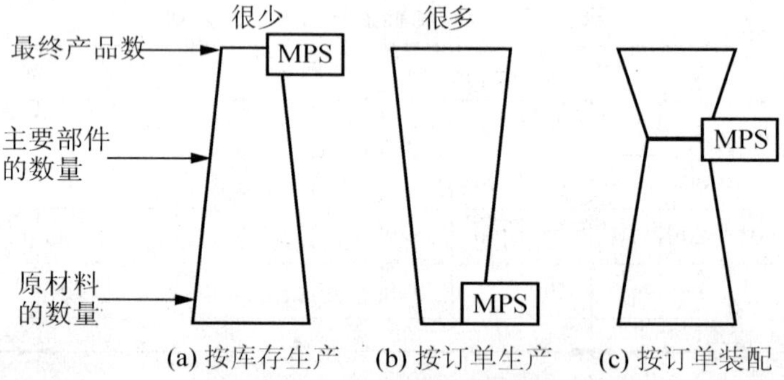


**图 4.5　主生产计划的定位约束**

图 4.5 中用较短的线条表示较少的产品。在按照库存生产的战略下，库存较少的最终产品能够支持客户服务，主生产计划围绕这些最终产品来制定。在按照订单生产的产品中，如定制化的服装，原材料比最终产品少，最终产品甚至可能代表一类。在按订单装配的企业里，如汽车、飞机制造厂，主生产计划是为主要的部件层次的产品制订的。在这里，主生产计划的约束主要来自原材料的用途及生产类型。

### 4.2.4　粗能力需求计划

在 ERP 系统中，典型的顺序是建立主排程，使用粗能力需求计划(RCCP)来确认 MPS 是否可行，把展开后的 MRP 表现出来，并且把以规划订单的数据送到 CRP 中。

RCCP 的技术被用来确认每个工作站中适合的产能，此技术能够发展机器负载报告，以决定所需产能；若产能不适当，则决定可被使用的产能以及应该采取的对策。

1. RCCP 需求的确定

RCCP 应用 3 种方式以机器负载报告来定义产能需求。

（1）整体因素容量规划(Capacity planning using overall factors，CPOF)：根据生产计划和生产标准，转换成制成品所需的单位资源，为每个工作中心的历史负荷，资料与运算的需求最低，所需数据和计算最少，计算快速但不敏感。

（2）劳工法案规划(The Bill of Labor approach，BOL)：使用每个产品在主要资源的标准工时之详细数据。标准工时是一个正常工人以平常的步调工作，生产一项产品一个单位再加上宽放的时间。所有零件的标准工时已经考虑了休息的宽放、延迟的宽放等，但不考虑前置时间偏移。

(3) 资源配置文件规划(Resource Profile Approach，RPA)：除了标准工时的数据外，尚需要考虑前置时间。

2. 粗能力计划制订

目前常用的粗能力计划的编制方法是资源清单法，包括以下步骤。

第一步：建立关键中心资源清单。

第二步：判定各时段能力负荷。

第三步：生成粗能力计划。

粗能力计划＝工作中心资源清单＋时段负荷情况

第四步：分析各时段负荷原因。

随着粗能力计划的生成，各时段工作中心的负荷量也已尽收眼底，此时管理者关心的自然是各时段造成工作中心超负荷的起因。

起因中包含了引起超负荷产品及其部件的编号和名称，该部件在 BOM 中所处的位置，以及部件加工时所占用资源情况的详细信息等，这些信息将帮助计划制定者在物料需求和生产能力间寻求平衡。

第五步：调整生产能力和需求计划。

粗能力计划过程的尾部环节将会对生产能力和物料需求进行初步的平衡性调整。

原则上的调整方法有减轻负荷和增加能力两种，具体做法有延长交货期、取消部分订单，再如加班加点、增加设备等。

3. 粗能力计划制订的注意事项

首先，粗能力计划应是灵活机动的。

其次，粗能力计划应是粗中有细的。

此外，粗能力计划的制订应是容易理解的且较为直观的。

最后，如果粗能力计划表明主生产计划所产生的能力需求存在短缺，则必须在生产实施或资源投入过程来临之前解决这一问题。

## 4.3 主生产计划的编制方法

要把生产计划转换成有价值的生产符号，必须对综合计划进行分解，包括确定劳动需求、材料、库存需求，即把综合计划分解成明确详细的产品需求。这个过程将在第 7 章详细介绍。在此，我们要理解分解的必要性及相关术语的含义，以便理解综合计划对于企业实际生产经营的指导意义。

### 4.3.1 编制过程概述

生产计划活动的制订是困难的，必须要整合需求、客户订单数量、现有库存的水平，并且所涉及的相关原材料及产品数量成千上万时就更加困难了。目前，计算机程序的大量应用能够帮助企业实现计划的制订，用以产生详细的主生产计划的报告及相关的图表。我们应该认识到，不同的 ERP 系统或生产计划的程序所输出的报告会有所不同，主生产计划的表达形式也没有统一的标准，但很多逻辑是相似的，主要参数也大体相同，包括：融合预测和顾客的订单；确定库存余额是否足以满足当期需求；当库存余额不足时，为预先确定的批量的生产做出安排。

为了更好地理解主生产计划的输出形式，首先来看表 4 - 2，思考以下问题。

（1）这种产品的生产主要是为了库存还是订单？

（2）当前 MPS 的计划期间多长？为了满足需求的要求，需要安排多少次生产？

（3）为什么第 1 周不生产？

（4）计划可得余额是如何确定的？

（5）第 5 周的 MPS 要求生产多少最终产品的组件？

（6）在 6 周的计划期内，企业的产能是否得到了充分的使用？

**表 4 - 2　手机信号检测仪的主生产计划**

| 提前期 0 | 批量 | | | 35 | 需求时间边界 | | | | 0 |
|---|---|---|---|---|---|---|---|---|---|
| 现有量 30 | 安全库存 | | | 0 | 计划时间边界 | | | | 0 |
| 周 | 1 | 2 | 3 | 4 | 5 | 6 | 7 | 8 | 9 |
| 预测 | 20 | 30 | 30 | 30 | 30 | 30 | | | |
| 订单 | | | | | | | | | |
| 计划可得余额 | 10 | 15 | 20 | 25 | 30 | | | | |
| 主生产计划 | | 35 | 35 | 35 | 35 | | | | |

现在，我们按照主程序计划编制的基本逻辑顺序来做一个粗略的排程，并一一回答上述问题。首先，对于预测水平，报告中没有显示客户订单，生产产品的报告显示主要是用于库存。报告中的数据一直排程到了第 6 周，所以当前计划时间的边界为 6 周，计划要求生产 4 次产品，分别为第 2 周、第 3 周、第 4 周、第 5 周，每周生产 35 台产品。计划中第 1 周不需要生产，因为期初已经显示有 30 台库存余额，可以满足当期的预测需求。

计划可得余额＝前期可得余额＋MPS－本期所需产品

（期末）＝30＋0－30＝0

在第 5 周，MPS 要求生产的最终产品数量为 35 台，在 MPS 的系统中，所有 MPS 的部件都成为计划需求。没有来自能力计划系统的额外信息，所以无法得知当前能力使用的程度，MPS 的用途是为粗略的能力计划提供信息。然而，第 1 周和第 6 周都没有安排手机信号检测仪的生产，所以那时生产设备可能会停工，当然，也可能生产线已经被安排了生产其他系列的产品。

主生产计划的编制过程是一个不断重复、更新并动态调整的过程。第一，MPS 经过 RCCP 之后，才可以作为可行的 MPS。如果某个 MPS 方案不能通过 RCCP 的平衡，该 MPS 必须进行修改。第二，当接收到没有预测到的新的客户订单时，需重新排定 MPS。只有当编制的 MPS 比较合理时，调整计划的频率才不会太快，否则需要经常进行调整。在 ERP 系统运行之初，可能几天排一次 MPS，系统运行正常后可能一周或几周排一次 MPS。

主生产计划编制过程包括编制 MPS 项目的初步计划，进行粗能力平衡，评价 MPS 这

3个方面。涉及的工作包括收集需求信息、编制主生产计划、编制粗能力计划、评估主生产计划、下达主生产计划等。制订主生产计划的基本思路，可表述为以下程序。

（1）根据生产规划和计划清单确定对每个最终项目的生产预测。它反映某产品类的生产规划总生产量中预期分配到该产品的部分，可用于指导主生产计划的编制，使得主生产计划员在编制主生产计划时能遵循生产规划的目标。

（2）根据生产预测、已收到的客户订单、配件预测以及该最终项目的需求数量，计算毛需求量。需求的信息来源主要为当前库存、期望的安全库存、已存在的客户订单、其他实际需求、预测其他各项综合需求等。某个时段的毛需求量即为本时段的客户订单合同以及预测之关系和。“关系和”指的是如何把预测值和实际订单值组合取舍得出的需求。这时，MPS的毛需求量已不再是预测信息，而是具有指导意义的生产信息了。

（3）根据毛需求量和事先确定好的批量规则，以及安全库存量和期初预计可用库存量，自动计算各时段的计划产出量和预计可用库存量。

（4）自动计算可供销售量供销售部门机动销售选用。

（5）自动计算粗能力，用粗能力计划评价主生产计划方案的可行性。粗能力计划是对生产中所需的关键资源进行计算和分析。关键资源通常指瓶颈工作中心。粗能力计划用于核定主要生产资源的情况，即关键工作中心能否满足MPS的需要，以使得MPS在需求与能力上取得平衡。

（6）评估主生产计划。一旦初步的主生产计划测算了生产量，测试了关键工作中心的生产能力并对主生产计划与能力进行平衡之后，初步的主生产计划就确定了。下面的工作是对主生产进行评估，对存在的问题提出建议，同意或者否定主生产计划。

如果需求和能力基本平衡，则同意主生产计划。

如果需求和能力偏差较大，则否定主生产计划，并提出修正方案，力求达到平衡。调整的方法如下。

① 改变预计负荷，可以采取的措施主要有重新安排毛需求量并通知销售部门拖延订单，终止订单等。

② 改变生产能力，可以采取的措施主要有申请加班、改变生产工艺提高生产率等。

（7）在MRP运算以及细能力平衡评估通过后，批准和下达主生产计划。

主生产计划是在综合计划之后制订的，它用要生产的具体的最终产品和生产日期来表现整个计划，它使用的信息可来自预测和手上订单，而且它是主要生产活动的驱动者。

### 4.3.2 主生产计划计算过程及基本概念

#### 1. 主生产计划MPS计算过程中常用到的基本数量概念

下面来学习在MPS计算过程中经常用到九大基本数量的概念，分别是：预测量、订单量、毛需求量(Gross Requirement)、计划接收量(Scheduled Receipts)、预计可用库存量(Projected Available Balance，PAB)、净需求量(Net Requirement，NR)、计划产出量(Planned Order Receipts)、计划投入量(Planned Order Releases)和可供销售量(Available To Promise，ATP)。

预测量是企业生产计划部门根据企业的经营计划或销售计划，采用合适的预测方法预测的最终产品项目将要生产的数量。订单量是企业已经明确得到的、将要为客户提供的最终产品的数量，是企业明确的生产目标。预测量和订单量是企业组织生产管理活动的核心目标。在不同类型的企业中，预测量和订单量所起的作用也不尽相同。

毛需求量是根据预测量和订单量计算得到的初步需求量。毛需求量的计算与时区的确定、企业的生产政策有关。在MPS中，毛需求量是除预测量和订单量之外的其他量的计算基础。

计划接收量是指正在执行的订单量。在制定MPS计划时，往往把制定计划日期之前已经发出的、将要在本计划期内到达的订单数量作为计划接收量来处理。如果希望手工修改MPS，也可以把手工添加的接收量作为计划接收量处理。

预计可用库存量是指现有库存中扣除了预留给其他用途的已分配量之后，可以用于需求计算的那部分库存量。PAB的计算公式如下。

PAB＝前一时段末的PAB＋本时段计划接收量－本时段毛需求量＋本时段计划产出量

在PAB的计算公式中，如果前3项的计算结果是负值，表示如果不为库存补充，将会出现缺料。因此需要借助第4项，即本时段计划产出量，用于库存的补充。

净需求量是根据毛需求量、安全库存量、本期计划产出量和期初结余计算得到的数量。净需求量的计算公式如下。

净需求量＝本时段毛需求量－前一时段末的PAB－本时段的计划接收量＋安全库存量

计划产出量是指在计算PAB时，如果出现负值，表示需求不能被满足，需要根据批量政策计算得到的供应数量。计划产出量只是一个计算过程中的数据，并不是真正的计划投入数据。

计划投入量是根据计划产出量、提前期等数据计算得到的计划投入数量。

可供销售量是指销售部门可以销售的产品数量。ATP的计算公式如下。

ATP＝本时段计划产出量＋本时段计划接收量－下一次出现计划产出量之前各时段订单量之和

2. 主生产计划MPS计算过程

MPS的详细计算过程如图4.6所示。在该计算过程中，首先需要确定系统设置的内容。系统设置包括整个MPS计算需要的数据环境。例如，需要明确编制MPS的日期，划分时段、时区，确定需求时界、计划时界、生产批量、批量增量、安全库存量和提前期等。

系统设置之后，可以计算毛需求量。计算毛需求量的基础数据是预测量和订单量。如何根据预测量和订单量得到毛需求量，取决于企业的类型、时区和生产政策。例如，可以制定这样的政策：在稳定时区，毛需求量等于订单量；在灵活时区，毛需求量等于订单量和预测量中的较大者；在开放时区，毛需求量等于预测量。

计算计划接收量需要确认在编制计划日期之前已经下达的订单数量。在ERP系统中可以由系统自动确认。

计算当期PAB往往也是当前数据的一种确认。当期PAB是指编制计划日期时可用的库存量。

接着逐个时段进行计算。计算本时段PAB初值表示，在一个时段中，PAB有两个值，一个是PAB初值，一个是PAB终值。这是因为在计算PAB终值时，如果计算结果是负值，需要借助计划产出量进行调整。

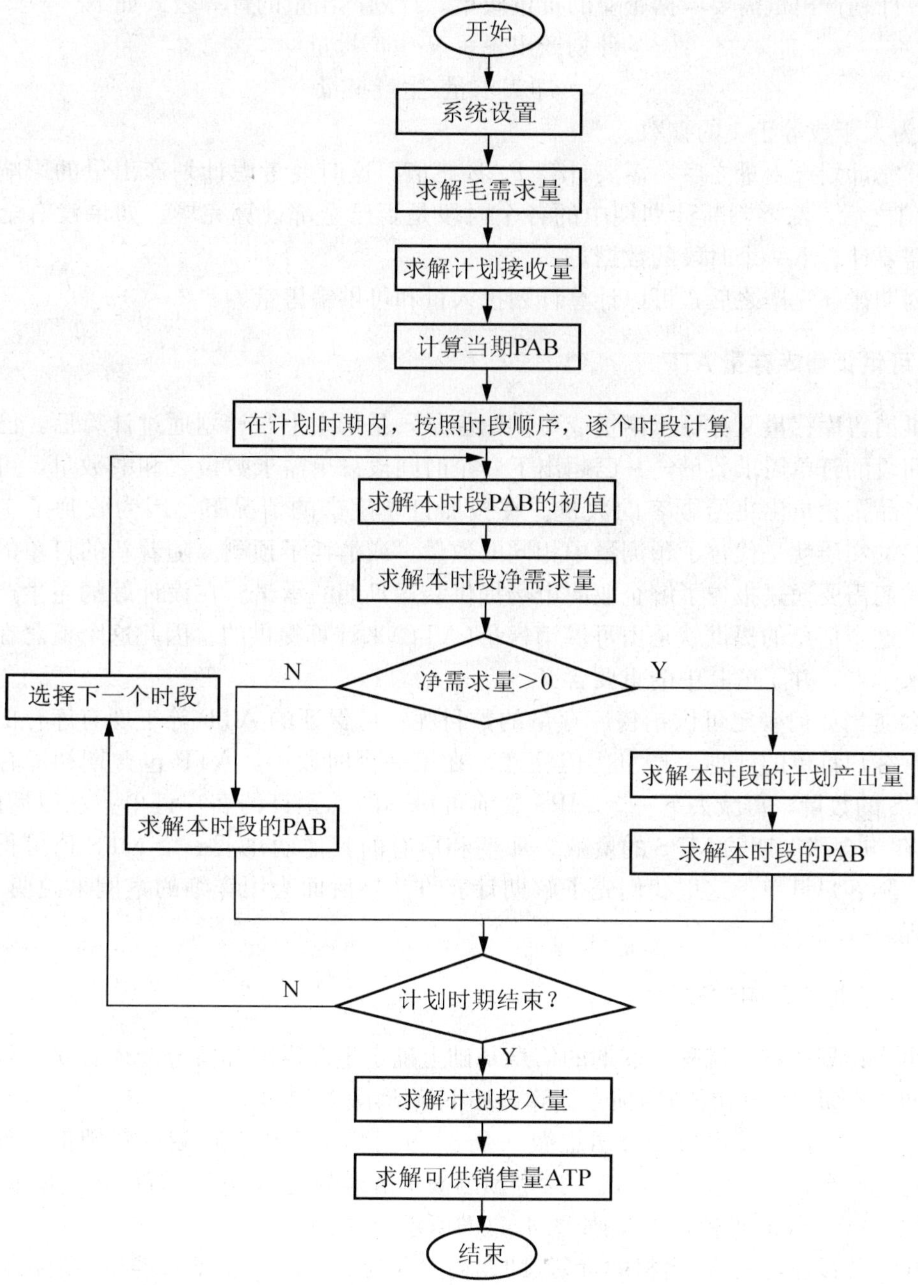


图 4.6　MPS 的计算过程

计算本时段的净需求量。如果 PAB 初值大于或等于安全库存量，表示不需要补充，因此净需求量为 0；如果 PAB 初值小于安全库存量，则需要补充库存，这时净需求量为安全库存量减去 PAB 初值。

如果净需求量小于等于 0，表示不需要补充物料，因此，PAB 等于 PAB 初值。如果净需求量大于 0，表示不需要补充物料，因此，则需要计算计划产出量。

计算计划产出量需要依据企业的批量政策。计划产出量的计算公式如下。

$$计划产出量=N\ 生产批量$$

$$N=净需求量/生产批量$$

其中 $N$ 为大于或等于 1 的整数。

计算完计划产出量之后，需要计算 PAB 终值。这时要考虑计划产出量的影响。计算 PAB 终值之后，需要判断计划期中的各个时段是否已全部计算完毕。如果没有全部计算完毕，需要计算下一个时段的数据。

计划期循环完毕之后，可以计算计划投入量和可供销售量。

### 4.3.3 可供销售库存量 ATP

可供销售库存量又称可承诺量或可供销售量，是指主生产计划通过计算后，已满足该时区时间段的订单需求数量，并已超出下一个时间段订单需求数量之和的数量，可提供销售部门产品销售员出售给顾客的数量。在按照订单生产的情况下，因为收到了实际的订单，它们的实质就是代替了预测量中相同的数量，或消耗了预测。随着新的订单的评估和接受，我们需要通过报告了解企业向市场提供装运日期的承诺。在设计好的主生产计划的系统中，这个信息的提供就是由可供销售量(ATP)来计算提供的。因此这个概念在这里专门提出来学习，并了解其中的重要含义。

那么应当如何确定可供销售库存量的数目呢？可保证的 ATP 等于现有库存的一部分加上没有客户订单的计划生产量。但注意，在第一个时段中，ATP 包含期初库存加上改期的 MPS 的数量，再减去下一个 MPS 量前可得到的总预订的客户订单。在以后的各期，ATP 库存包含那一期的 MPS 的量减去那期和所有的其他期在下一个 MPS 值可得之前已收到的实际客户订单。这里我们先了解期计算方法，后面会用详细的案例来说明 ATP 的计算过程。

### 4.3.4 MPS 报表编制过程示例

主生产计划的制定流程在逐期的信息基础上确定生产需求和待分配库存量。流程开始于对期初库存量(PAB 初值)的预先计算，如下例所示。

一家生产工业用发电机的公司想做一个 8、9 月份的主生产计划。营销部门预测的需求是 8 月 160 台机，9 月 200 台机。这些预测被平滑地分配到了每个月的 4 个星期当中：8 月份每周 40 台，9 月份每周 50，如图 4.7(a)所示。

现在，假设已经有 62 台机的存货(即期初库存为 62 台)，已经承诺和必须执行的顾客订单和需求如图 4.7(b)所示。

在图 4.7(b)中包含主计划制定流程中的 3 种主要输入，期初存货、预测、顾客订单。这些信息对 3 个数字的决定非常重要：库存初值，主生产计划及可供销售库存量 ATP。首先一周一次地计算库存初值，直到它下降到一个特定的数值以下，这个特定的数值就是安全库存值，如果没有特别说明，那么我们就认为当前产品的安全库存为 0，所以，此例当中我们认为特定的数值为 0，0 就是判断是否安排计划排产的重要标志。现在，我们一直计算到库存初值小于 0。

| | 8月 | | | | 9月 | | | |
|---|---|---|---|---|---|---|---|---|
| | 1 | 2 | 3 | 4 | 5 | 6 | 7 | 8 |
| 预测 | 40 | 40 | 40 | 40 | 50 | 50 | 50 | 50 |
| | | | | | | | | |

(a) 发电机每周需求预测值

| 期初存货 | 8月 | | | | 9月 | | | |
|---|---|---|---|---|---|---|---|---|
| 62 | 1 | 2 | 3 | 4 | 5 | 6 | 7 | 8 |
| 预测 | 40 | 40 | 40 | 40 | 50 | 50 | 50 | 50 |
| 订单 | 43 | 20 | 19 | 10 | 2 | | | |
| | | | | | | | | |

(b) 关于预测、顾客订单、期初存货的8周时间安排

**图 4.7 某发电机公司 8、9 月的需求预测及订单情况**

库存初值的计算如下。

库存初值＝来自上期的库存－本期需求

本期需求值的企业政策为预测值和顾客订单当中的较大者。

第 1 周：库存初值等于期初存货减去预测值和顾客订单中的较大值。顾客订单(43)大于预测值(40)，因此，选用顾客订单数为当期的需求值。第 1 周，我们得到了：库存初值(PAB 初值)＝62－43＝19。

| 期初存货 | 8月 | | | | 9月 | | | |
|---|---|---|---|---|---|---|---|---|
| 62 | 1 | 2 | 3 | 4 | 5 | 6 | 7 | 8 |
| 预测 | 40 | 40 | 40 | 40 | 50 | 50 | 50 | 50 |
| 订单 | 43 | 20 | 19 | 10 | 2 | | | |
| 需求 | 43 | 40 | 40 | 40 | 50 | 50 | 50 | 50 |
| PBA初值 | 19 | −21 | | | | | | |
| | | | | | | | | |

需求为预测和订单中的较大值

第1周：PAB初值为62−43=19

第2周：PAB初值为19−40=−21

**图 4.8 逐周计算 PAB 初值，直到为负**

一直计算到第 2 周，PAB 初值如图 4.8 所示，当 PAB 初值为负值时，就表明需要进行生产以补充库存了。因此，一个负的 PAB 初值就意味着对生产计划的需求。假设当前该公司的额生产批量大小为 80 台机，无论什么时候，一旦需要生产，该公司就生产 80 台机。因此，第 2 周的负值 PAB 初值就表示需要生产 80 台机器，以满足 21 台的不足，并且为未来的顾客需求留下 49(80－21)台的存货，也就意味着 PAB 终值为 49 台。

在整个计划期间，这个计算会一直持续下去。每当 PAB 的初值也就是计划的库存为负值的时候，另一个生产 80 台机的批量就添加到了当前的进度表中。这个计算过程见表 4-3。其结果是进度表中个星期的主计划和 PAB 初值，及 PAB 终值，如图 4.9 所示。

表 4-3　主生产计划和库存值(PAB 初值、PAB 终值)的决定

| 周 | 来自上周的 PAB | 需求 | PAB 初值 | | MPS(80) | | PAB 终值 |
|---|---|---|---|---|---|---|---|
| 1 | 62 | 43 | 19 | | | | 19 |
| 2 | 19 | 40 | −21 | + | 80 | = | 59 |
| 3 | 59 | 40 | 19 | | | | 19 |
| 4 | 19 | 40 | −21 | + | 80 | = | 59 |
| 5 | 59 | 50 | 9 | | | | 9 |
| 6 | 9 | 50 | −41 | + | 80 | = | 39 |
| 7 | 39 | 50 | −11 | + | 80 | = | 69 |
| 8 | 69 | 50 | 19 | | | | 19 |

| 期初存货 | 8月 | | | | 9月 | | | |
|---|---|---|---|---|---|---|---|---|
| 62 | 1 | 2 | 3 | 4 | 5 | 6 | 7 | 8 |
| 预测 | 40 | 40 | 40 | 40 | 50 | 50 | 50 | 50 |
| 订单 | 43 | 20 | 19 | 10 | 2 | | | |
| 需求 | 43 | 40 | 40 | 40 | 50 | 50 | 50 | 50 |
| PBA初值 | 19 | -21 | 9 | -31 | 9 | -41 | -11 | 19 |
| 计划产出 | | 80 | | 80 | | 80 | 80 | |
| PBA终值 | | 59 | 19 | 59 | 9 | 39 | 69 | 19 |
| | | | | | | | | |

图 4.9　将库存量终值(PAB 终值)和计划产出添加到主计划的报告中

只有在完成了计划产出量的确定值以后，才可能计算可供销售库存量(ATP)。实践当中有几种方法，在此，我们使用的方法包含“预见”过程，逐月合计已经预计的顾客订单数，直到产生计划产出量的那个星期。比如第 1 周，顾客订单值为 43 台，第 2 周就有计划产出量，所以，能合计的订单数目只有第 1 周的订单，注意，在第 1 个期间的计算需要引入期初库存量，用期初库存量(62 台)加上本期的主生产计划量(此处为 0)，再减去合计后的订单数量，就得到了可供销售库存量。

第 1 周 ATP＝62＋0－43＝19

注意，在第 1 周以外的其他时期，期初存货退出计算过程。

当期 ATP＝当期 MPS－(下一次出现计划产出值之前的订单的合计值)

第 2 周 ATP＝80－(20＋19)＝41

那么第 2 周的 ATP 值就意味着这些可销售的库存量是没有授权的，销售部门要积极地为当期的存货寻找新的客户订单，它们可以在第 2 周运送，也可以在第 3 周运送。

第 4 周 ATP＝80－(10＋2)＝41

第 6 周 ATP＝80－(0)＝80

第 7 周 ATP＝80－(0)＝80

在第 6 周、第 7 周、第 8 周，由于没有顾客订单，因此所有的计划产出都暂时可以被承诺出去。一旦额外的订单被预订，它们就会进入时间安排表，待分配库存量也会被更

新，以便及时反映给生产以外的销售部门，销售部门根据待分配库存量给顾客提供新的订单以及现实的运送日期。

## 本章小结

本章对主生产计划的相关知识进行了一个全面的学习。本章第一部分介绍了主生产计划的含义，说明在可用资源条件下，MPS回答了企业在一定时间内生产什么、生产多少、什么时间生产的企业决策。本章第二部分从主生产计划的目标、输入和计算周期含义分解了主生产计划的基本概念及相关知识，其中重点解释了时间周期的概念、MPS的约束条件，粗能力需求计划的基本概念及与MPS的相关性。本章第三部分介绍主生产计划的编制方法，引导读者从上一个章节综合计划的分解开始学起，从一个案例开始思考相关问题，然后介绍MPS报表中的相关术语，详细的计算及推论过程，帮助读者掌握编制报表的能力及阅读报告的方法。

## 思考练习

1. 判断对错并分析

(1) 主生产计划对于企业来说是一种宏观的生产计划。

(2) MPS的计划对象只能是相关需求件而非独立需求件。

(3) 需求是无法控制点的，综合计划只需考虑生产能力。

(4) MPS对订单安排生产具有合理的转换作用。

(5) 一般而言，距离现在时间较近的订单数据对MPS的影响大于预测数据对MPS的影响。

(6) 相同的ERP系统或生产计划的程序所输出的报告会有所不同。

2. 主生产计划和ERP系统的关系是什么样的？请举例说明。

3. 为什么跨度比较长的计划往往采用近细远粗的汇总方式呈现出来？

4. 请用自己的语言概述RCCP对主生产计划的调节控制过程。

5. 求表4-4所示的主生产计划的ATP库存的值。

表4-4 手推式割草机的主生产计划

| 现有量23 | | 批量25 | | | | 计划时间边界6 | | | |
|---|---|---|---|---|---|---|---|---|---|
| 周 | 1 | 2 | 3 | 4 | 5 | 6 | 7 | 8 | 9 |
| 预测 | 10 | 10 | 10 | 10 | 20 | 20 | | | |
| 顾客订单 | 13 | 5 | 3 | 1 | | | | | |
| 计划可得余额 | 10 | 0 | 15 | 5 | 10 | 15 | | | |
| 主生产计划 | 0 | 0 | 25 | 0 | 25 | 25 | | | |
| 可保证库存 | | | | | | | | | |

6. 某皮包厂拟计划 50 个皮包的批量生产(每个皮包装在纸盒中)，期初库存为 45 个，对需求的预测见表 4－5。公司在第 1 周收到的订单为 32 个，第 2 周 19 个，第 3 周 4 个，第 4 周 10 个，第 5 周 15 个。制订主生产计划，并求出 1～8 周的可保证的库存量。

**表 4－5　皮包的主生产计划**

| 现有量 45 | 批量 40 | | | | | 计划时间边界 8 | | | |
|---|---|---|---|---|---|---|---|---|---|
| 周 | 1 | 2 | 3 | 4 | 5 | 6 | 7 | 8 | 9 |
| 预测 | 20 | 20 | 30 | 20 | 20 | 13 | 15 | 20 | |
| 顾客订单 | | | | | | | | | |
| 计划可得余额 | | | | | | | | | |
| 主生产计划 | | | | | | | | | |
| 可保证库存 | | | | | | | | | |

7. 表 4－6 所示是一个最终产品 H 的预期需求，期初库存为 35 件。生产批量为 80 件，公司的安全库存为 10 件。

**表 4－6　产品 H 的预测及订单**

| 周 | 1 | 2 | 3 | 4 | 5 | 6 | 7 | 8 |
|---|---|---|---|---|---|---|---|---|
| 顾客预测 | 5 | 5 | 5 | 30 | 15 | 5 | 25 | 25 |
| 服务预测 | | | 20 | | | 20 | | |
| 国际订单 | | | | 30 | | 25 | | 40 |
| 仓库订单 | | 5 | | 10 | 20 | | 30 | |

确定总生产计划中的计划库存余额、MPS 和 ATP。

假定企业政策：MAX(预测、订单)，预测＝SUM(预测)，订单＝SUM(订单)。

## 实 训 拓 展

阅读拓展

**ERP 拓展阅读 4－1**

### 国内著名设备生产制造企业“生产信息管理系统自动线改造项目”介绍

秦光厂(化名)生产信息管理系统是一个重大建设项目，利用先进的计算机控制技术、通讯技术和信息化管理模式，实现企业生产线的自动化数据采集、生产过程控制管理和分析工作，以及企业日常工作的信息化管理，为产品生产提供强大的辅助功能和保障作用。同时，提高企业的信息化管理水平，实现管理层次和世界级工厂的接轨，创新出适合秦光厂(化名)生产制造发展需要的管理平台，为整个生产线自动化管理的发展提供项目范本和实施经验。企业信息化的到来，更是给秦光厂(化名)提供了更好的发展平台。采用数字化信息管理来增强企业的竞争能力，提高企业的生产水平尤为重要。

其特色之处在于采用目前主流的BS架构加以实现，通过服务器端的一次性配置与发布，客户端都可以通过浏览器快速、方便地访问到程序资源，从而更有效地方便企业的市场规划和管理。在自动化数据采集方面，系统采用稳定快速的CS架构，在整个加工过程中采用先进的条码(Barcode)技术对每个产品及物料进行质量跟踪。这样，每个产品都拥有自己唯一的身份标识，通过条码的扫描，可以方便、有效、准确地查找到某个产品的整个加工过程信息，当前产品的状态信息等。物料的流向信息利于对产品质量的追溯和管理，提高产品合格率。条码是企业生产计划与执行的中间枢纽，贯穿了整个生产执行的链接环节，是生产计划部门与车间、车间与车间之间、车间与库房之间的信息通道，该通道通畅无阻，信息就可快速及时传递，保障生产计划的及时执行，保障车间之间工序的快速流转。利用企业MES系统提高原始的生产加工效率，对每一个工艺流程的管理可以实现全盘控制化，能够及时地了解、掌握每个产品加工过程中的状态信息，通过系统提供的丰富的数据，可以更方便、快捷、准确地统计设备的生产合格率，时效利用率等，给人以直观，方便的视觉效果。真正体现了高效，高质量的现代化信息系统。

一、项目运行前企业的现状及需求

纵观当前的企业管理，可以发现企业的信息化管理水平其实是参差不齐的。就我国大多数的生产企业来说，其管理水平总体来看是不够高的，有很多的地方都还是靠人工，纸质单据等来处理企业生产管理所面临的问题，从销售到计划，从生产到发货，都没有一个完整的系统来合理地管理这些业务，使得生产的随意性、盲目性、风险性提高；物料使用的不合理性，管理不到位性增加；人员、设备等资源的利用率下降；物力、财力的额外消耗扩大等，这些不具有科学性的生产和管理理念存在于整个生产企业的管理过程中，即使有的企业已经拥有了其他的软件来进行企业上的一些局部管理，如人事、财务、办公自动化等，但是对于一个产品的整个加工过程的监控、管理还存在许多不足的地方。由于有的软件设计不完善又或者是原先设计时对问题考虑不周全，并不能为企业对生产过程的控制带来方便。下面分别分析一下目前企业领导和生产员工所面临的问题。

1. 目前企业领导所面临的状况

对于秦光厂(化名)目前的现状来说，产品生产线已处于成熟阶段，如何研究和开发出适合产品生产管理和企业管理方式的信息系统是现在最需要迫切关注和解决的重点。如果没有一个合理科学的管理系统对企业的生产，管理等加以控制，那么对于领导层人员来说，想要实时的掌握企业的生产状况，运营方式，销售业绩甚至某台设备的运转情况，产品的加工状态，都是无法实现的。这样就严重影响了信息的及时性、有效性。这种滞后的信息直接影响了企业的管理效率，对领导层的决策起不到一个很好的推动作用，而且也给产品质量的追溯带来了更多的麻烦。

2. 目前企业生产人员所面临的状况

企业的生产人员在企业产品的整个生产过程中起着尤为重要的作用，其工作效率直接影响着企业的生产效率，工作质量直接影响着企业的产品质量。秦光厂采用先进的自动化数据采集系统，与设备直接建立接口通讯，通过以条码为信息主线，对每个操作人员的信息都做相应的记录，一切数据都存储在数据库中，以系统来记录、分析和处理各种事务。这正是生产企业所需要的。

3. 生产过程中所面临的状况

人工记录存在一个时间差，难以做到在操作的同时记录设备的测试值；因为数量较大且多数加工过程为相同工序的重复劳作，导致效率低下，准确性较差；纸质随工单不利于永久保存，信息追溯及检索困难，长期积累影响生产工艺水平的有效提高；生产计划、出入库、销售计划等已然实现信息化管理，但是在产品投料生产到成品入库出现了信息断层，各生产车间大量手工操作采集信息，降低了生产计划的执行效率；生产过程环节作为生产加工型企业成本的最重要的组成，在信息化逐步实施的秦光厂，缺失的环节明显已成为影响企业整体运行效率提升的瓶颈。

二、企业对项目的选型和改造

1. 建立生产管理平台

生产管理平台可灵活创建企业生产组织模型、定义企业生产制造流程、建立工业条码编码规则。

流程：部门信息维护—角色信息管理(图 4.10)—人员信息管理—系统权限分配—用户口令维护—基本信息维护(图 4.11)。

分配类型：角色

| 选择 | 用户名称 | 用户编号 | 归属机构 | 登 |
|---|---|---|---|---|
| □ | 管理员 | 0000 | 连通品质部 | 2008 |
| □ | 连通测试 | 0011 | 连通测试组 | 2009 |
| □ | 连通演示 | 0012 | 管理部 | 2010 |
| □ | 张柳 | 0013 | 总装车间 | 2010 |
| □ | 杨梅 | 0014 | 电焊车间 | 2010 |
| □ | 冯晓 | 0015 | 电镀车间 | 2010 |

图 4.10 角色分配图

基本信息维护

信息类别：物料规格　　增加　编辑　删除

| 全选 | 编号 | 名称 | 上级 | 本级编号 | 级次 | 标志 | 备注 | 备注1 | 备注2 |
|---|---|---|---|---|---|---|---|---|---|
| □ | 01 | 特殊材料 | 0 | 01 | 1 | 0 | | 0 | |
| □ | 02 | 开关 | 0 | 02 | 1 | 0 | | 0 | |
| □ | 03 | 机箱 | 0 | 03 | 1 | 0 | | 0 | |
| □ | 04 | 其他 | 0 | 04 | 1 | 0 | | 0 | |

图 4.11 基本信息维护

2. 生产车间管理

车间生产管理子系统依据企业生产计划进行派工、领料以及加工工序的管理，并可实现产品的完工送检和完工转出，从而实现车间生产全过程的追踪管理。

流程：车间领料申请(图 4.12、图 4.13)—车间收料登记—车间收料确认—车间派工管理(图 4.14、图 4.15)—车间完工管理。

图 4.12 车间领料申请单

| 全选 □ | 使用物料代号 | 领用物料名称 | 使用数量 | 父项代号 | 属性代号 | 需求时间 | 物料底码 | 领料人 |
|---|---|---|---|---|---|---|---|---|
| □ | 06F0-CT-B-601 | CT线圈 | 8000 | 0 | 0 | 2010-3-30 | 00003 | 兰晓鞍 |
| □ | 06F0-CT-B-601 | CT线圈 | 6000 | 0 | 0 | 2010-3-30 | 00004 | 王吉纳 |
| □ | 06F0-CT-B-601 | CT线圈 | 20000 | 0 | 0 | 2010-3-30 | 00005 | 王吉纳 |
| □ | 06F0-CT-B-601 | CT线圈 | 4000 | 0 | 0 | 2010-1-31 | 00006 | 李龙华 |
| □ | 06F0-CT-B-601 | CT线圈 | 20000 | 0 | 0 | 2010-1-31 | 00007 | 李龙华 |
| □ | 06F0-CT-B-601 | CT线圈 | 6000 | 0 | 0 | 2010-1-15 | 00008 | 兰晓鞍 |
| □ | 06F0-CT-B-601 | CT线圈 | 20000 | 0 | 0 | 2010-1-15 | 00009 | 兰晓鞍 |

图 4.13 领料查询

(用户可选择数据状态、产品型号、工程号、工作号、批次、组件代号等多入口进行查询。)

| 产品型号 | 工程号 | 工作号 | 批次 | 项目分类 | 项目类型 | 领料类型 | 登记时间 | 领料部门 | 领料人 |
|---|---|---|---|---|---|---|---|---|---|
| 126GIS增容 | GC001 | 0 | 0 | ZZ | BJ | | 2010-2-2 16:46:44 | 401 | 连通测试 |
| 126GIS增容 | GC002 | 0 | 0 | 0 | 0 | 0 | 2010-2-24 10:19:08 | 401 | 连通测试 |
| 126GIS增容 | GC003 | 0 | 0 | 0 | 0 | 0 | 2010-2-24 11:19:08 | 401 | 连通测试 |
| 126GIS增容 | GC004 | 0 | 0 | 0 | 0 | 0 | 2010-1-28 17:40:37 | 401 | 连通测试 |
| 126GIS增容 | GC005 | 0 | 0 | 0 | 0 | 0 | 2010-1-28 18:40:37 | 401 | 连通测试 |

图 4.14 车间派工单

派工方式：请选择 精细派工 打印 返回 第 1 张 上一张 下一张

车间生产派工单

KA20100305-0

| 生产单号 | 201003050000007 | 派工单号 | KA20100305-0 | 产品型号 | 126G15增容 | 工程号 | GC001 | 简图 |
|---|---|---|---|---|---|---|---|---|
| 项目代号 | OKA023062 | 项目名称 | 液压机构 | 物料类型 | | 生产类型 | 自制 | |
| 计划类型 | 工程计划 | 图号版次 | 1 | 装配类型 | | 装配属性 | o | |
| 登记日期 | 2010-3-5 | 开工日期 | 2010-3-10 | 完工日期 | 2010-4-8 | 计划数量 | 800 | |

| 工序顺序 | 工序代码 | 工序名称 | 加工车间 | 工作中心 | 加工设备 | 加工人员 | 开工日期 | 完工日期 | 单件数量 | 合格数量 | 已用数量 | 操作人员 | 检验人员 |
|---|---|---|---|---|---|---|---|---|---|---|---|---|---|
| 1 | BL | 备料 | 208 | C0003 | SB004 | 0035 | 2010-3-10 | 2010-3-14 | 8 | | | . | |
| 2 | OSSX | 固溶时效 | 208 | C0003 | SB004 | 0035 | 2010-3-14 | 2010-3-19 | 8 | | | | |
| 3 | QL | 清理 | 401 | 15 | SB000 | 0037 | 2010-3-19 | 2010-3-25 | 8 | | | | |
| 4 | DM | 打磨 | 209 | 2 | SB009 | 0021 | 2010-3-25 | 2010-4-1 | 8 | | | | |

图 4.15 车间生产派工单

3. 生产过程管理

生产过程管理子系统可对生产企业的全部生产环节和生产过程进行创建生产看板进行可视化管理，可以实时监控生产计划的在制情况、进度情况以及成套情况，实现产品的追踪查询、生产的进度查询以及生产信息的统计分析。

4. 生产质量管理

生产质量管理子系统依据请检数据、检验规范、工业条码系统进行检验工序、完检入库的管理，实现生产质量统计和生产质量追踪查询。力争提高产品品质竞争力、降低生产成本，为达到生产“零缺陷”的理想目标而打下有力的基础。

流程：生产完工检验—质量追溯—质量统计(图 4.16)。

质 量 追 溯

条码：20100011400000003011 项目代号：OKA 023 062 项目名称：液压机构 计划令号：20100114000003

| 工序名称 | 参数名称 | 标准值 | 实测值 | 单位 | 操作员 |
|---|---|---|---|---|---|
| 固溶时效 | 电流 | 电流=20 | 76 | mA | 连通测试 |
| 清理 | 电流 | 电流>=20 | 21 | mA | 连通测试 |
| 清理 | 温度 | 温度>=2000 | 212 | ℃ | 连通测试 |
| 清理 | 时间 | 时间=20 | 21 | S | 连通测试 |
| 清理 | 压力 | 压力>300 | 212 | Pa | 连通测试 |

| 操作时间 | 工作中心 | 加工设备 | 结果 | 返修次数 |
|---|---|---|---|---|
| 2010-1-21 18::03：44 | 铸造中心 | 高压压缩机 | | 0 |
| 2010-1-21 18::03：53 | 测试中心 | 检查站 | | 0 |
| 2010-1-21 18::03：54 | 测试中心 | 检查站 | | 0 |
| 2010-1-21 18::03：55 | 测试中心 | 检查站 | | 0 |
| 2010-1-21 18::03：56 | 测试中心 | 检查站 | | 0 |

图 4.16 质量统计单

5. 生产成本管理

生产成本管理系统依据产品零部件价格信息、材料价格信息和定额工时信息完成工序流程成本核算以及零件加工成本核算，使整个生产成本的管理统一化、透明化，真正实现企业生产成本管理的“事先控制”和“动态控制”。

资料来源：e-works | 管理信息化，2010 年 5 月 9 日

## ERP 拓展阅读 4-2

### 废墟上的 IT 故事(选编)

地震后仅用了 15 天，东方汽轮机厂(以下简称东汽)就恢复了生产，这不得不称得上是一个奇迹(图 4.17)。在这奇迹背后，支撑东方汽轮机厂迅速投入生产的是 IT 灾备系统。原来，早在“十五”期间，东汽就意识到灾备的重要性，从那时起就开始了灾备工作。据东方汽轮机厂计算机处处长夏开渝介绍，在灾备工作开始前期大家并没有认识到灾备的重要性，很不理解这样的工作。很多人都不认同企业做灾备，认为投入大、周期长，还不如用这些钱来投入到生产，获得更大的收益。把这些钱花到灾备上，却什么收益也看不到。整个灾备方案论证了很长时间。但是在夏开渝的努力下，灾备工作得以进行。东汽首先从数据灾备开始，逐步过渡到系统灾备，直到 2007 年底东汽完成了异地数据灾备、系统灾备。

**图 4.17　地震前后的车间实景**

东汽的主信息中心在汉旺，而另一个用来备份的信息中心在德阳，两地相距几十公里。两个信息中心的数据相互备份，但是数据的备份并非实时，而是每天夜里零点自动做增量备份，每周做全备份。对于重要的 ERP 数据每天备份，同时做增量备份，一周做一次全备份，数据保留时间为一年。对于非关键数据 3 天做一次增量备份，两周做一次全备份。

而德阳机房中心的备份仅局限于数据备份，东汽只在汉旺机房内对关键核心服务器做了双机热备。夏开渝对企业级服务器以及 PC 及服务器分别用不同的软件做了系统备份。就在地震过去整整一个星期后，东汽进入了抗震救灾的第二阶段，将工作重点从救人转向清理废墟、抢救设备和生产恢复。

据夏开渝回忆：“我们汉旺中心的系统都损坏了，当时中心 ERP 服务器的机柜倒掉了，核心两台服务器也遭受了一定程度的破坏，但经过修复发现仍然可用。这对于我们来说是一个天大的好消息。”因为这 4 台企业级服务器不仅价格昂贵，更重要的是他们只是在汉旺进行了备份，并没有在德阳备份。如果这 4 台服务器出了问题，要恢复原来的信息系统，就必须重新采购新机器、安装软件，程序烦琐，时间周期会很长。

2012 年 5 月 18 日，夏开渝带领自己的手下把机房中心的设备全部抢救出来，并在 19 日将这些救出来的设备运抵东汽德阳信息中心。此时，夏开渝对短期内迅速将信息系统恢复到震前水平已有了一定的把握。夏开渝还清晰地记得，首先自己从硬件恢复工作开始，此期间 IBM 给予了他们很大的帮助，第一时间内无偿提供了急需的硬件。他们仅用了 3 天就把磁盘阵列等硬件设施恢复好，之后又用了两天的时间恢复系统和数据，最后一天对所有的系统进行了全面测试。就这样，东汽仅用了约一个星期的时间就把系统恢复到了生产前的状况。

资料来源：1. 计世网，2009 年 2 月 23 日

2. 国际在线，戴爽、金雨，2012 年 2 月 28 日

# 第5章 物料需求计划

## 学习目标

通过本章的学习，读者应该能够：

（1）阐述物料需求计划的含义，并说明它的用途；

（2）理解并掌握 MRP 报表描述的内容；

（3）掌握 MRP 的相关术语及其在企业管理中的现实意义；

（4）论述能力需求计划 CRP 的概念及作用；

（5）掌握 MRP 报表的编制过程；

（6）概括 MRP 使用过程中的潜在优点与所面临的困难。

## 知识结构

本章的知识结构如图 5.1 所示。

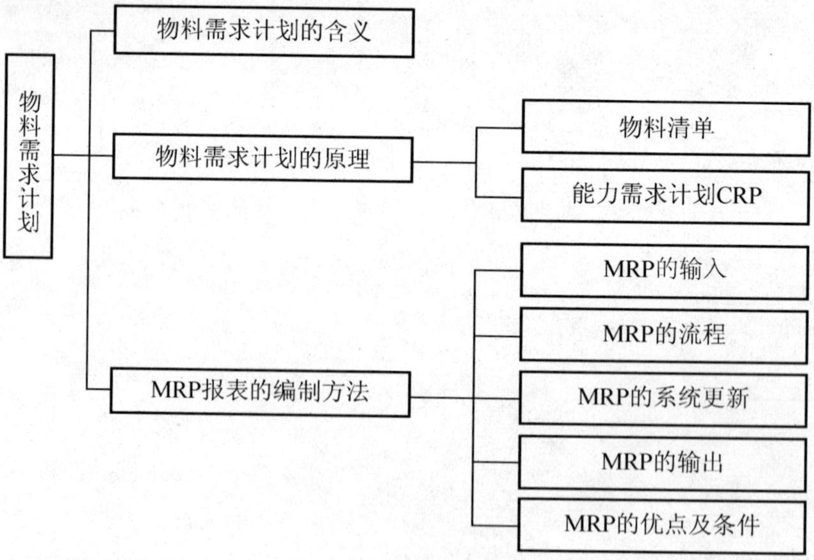


图 5.1　本章知识结构图

## 导入案例

### 中国味道之“金玉满堂”

中央电视台的美食节目《中国味道》正在如火如荼地进行中。通过上一阶段中的个人厨艺选拔，多名选手在个人选拔的竞赛中脱颖而出，进入了分组合作的阶段。选手们在在节目组的安排下通过抽签的方式分成了红、蓝两个队伍，在题目的创意比赛中，每个队伍分配到了一个主题，红队选到了“花开富贵”的主题，蓝队选到了“金玉满堂”的主题，然后用45分钟的时间利用现有食材准备出和主题相符合的几道菜品。

蓝队在一开始就确定了队伍的领导者，年轻的Z得到了团队的一致信任，这位18岁的美食少年，在队伍中昵称小胖。“金玉满堂”的主题下食材有豆腐，青菜、西蓝花，虾等，定下基本的菜品以后，队长小胖迅速地为5位队员分工。Z主厨开始煎豆腐，其余队员开始各负其责打下手，M削西蓝花、A老先生剥虾、J给小胖打下手并传话，S大妈和小X都左右开弓，拿了菜刀剁蒜末和鸡蓉。在主持人一开始的巡视中，现场气氛是叮叮当当，火热朝天，一切井井有条。时间过去了5分钟，在大家各自忙碌的时候，M遇上了点小问题，莴苣削好了，但是不知道切成什么形状。A老先生让她赶紧问一下小胖。小胖一边煎豆腐一边指点她切成小长方条。M迅速回到了自己的工作台，把切菜的工作交给了A老先生，自己开始剥虾。小胖这个时候也过来切一些莴苣的样品，M在迅速地剥虾，S大妈和小X还在一丝不苟地剁着菜品和作料。小胖开始切南瓜，金黄的南瓜非常好看，相信要表现“金玉满堂”的主题非常恰当。主持人对他们的分工也十分欣赏，一边巡视一边讨论着这样的分工是否更加科学得当。

时间一点点过去了，但是小胖遇到了小麻烦，旁边的炉台不能打燃火了，小胖一边守着煎锅一边指示J赶紧拿走，重新找一个炉台。J赶紧端着蒸锅到了A老那边的炉台。A老先生发现食材和预想的不一样，是干贝而不是鲜贝，赶紧拿着找小胖商量……时间过去了15分钟，蓝队的进度还在初步的准备阶段，主持人开始有些担心了。J和M在处理南瓜的过程中遇到了麻烦，刀太钝不好切，小胖让M拿他的刀去切，但是瘦小的M和南瓜的斗争显得比较艰难，M又不清楚应该切成什么形状，只好又去问小胖，小胖急忙过来做了示范，小X在炸蒜末，J处理完了虾线，但是不知道如何进行下一步，又去问小胖。小胖让J把虾拿过来下一点调味料……小胖无疑是全场最忙的人，一边手下赶着活，一边指导回答场上出现的各种突发状况。还有25分钟，时间已经过去一小半了。

A老先生过水后的西兰花正在冲凉水，小X的蒜末已经炸好出锅晾凉，由于目前还没有一道成形的菜品，主持人不断提醒蓝队注意时间。虾勾芡后开始下油锅炸，A老先生开始拌凉菜汁，炸虾的油温开始高了，大家有些担心，拿了煎锅赶紧离火，小胖指示南瓜飞水时下点糖，S大妈在切银耳，小X焯南瓜，时间只剩下15分钟了，一直安慰队员情绪的小胖开始有些着急了，指示小X赶紧把焯水的南瓜捞起来，小X说：“才刚下的”。小胖说还要上锅蒸。炸好的虾出锅了，J请小胖来看，前面炸过的虾是否太软？小胖一般忙碌地洗锅，一边安慰说没有关系，看来蓝队是没有时间再处理虾的问题了。玉米过好了水，腰果也炸好了，但是小X认为S大妈的腰果炸过了，赶紧拿了吸油纸过来，把腰果倒出来吸油。两位主持人感觉场上的情况有些失控，还处于粗加工的状态，没有成形的菜品出来，时间还有10分钟多一点，小胖一边自己炒菜，一边回答指导场上的问题，开始有些顾不过来了。J问银耳下的水温问题，然后发现焯银耳的锅太浅了，问S大妈有没有合适的锅。小胖把炸好的豆腐放入了蒜末、虾等配好的酱汁中炒制，J问小胖焯过的银耳是否过凉，小X在切青红椒，然后准备把正在蒸的南瓜端走，小胖过来让小X不要端走南瓜，直接将银耳投入了南瓜汤中，那边鲜贝还没有处理，在J的催促中小X忙着切姜，A老先生那边开始盛汤，南瓜、玉米粒都炖入了鸡肉汤中，开始小碗装盘，A老先生尝了一下汤味，似乎不够味，赶紧加了一点点盐。主持人宣布还有最后一分钟了，场上的选手已经紧张忙碌得不行了，J直接用手将焯好的鲜贝抓进了盘里，小跑到小胖的工作台前，小胖紧张的给汤碗里分配食材，4位蓝队的队员忙晕了看着小胖干活，忘记了凉菜还没有装盘，小胖赶紧指示凉菜装盘，主持人宣布最后10秒了，A老先生还在拌菜，小胖紧张的盛着热菜，蓝队不得已在装盘环节中超时了。

时间到了，蓝队带着自己的菜品到了评审团的面前。由于菜品完成得稍微仓促，蓝队队员有些焦虑和担心。开始的评委给出了好评，觉得设计、味型、破题都不错，但是后面的评委指出设计上面一个汤叫金玉满堂还可以，银耳的处理有问题，有一股橡皮味道，整体设计虽然扣题，但是味道略差，队员也觉得整体设计还有欠缺。最后在评委的投票中，口味及色泽搭配输给了红队的“花开富贵”，失去了直接晋级的机会。

**思考：**

(1) 蓝队的时间安排上面发生了什么问题？为什么到最后超时完成了比赛？说一说你的认识。

(2) 从物料计划的角度来阐述一下这个案例给你的启发。

(3) 请你组织一个队伍，重新再来一次“金玉满堂”的主题创作，你能保质保量的完成任务吗？谈一谈你的计划和关键控制点。

在本章，我们将和读者一起学习物料需求计划。物料需求计划是为了组装细项的批量生产而制定生产计划和时间进度安排的技术。本章将在上一章节的基础之上全面研究MRP的原理及其报表的编制过程，并使读者充分理解其相关术语、流程、数据的企业意义。MRP是ERP系统的核心部分，是ERP发展过程的重要阶段，是企业宏观计划到微观计划的分界线，是微观作业计划的开始。读者通过本章的学习，要充分理解MRP技术的优点及其使用的条件。

## 5.1 物料需求计划概述

物资需求计划是指根据产品结构各层次物品的从属和数量关系，以每个物品为计划对象，以完工时期为时间基准倒排计划，按提前期长短区别各个物品下达计划时间的先后顺序，是一种工业制造企业内物资计划管理模式。MRP是根据市场需求预测和顾客订单制定产品的生产计划，然后基于产品生成进度计划，组成产品的材料结构表和库存状况，通过计算机计算所需物资的需求量和需求时间，从而确定材料的加工进度和订货日程的一种实用技术。

MRP是由美国库存协会在20世纪60年代初提出的。之前，企业的资库存计划通常采用定货点法，当库存水平低于定货点时，就开始定货。这种管理办法适用于物资消耗量平稳的情况，不适用于订单生产。由于计算机技术的发展，企业有可能将物资分为相关需求(非独立需求)和独立需求来进行管理。相关需求根据物料清单、库存情况和生产计划制定出物资的相关需求时间表，按所需物资提前采购，这样就可以大大降低库存。

其主要思想如下。

(1) 打破产品品种台套之间的界限，把企业生产过程中所涉及的所有产品、零部件、原材料、中间件等，在逻辑上视为相同的物料。

(2) 把所有物料分成独立需求和相关需求两种类型。在MRP系统中，“物料”是一个广义的概念，泛指原材料、在制品、外购件以及产品。

① 独立需求：若某种需求与对其他产品或零部件的需求无关，则称之为独立需求。它来自企业外部，其需求量和需求时间由企业外部的需求来决定，如客户订购的产品、售后用的备品备件等。其需求数据一般通过预测和订单来确定，可按订货点方法处理。

② 相关需求：对某些项目的需求若取决于对另一些项目的需求，则这种需求为相关需求。它发生在制造过程中，可以通过计算得到。对原材料、毛坯、零件、部件的需求来自制造过程，是相关需求。

如汽车与零部件的关系。汽车产品的零部件与物料就具备非独立性需求，因为任意时刻所需零部件与原材料的总量都是汽车生产量的函数。相反地，产成品汽车的需求则是独立性需求——汽车并非其他任何东西的组成元件。

独立需求是MPS的计划对象，而相关需求则是MRP的计划对象。也就是说，MPS的计划对象是独立需求物料，如上面的最终产品汽车；而MRP的计划对象是相关需求件，如汽车的原材料、零部件等。独立需求一旦随着季节变化达到定量供应，就会相对稳定下来；相关需求则趋于偶发性或成块性，有时候需要大量消耗，有时候会用得很少或者根本不用。如生产耕种设备的企业会储存大量的东西，像播种机、收割机或者小型拖拉机等。假设各种产品都是定期生产，这个月是手推式播种机、下个月是滚动式播种机，第3个月是拖拉机等。有些元件会用于绝大多数细项(如螺母、螺钉等)，由于经常使用这些零件，所以始终保持库存很有意义。但是另一方面，有些零件可能只用于某一种细项，因而这些零件的需求只发生于生产那种特定的细项之时。这些零件或许要时隔2、3个月才会用到一次，其余时间的需求则为0。因此，它们的需求是成块的。由于这种趋势的存在，独立需求对象必须经常持有，而相关需求对象则只要在生产过程使用它之前存好就可以了。独立需求和相关需求库存的主要区别如图5.2所示。

③ 根据产品的需求时间和需求数量进行展开，按时间段确定不同时期各种物料的需求。

MRP软件将企业生产过程中可能使用到的原料、半成品、产品等看作物料，并通过将物料按照结构和需求关系分解为物料清单根据物料清单计算各种原料的最迟需求时间和半成品的最迟生产时间。MRP的程序是采用主日程(Master Schedule)所制定的需求，运用物料清单，以前置时间往前推移，将其分解成装配件、零件和原料在各阶段的需求。经由分解物料清单所产生的数量就称为毛需求，它是不考虑任何现有库存量或预定接收的需求。为了配合主生产调度，实际上要取得的物料则是净需求(Net Requirement)。净需求的决定即为MRP程序的核心；计算方法为毛需求减去现有库存与预定接收量的总和，然

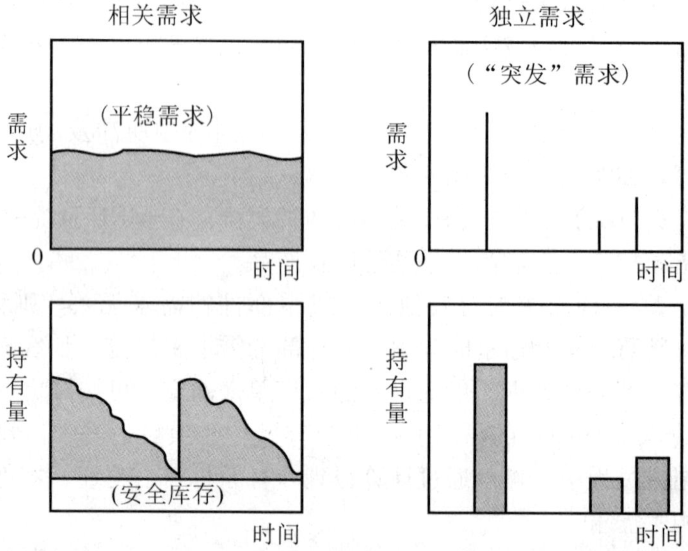


**图 5.2　独立需求与相关需求**

后视需求加上安全存货的需求。最后依据净需求以及前置时间推算出订单的发出时间以及数量。

**ERP 时事摘录 5-1**

## 杨景宜：机床企业需要深层次的 MRP

记者：现在的机床行业虽然仍属于离散制造业，但是它已经和传统机床行业的运作不一样了，那么您认为现在的机床企业具有哪些特点，这些特点要求机床企业在管理方面做哪些方面的改进？

杨景宜：目前机床行业的企业结构发生了很大的改变，以前的机床行业都是大而全的企业结构，而且所有的企业业务流程都在本企业内部进行；现在的机床企业大都分离为主机厂和配套厂，主机厂主要依靠其核心技术和品牌效应从事销售或者总装方面的工作，而把产品制造过程中的大量工作扩散到配套厂去完成。其中，拥有核心技术的企业成为整个供应链的“盟主”，这样，主机厂可以极大地提高经济效益。北京一机床就是这样的情况。经过企业再造，北京一机床只保留 4 个总装厂和精密加工厂。其中，加工中心产品生产厂一共只有一两百人，和过去大而全的万人大厂相比，人员的减少很明显。同时，这些配套厂分离出去以后，它们的专业性得到了进一步的提高。而且这些企业不再面对唯一的主机厂，而是面对整个社会。这样，它们的生存空间更大，市场更广阔，所以其效益也就更好。企业的这种结构的变化当然会使企业的管理模式也发生相应的改变。

机床行业的第二个变化是“面向客户的个性化需求”越来越多。过去是机床企业生产什么，客户就买什么；现在的情势是客户需要什么，企业就必须生产什么！这样就使目前的机床企业从产品设计到加工制造的整个业务流程都比过去要复杂得多。从 MRP 的角度来讲，现在的机床行业企业需要建立一个针对大规模定制生产的管理模式，这也是目前机床企业竞争的前沿。如北一大隈，他们就没有成品库存，也就是说，每一个成品机床都是有人订购的。

我认为，信息技术给机床行业带来的是一场革命，首先是在机床产品当中融入的信息技术越来越多，目前的机床已经不单单是一种设备了，它已经成为了整个企业网络中的一个节点。同时，随着机床产品的不断升级，市场竞争日益激烈，这也就要求机床企业所有的相关系统都必须能够协同工作，以便更好地发挥综合效力，这就要求机床企业在管理方面能够借助网络的支持，实现动态联盟或者敏捷生产的管理模式。

记者：我国的机床行业曾经推广过MRP、ERP等不同的管理系统，并扩展到将产品设计、经营管理和底层自动化制造系统集成的CIMS。那么，机床行业企业所需要的管理信息化系统到底应该具有哪些功能？

杨景宜：机床行业属于重大装备行业，产品比较复杂，机床一般由上千种零部件组成，而且生产加工周期比较长，因此产品的成套管理是比较困难的。从而可以看出，机床企业如果真正实施信息化的话，实际上就是对MRP的深入应用，也就是要实施深层次的MRP。其中，在理解什么是真正意义上的MRP时，以下几点需要机床企业特别注意。

首先，基于多层BOM、按照每层物料的需求进度安排计划是必须要做到的，这是机床企业实施MRP首先要考虑的。

第二，真正的MRP计划必须要考虑到现场多产品混流生产的情况，并且要针对每个时段做净需求计划。就是说要在某一个计划时段内，综合各个产品的毛需求量，然后预计该时段的在制和在购情况，预计该时段期初可用库存(除去已分配量)，最终计算出每个计划时段的净需求。这样在业务流程的各个阶段，系统就都可以综合各种产品的需求、前期计划的执行情况得到最终的MRP计划，这才是机床行业真正需要的MRP计划。这是因为机床行业的生产流程不可能按单个项目来进行管理，同时面对越来越多的通用件和标准件需求，企业也需要进行合并和综合管理。在这一点上，目前很多ERP商品软件的MRP系统做得不到位。

第三，机床企业的加工现场存在很多的变数，那么MRP系统就要有相应的对策。也就是说，机床行业的MRP必须能够对现场的各种情况进行灵活的应变。这里所说的变化首先就是设计的变化，也就是产品版本的变化。因为在机床企业中，加工现场可能会同时存在多个版本，MRP必须能够区别所有的版本。其次是工艺的变化，机床企业通常允许下达计划时调整工艺，甚至在加工过程中，后续工艺也可能发生改变，那么系统就必须能够把改变之前的工艺进程汇报和改变之后的工艺进程汇报相联系。再次，机床行业的待料情况也经常发生：原计划的物料库存满足不了现场的需求或者设计部门提出更改原材料的请求时，MRP系统要做好相应的调整。最后，如果生产任务紧急，MRP系统要能够将一张订单分解，进行灵活的分票，随后还要能够进行完整的跟踪。

第四，机床行业的MRP必须能够按大规模定制的生产模式进行管理。众所周知，传统的MRP计划系统依据的是一个产品结构(BOM)，而现在由于机床企业需要满足用户的个性化要求，因此产品配置非常复杂。为了缩短供货周期，企业必须对各种可选件先按预测BOM投产，因此先运行一个MRP计划。随后，再针对每一个客户定单的选择件建立一个CBOM，使其不断进行MRP净变化计算，从而修正原来的计划。只有这样，才能既发挥大规模生产的效益，又满足每一个客户的定制要求。

最后，还有很重要的一点就是成本的控制。以前的机床企业在成本控制方面做得不够细，通常的做法是：把一批产品作为一个成本核算对象，所有的费用统统往这个“大口袋”里装，在最后进行产品成本核算的时候，企业并不知道超出的成本是发生在哪个部分，因此也不可能进行有效的改进。随着机床行业利润空间的不断减小，各个企业的老总对MRP寄予了很大的期望，希望可以从根本上控制成本。因此，很多的机床企业在进行信息化建设的过程中，最积极的可能不是生产厂长，而是财务总监：他们要求成本数据直接来源于物流系统，从每一个产品计划各加工环节的原材料领用阶段开始，实际成本的核算就已经开始了。此外，在原来没有MRP系统的时候，财务部门对采购、销售过程中的财务监督也是被动的。例如，应付款只能依据业务部门拿来的发票，而有了统一的MRPⅡ系统，就可以提早到对成交价格、到货数量及合格数量进行监控，从而可以更好地控制采购成本。

记者：现在机床行业选择MRP软件的难点在哪里？

杨景宜：目前机床行业企业应用MRP最难的在于选择软件及合作伙伴。因为没有用过MRP的人很难真正理解和领会 MRP 系统的真实含义。从表面上看来，各家软件都差不多，这些情况在企业选型过程中时有发生。从事 MRP 的专业开发人员在考察一个 MRP 项目的过程当中，可以通过对数据的分析判断一个 MRP 系统管理的深度，但是对于从来没有用过 MRP 的企业来讲，看清一个 MRP 系统的本质并且进行正确的选择确实是比较困难的。虽然有些公司的 MRP 产品演示不错，但是在企业中的实际应用却很差。因此，我给应用企业的建议是：到那些已经成功应用了 MRP 系统的类似企业去考察，看看系统是否达到实际应用的要求，系统是否真正用起来了，以此来判定软件供应商的软件水平及实施能力。

资料来源：中国机床信息网，2010 年 10 月 11 日

# 5.2 物料需求计划的基本原理

## 5.2.1 概述

MRP 的基本原理是由主生产进度计划和主产品的层次结构逐层逐个地求出主产品所有零部件的出产时间、出产数量。这个计划叫做物料需求计划。其中，如果零部件靠企业内部生产，需要根据各自的生产时间长短来提前安排投产时间，形成零部件投产计划；如果零部件需要从企业外部采购，则要根据各自的订货提前期来确定提前发出各自订货的时间、采购的数量，形成采购计划。切实按照这些投产计划进行生产和按照采购计划进行采购，就可以实现所有零部件的出产计划，从而不仅能够保证产品的交货期，而且还能够降低原材料的库存，减少流动资金的占用。MRP 的逻辑原理如图 5.3 所示。

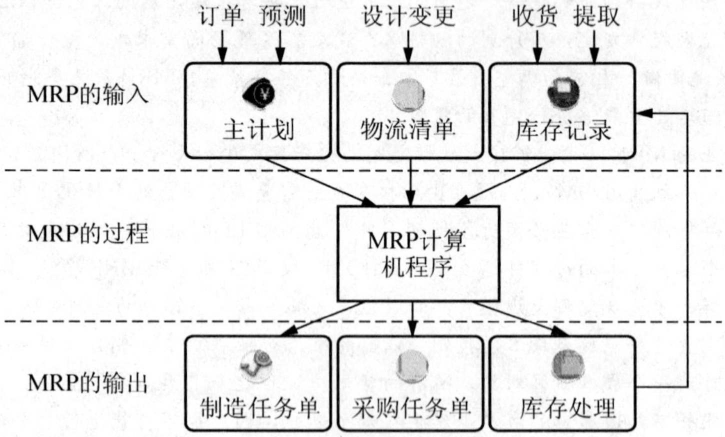


图 5.3 MRP 的逻辑关系

由图 5.3 可以看出，物料需求计划 MRP 是根据主生产进度计划、主产品的结构文件和库存文件而形成的。主产品就是企业用以供应市场需求的产成品。主产品的结构文件 BOM 主要反映出主产品的层次结构、所有零部件的结构关系和数量组成。根据这个文件，可以确定主产品及其各个零部件的需要数量、需要时间和它们相互间的装配关系。主生产进度计划 MPS 主要描述主产品及由其结构文件 BOM 决定的零部件的出产进度，表现为各时间段内的生产量，包括出产时间、出产数量或装配时间、装配数量等。产品库存文件

包括了主产品和其所有的零部件的库存量、已订未到量和已分配但还没有提走的数量。制订物料需求计划有一个指导思想，就是要尽可能减少库存。产品优先从库存物资中供应，仓库中有的，就不再安排生产和采购。仓库中有但数量不够的，只安排不够的那一部分数量投产或采购。由物料需求计划再产生产品投产计划和产品采购计划，根据产品投产计划和采购计划组织物资的生产和采购，生成制造任务单和采购订货单，交制造部门生产或交采购部门去采购。

### 5.2.2 物料清单

在第2章企业基础数据的学习中，我们向读者介绍了物料清单的相关概念和知识。前面强调过，按照主生产计划和BOM可计算出对各级物料的毛需求量，再考虑已有库存量和在制量则可算出动态的物料净需求量，这就生成了符合生产进度要求的物料需求计划——MRP。因此只有掌握了这个部分的知识，才能准确地编制出MRP的报表。在本节，我们再一次来学习物料清单的相关知识，主要包括物料清单的层次结构、产品结构树及相关细项的计算要点，本节会通过一个完整的示例来介绍其计算的要点。

1. *层次结构*

物料清单文件列表是层次结构，它显示每完成一单位下一层次的装配所需要细项的数量。当然，也可以把物料清单想象成一棵能够把成品装配过程所需组件与构件形象地、视觉化地表示出来的产品结构树(Product Structure Tree，PST)(紧着着我们会具体阐述产品结构树的相关概念)。一个公园花架的装配图及其产品结构树如图5.4、图5.5所示，花架的产品结构树很简单，最终产品(这里指产成品公园花架)在树梢位置，紧接着下面是各个组件或主要构件，只有把它们拼凑在一起才能形成最终产品。主要构件往下则是必需的较小的构件，标明当前制作每个单位的上层细项需要的构件(零部件、材料等)数量。

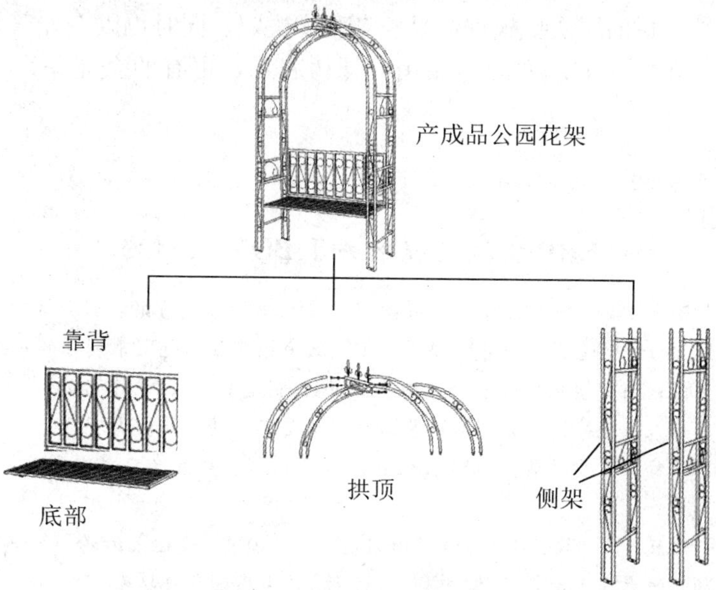


图5.4 公园花架的装配图

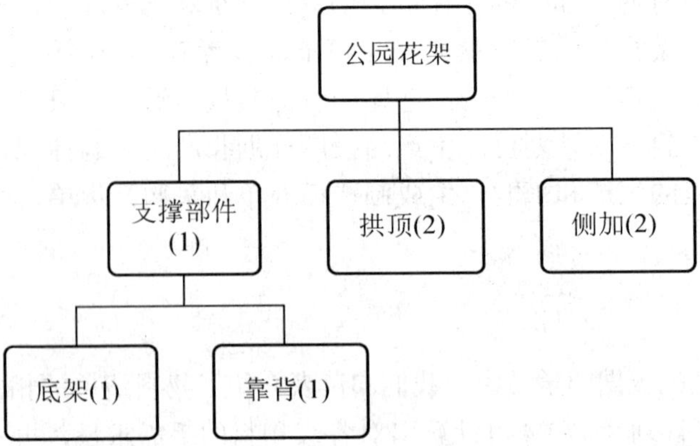


图 5.5 公园花架的产品结构树

2. 产品结构树

产品结构树是描述某一产品的物料组成及各部分文件组成的层次结构树状图。它将产品数据管理中的产品信息结合各个零部件之间的层级关系，从而组成一种有效的属性管理结构。

产品结构树根据该产品的层次关系，将产品各种零部件按照一定的层级关系组织起来，可以清晰地描述产品各个部件、零件之间的关系，树上的节点代表部件、零件或者组件，每个节点都会与该部件的图号、材质、规格、型号等属性信息以及相关文档有所关联。如图 5.5 所示，在 PST 中，根节点代表产品或部件，枝节点代表部件或子部件，叶节点代表零件。

产品结构树的层次划分必须反映产品的功能划分与组成，它必须考虑产品的生产和商务需求。在产品的总体设计方案完成后，要通过产品结构树来实现产品的功能划分，将产品实物化。产品结构树的层次要根据产品复杂程度决定。同时也因企业管理模式的不同而有所差异，有的企业把一个系列的产品用一棵树表示，也有的企业一个产品就用一棵树表示。

**ERP 时事摘录 5-2**

## ERP 实施过程中关于 BOM 的讨论

经常听到大家讨论 BOM 的类型和作用，有按照产品生命周期划分的：设计类物料清单(EBOM)、工艺类物料清单(PBOM)和制造类物料清单(MBOM)；还有按照使用范围来划分的：狭义的 BOM、广义的 BOM、扩展的 BOM；还有按照用途分的：销售 BOM、制造 BOM、设计 BOM、维修 BOM 等。

如此众多的分类让人眼花缭乱，但是有个基本的思路是不变的，持这类理论的学者认为：BOM 仅仅是描述了产品的物料结构，需要扩展工艺流程信息和资源信息才能成为完整的最终的 MBOM 或者扩展的 BOM。

而我的观点正好相反：在 ERP 实施的过程中只有一种 BOM，我称之为物料清单。其工艺流程信息和资源都是在物料的属性参数里面定义的，它们通过 BOM 为基础串联起来。

下面将对狭义的 BOM、广义的 BOM、扩展的 BOM 说法，与现实管理的操作和系统中的实现进行比较说明。不过我事先要说明的是：从一开始，该理论就走上了一个误区，把其他的东西误认成是物料清单了。

1. 狭义的BOM

该理论认为：狭义上的BOM通常称为“物料清单”，就是产品结构。这一概念仅仅表述的是对物料物理结构按照一定的划分规则进行简单的分解，描述了物料的物理组成，一般按照功能进行层次的划分和描述。狭义BOM的不足之处在于：由于没有加上工艺成分，根据功能划分BOM层次结构非常容易出现歧义。各人根据自己的理解或者现实生产情况的不同对于同一产品可能做出不同的BOM定义。

在现实的管理中，所谓的狭义的BOM其实就是技术部门提供的零部件明细表。零部件明细表确实只有总成名称、总成编号、物料名称、规格型号、图号、物料编码(不一定在表中编制)、装配级别、装配选项、定额等少数几个描述，和ERP系统中的BOM查询表很相似，如总成就相当于父项(一般是虚拟件)，物料相当于子项，从图号和装配级别上可以看出总成下各物料之间的父子或者并列关系。

例如，零部件明细表中的物料表达的是产品的构成，而该物料不一定是产品加工或者装配所需要的。大家知道，BOM的最低阶只能是外购原材料或者零部件，但是出于对产品质量控制的要求，零部件明细表有可能对外购零部件的尺寸、材料、结构和功能做详细的规定。举例说明：汽车的后桥带制动器总成，在采购和装配的时候是一个零件，但是在整车的零部件明细表中，对后桥带制动器总成还要进行细化，需要拆分成后桥桥壳及差速器总成、半轴组件、后轴衬套、后轮轴承、后轮轴承定位圈和制动器总成，有需要的话，还会继续拆分，以满足质量和售后服务的需要。

2. 广义上的BOM

广义上的BOM是产品结构和工艺流程的结合体，二者不可分割。离开工艺流程谈产品结构，没有现实意义。要客观科学地通过BOM来描述某一制造业产品，必须从制造工艺入手，才能准确描述和体现产品的结构。狭义BOM与广义BOM结合的方法是：首先确定产品的工艺流程，然后描述每个工序(工艺流程的组成部分)上所使用的物料；由于生产组织方式的不同，各子物料有相应的生产子工艺流程，同样每个工序上存在物料的使用，这样就根据生产组织方式决定了BOM的层次。广义BOM在ERP中的应用缺陷是没有体现“资源”的优势，工序中人力资源和设备资源甚至资金(成本)资源都没有得到体现。在ERP应用系统中，BOM的概念已经开始扩展，真正体现“资源”的意义。

例如，对比于工艺路线，BOM对工艺的控制是粗放的。因为BOM的断阶是针对于发生计划动作(下达计划、库存管理等)的物料，不是完整的工艺路线的体现。例如，制动总泵的缸体，按照工艺路线的表达，需要对缸体毛坯进行平端面、倒角、粗车、精车、铣加工、镗孔等多道加工，转换成作业指导书的话，要30多张，但是在BOM中断阶的时候，可以设置成缸体毛坯—缸体—制动总泵3层。其中缸体毛坯为采购件，缸体是自制件，对应的加工中心设置成机械加工，然后装配成制动总泵即可。

3. 扩展的BOM

扩展的BOM比传统意义上的BOM上更加深入地体现了“资源”的意义，它已经变成Bill Manufacturing，不仅仅包含工艺流程和产品结构，更多的是加入了对设备、人工和资金信息的集成和体现。实现扩展的BOM的技术关键就是如何将设备、人工和资金等信息体现在BOM当中。ERP概念的引入和计算机数据库技术的不断进步为BOM概念的扩展提供了可能。只要扩展工艺流程和产品结构的信息，我们便非常轻松地将“资源”体现在BOM的实现上。

如果按照该观点，关联到具体的设备，确认操作员，统计工时，我个人认为，这个已经不是BOM能体现的东西了，超出了MRP的基本逻辑关于计划控制的范畴，需要集成其他的管理软件，如制造执行系统MES(Manufacturing Execution System)。

当然，部分资源也是可以在BOM中体现的，可以夸张地说，任何的变动成本都可以挂在BOM中，在成本归集的时候走不同的成本科目即可。

如直接人工。可以把定义人工费率，把人工工时按照定额挂在 BOM 上，那么生产了多少零件，就消耗了多少工时，通过人工费率就可以计算出总的人工工时。

可以说，在实际的 ERP 实施中，只有一种 BOM 关联始终，作为整个系统运行的基础。

给具体的实施人员讲解不同的 BOM 会引起误解，因为在系统中无法找到与之匹配的 BOM。与其讲那么复杂的概念，还不如告诉实施人员：按照 BOM 把相关的参数设置完整，保证物料参数的赋值率 100%更为合适。

资料来源：畅享网 | ERP——企业资源计划，2009 年 4 月 28 日

3. BOM 的计算

产品结构树作为一件很有用的说明工具，说明了物料清单是怎样来确定必需品的数量的。现在我们来看图 5.6 所示的产品结构树。最终产品 W 由 2 个 *A* 和一个 *B* 组成。一个 *A* 由 3 个 *C* 和一个 *D* 组成，并且一个 *C* 需要 4 个 *E*。此外，一个 *B* 由 3 个 *E* 和 2 个 *F* 组成。这些必备条件分层显示，从最终产品 0 层开始，然后是 1 层，依此类推。每一层都是上层细项的构件，上层是各个构件的双亲。注意，产品结构树各个细项数量只是完成紧邻上层组件所需数量。

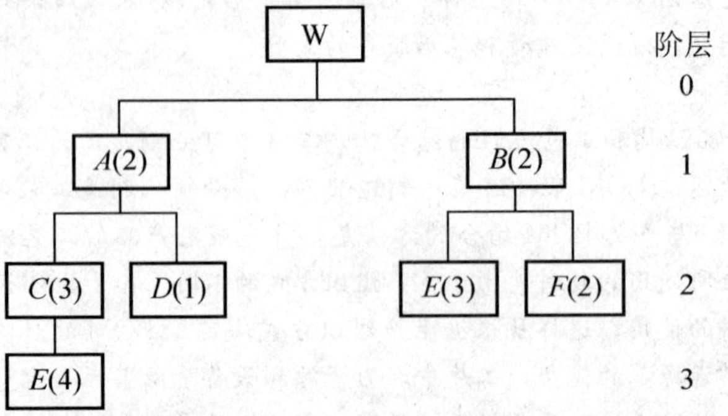


图 5.6　最终产品 W 的产品结构树

**【例 5-1】** 根据图 5.6 及表 5-1 中的信息求解以下问题。

(1) 组装一个 W 所需要的 *A*、*B*、*C*、*D*、*E*、*F* 的数量。

(2) 组装 20 个 W 所需要构件的数量，同时考虑各个构件的库存数量，见表 5-1。

表 5-1　构件的库存量

| 构件 | 库存量 |
| --- | --- |
| *A* | 24 |
| *B* | 50 |
| *C* | 18 |
| *D* | 80 |

**解：** (1) 组装一个 W 所需要的 *A*、*B*、*C*、*D*、*E*、*F* 的数量分解计算如图 5.7 所示。

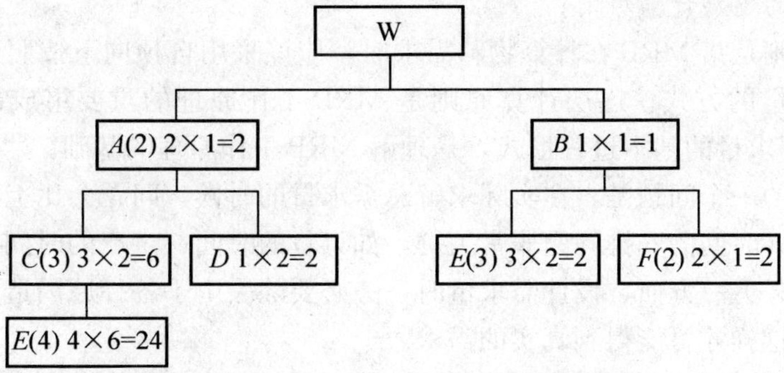


图 5.7 组装一个 W 所需的各细项数量计算

由图 5.7 可知，一个单位的 W 需要见表 5-2。

表 5-2 一个单位的 W 对各细项的需求量

| 细项 | A | B | C | D | E | F |
|---|---|---|---|---|---|---|
| 需求量 | 2 | 1 | 6 | 2 | 27 | 2 |

**注意：** 细项 E 出现在 2 个地方，需要合并出不同组件不同层次下的需求量，为 3+24=27 个单位。

(2) 组装 20 个 W 所需要的构件数量的计算如图 5.8 所示。

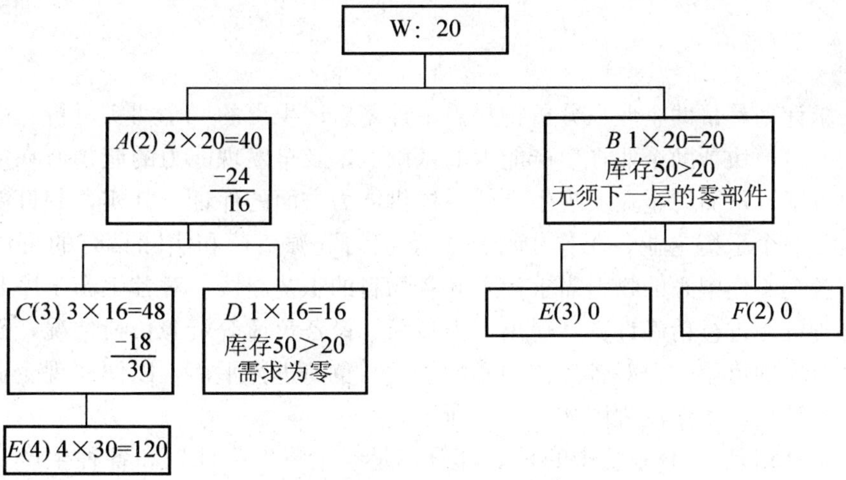


图 5.8 组装 20 个 W 所需的各细项数量计算

因此，根据库存的持有数量，按照逐层的计算原则，得到了当前所有细项的需求量，见表 5-3。

表 5-3 20 个单位的 W 对各细项的需求量

| 细项 | A | B | C | D | E | F |
|---|---|---|---|---|---|---|
| 需求量 | 16 | 0 | 30 | 0 | 120 | 0 |

**注意：**物料的逐层计算原则。

逐层计算原则是指 MRP 在计算物料需求时，应该采用自顶向下按照产品结构层次逐层计算物料需求量的方式。逐层计算原则是 MRP 工作原理的重要组成部分，它揭示了 MRP 计算物料需求量的基本过程形式，是理解 MRP 工作原理的基础。

必须要明确的一个问题是，在实际求解总需求量的时候，问题会比上述案例要复杂难解得多。一方面，时间的安排问题非常关键，如订货的时间、生产的时间，必须要在分析过程中加以考虑；另一方面，设计需求量时，务必要除去由于各种原因造成的占用的持有的库存的组件，这样才可能得到真实的需求。

此外，准确的物料清单反映了当前的产品构成，这个问题非常重要，并且一直在业界不断的探讨中。正如我们在上一个 ERP 时事摘录中所讨论的，某一个层次的失误会由于用来求解需求数量的乘数过程而变得十分巨大，如果物料清单不正确，要得到有效的物料需求就变得非常困难了。并且，要纠正这些底层的数据也是非常耗时及复杂的。因此，此处再一次强调，准确的 BOM 清单是有效的 MRP 的必要前提。

### 5.2.3 能力需求计划

能力需求计划(Capacity Requirement Planning，CRP)是对物料需求计划所需能力进行核算的一种计划管理方法。具体地讲，CRP 就是对各生产阶段和各工作中心所需的各种资源进行精确计算，得出人力负荷、设备负荷等资源负荷情况，并做好生产能力负荷的平衡工作。

1. 概述

能力需求计划是帮助企业在分析物料需求计划后产生出的一个切实可行、能执行计划的功能模块。该模块帮助企业在生产能力的基础上，及早发现能力的瓶颈所在，提出切实可行的解决方案，从而为企业实现生产任务提供能力方面的保证。其实，制订能力需求计划的过程就是一个平衡企业各工作中心所要承担的资源负荷和实际具有的可用能力的过程，即根据各个工作中心的物料需求计划和各物料的工艺路线，对各生产工序和各工作中心所需的各种资源进行精确计算，得出人力负荷、设备负荷等资源负荷情况，然后根据工作中心各个时段的可用能力对各工作中心的能力与负荷进行平衡，以便实现企业的生产计划。能力需求计划的工作流程图如图 5.9 所示。

能力需求计划是 ERP 系统中的重要部分，是一个将生产计划和各种生产资源连接起来管理和计划的功能。能力需求计划是在物料需求计划下达到车间之前，用来检查车间执行生产作业计划的可行性的，即利用工作中心定义的能力，将物料需求计划和车间控制的生产需求分配到各个资源上，在检查确认物料和能力可行的基础上调整生产计划或将生产计划下达给车间，车间就此计划进行生产。能力需求计划将所有订单按照确定的工艺路线展开，根据工序的开始日期、完工日期及数量来审核时间和能力资源。ERP 系统的能力平衡一般分为两种：无限能力计划和有限能力计划，前者不考虑能力的限制，而将各个工作中心负荷进行相加，找出超负荷和少负荷；后者则根据优先级分配给各个工作中心负荷。大多数的商品软件并没有解决有限能力的问题，即按 MRP 生成的计划是无限能力计

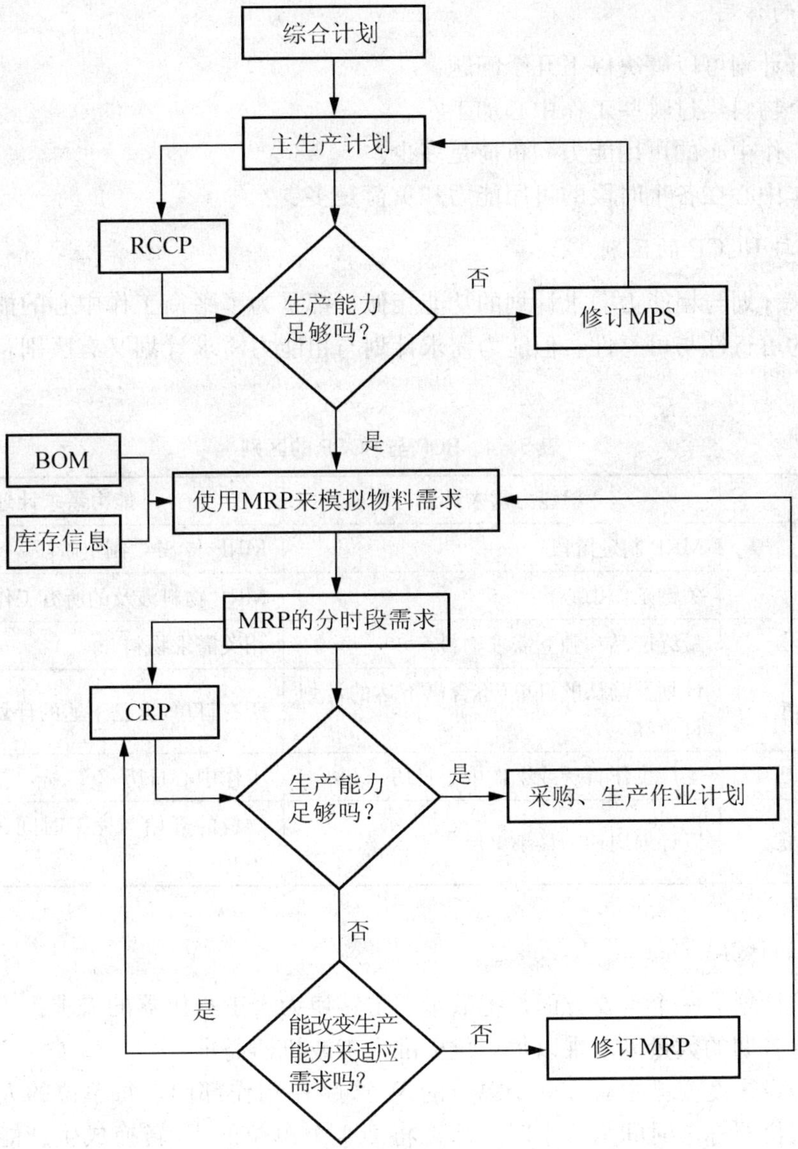


图 5.9　能力需求计划工作流程图

划，虽然进行了能力计划，但是在能力冲突问题上并没有提出更好的解决方法，这样产生的计划在实施中必然与实际产生偏差，有些偏差可以通过车间的实时调度排除，但是如果不能排除则对生产产生不利的影响，从另一个角度讲，这种偏差是由于计划的不合理性引起的，它导致了生产的混乱、无序。因而如何产生合理的 MRP 计划将是系统成败的关键，也是系统是否实用的关键。

由于无限能力计划在这些方面的局限性，人们开始重视对有限能力计划策略的研究和开发。同时 JIT 和 OPT 等思想的涌现和应用也促进了有限能力计划的研究和发展。有限能力计划的研究内容和范围已经不局限于对 MRP 计划的能力评估，它已经扩展到解决制造系统的资源、能力和物料的实际可用性，实现生产计划和资源利用的优化。

2. RCP 的作用

能力需求计划可以解决以下几个问题。

(1) 各个物料经过哪些工作中心加工?

(2) 各工作中心的可用能力和负荷是多少?

(3) 工作中心在各个时段的可用能力和负荷是多少?

3. RCP 与 RCCP 的区别

能力需求计划与粗能力需求计划的功能相似，都是为了平衡工作中心的能力负荷，从而保证计划的可行性与可靠性。但能力需求计划与粗能力需求计划又有区别，这些区别见表 5-4。

表 5-4 RCP 与 RCCP 的区别

| | 粗能力需求计划 | 能力需求计划 |
|---|---|---|
| 计划阶段 | MRP 制定阶段 | MRP 与 SPC 制定阶段 |
| 能力计划对象 | 关键工作中心 | MRP 物料涉及的所有工作中心 |
| 负荷计算对象 | 最终产品和独立需求物料 | 相关需求物料 |
| 计划的订单类型 | 计划及确认的订单(不含已下达的计划订单) | 所有订单(含已下达的计划订单) |
| 使用的工作日历 | 工厂工作日历或工作中心日历 | 工作中心日历 |
| 计划提前期考虑 | 以计划周期为最小单位 | 物料的开始与完工时间，精确到天或小时 |

4. RCP 的计算

能力需求计划的一个重要方面是把数量需求转换为人工与机器的需求。为了得到这个数值，需要将各期的数量需求乘以每单位标准人工或机器需求。

例如，假设进度安排中有 200 个单位的 W 产品在制作部门，每单位的人工标准时间为 2.5 小时，机器标准时间为 3 小时，那么将 200 个单位的 W 转换成生产能力需求的计算如下。

人工：200 单位×2.5 小时/单位=500 人工小时

机器：200 单位×3 小时/单位=600 机器小时

然后用求得的生产能力需求对比可用于各个部门的生产能力，以确定该产品利用生产能力的程度。假设该部门可用 500 个人工小时与 500 个机器小时，那么人工的利用率达到了 100%，因为该产品需要利用全部的人工生产能力。然而，机器的生产能力不足以应付需求或者表现为过度利用。为了弥补不足，必须重新安排生产或延长工作时间。

(需要的能力)/(可用的能力)×100%=(600 小时)/(500 小时)=120%

当然，是否超负荷利用和我们当前的假设相关，也可能机器的生产能力没有得到充分的利用，未充分利用意味着未用的生产能力还能用于其他产品的生产。

## 5.3 物料需求计划的编制方法

在本节，我们将学习物料需求计划的编制方法，对 MRP 的输入、相关术语、流程、输出进行学习，并通过例题充分理解其编制过程，来学习相关报告的生成过程及实际意义。

### 5.3.1 MRP 的输入

制定物料需求计划前必须具备以下的基本数据。

第一项数据是主生产计划，它指明企业在某一计划时间段内应生产出的各种产品和备件，包括何时需要，什么数量等。它是物料需求计划制订的一个最重要的数据来源。表 5-5 所示为在计划期间内最终细项 W 的计划产出的主计划的一部分。进度表说明，第 3 周开始的时候就有了 150 个单位的需要(可能是送货给顾客等)，第 6 周开始的时候需要 150 个单位，第 9 周开始的时候还需要 200 个单位的 W 产品。

表 5-5 最终细项 W 的主生产计划

| 项目 W | 1 | 2 | 3 | 4 | 5 | 6 | 7 | 8 | 9 | 10 |
|---|---|---|---|---|---|---|---|---|---|---|
| 数量 | | | 150 | | | 150 | | | 200 | |

主计划将计划期间分割成了一系列可以用月、周、日等时间粒度表示的时期，当然，时期的单元不一定是等长的，大部分的计划往往采用近细远粗的方法来表明近期需求的总体思路，通常，较远时期的计划需求比较近时期的计划需求更具有暂时性，调整的可能也更大。一定要注意计划的提前期要覆盖到整个产品的累计提前期，如图 5.10(a)所示，或者累计提前期可能由于层叠的关系会大大小于计划的提前期，如图 5.10(b)，这个也是可以理解的。

第二项数据是物料清单，它指明了物料之间的结构关系，以及每种物料需求的数量，它是物料需求计划系统中最为基础的数据。关于物料清单的概念及相关计算过程我们已经在前面的章节作了详细的介绍。

第三项数据是库存记录，它把每个物料品目的现有库存量和计划接受量的实际状态反映出来，按照时间期间存储各个细项的状态信息，包括需求总额、预收货量、安全库存量等。甚至还可以包含各个细项的其他细节，如供应商、生产提前期、订货方法，订货批量等。授予收发形成的库存变化的细节，订单的取消等类似的事件都可以记录在此文件中。

像物料清单一样，库存的记录也必须非常准确，当现有库存值不正确，期望送货时间不恰当时，这些关于需求或领先时间的错误信息都会对 MRP 造成非常大的有害影响，对企业生产经营的损失是无法估量的。

第四项数据是提前期(Lead Time)，它决定着每种物料何时开工、何时完工。在 ERP 系统内，提前期也是 MRP(物料需求计划)需求时间计算的一个重要数据来源。提前期是一个从作业开始到作业结束所需要的阶段性时间的概念，它是设计生产装配件工艺路线和制定生产计划的重要基础数据之一。如果仅仅以产品在生产或采购中所需的时间段来说明

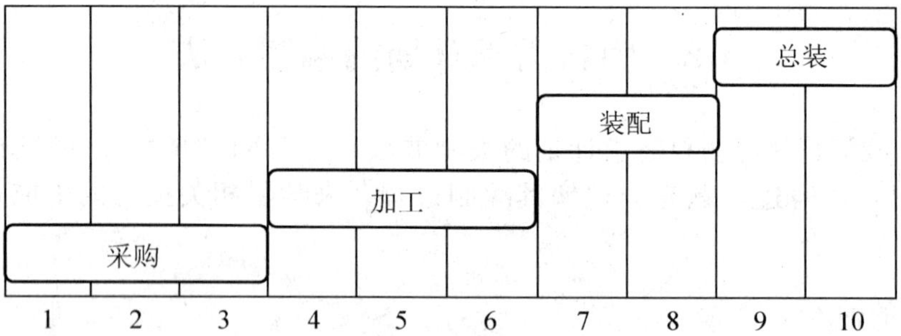


(a)

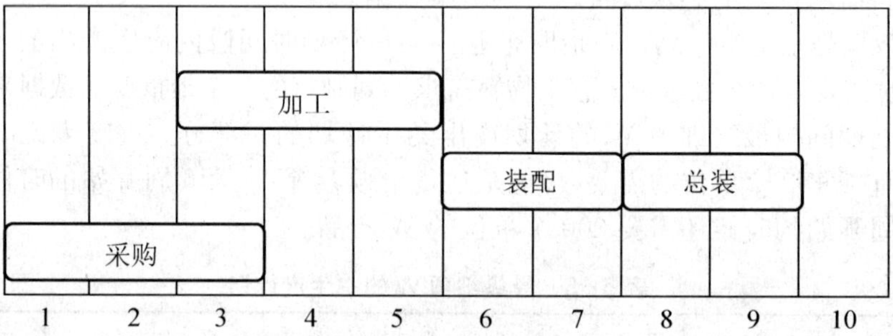


(b)

**图 5.10 两种时间周期**

提前期，是非常简单的。但是如果要以产品在生产中，如装配、零部件、材料等不同状态期间所需的时间来体现它，则相对比较困难。因为多个零部件组装成的产品，其各个零部件的制造、装配以及其材料的采购都有一定的提前期。所以，整个产品的提前期并非是零部件提前期的简单加总，而是与产品构成、组装制造顺序、生产能力等诸多因素相关的复杂和令人费解的逻辑运算。

应该说，这 4 项数据都是至关重要、缺一不可的。缺少其中任何一项或任何一项中的数据不完整，物料需求计划的制定都将是不准确的。因此，在制订物料需求计划之前，这 4 项数据都必须先完整地建立好，而且保证它们是绝对可靠的、可执行的数据。

### 5.3.2 MRP 的流程

1. MRP 计算过程中常用到的基本数量概念

在 MRP 计算过程中会用到一些在 MPS 报告中用过的术语，在此，我们介绍 MRP 经常用到的几个很有用的基本数量的概念，以方便读者进行后续示例的学习。这些数量概念分别是：总需求、预期到货量订单量、预计可用库存量、净需求量、计划订货入库量、计划订货下达量。

总需求：不考虑持有量时，某细项或原材料在单位时间期间的期望总需求。这个数据可以通过 MRS 得到，各个零部件的总需求量则可以通过 BOM 的分解结构得到，等于其直接“双亲”的计划订货下达。

预期到货量：各期初始从卖主或供应链上其他地点接受的公开订货。

预期库存量：各期初始期望的库存持有量，即预期到货量机加上期期末库存量。

净需求：各个期间的实际需求量。

计划订货下达：也就是各期计划订货量，等于抵消交货周期影响后的计划订货入库量。此数将产生装配链或生产链下一层次的总需求。一旦订货结束，它就从“计划订货下达”中移出，并进入“预期到货量”。

如果我们把上述概念放到如表 5-6 所表示的分时段计划中，那么在第 0 周这一列就是用来表示初始库存值的。

表 5-6 MRP 术语

| 周 | 0 | 1 | 2 | 3 | 4 | 5 | 6 | 7 | 8 | 9 | 10 |
|---|---|---|---|---|---|---|---|---|---|---|---|
| 细项 | | | | | | | | | | | |
| 总需求 | | | | | | | | | | | |
| 预期到货量 | | | | | | | | | | | |
| 预期库存量 | | | | | | | | | | | |
| 净需求 | | | | | | | | | | | |
| 计划订货入库量 | | | | | | | | | | | |
| 计划订货下达 | | | | | | | | | | | |
| | | | | | | | | | | | |

2. 主生产计划 MPS 编制流程

物料需求计划的编制流程用主计划名列最终产品需求量，再用组件、部件、原材料的物料清单抵消生产提前期，确定各个时期的需求。比如在图 5.11 中，读者可以在装配时间表上发现各时期的需求。

通过图 5.11 能够得知，原材料 A、B、C、E、F 必须在第 2 周、第 3 周、第 4 周、第 6 周、第 7 周开始订货，部件 D 在第 5 周开始时订货，部件 H 在第 9 周开始时候开始订货。这样最终产品才能如期完成生产，才能按计划获得送货。

对物料清单进行分解得出的数量是总需求量，它还没有考虑库存持有量和即将发生的收货等因素。在此，我们需要考虑的数量是物料净需求，净需求指的是根据主生产计划必须实际满足的需求。决定净需求是 MRP 方法的核心。总需求减去库存持有量，然后加上当期的预计收货量，然后加上安全库存量，就是当期的净需求量。

$$t \text{ 期间净需求} = t \text{ 期间总需求} - t \text{ 期间计划库存} + \text{安全库存}$$

**注意：**本节中案例及习题如果没有提到当前物料或产品的安全库存量，则把安全库存量简化看做 0，不再考虑安全库存量。并且，净需求中还允许修正，也就是说考虑适量的损耗或浪费，但是在计算过程中这种情况也忽略不计。

订货的时间选择与经济生产批量由计划订货下达所决定。接受特定货物的时间选择由计划订货入库量所决定。根据订货政策，计划订货下达可以是指定数量的倍数，还可以恰好等于当时的需求量。尽管还有其他可能性，但这两种政策的运用最为广泛。例 5-2 中说明了 MRP 中这两种订货政策的区别，以及分时段物料需求的基本概念。

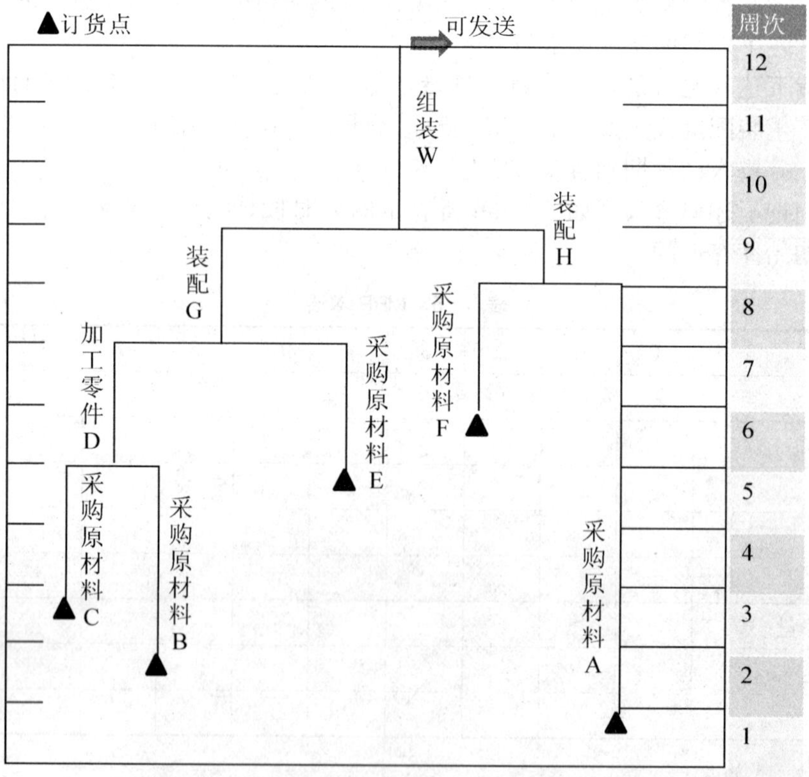


图 5.11　最终产品 W 进度安排表的物料进订货点

**【例 5-2】** 生产木质花架和书架的某厂商接到了 2 份花架的订单。一份要 80 个花架，另一份要 120 个花架。在目前的时间进度中，80 个单位的花架是第 3 周开始运送，120 个花架的订单是第 8 周开始时运送。每个花架包括 4 个木质板条部分和 2 个框架。木质部分是工厂自制的，加工过程需要 1 周的时间。框架是订购的，生产提前期是 2 周。组装花架成品需要 1 周。第 1 周的预期到货量是 80 个木制部分。为了使送货满足下列条件，求解计划订货下达的订货规模与订货的时间安排。

(1) 配套订货(订货批量等同净需求)。

(2) 订货批量为 300 单位框架与 70 单位木制部分的生产批量订货。

**解**：① 制定主计划 MPS，见表 5-7。

表 5-7　花架的 MPS

| 周 | 1 | 2 | 3 | 4 | 5 | 6 | 7 | 8 |
|---|---|---|---|---|---|---|---|---|
| 数量 | | | 80 | | | | | 120 |

② 制定产品结构树 BOM，如图 5.12 所示。

③ 利用主计划及产品结构树结构求解。

首先求解配套订货(订货批量等同净需求)。

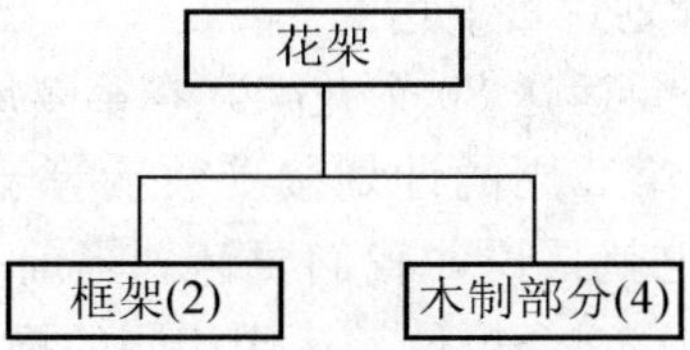


图 5.12 花架的 BOM 图

先计算花架的总需求，然后计算净需求。在配套订货政策下，求解满足主计划的时间安排的计划订货入库量与计划订货下达数量，如图 5.13 所示。

| 花架的总时间进度表 | 周 | 期初库存 | 1 | 2 | 3 | 4 | 5 | 6 | 7 | 8 |
|---|---|---|---|---|---|---|---|---|---|---|
| | 数量 | | | | 80 | | | | | 120 |

| 花架：LT=1周 | | | | | | | | | | |
|---|---|---|---|---|---|---|---|---|---|---|
| | 总需求 | | | | 80 | | | | | 120 |
| | 预期到货量 | | | | | | | | | |
| | 预期库存量 | | | | | | | | | |
| | 净需求 | | | | 80 | | | | | 120 |
| | 计划订货入库量 | | | | 80 | | | | | 120 |
| | 计划订货下达 | | | 80 | | | | | 120 | |

乘2　　乘2

| 框架：LT=2周 | | | | | | | | | | |
|---|---|---|---|---|---|---|---|---|---|---|
| | 总需求 | | | 160 | | | | | 240 | |
| | 预期到货量 | | | | | | | | | |
| | 预期库存量 | | | | | | | | | |
| | 净需求 | | | 160 | | | | | 240 | |
| | 计划订货入库量 | | | 160 | | | | | 240 | |
| | 计划订货下达 | 160 | | | | | 240 | | | |

乘4　　乘4

| 木制部分：LT=2周 | | | | | | | | | | |
|---|---|---|---|---|---|---|---|---|---|---|
| | 总需求 | | | 320 | | | | | 480 | |
| | 预期到货量 | | 80 | | | | | | | |
| | 预期库存量 | | 80 | 80 | | | | | | |
| | 净需求 | | | 240 | | | | | 480 | |
| | 计划订货入库量 | | | 240 | | | | | 480 | |
| | 计划订货下达 | | 240 | | | | | 480 | | |

图 5.13 花架的 MRP 的时间进度安排(按需订货)

分析 1：如何得到花架的计划订货下达？

花架的 MPS 主计划显示需要运送 80 个花架，在第 3 周开始时没有预期库存量，因此净需求也是 80 个单位。于是，第 3 周的计划接受数量等于第 3 周的净需求量 80 个单位。由于装配花架需要工时 1 周，也就是说，我们要计划提前一周的时候进行计划订货下达，因此，第 2 周的计划订货下达为 80 个单位。运用相同的推论，120 个百叶窗也要计划在第 7 周组装，这样才能保证在第 8 周送货。

分析 2：如何得到框架的计划订货下达？

通过对最终细项花架的分析，我们知道了第 2 周、第 7 周分别有 80 个单位、120 个单位的计划订货下达。再结合花架的 BOM 结构，1 个单位的花架需要 2 个单位的框架，框架的总需求量等于花架的计划订货下达乘上 BOM 结构中的部件需求倍数，分别为第 2 周、第 7 周的 160 个单位、240 个单位。因为没有预期持有量，净需求就是从第 2 周开始需求 160 个单位的框架，由于框架交货的提前期为 2 周，因此要求厂家必须持有 160 个单位的期初库存，否则就不能按时交货。同理可得，为了满足第 7 周 120 个最终产品的计划订货下达，厂家必须在第 5 周开始订购当前细项框架部分。

分析 3：如何得到木制部分的计划订货下达？

如同框架的推理过程一样，木制部分的区别主要在于 BOM 结构中的单位数量不同，框架只需要 2 个单位，而木制部分需要 4 个单位才能组装成一个花架产品。所以在推理总需求的时候，我们能够得到在第 2 周、第 7 周分别有 320 个单位、480 个单位木制部分。第二个区别在于，在第 1 周的时候有一个预期到货量，因此在计算净需求的时候，要用当期的总需求减去当期的库存得到当期的净需求。第 2 周的净需求＝320－80＝240 个单位。第三个区别在于提前期的不同，木制部分的加工过程为 1 周，因此在第 1 周，第 6 周开始的计划订货下达分别是 240 个单位、480 个单位木制部分。

其次求解订货批量为 300 单位框架与 70 单位木制部分的生产批量订货，如图 5.14 所示。

在进货批量订货条件下，推理过程和按需订货下的推理基本一致，唯一的区别在于计划订货入库量可能会超过净需求，那么应当如何处理这个部分的数据呢？很简单，超过的部分我们不需要，对企业来说放到库存里面就可以了。表现在报表上面，直接进入下一期的库存就可以了。例如：在图 5.14 中，框架的订货批量是 320 个单位，第 2 周框架的净需求为 160 个单位，因此有 320－160＝160 个单位的库存量累计到了下一期。第 3 周到第 6 周的因为没有需求量，预期库存量都为 160 个单位。同理，到了第 7 周，框架的总需求量为 240 个单位，除去预期库存量，有 120 个单位的净需求量，因此就有了 320 个单位的订货批量，于是又有 320－80＝240 个单位的框架累计到了下期库存值中。

木制部分的计算用同样的推论，唯一不同的是，木制部分的订货批量是经济生产批量的倍数。例如：第 2 周的订货批量为 280 个单位，就是 70 个单位的 4 倍等于 280 单位计算得来的。第 7 周的订货批量为 490 个单位，就是 70 个单位的 7 倍等于 490 个单位。

MRP 为最终产品、零部件都做出了计划。从概念上来说，它们的数值可以用图 5.15 描述。然而在实践中，即便是比较简单的产品部件数量，也会生产庞大的表格数量。

| 花架的总时间进度表 | 周 | 期初库存 | 1 | 2 | 3 | 4 | 5 | 6 | 7 | 8 |
|---|---|---|---|---|---|---|---|---|---|---|
| | 数量 | | | | 80 | | | | | 120 |

| 花架：LT=1周 | | 期初库存 | 1 | 2 | 3 | 4 | 5 | 6 | 7 | 8 |
|---|---|---|---|---|---|---|---|---|---|---|
| | 总需求 | | | | 80 | | | | | 120 |
| | 预期到货量 | | | | | | | | | |
| | 预期库存量 | | | | | | | | | |
| | 净需求 | | | | 80 | | | | | 120 |
| | 计划订货入库量 | | | | 80 | | | | | 120 |
| | 计划订货下达 | | | 80 | | | | | 120 | |

乘 2　　乘 2

| 框架：LT=2周 订货批量=320的倍数 | | 期初库存 | 1 | 2 | 3 | 4 | 5 | 6 | 7 | 8 |
|---|---|---|---|---|---|---|---|---|---|---|
| | 总需求 | | | 160 | | | | | 240 | |
| | 预期到货量 | | | | | | | | | |
| | 预期库存量 | | | | 160 | 160 | 160 | 160 | 160 | 240 |
| | 净需求 | | | 160 | | | | | 80 | |
| | 计划订货入库量 | | | 320 | | | | | 320 | |
| | 计划订货下达 | 320 | | | | | 320 | | | |

乘 4　　乘 4

| 木制部分：LT=2周 订货批量=70的倍数 | | 期初库存 | 1 | 2 | 3 | 4 | 5 | 6 | 7 | 8 |
|---|---|---|---|---|---|---|---|---|---|---|
| | 总需求 | | | 320 | | | | | 480 | |
| | 预期到货量 | | 80 | | | | | | | |
| | 预期库存量 | | 80 | 80 | 40 | 40 | 40 | 40 | 40 | 50 |
| | 净需求 | | | 240 | | | | | 440 | |
| | 计划订货入库量 | | | 280 | | | | | 490 | |
| | 计划订货下达 | | 280 | | | | | 490 | | |

**图 5.14　花架的 MRP 的时间进度安排(固定批量订货)**

因此，如图 5.15 所示，整个 MRP 的计划体系事实上是由零部件堆砌起来的。各个部件之间的关系如同产品结构树一样，也可以说，产品结构树对于追踪各个部件之间的关系意义重大。再一次回顾例 5－2，它对于我们理解 MRP 的过程非常有用，特别对于物料需求，其中是同一个组件、部件、原材料可能存在于同一企业许多不同的最终产品当中，这也就意味着物料管理的任务量非常庞大。计算机技术的重要性显而易见，不难想象，一家企业只做一种最终产品的情况非常罕见，大多数的企业都有很多系列的产品，为此企业需要为每一个组成部件制定详细的物料需求计划。一旦情况发生变化或进度重新安排，可能有需求时间的变化，需求数量的变化，延迟送货、废品率、订单取消等，此时都必须修正库存持有与订购等。没有计算机的辅助，要人工来完成这样庞大而烦琐的工作是难以想象的。

| 周 | 期初库存 | 1 | 2 | 3 | 4 | 5 | 6 | 7 | 8 |
|---|---|---|---|---|---|---|---|---|---|
| 数量 | | | | | | | | | |

| 项目：花架 | | 1 | 2 | 3 | 4 | 5 | 6 | 7 | 8 |
|---|---|---|---|---|---|---|---|---|---|
| 总需求 | | | | | | | | | |
| 预期到货量 | | | | | | | | | |
| 预期库存量 | | | | | | | | | |
| 净需求 | | | | | | | | | |
| 计划订货入库量 | | | | | | | | | |
| 计划订货下达 | | | | | | | | | |

| 项目：框架 | | | | | | | | |
|---|---|---|---|---|---|---|---|---|
| 总需求 | | | | | | | | |
| 预期到货量 | | | | | | | | |
| 预期库存量 | | | | | | | | |
| 净需求 | | | | | | | | |
| 计划订货入库量 | | | | | | | | |
| 计划订货下达 | | | | | | | | |

| 项目：木制部分 | | | | | | | | |
|---|---|---|---|---|---|---|---|---|
| 总需求 | | | | | | | | |
| 预期到货量 | | | | | | | | |
| 预期库存量 | | | | | | | | |
| 净需求 | | | | | | | | |
| 计划订货入库量 | | | | | | | | |
| 计划订货下达 | | | | | | | | |

**图 5.15　MRP 中需求的逻辑层次图**

### 5.3.3　MRP 的系统更新

如同前面一节我们探讨的一样，物料需求计划可能会由于各种突发情况发生变化。那么表现在系统当中，它不是一个静态的文本，随着时间的推移，有的订货已经完成了，有的接近于完成，而同时又会不断有新的订单进入到系统当中来。同时，订单本身发生变化的可能性也存在，因此，物料需求计划实际上是一个动态的文件，会随着时间的变化而变化，当期或者第一期也会随着时间的推移而推移，也就是说时间进度安排是滚动的，计划是在不断更新与修正中，这样才能适时地反映当期及以后期间的实际情况。

MRP的系统更新主要有两种方式，分别是再生式系统更新与净改变式系统更新。

再生式系统更新方式就是定期更新。根据这种方式，系统要从最初始层次的产品需求开始，依次对各个层次的每项物料重新进行计算。更新的时间隔期可以是某固定时间间隔，如周。更新采用批处理方式，这意味着在两次批处理之间发生的所有变化，如主生产进度计划的变化、产品结构的变化、计划因素的变化等都要积攒起来，等到下批处理时一起处理。重新生成的更新方式工作量是非常大的，不可能进行即时的更新。因此，一般经过一定的时间间隔对数据进行更新。由于它具有这种特点，比较适合于生产条件稳定和变动不大的生产情况。再生式系统更新方式的明显缺点是，在得知信息与实际操作改变信息之间，有明显的时滞。但是再生式系统处理成本相对较低，特定时期内的各项变化最终可能相互抵消，从而避免了对计划的修改再修改。

净改变式系统更新方式就是即时更新。企业平常的生产系统和生产环境往往很不稳定(如客户订货变化、主生产计划经常修改、产品设计经常改动等)，系统必须有较强的适应变化的能力，重新生成的更新方式由于工作量大而需要研究新的更新方法。为了能在较短周期内更新计划，该方法发展出新的净改变更新方式。

顾名思义，净改变的变更方式并不对所有的物料需求都重新进行计算，而只对那些有变化的项目进行重新计算，做新的计划安排。这就使计划的工作量大大减少，计划更新的频率加快，因而增强了系统的适应能力。

净改变更新方式的重要特点是，更新计划与文件的维护融为一体，也就是说，数据资料在进行更新的时候，生产的计划同时也进行了更新，这使得整个计划不再是固定不变的，而是随着系统的变化在进行着动态的变化，这个系统能够随着计划的实施对物料的状态自动进行平衡。

对比再生系统，净改变的更新方式具有以下优点：更新的工作量大大减少，使得随时对系统进行跟踪成为可能；计划并不需要固定，即使在主生产计划下达的期间也可以对计划进行动态的调整；主生产计划下达和生产计划更新的时间并没有必然的联系，两者可以分别进行；能够及时产生和调整各种输出资料，使管理人员尽早采取相应措施。但是，净改变的更新方式也有不足之处，主要体现在两个方面。一是在处理过程中往往采用人机交互式，数据处理的效率较低，成本较高，同时也增加了数据出现的错误的可能性。二是净改变方式对系统变化的反应显得过分敏感，也会使基层管理人员由于不断修正已经进行的作业而感到困难。显然，净改变的更新方式适用于计划变动频繁、生产环境不稳定的情况。

### 5.3.4 MRP的输出

MRP系统能够向管理者提供非常多的信息。这些信息通常被分成两个部分，一个部分是主报告，另一个部分是二级报告，二级报告可根据需要进行可选输出。

1) 主报告

生产、库存的计划与控制是主报告的重要组成成分，这些报告通常包括以下内容。

(1) 计划订货：指明未来订单的数量与时间的进度安排。

（2）订单发布：授权执行计划订货。

（3）计划变更：包括预计的日期、订单的改变甚至是订单的取消等。

2）二级报告

绩效控制、计划工作与列外情况都属于二级报告。大量的报告输出可以让管理者有选择地得到他们想要的特定的信息。

（1）计划执行情况报告：评价系统运作状况。它帮助管理者衡量实际偏离计划的程度，此外还提供用于评定成本绩效的信息。

（2）计划报告：有助于预测未来库存需求，如意向采购，还可以用来考评其他未来物料需求的信息。

（3）预警报告：提供表面重大差异的信息。如到货延迟、过高的残次品率、对不存在的部件需求等。

### 5.3.5 MRP报表编制过程示例

**【例5－3】**同一种物料在不同产品相同层次中的示例。

图5.16所示为产品A、B简化的BOM图示。A、B的MPS见表5－8。A的提前期为1周，B的提前期为3周，期初库存都为0。D的提前期为2周，期初库存为80个单位。求解组件D的物料需求计划。所有物料均采用按需订货方式。所有物料的安全库存为0。

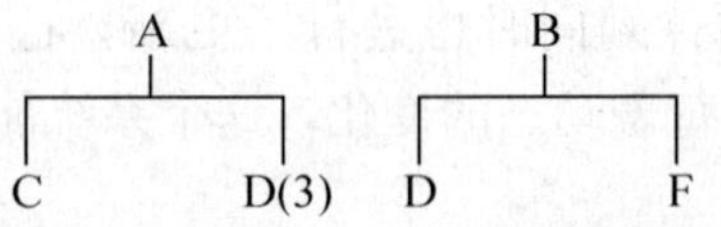


**图5.16 不同的组件位于不同的最终产品中**

**表5－8 产品A、B的MPS**

| 周 | | 1 | 2 | 3 | 4 | 5 | 6 | 7 | 8 |
|---|---|---|---|---|---|---|---|---|---|
| A的数量 | | | | | 60 | | | | |
| B的数量 | | | | | | | | | 120 |

**解：**分析：最终产品A、B都有D这个组件，那么在确定D的总需求的时候就要注意合并由A和B得到的总需求，并考虑D的库存持有量，再进行分解。

第一步：分解A，通过A的计划订货下达数量得到组件D在产品A的需求量。

分解过程见表5－9。物料A在第4周有60个单位的需求量，期初库存为0。所以A的净需求量为60－0＝60个单位。这部分需求进入当期的计划订货入库的计划中。由于A的提前期为1周，所以，企业要在第3周进行计划订货下达，才能在第4周如期得到A的产品需求。

表 5-9 A 的 MRP

| A $LT=1$ | 期初库存 | 1 | 2 | 3 | 4 | 5 | 6 | 7 | 8 |
|---|---|---|---|---|---|---|---|---|---|
| 总需求 | | | | | 60 | | | | |
| 预期到货量 | | | | | | | | | |
| 预期库存量 | | | | | | | | | |
| 净需求 | | | | | 60 | | | | |
| 计划订货入库量 | | | | | 60 | | | | |
| 计划订货下达 | | | | 60 | | | | | |

第二步：分解 B，通过 B 的计划订货下达数量得到组件 D 在产品 D 的需求量。

分解过程见表 5-10。物料 B 在第 8 周有 120 个单位的需求量，期初库存为零。所以 A 的净需求量为 120－0＝120 个单位。这部分需求进入当期的计划订货入库的计划中。由于 B 的提前期为 3 周，所以，企业要在第 5 周进行计划订货下达，才能在第 8 周如期得到 A 的产品需求。

表 5-10 B 的 MRP

| B $LT=3$ | 期初库存 | 1 | 2 | 3 | 4 | 5 | 6 | 7 | 8 |
|---|---|---|---|---|---|---|---|---|---|
| 总需求 | | | | | | | | | 120 |
| 预期到货量 | | | | | | | | | |
| 预期库存量 | | | | | | | | | |
| 净需求 | | | | | | | | | 120 |
| 计划订货入库量 | | | | | | | | | 120 |
| 计划订货下达 | | | | | | 120 | | | |

第三步：分解 D，通过前面两个部分的分析，我们得到了关于组件 D 的不同物料的需求量，此时，我们需要合并在计划期间内的需求量，再对组件 D 进行分解。

第三期的需求量为 180 个单位，是通过 A 的计划订货下达的数量乘上 A 的 BOM 结构(1 个单位的 A 需要 3 个单位的 D)而得到的(60×3＝180 个单位)。第五期的需求量为 120 个单位，也是通过 B 的计划订货下达的数量乘上 B 的 BOM 结构(1 个单位的 B 需要 1 个单位的 D)而得到的(120×1＝120 个单位)。合并各个不同产品相同层次的需求，得到了组件 D 的总需求量，见表 5-11 所示。

我们通过如上分析得到了 D 的总需求。为了让读者更好地理解 MRP 中库存的变化，我们在 D 的 MRP 的分解中加入了一行库存终值，来更加清晰地理解推理过程。分析 D 的各个时期的情况如下：

第 1 周：期初库存＝80，总需求为 0。预期库存量＝期初库存－总需求＝80－0＝80 个单位，不需要安全库存，净需求量为零，也就无须订货量了，同时库存终值和预期库存量相同。

表 5-11　D 的 MRP

| D　$LT=2$ | 期初库存 | 1 | 2 | 3 | 4 | 5 | 6 | 7 | 8 |
|---|---|---|---|---|---|---|---|---|---|
| 总需求 | | | | 180 | | 120 | | | |
| 预期到货量 | | | | | | | | | |
| 预期库存量 | 80 | 80 | 80 | −100 | 0 | −120 | | | |
| 库存终值 | | 80 | 80 | 0 | 0 | 0 | | | |
| 净需求 | | | | 100 | | 120 | | | |
| 计划订货入库量 | | | | 100 | | 120 | | | |
| 计划订货下达 | | 100 | | 120 | | | | | |

第 2 周：期初库存＝80，总需求为 0。预期库存量＝期初库存－总需求＝80－0＝80 个单位，不需要安全库存，净需求量为零。也就无须订货量了。

第 3 周：期初库存＝80，总需求为 180。预期库存量＝期初库存－总需求＝80－180＝－100 个单位，负数表示当前库存量不足以满足当期的需求量，绝对值就是我们当期的净需求量。那么就要有计划订货入库量才可以。根据企业政策，采用按需订货的政策，那么当期我们的计划订货入库量就等于当期的净需求量 100 个单位，同时，调整库存终值为零。

第 4 周：期初库存＝0，总需求为 0。预期库存量为 0，也就无须订货量了，库存终值为零。

第 5 周：期初库存＝0，总需求为 120。预期库存量＝期初库存－总需求＝0－120＝－120 个单位，净需求量为 120 个单位，计划订货入库量就等于当期的净需求量 120 个单位，库存终值为零。

第 6 周，第 7 周，第 8 周，和第 6 周相同，期初库存为零，当期需求值也为零，计划订货入库量，库存终值也为零。

得到了各期的计划订货入库量，再根据组件 D 的提前期的信息，计划出各个时期的计划订货下达值。因为只有第 3 周、第 5 周有计划订货入库量，所以我们根据提前期 2 周的信息，在第 1 周、第 3 周做出计划订货下达的通知。数量等于计划订货入库值。

**小知识**

低层码(Low-Level Code，LLC)：物料的低层码是系统分配给物料清单上的每个物品一个从 0 至 $N$ 的数字码。在产品结构中，最上层的层级码为 0，下一层部件的层级码为 1，依次类推。一个物品只能有一个 MRP 低层码，若一个物品在多个产品中所处的产品结构层次不同，则取处在最低层的层级码作为该物品的低层码，也即取数字最大的层级码。如图 5.17 所示，组件 C 就位于物料 A 的 1、2 层中，阶层码可以是 1 或 2。但是在 MRP 的计算过程中，C 的低层码要取最大的阶层码的值，因此，C 的低层码为 2。

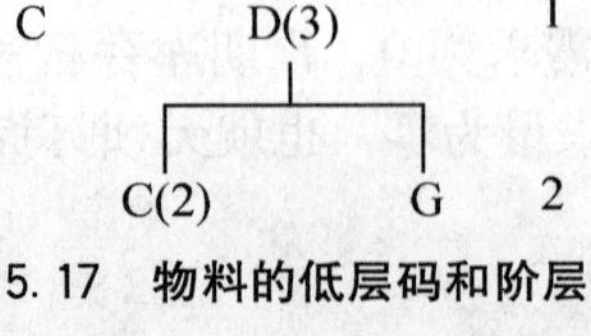


图 5.17　物料的低层码和阶层码

低层码的作用：可用的库存量优先分配给了处于最低层的物料，保证了时间上最先需求的物料先得到库存分配，避免了晚需求的物品提前下达计划并占用库存。因此，低层码是 MRP 的计算顺序，是对逐层计算原则的补充。

比如图 5.17 所示的产品结构图中，如果要分解组件 C 的物料需求，那么在统计 C 的总需求的时候就一定要注意两个方面，首先要逐层退缩 C 位于第一层，C 位于第二层的总需求，也就是说一直要计算到 C 的阶层码等于 C 的底层码的时候才可以合计 C 的需求值，然后再进行 C 的物料分解。这样计划出来的物料才能保证最先需求的物料在计划上最先得到库存量。

### 5.3.6　MRP 的优点及条件

对于典型的制造型或装配型运作过程来说，MRP 有许多优点，包括以下方面。

（1）能够根据现有的主计划估计生产能力的需求。

（2）能够追溯物料需求。

（3）在产品库存水平低。

（4）能够优化生产的节奏。

企业一旦制定出了试探性的主计划，就必须对该计划进行确认，这个确认的主计划就是粗能力计划(RCCP)，它包括了检验与主计划有关的有效生产能力的可靠性，并以此来确认不存在的明显的生产能力限制。这就意味着要检验生产、仓库等设施、劳动力以及供应商，以确保没有导致主计划无法工作的缺陷。接着，将主计划作为制定短期计划的基础。需要注意的是，综合计划的时间跨度可能是 12 个月，但主计划可能只包含其中的一部分，当然，尽管主计划的时间跨度在 2 到 3 个月，但依然可能每个月要进行更新。关于主生产计划的详细制定过程我们会在接下来的章节中学习，本节我们只进行试探性的接触学习，建立基本概念。

为了使制定的 MRP 能够被高效地运用，企业也必须满足如下条件。

（1）MRP 相关的软件系统，或者说是计算机及必备软件，用来计算及维护数据。

（2）准确及时的主生产计划、物料清单及库存记录。

（3）完整的文件数据。

在一个成功的 MRP 系统当中，准确是整个系统最核心的内容。不准确的库存记录或物料清单文件会引发一系列的牛鞭效应的恶果，细小的偏差会在执行过程中被无限放大。小的问题是缺少零部件，某些细项订货太多等，大的问题是无法执行进度安排、无效的资源利用、甚至无法按期交货，企业损失掉客户甚至信誉，造成无法弥补的损失。了解了以上的信息以后，企业对于实施起来费力费钱的 MRP 过程就要仔细权衡。

## 本章小结

本章对物料需求计划的相关知识进行了一个全面的介绍。本章第一部分阐述了物料需求计划的含义、MRP 的发展过程和主要思想，介绍了在本章当中贯彻始终的两个重要的概念：独立需求和相关需求。第二部分介绍了物料需求计划的基本原理和主生产计划、产品结构及库存的关系，以及整个 MRP 系统在 ERP 系统中和其他模块之间的关联。研究了

MRP的逻辑关系，详细介绍了另外一个重要的概念——物料清单的相关知识。该节还从输入、流程、输出的角度研究了MRP的相关知识，包括能力需求计划的相关概念、作用及简要的计算过程，帮助读者制定更为准确、合理的MRP计划。第三部分详细介绍了MRP报表的编制方法。当然，报表的输入格式有多种，可能在不同的ERP供应商的软件中，甚至统一供应商的不同的软件版本中都会有所不同，但是报表所涉及的基本概念及逻辑推理过程是相同的，因此该节从基本概念的认识、逻辑推理过程出发给读者详细介绍报表的编制过程和方法及相关的注意事项。比如在物料需求中的逐层计算原则，低层码原则等等。这样一来，读者就可以无障碍地领会报表所提供的相关信息，无论是哪一种层次的软件系统甚至是手工的推算过程。

最后还是要强调，MRP的特色主要在于对需求进行时间分段、计算构件需求、计划订户下达等。为了成功使用MRP，企业不仅仅需要相关的计算机程序，更重要的是准确的生产计划、物料清单及库存数据。

## 思考练习

1. 判断对错并分析

（1）在MRP的系统中，物料主要指的就是原材料。

（2）最终产品都是独立需求件。

（3）MRP计划的物料不仅仅有独立需求，还有相关需求。

（4）为了保证企业平稳运营，所有部件的安全库存不能为0。

（5）能力需求计划的对象与MRP计划的对象无关。

（6）有限能力计划的研究内容和范围已经不局限于对MRP计划的能力评估，它已经扩展到解决制造系统的资源、能力和物料的实际可用性，实现生产计划和资源利用的优化。

2. 零部件明细表和BOM的关系是什么？请查阅相关资料阐述这个问题。

3. 请重新计算5.2节中的示例。如果不按照逐层的计算原则会是什么结果？为什么？请结合现实的管理案例来阐述在传统的管理方式下库存往往会被高估。

4. 都说准确的物料清单结构是有效MRP的必要前提，试着结合现实的案例谈一谈。

5. 物料管理和时间之间的关系是什么？

6. 从某种意义上来说，MRP就是缺料计划。请解释这句话。

7. MRP能够帮助管理者更好地制定生产能力计划。请解释这句话。

8. 图5.18是组装一个单位产品GCJ的产品结构树。求解组装100个GCJ所需要的构件的数量。

9. 完成表5-12某产品的MRP的表格，在第8周期结束时，现有库存是多少单位？

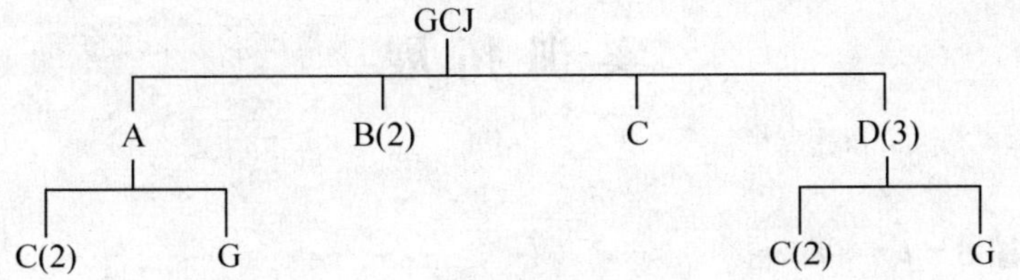


图 5.18 产品 GCJ 的 BOM 图

表 5-12 某产品的 MRP

| 项目编号：GCJ0102120<br>*LT*=2，安全库存 0<br>批量 200 | 期初库存 | 1 | 2 | 3 | 4 | 5 | 6 | 7 | 8 |
|---|---|---|---|---|---|---|---|---|---|
| 总需求 | 60 | 40 | 70 | 80 | 10 | 60 | 130 | 110 | 50 |
| 预期到货量 | | | | | | | | | |
| 预期库存量 | | | | | | | | | |
| 净需求 | | | | | | | | | |
| 计划订货入库量 | | | | | | | | | |
| 计划订货下达 | | | | | | | | | |

10. 图 5.19 所示是最终细项 G 的产品结构树。管理者想了解物料需求，并在第 5 周开始完成 140 个单位的 G 定购部件 R。0 层与 1 层细项的生产周期为 1 周，2 层项的生产周期为 2 周。在第 1 周结束时有 80 个单位的 W 接受安排，在第 1 周开始时另有 110 个单位的 A 接受安排。企业采用配套批量订货方式。局部装配时间表如图 5.20 所示。

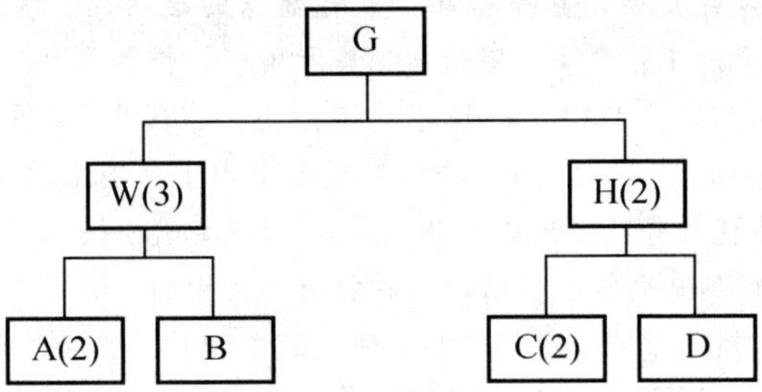


图 5.19 产品 G 的 BOM 图

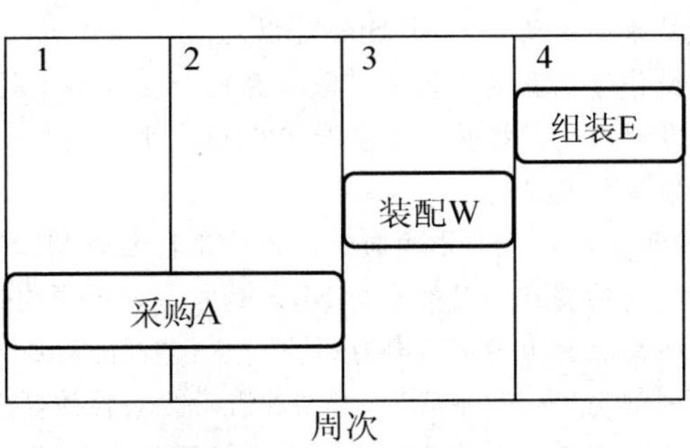


图 5.20 局部装配时间表

# 实训拓展

阅读拓展

**ERP拓展阅读5-1**

## 从石化行业看MES在国内制造业的应用

相信随着MES这一概念数年来在国内的传播和普及，没有听过这个名词的人已经寥寥无几了。所谓MES就是美国先进制造研究机构AMR(Advanced Manufacturing Research Inc.)在20世纪90年代初提出的，旨在加强MRP计划的执行功能，把MRP计划通过执行系统同车间作业现场控制系统联系起来的概念。这里的现场控制包括PLC、数据采集器、条形码、各种计量及检测仪器、机械手等。MES系统设置了必要的接口，与提供生产现场控制设施的厂商建立合作关系。

石化行业无疑是国内涉足MES比较早的行业之一。从2003年起，石化盈科信息技术有限责任公司(以下简称石化盈科)、浙江中控技术有限公司(以下简称浙大中控)等一批企业就率先开始了针对石化行业的MES的开发，到目前已有了比较成熟的应用，并形成了一定的规模。也许MES在石化行业的应用可以为其他行业的用户打开一扇更好地认识MES的窗口。

据了解，一些石化企业在应用MES后，取得的收益是非常大的。石化盈科MES事业部总经理蒋白桦认为，MES在石化行业应用的最大价值，在于通过实现精细化管理来帮助企业节能降耗。他说："MES面对的是企业的内部生产管理。而我国不仅是流程工业，几乎所有工业都长期存在一个问题：跟外面做贸易的时候账算得清清楚楚的，但企业内部的账并没有认真地算，这使得企业内部的能耗和物耗都比较高，这就是一个粗放式管理所带来的问题，现在应用MES以后，不但跟外面把账算清楚，把企业内部的账也算清楚，算清楚了就可能发现哪个地方的能耗高了，哪个地方的物耗高了，以及高在哪里，那么最终的效益点就体现在节能降耗上。"

MES通过各级的物料及能耗平衡，监控物料及能耗数据的准确性，做到"及时发现问题、及时处理"，通过精细化管理，降低了加工损失率，降低自用率和能耗，增加商品产量，提高综合商品率。蒋白桦为我们举了一个例子，某加工原油1 400万吨/年的炼油企业在应用MES后，次年，综合商品率比上年同期和上年全年分别上升了0.73%和0.64%，加工损失率由上年同期的1.09%下降至1.04%，全厂水电气和燃料油、燃料气等能耗的降低节约成本3亿元，MES贡献率按5.00%计算，全年可产生经济效益约5 000万元。如果MES得到全面推广应用，这种收益是巨大的。

石化行业由于其特殊性，对于节能降耗这个指标可能比其他行业显得更为敏感。而MES的益处绝不仅仅局限在这一方面。据了解，MES为企业带来的优势还体现在很多方面，比如MES有效地规范了企业的业务流程。许多原有的手工业务处理，不同的人处理方式不一样，MES实施后，对该部分业务流程进行规范和优化，保障了处理结果的一致性。MES还可以通过跟踪物流发现问题，通过及时的物流跟踪，超差报警，可以及时发现操作错误，进行纠正，保障企业的安全和平稳生产，将以前的事后评估变为事中评估，及时发现问题并及时解决，提升了企业生产管理水平。这些益处，对除石化行业以外的几乎所有企业也同样存在着非常重要的意义。

国内石化企业在MES的选用上，几乎都是倾向于国内几家较大的MES企业。其中很重要的原因是，中国制造业与国外相比有很多独特的特点，必然会对MES的推广产生影响。

浙江中控软件技术有限公司总工程师荣冈谈到这一点时说："国外较成熟的产品依据国外流程工业企业的管理现状开发，移植到中国就会'水土不服'。对基础自动化条件的要求高、软件版权费用和实施费用昂贵以及系统运行维护较困难等因素，也使我国企业在选择国外的MES产品时，越来越理智和慎重。"

除此之外，还有一个无须讳谈的原因是，国内的石化企业以大中型国有企业为主，其管理模式与国外企业的管理模式还存在着很大的差异，这也是使得这些企业倾向于寻求国内的MES企业进行合作的原因之一。蒋白桦对此也有自己的看法，他说："MES对国内石化企业管理流程的影响，主要是表现在把企业的事后评估变成事中评估。这是一个根本的改变，对企业内部的流程会有一定的冲击，但也是对企业管理改革的一个有益的刺激。"

而目前，国外品牌的MES也正积极向中国的石化行业挺进。据西门子(中国)有限公司自动化与驱动集团MES石油/天然气销售总监李登博介绍，西门子的MES产品——SIMATIC IT XHQ在世界上许多国家的石油化工企业已经有了非常成功的应用案例，他们也会将这种产品引入中国。

可以预见的是，随着国家对信息化建设支持力度的不断加强，以及部分企业"敢为人先"的创新探索，MES在国内企业的应用将成大势所趋。管中窥豹，略见一斑。我们深信，国内各行业企业的管理者如果能够从已有的经验中获得更多启示，必将大大加速MES的推广势头。

资料来源：CA800|新闻中心|产业分析，乔灿、路艳艳，2013年2月28日

# 第 6 章

# 采购作业计划

## 学习目标

通过本章的学习，读者应该能够：

(1) 了解采购作业计划的概念和特点；

(2) 掌握采购作业流程的特点；

(3) 熟悉采购作业控制的内容；

(4) 掌握库存作业管理和控制的特点。

## 知识结构

本章的知识结构如图 6.1 所示。

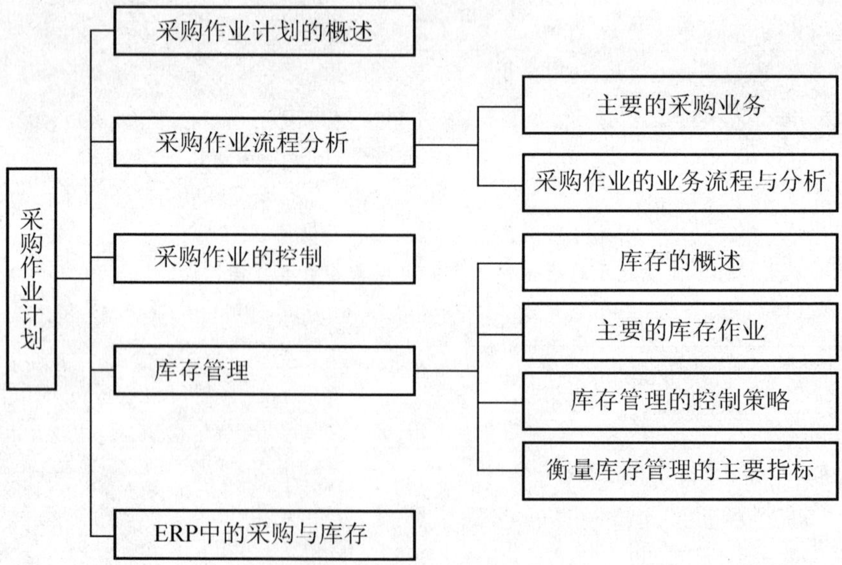


图 6.1　本章知识结构图

## 导入案例

### 电子化采购：精细化管理的必由之路

——访全国人大代表、江西省财政厅厅长胡强

2013年年初，财政部印发《全国政府采购管理交易系统建设总体规划》和《政府采购业务基础数据规范》，让电子化采购成为政府采购领域关注的重点之一。

两会期间，当《中国政府采购报》记者问及电子化平台建设的相关情况时，全国人大代表、江西省财政厅厅长胡强表示："政府采购电子化建设是财政精细化管理的必然要求。目前，政府采购电子化系统已经成为江西省财政精细化管理大系统的组成部分。"

**扩量增面带来新要求**

从2005年的52.97亿元至2012年的150亿元，江西省政府采购规模每年增长10%以上。胡强表示，随着社会与经济的发展，尤其是随着民生支出的不断增加，财政精细化管理不断面临新的挑战，原有的政府采购管理形式已经难以适应更加精细化监管的要求，应用电子化手段已成为深化精细化管理的必要措施。

去年6月，江西省财政厅正式印发全省实行电子化政府采购工作的规范性文件，标志着江西省政府采购工作进入了全流程电子化运作的轨道。此后，江西省政府采购工作从预算管理、计划申报、预算审核到实施计划批复、委托采购代理机构，再到采购公告的发布与审核、结果公示、验收单填写与审核等全部实现网上运行。

据记者了解，江西省政府采购电子化交易系统运行平稳，并得到了供应商的积极参与。截至目前，已有1 203个公开招标采购项目在公共资源交易系统中运行，完成了1 100个政府采购项目的采购活动，电子化政府采购系统供应商库现有注册供应商1 680家。

**电子化手段促进规范化采购**

江西省政府采购电子化建设的一个独到之处，便是政府采购平台与纪委监察厅的监督平台实现了对接。"这对预防腐败和从源头治理腐败发挥了积极作用。"胡强表示，采用电子化平台的网上交易系统可以推动政务公开、实现阳光操作，接受社会公众监督，是建立健全惩治和预防腐败体系长效机制的一个重要举措。

"此外，系统程序的设定也对减少采购中的猫腻有一定好处。例如，货物采购通过电子化平台实行网上竞价、竞拍，可以避免供应商与采购人见面，减少串标机会。"胡强说，江西省政府采购电子化平台从两方面规范了政府采购工作：规范采购预算管理，提高政府采购管理业务水平和财政资金管理水平；约束网上操作流程，规范了采购程序，促进政府采购的公开、公平、公正。

胡强告诉记者，电子化作为一种科学化、精细化管理的手段，不仅适用于政府采购领域，也适用于其他财政管理领域。"除了电子化手段，我省还有乡镇财政科学化精细化管理工作考核等各类措施。通过这些措施，江西省财政厅将不断提高财政管理的效能和财政资金使用效益，更好地保障财政职能作用的发挥，保障党中央、国务院重大决策部署的贯彻落实。"

资料来源：中国政府采购报，2013年3月14日

**思考：**

(1) 从这篇报道中可以看出，信息化对政府采购有哪些影响?

(2) 为了促进政府采购的公开、公平和公正，可以采取哪些采购控制措施?

运行 MRP 的结果一方面是生成生产作业计划，另一方面是生成采购作业计划，两个方面都是指导作业工作的微观计划。

制造业的一个共同特点是必须先购进原材料才能进行加工，必须先购进配套件和标准件才能进行装配。生产作业计划的可行性很大程度上靠采购作业来进行保证。采购作业计划的准确与否对企业的整个生产经营有重大的影响。

本章主要讲授采购作业计划的管理，研究采购作业计划和控制。内容包括采购作业计划的基本概念和作用、采购作业流程的业务流程与分析、采购作业的控制措施，以及库存管理和控制等。

## 6.1 采购作业计划概述

采购作业是指为了向企业提供满足生产和管理所需要的各种物料而必须采取的各种管理性和事务性的活动。采购作业流程是由多个采购作业组成的有序活动。采购作业计划是根据企业的内外环境特点而制定的有关采购作业活动的详细时间安排。需要注意的是，ERP 系统中的物料概念包括原材料、毛坯件、电子元器件和办公用品以及各种机器设备和运输工具等。但是，在采购作业计划中涉及的采购对象主要是指原材料、毛坯件、电子元器件和办公用品等。笼统地讲，采购作业、采购作业流程和采购作业计划都是采购管理的内容。采购管理就是对采购作业——从采购订单产生到货物收到的全过程进行组织、实施与控制。采购管理是企业生产经营管理的重要组成内容，是企业按照计划组织生产活动的始点，采取有效的采购管理方式是降低企业经营成本的重要环节。

企业生产经营管理的主要组成内容包括销售管理、计划管理、生产管理、人力资源管理、财务管理和采购管理等。在企业生产经营过程中，销售管理的主要目标是获取客户订单，人力资源管理的主要目标是开发和获取满足生产经营活动的人力资源，采购管理的主要目标是确保企业有合理的原材料、元器件满足生产活动的需要，财务管理涵盖了整个企业的财务预算、成本核算等活动，计划管理则是对这些管理活动的统筹安排。在企业经营管理活动中，如果缺乏了采购管理，整个生产经营活动将无以为继。

可以说，采购管理是整个企业经营管理活动按照计划开展工作的起点。从制定宏观的经营规划，经过 MPS，最后形成 MRP、采购作业计划和生产作业计划等指导实际工作的微观作业计划，采购管理是按照计划开展实际作业的起点。例如，对于自行车生产企业，采购了轮胎、钢丝等物料后，生产车间的生产作业计划就可以开始了。

采购管理是降低企业经营成本的重要环节。如果物料采购数量过多或者到货时间过于提前，就会造成流动资金积压、物料闲置、大量挤占有限的库房位置以及加大采购管理人员和库存管理人员的工作负荷等。如果物料采购数量过少或者到货时间延期，又会影响到正常的生产经营活动的进行，严重时可能造成生产停滞，给企业带来不可估量的损失。所以有效的采购管理需要实现这样的目标：在正确的时间、正确的地点向正确的部门，以最经济合理的价格提供符合规格、质量和数量的物料；保证物料来源稳定和可靠；尽可能地缩短采购时间和降低库存；尽可能地利用供应商的存储空间，减少企业的库存成本。

# 6.2 采购作业流程分析

## 6.2.1 主要的采购业务

主要的采购业务包括：供应商管理、生成采购作业计划、询价和洽谈、采购订单、订单跟踪、到货验收。以下分别进行介绍。

1. 供应商管理

供应商处于企业供应链的供应端，从这种意义上说，供应商也是企业资源之一：企业掌握供应商的数量越多，其供应来源就越丰富。

供应商管理是指对供应商的了解、选择、开发、使用和控制等综合性管理工作的总称。供应商管理主要采取分类管理模式，不同类型的供应商采取不同的管理模式。分类管理模式的关键在于如何确定分类方式。如根据供应商所供物料的市场特性来分类、或是根据企业与供应商之间的紧密关系来分类等。

供应商双层分类管理模式是一种非常有效的分类方式。这种管理模式先按照供应商所供物料的市场特性把供应商分为 3 种：垄断物料市场供应商、有显著差异物料供应商和无显著差异物料供应商。再按照供应商供货情况，把有显著差异物料供应商分为 A、B 和 C 类 3 级。供应商分类如图 6.2 所示。

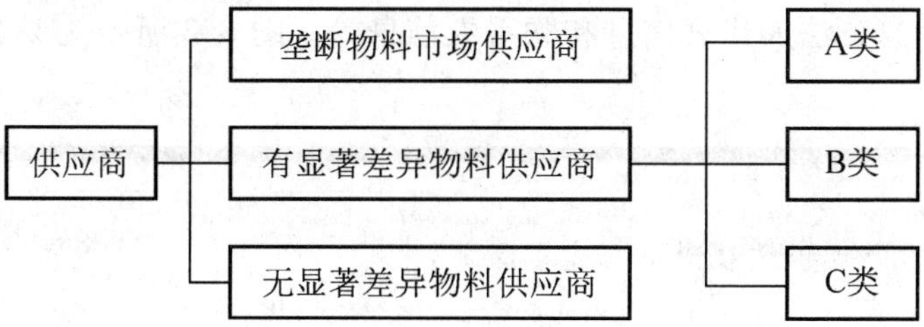


**图 6.2 供应商分类图**

1）垄断物料市场供应商

垄断物料市场供应商是指那些完全垄断或几乎垄断市场上某种物料供应的供应商。例如，中国电力、电信、铁路、特殊钢材和微软 Office 系统等供应商都是特殊供应商，企业往往没有能力和办法去选择其他供应商，或者说，企业选择其他供应商的成本高昂。在计划经济体制下或不完全的市场经济体制下，或者市场上的物料供应不充分等环境下，这种类型供应商的存在往往是不可避免的。对于这些特殊的供应商，企业应该采取密切供需关系的管理方式。

2）有显著差异物料供应商

有显著差异物料供应商是指这些供应商之间，不同的供应商供应的物料具有质量上的差异、价格上的差异、服务上的差异、品牌上的差异和技术性能上的差异等，并且这些物料构成了企业产品的主要成本，或者说与企业产品的质量和性能密切相关。例如，对于自行车制造企业来说，自行车制造厂需要的管材、丝材、轴承和轮胎等物料供应商就属于典型的有显著差异物料供应商。无论是从数量上，还是从管理投入上，这些供应商都是企业供应商管理的重点。因此，可以把这些供应商分为A、B和C类供应商。

不同类别的供应商具有不同的供货优先级：A类最高，B类次之，C类最低。在一定条件下，他们的供货优先级是可变的，例如按照规定的供应商评估政策，C类供应商在一定条件下可以升级为B类，同样，B类供应商也可以升级为A类。反之，在一定条件下，A类、B类和C类供应商的级别也可逆，例如，A类降级为B类供应商或C类供应商，B类降级为C类供应商，甚至C类供应商可以被开除出公司物流供应商行列。

3）无显著差异物料供应商

无显著差异物料供应商是指这些供应提供的物料满足以下条件：这些物料不是企业主要产品的构成部分；这些物料与企业产品的质量和性能关系不大；这些物料的价值相对来说比较低。

企业对于这些物料应该尽可能地采用简化的管理方式。这些物料往往包括生产用辅助物料、办公用品和劳动保护用品等。一般情况下，在无显著差异物料供应商的管理中，可以采取标准化采购管理方式和定额采购管理方式。

（1）标准化采购管理方式是指制定采购这些物料的标准品牌、型号和规格等，即必须从制定的标准中采购所需要的物料，这种管理方式也可用于有显著差异物料供应商的管理。

（2）定额采购管理方式是指在给定的资金额度下采购所需要的物料的管理方式。

无论是哪一类供应商，其主要信息均包括：供应商编码、供应商名称、简称、类型、所属国家、所属城市、地址、邮编、联系电话、传真电话、网址、电子邮件、会计信息、税务信息、银行信息、法人代表信息和联系人信息等。图6.3所示为某公司的供应商管理页面。

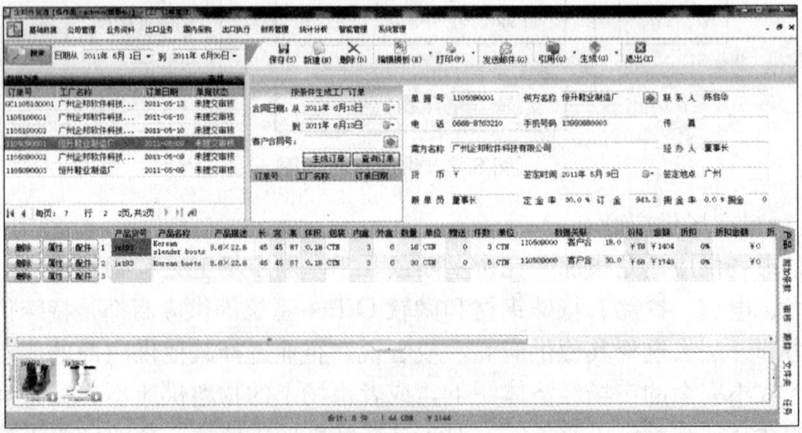

**图6.3　某公司的供应商管理页面**

评估供应商的主要内容包括供应商履约状况、供货质量状况、所供物料的成本状况、供货过程中的服务状况和供货能力状况。具体有以下一些评价要素。

（1）根据供应商所提供物料的质量，可从这些角度考虑：商标或商标名称，设计要求，规格要求，尺寸要求，物料的物理化特性，物料制造方法，物料使用性能、方法，符合有关标准情况，样品查看和检验，环保情况等。

（2）根据供应商所提供的服务，可从这些角度考虑：供货及时性，供货可靠性，供货稳定性，包装，技术支持，某些特殊要求等。

（3）根据供应商提供的物流的价格。只有供应商的质量与服务水平合适时，才能考虑价格因素。为了确定最好的预订价，应该以质量服务及价格为基础来分析报价单。在质量与服务水平相同的情况下，应选择最低的价格，包括单价、批量打折和运输费用等。

（4）其他评价要素：如供应商的资信情况，供应商在本行业所处的地位，供应商应急订货能力，供应商的生产周期，供应商的管理水平，供应商的可持续发展能力等。

2. 生成采购作业计划

采购作业计划的主要属性包括采购物料编码、名称、采购批次、采购数量、技术性能要求、采购作业开始日期、物料到货日期、审批人和审批日期等。

采购作业计划应该遵循近期作业计划详细且已确认、远期作业计划粗略且未确认的特点，这样做的好处是近期作业计划可以实施，远期作业计划有指导意义。

采购作业计划的物料来源是 MRP 和请购单。其中，包含在 BOM 中的物料可以从 MRP 的计算中获得，而没有包含在 BOM 中的物料则从请购单中得到。例如，生产过程中零星使用的油漆、汽油、冷却液和棉纱等辅助材料没有包含在 BOM 中，它们的采购往往是按照订货点法，通过请购单的形式表现出来。请购单上必须包含需求的物料编码和名称、需求数量、需求的日期和需求数量的计算依据，申请单编码、需求部门、申请部门、申请人和申请日期等信息。值得注意的是，请购单上物料的需求数量不是根据 MRP 自动计算出来的，而是依照相关部门人员的主观意愿确定的，所以需求的物料和数量需要经过严格的审核之后才能生效，以便尽量使请购单上的需求合理和准确。

3. 询价和洽谈

当采购作业计划生成之后，采购人员应该按照作业计划的要求，依照供应商供货推荐目录，根据供货商的资历和供货档案选择和联系供应商，并且针对采购作业计划中物料的具体要求洽谈物料的价格、质量、技术性能要求和供货日期等。通常，询价和洽谈的过程会很复杂，可以通过询价单和报价单的方式完成。

其中，询价单是企业向初步选中的供应商发出的请求其提供报价的单据，这种单据详细列出了需要采购的物料名称、数量、技术性能要求和到货日期等信息。报价单是供应商在接到询价单后提供的物料供应价格、技术性能特点等信息。采购管理人员对报价单进行详细审核、比较和分析，按照管理上的具体要求确定提供物料的供应商，最终形成采购订单。从报价单到采购订单是企业的一个重要的决策环节。

4. 生成采购订单

通常，采购作业计划的具体实施是通过采购订单工具来实现的，采购作业的执行表现为采购订单状态的改变。把采购订单作为采购作业计划的实施工具有 3 个好处：一是使计划和执行分离开，从而使得计划有落实，执行有指导和目标；二是能灵活地适应采购作业中的特殊情况，例如，采购作业计划的某些内容需要根据实际情况调整、增加、删除或者更改，但企业又不希望直接对采购作业计划进行大规模的修改，就可以通过修改采购订单来满足实际情况的需求；三是有利于通过采购订单的方式完成对未纳入采购作业计划的特殊物料或临时物料的采购。

从信息管理的角度来看，每一个采购订单都由订单概述信息和订单明细信息两部分组成。其中，订单概述信息描述了供应商的基本信息、订单签订日期、签订地点、采购员、付款方式、税率和银行账号等信息，而订单明细信息包括了采购物料的编码、名称、型号规格、数据依据、数量、计量单位、单价、金额、折扣和计划交货日期等信息。

采购订单的设计应该具备足够的灵活性，例如自动以订单签订日期作为系统当前日期的默认值、允许物料替代设置、允许修改订单以及允许多次到货等。

按照采购订单的生成、下达、执行和完成的过程，可以把采购订单划分为多个不同的状态。常用的采购订单的状态是：生成、生成确认、下达、下达确认、取消、完成、超量完成和欠量完成等。企业应根据采购订单的不同状态，对采购订单进行不同的处理。图 6.4 所示为某公司的采购订单页面。

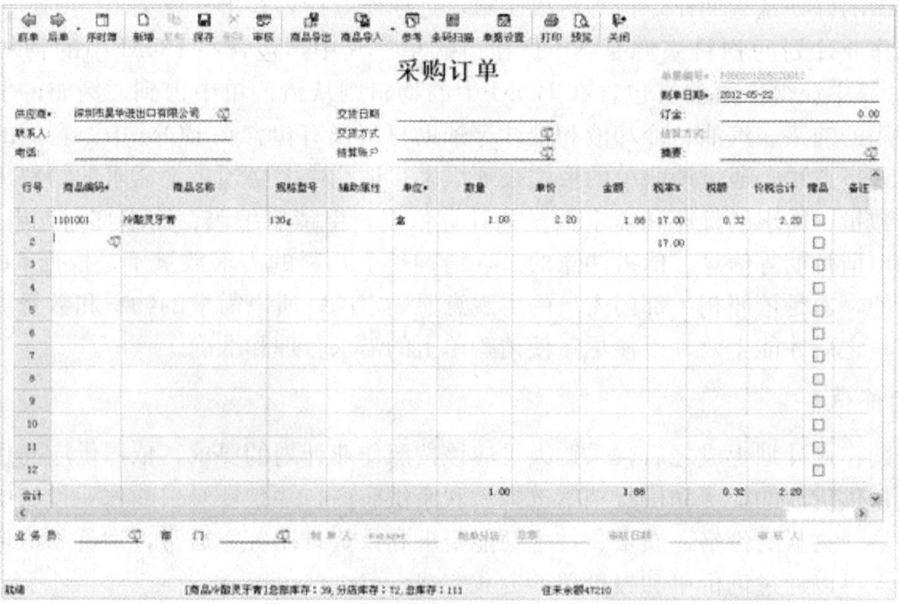


**图 6.4　某公司的采购订单页面**

5. 订单跟踪

订单跟踪指企业可以通过 ERP 系统随时查看已下达的采购订单当前到达的位置，以及被供应商处理的状态。订单跟踪的主要目的有以下 3 个。

（1）确认供应商是否接收到订单。

当供应商接收到采购订单后，至少应该发回两个方面的信息，即已收到采购订单的信息和供应商对采购订单的处理预测信息。

（2）了解采购订单是否能被按时处理。

通过比较供应商的返回信息，企业可以准确地预测该采购订单的执行结果。对于预测不能及时完成的一些采购订单，需要把这些采购订单标记为大风险的采购订单。针对大风险的采购订单应该采取更多的监视和管理措施。

(3) 传递采购订单的变化信息。

采购订单的变化信息能否传递给供应商是非常重要的。从逻辑和技术上看，采购订单的变化信息是能够准确传递给供应商的。但实际运用上并不常常是这样。从管理的角度来看，这种订单的变化信息能否被供应商采纳是一件复杂的事。因为采购订单的变化信息传递给供应商后，会给供应商带来一系列的问题，如满足采购订单要求的物料内容已经安排了生产计划、或者该采购订单所需的物料已经采购到货、或者该采购订单的内容已经在生产线上加工，或者该采购订单的内容已经全部完成等。所以，从管理上来看，这种采购订单的变化信息是否影响供应商的生产取决于企业与供应商之间的协议和订单变化的程度。图 6.5 所示为某公司的采购订单跟踪视图。

订单状态：全部入库

采购订单跟踪视图

订单编号：PO200910130001　签单日期：2009-10-13　币别：RMB

供应商名称：北京市赛通力工贸有限公

计划到货日期：2009-10-28　汇率：1.0000

业 务 员：何生　账期（天）：30　计划付款日期：2009-11-12

单据类型：有发票　优惠金额：0.00　优惠后金额：9,360.00

备注：

| 货品名称 | 货品编码 | 规格型号 | 单位 | 数量 | 单价 | 金额 | 税率 | 税额 | 含税金额 |
|---|---|---|---|---|---|---|---|---|---|
| 英雄MP3 | HP200910120003 | H-2055 | 个 | 10.00 | 400.00 | 4,000.00 | 17.00% | 680.00 | 4,680.00 |
| 崇达线路板 | HP200910120005 | 三层 | 米 | 10.00 | 350.00 | 3,500.00 | 17.00% | 595.00 | 4,095.00 |
| LED | HP200910120006 | LED-268 | 个 | 10.00 | 50.00 | 500.00 | 17.00% | 85.00 | 585.00 |
| **合计** | | | | **30.00** | | **8,000.00** | | **1,360.00** | **9,360.00** |

**订单入库情况：**

| 单据编号 | 单据类型 | 日期 | 货品编码 | 货品名称 | 规格型号 | 单位 | 入库数量 | 入库金额 |
|---|---|---|---|---|---|---|---|---|
| CT200910130001 | 采购退货 | 2009-10-13 | HP200910120003 | 英雄MP3 | H-2055 | 个 | -5.00 | -2,340.00 |
| CG200910130001 | 采购入库 | 2009-10-13 | HP200910120003 | 英雄MP3 | H-2055 | 个 | 10.00 | 4,680.00 |
| CT200910130001 | 采购退货 | 2009-10-13 | HP200910120005 | 崇达线路板 | 三层 | 米 | -10.00 | -4,095.00 |
| CG200910130001 | 采购入库 | 2009-10-13 | HP200910120005 | 崇达线路板 | 三层 | 米 | 10.00 | 4,095.00 |
| CT200910130001 | 采购退货 | 2009-10-13 | HP200910120006 | LED | LED-268 | 个 | -10.00 | -585.00 |
| CG200910130001 | 采购入库 | 2009-10-13 | HP200910120006 | LED | LED-268 | 个 | 10.00 | 585.00 |
| **合计** | | | | | | | **5.00** | **2,000.00** |

**订单付款情况：**

| 付款单号 | 付款日期 | 对应业务单号 | 结算金额 |
|---|---|---|---|
| **合计：** | | | **0.00** |

关闭

图 6.5 某公司的采购订单跟踪视图

6. 到货验收

到货验收是指所采购的物料到达物料送交地点时，企业采取的验收作业和对验收结果的处理措施。物料到达以后，企业应该通知有关人员进行物料到货登记，开始物料验收。

不同的物料可以采取不同的物料验收方式。下面介绍两种比较流行的物料验收方式，即外观检查验收和技术性能采样试验验收。

(1) 外观检查验收是一种简单的验收方式，主要是检查物料外观是否满足协议的要求、包装是否完整以及物料表面是否存在明显的瑕疵等。大多数的办公用品、劳动保护用品等都可以采取这种验收方式。

(2) 技术性能采样试验验收是一种较为严格的验收方式，其内容是采取物料样品送交有关的物理、化学和电气实验室，根据实验室的实验结果来判断到达的物料是否满足协议要求。产品的主要原材料、毛坯件和电器件等应该采取这种严格的验收方式。

一般地，物料验收的最终结果有两种：合格和不合格。合格的物料可以入库，不合格的物料应该按照协议采取退货等处理措施。合格的物料入库后，可以进行结算处理。从前面的分析来看，到货验收作业把多项作业计划活动如退货处理、库存管理、质量管理等功能都连接起来。

**ERP时事摘录6-1**

## 与供应商共赢发展　三一重装商务管理提升成效显著

2012年伊始，三一重装商务本部即出台《2012年三一重装商务体系经营规划》。“并没有人要求我们这么做，而且我们是整个集团唯一一个在年初制定规划的事业部。”三一重装商务总监雷勇向记者介绍。

规划指出：“2012年，商务本部将以供应链建设为工作主线，通过供方培育和优化、原厂直供、标准化和通用化提升、供方储备等措施实现供应链资源整合，同时主抓采购成本降低和商务风险监控两项重点工作，实现三一重装整体商务品牌提升。”转眼到了年底，规划卓见成效，三一重装商务本部由2011年排名倒数一步晋升为集团第二，实现了质的飞跃。

**提质量　培育供应商，双方获益**

“从2011年对供应商的总结中，我们发现有部分供方质量总是不能满足要求，还有部分供方属于新开发的，质量不稳定。质量不达标，不仅频繁产生退货现象，交货期不能满足，同时对产品质量造成了很大威胁。对此，我们认为有必要对这些供方进行培育，以满足我们的要求。”商务管理部部长吴春玲介绍。

凤城航天机械制造有限公司为三一重装供应结构件和二运装载机，它被列入了待培育的30家供应商中。“它的主要问题是尺寸不符合标准，交检不合格，影响了交货期。”吴春玲说。凤城航天机械的业务主管郎先生告诉记者，从5月开始，三一重装商务本部联合质保部、研究院召开供应商质量培训，并且经常派人深入供应商车间现场，从工艺流程、工艺路线等方面对其进行“一对一”指导。

“以前，我们生产线上难免有物料随意摆放、脏乱差等现象存在，现在这种现象改善了很多。如今，我们的产品不仅能够满足三一的要求，也更能满足其他客户的要求，我们的业务量也有所提升。”结束后，该公司的一次交检不合格率降至0.96%，有效提升了质量水平。

质量是企业的生命线，结果证明，对供应商进行质量培育是一个双方获益的过程。三一重装全年外购件交检合格率累计为99.36%，外协件入库检验合格率累计为96.64%，生产供货及时率达到99.94%，配件保供及时率99.27%，均达到了年初制定的目标。

**降成本　双管齐下，节约采购费用**

“在一个公司里，采购和销售是仅有的两个能够产生费用的部门，其他部门发生的都是管理费用。”雷勇曾引用管理大师杰克·韦尔奇的一句话。为了提供“物美价廉”的产品，企业需不断调整管理模式，将降成本和提质量不断前移。

在年初制定商务体系经营规划的同时，商务本部还制定了一项《商务降成本激励方案》。首先，在保证品牌、质量不变的前提下，利用谈判技巧、批量采购等降低采购成本；其次，商务本部一直在积极开辟新的采购渠道，通过多家供方竞争的方式降低采购价格。

采煤机铸件的采购一直是一笔不小的开销，按照每年25台计算，一年需要600吨钢铁，动辄就是成百上千万的账，加上原有的4家供应商都是全国铸造百强企业，铸件价格居高不下，质量、交货期得不到保障，采购进入瓶颈。为解决这一问题，商务本部业务部采取边开发边培育的方式引入新供方，通过总结前期供方的质量问题，对新供方进行技术交流，以达到迅速提升质量的目的。后来新引入的抚顺东盛、秦伊铸造等供方价格降幅达到15%以上，全年节约费用100万元，一次交检合格率和交货期也大幅提升。

去年，三一重装降成本成绩卓越，1～10月份采购降低成本共计六千余万元，降幅比例4.97%；别除钢材、气体、油料受宏观调控影响较大的物料后，共计降低两千余万元，降幅比例2.49%。“降成本是一项持续改进的工作，我们会继续努力。”雷勇表示。

**供应链建设 提升商务形象，互惠双赢**

三一的成功从来都不是孤军奋战，这个始终秉承“帮助供应商成功”、“帮助代理商成功”、“帮助客户成功”理念的企业，将链条上每个关键环节都视若珍宝。随着三一重装发展规模与日俱增，尤其是采购规模的水涨船高，打造稳定、高质的供应链势在必行，而这也正是“缔造世界最高品质的产品”的宏伟目标实现的关键一环。

为打造一支高质量、高效率、稳定的供应商队伍，三一重装出台《2012年供应商管理规划方案》，规划从供方资源整合、储备、培育、战略合作等6个方面入手，逐步淘汰不合格供应商，保留品质供应商。2012年，三一重装供方由495家逐步整合到282家，掘进机生产配送一次满足率、直供上线率、认证供方采购比率均有效提升。

商务部在“严于待人”的同时更是“严于律己”，努力提升商务品牌形象，维系与供应商的良好合作关系。在一次供应商交流会上，沈阳盛纳公司代表提出“图纸要求与检验要求不一致”的问题，他指出：“图纸明明要求不做喷漆处理，产品上做了磷化，而检验时却要求磷化4小时内必须喷漆，并以此为由退货。”供应商“喊冤叫屈”，商务部不能坐视不理。经过调查，供应商“平冤昭雪”，商务部联合质保、工艺、研究院等部门对产品进行了补喷，事情得到圆满解决，供应商笑了：“三一解决问题的态度真诚，反应速度快。”

报账的及时性在供应商看来一直都是大问题，收不到货款、资金周转不灵是许多小企业都承担不起的难处。商务部年初做出规定，“通过对自身计划准确性、采购周期合理性、付款及时性等指标的提升，严格按照合同办事。”现在，货款拖压问题正在逐步得到解决，商务部与供应商及时建立沟通联系、发函承诺，供应商的抱怨少了很多。

资料来源：慧聪工程机械网，2013年3月20日

### 6.2.2 采购作业的业务流程与分析

通用的采购业务流程如图6.6所示。

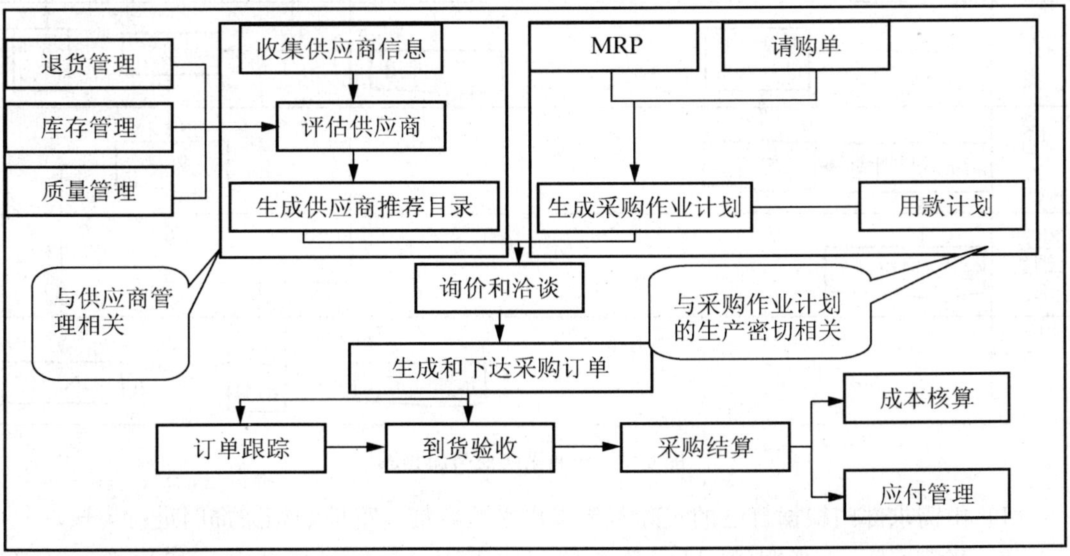


**图6.6 通用的采购作业流程**

如前所述，采购作业业务流程是指多个采购作业组成的有序活动，也就是采购作业的排列方式。采购作业业务流程有以下 3 个特性。

（1）共享性。

所谓共享性，是指采购作业之间的信息具有共享性。上一个采购作业提供基础信息给下一个采购作业，以便其展开工作。

（2）相关性。

所谓相关性，是指各个采购作业之间在执行过程中具有时间相关性。上一个采购作业执行完成之后才进入下一个采购作业，比如“生产采购作业计划”作业在“请购单”作业完成之后执行，前后顺序不可改变。

（3）整体性。

所谓整体性，是指采购作业流程是一个整体，流程中的采购作业活动往往不可缺少。采购作业之间可以合并或分解，但通常情况下不能遗漏。

在图 6.6 所示的采购作业流程中，我们可以看出与供应商管理密切相关的有“收集供应商信息”、“评估供应商”和“生成供应商供货推荐目录”等作业。与采购作业计划的生成密切相关的是“MRP”、“请购单”、“生产采购作业计划”和“用款计划”等作业。

常见的采购方式有：普通采购方式、受托代销采购方式和第三方采购方式。

1. 普通采购方式

普通采购方式流程如图 6.7 所示，主要包括以下步骤。

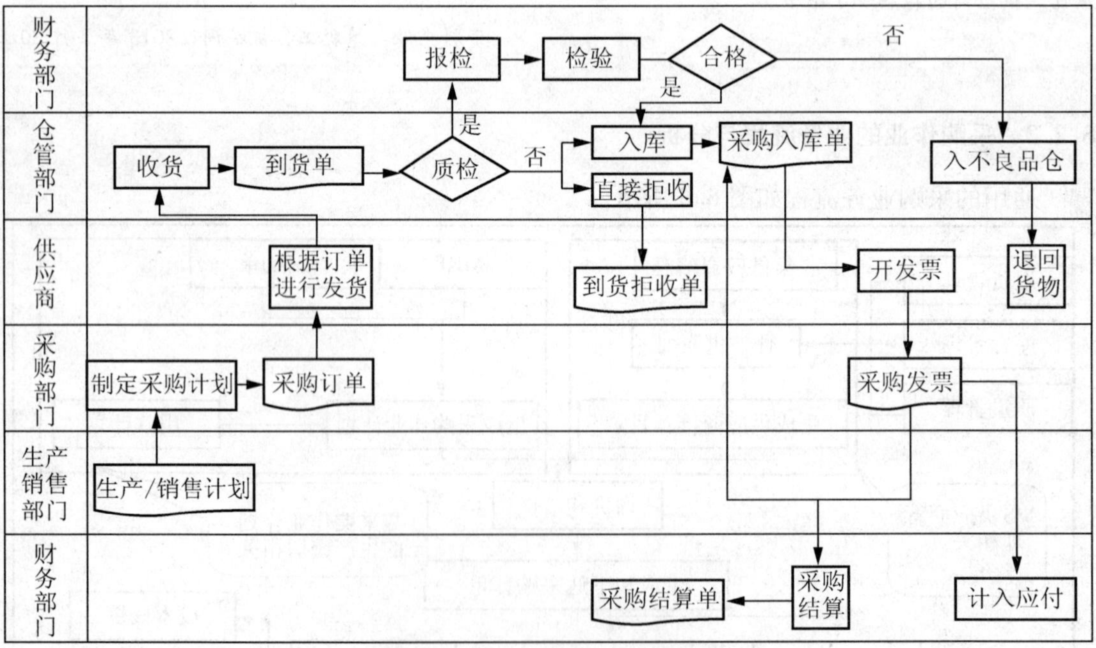


图 6.7　普通采购业务流程图

（1）由需求部门根据自己的实际需要提出采购申请，审核的相关部门进行审核。

（2）采购部门(或采购组织)汇总各部门的需求，选择供应商并向供应商下达采购订单。

(3) 到货入库。在生产型企业中，原材料或关键零部件需要经过到货、检验然后才入库，办公用品等则直接入库；在商业企业中，采购商品一般直接入库。

(4) 接收发票。采购发票包括购货发票和可以计入采购成本的其他费用发票(如运输发票、海关进口税)。

(5) 采购成本核算。如果月末结账前采购入库物料的发票已到，则可以进行采购结算计算采购入库成本；如果月末结账前采购入库物料的发票还未到，则需要进行暂估处理，下月发票到之后再进行月初回冲、单到回冲或单到补差。月初回冲是指月初时系统自动生成红字回冲单，报销处理时，系统自动根据报销金额生成采购报销入库单。单到回冲是指报销处理时，系统自动生成红字回冲单，并生成采购报销入库单。单到补差是指报销处理时，系统自动生成一笔调整单，调整金额为实际金额与暂估金额的差额。

2. 受托代销采购方式

受托代销是一种先销售后结算的采购模式，指其他企业委托本企业代销其商品，代销商品的所有权仍归委托方；代销商品销售后，本企业与委托方进行结算，开具正式的销售发票，商品所有权转移。其流程如图 6.8 所示。

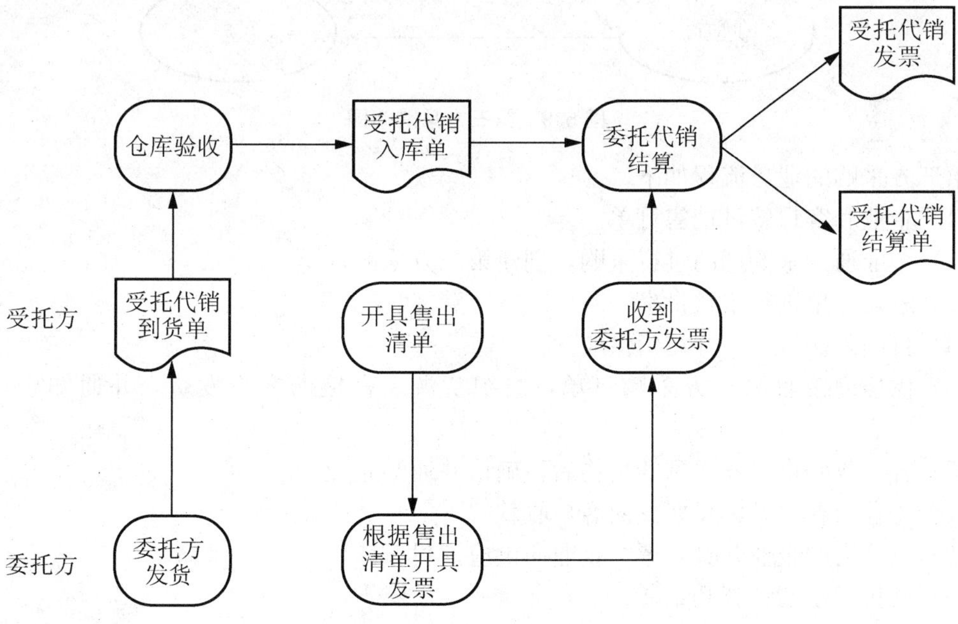


图 6.8 受托代销采购的流程图

受托代销采购方式的业务流程如下。

(1) 建立受托代销合同。合同内容主要包括受托代销商品、供应价格、销售指导价、固定销售价格。

(2) 受托方向委托方下达采购订单。

(3) 到货时，采购人员填写到货单，仓库管理人员根据到货单收货入库。这时，只记到货的数量而不记到货的成本，存货的所有权仍然属于委托方。

(4) 受托方销售产品。

(5) 根据销售数量将受托代销没有记为自有资产的受托商品转为自有资产。

(6) 销售出库、开发票、收款等。

(7) 采购人员根据销售并转为自有资产的数量与委托方进行结算，存货的所有权转移。

3. 第三方采购方式

第三方采购又可以称为直运采购，指产品无须入库即可完成购销业务。当客户要货时，填制企业的销售单，然后根据企业销售单直接向供应商订货。货物由供应商直接发给客户。结算时，企业与供应商和客户分别进行结算。第三方采购的简图如图 6.9 所示。

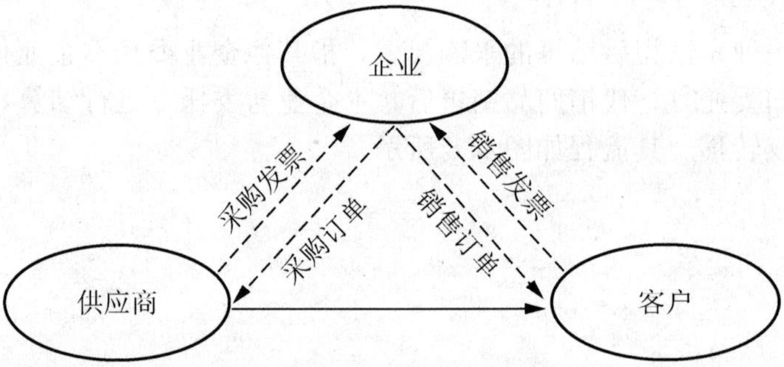


**图 6.9　第三方采购简图**

第三方采购的业务流程如下。

(1) 企业和客户签订销售订单。

(2) 企业通知采购部门进行采购，创建第三方采购订单。

(3) 采购订单进行审核批准。

(4) 打印采购订单，并传给供应商。

(5) 供应商接收第三方采购订单，组织货源，直接向客户发货，并通知企业采购部门。

(6) 客户收到供应商送到的货物后，确认并通知企业。

(7) 企业给客户开具发票，向客户收款。

(8) 供应商向企业开具发票，企业向供应商付款。

(9) 销售成本的计算和结转。

## 6.3　采购作业计划的控制

如前面所述，采购管理就是对采购作业——从采购订单产生到货物收到的全过程进行组织、实施与控制。它是企业生产经营管理的重要组成内容，是企业按照计划组织生产活动的始点，也是有效降低企业经营成本的重要环节。

采购作业控制是指通过设置与采购作业相关的参数，将采购物料的数量和质量控制在预定范围内的风险防范措施。在采购作业控制中，如果企业能及时查询到该采购申请或是采购订单是否超过预算，就能采取正确的措施。常用的采购作业控制措施有预算控制措施、物料选用目录控制措施、采购订单控制措施、质量控制措施和财务付款控制措施等。

1. 预算控制措施

预算控制措施是指企业通过制定采购预算防止实际采购金额超过预算金额的控制方式。预算控制也是企业管理人员审核采购订单时判定该计划是否合理的一个重要依据。在ERP系统中有两种常用的采购预算控制方式：一种是根据总账科目控制采购预算，一种是根据部门、业务类型和采购物料类型控制采购预算。

根据总账科目控制采购预算的过程是：第一步，在科目预算中设置好相应的预算；第二步，在输入采购申请以及采购订单每一行时，输入总账预算控制科目，以便在确认及审批订单的时候，系统能计算出该采购申请或者采购订单是否超过预算。在进行预算比较时，要将预算金额、已花费金额和已承诺的花费金额三者进行比较。进行预算控制的关键点是预算要和“实际发生金额加上已承诺金额”进行比较。实际发生金额容易控制，已承诺金额控制比较复杂。

ERP系统使用预算检查的程序用来计算某一个项目或部门预算的明细金额。每次当操作员输入或修改采购申请及采购订单时，系统会根据单据上的科目编码检查相应科目的预算。

预算可用金额的计算公式为：预算可用金额＝预算原始值±预算变更－实际发生值－已承诺金额。

实际发生值指已经完成采购订单的采购金额，已承诺金额指已经下达但没有完成的采购订单的采购金额。其中，实际发生金额可以直接从总账取用数据，承诺金额可允许用户自定义取值范围(包括采购申请中已经审核批准但还没有转为采购订单部分以及采购订单中已经审核批准但还没有到货的部分)。当超过预算时，应该允许设置超过预算的处理方法，如给出警告信息提示，或者设定为锁定状态(设定锁定状态后，需要相应权限的人员释放权限后才能进行下一步操作)。而使用部门、业务类型和采购物品类型控制采购预算的方式时，必须在“部门、业务类型、物品类型”间建立关联关系。

采用这种方法进行采购预算控制时首先要考虑以下几点：一是采购实际发生额对应的科目可根据“部门＋业务类型＋采购物品类型”来设定；二是“部门＋业务类型＋采购物品类型”与采购科目之间可建立对应关系；三是根据“部门＋业务类型＋采购物品类型”可以取得采购预算值及采购实际发生金额。这种采购预算控制方法的优点在于不需要在采购订单中输入控制科目，只需要在“部门＋业务类型＋采购物品类型”与控制科目之间建立对应关系。

2. 物料选用目录控制措施

物料选用目录控制措施是指某些物料的采购必须从批准的物料选用目录中选择，不能随意选择目录之外的物料。物料选用目录的确定过程是由设计、工艺、采购、质量和标准化等职能部门和技术人员基于国家标准、行业标准、国际标准、地方标准和企业标准等要求，根据供应商的供货历史状况，按照规定的程序确定的。

物料选用目录应该根据市场情况及时动态更新，从而实现物料选用的高效率和降低风险。若物料选用目录提供的物料不能满足要求，则需要采取严格的审批过程来解决需求物料不在物料选用目录上的问题，从而保证物料采购的严格控制。

3. 采购订单控制措施

采购订单控制措施主要是指采购到货的物料数量、采购价格以及到货日期应该满足采购订单中的要求，实际中的数据和采购订单上的数据之差应在事先规定好的误差范围内。采购订单控制措施主要就是统管“允许误差规则”来设置，在各个采购订单执行过程中进行控制。例如，假设采购订单中某个物料的采购数量是200个，允许误差规则规定采购误差不超过1%。如果到货数量是202个或200个或198个，都被认为是合理的，应该按照规定接收。但是如果实际到货数量是205个，则这时的采购结果被系统认为是不合理的，系统将发出采购订单报警。这时的采购结果必须经过一番严格的事先确定的处理程序处理之后才可以进行正常的到货验收处理。这种采购措施可以控制采购过程中不合理的采购内容，避免发生采购结果与采购订单不一致的采购失控现象。

4. 质量控制措施

质量控制措施是确保采购物料满足设计和工艺提出的技术性能指标要求的措施。如果物料的技术性能指标达到或超过了设计和工艺提出的技术性能指标基准，就认为该物料达到了质量要求。

质量控制措施主要表现在下面几个方面：一是供应商的选择，企业应确保只有那些提供合格物料的供应商才可以作为选择的对象，对供应商的选择进行把关；二是到货检验，在物料到货时，企业要加强物料的验收管理，不合格的物料不允许入库；三是根据历史记录评价供应商及采购物料的质量状况，做好供应商的评价，对供应商的每一次供货交易都进行评价，根据供应商的动态评价结果确定供应商的保留和删除。

5. 财务付款控制措施

财务付款控制措施是指在采购付款时设置付款条件，只有满足指定的付款条件时才可以付款。常见的控制方式有3种：一是更改供应商设置，控制对该供应商的应付款；二是针对具体应付单据或发票，暂时锁定付款；三是通过订单附加备注，提示或控制对应业务的付款。在ERP系统中，企业既可以控制对某个供应商的所有付款，也可以控制该供应商的某一笔付款。通过在采购订单中增加付款条件限制，系统可以实现在付款时提供付款警告，确保只有满足付款条件时才可以付款。

6. 采购预警

采购预警是为了灵活起见，当采购作业过程与控制内容发生冲突时，系统能自动报警，或者提供警告信息，或者锁定当前的状态。系统报警后，只有具有特定权限的人员才可以解除这种报警状态。系统报警状态解除之后，才可以执行正常的操作。这种在采购管理中操作、报警、报警解除和操作的过程就是采购作业控制的过程。

# 6.4 库存管理

库存管理(Inventory Management)指的是根据外界对库存的要求，企业订购的特点，预测、计划和执行一种补充库存的行为，并对这种行为进行控制，重点在于确定如何订货、订购多少、何时订货。库存管理主要是针对与库存物料的计划与控制有关的业务进行管理，目的是支持生产运作。库存管理作为桥梁，将采购作业计划、生产作业计划和销售计划紧密地联系起来，它是企业生产过程中的重要组成部分。

## 6.4.1 库存概述

库存是为了满足未来的需要而暂时闲置的资源。资源的闲置就是库存，与这种资源是否存放在仓库里无关，与资源是否处于运动状态也没有关系。在精益生产中库存是指所有准备销售给客户的但是还滞留在手上的东西，包括原材料、半成品、成品等，总之就是尚未得到应用的物品(图 6.10)。

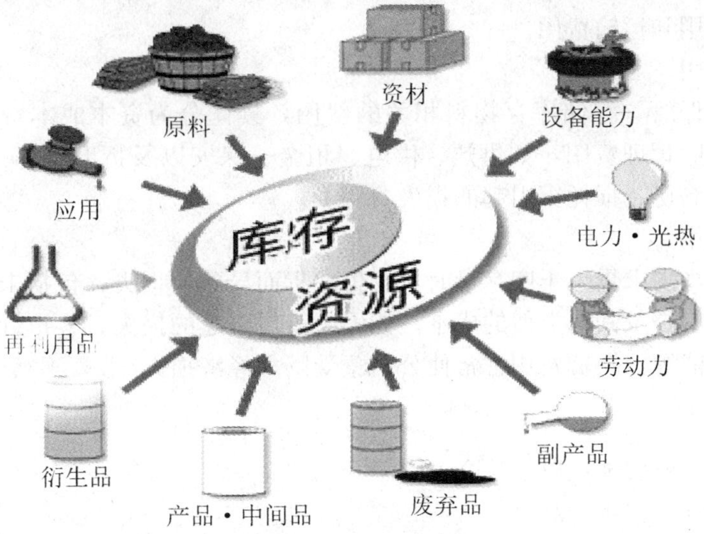


图 6.10 库存资源图

1. 库存物料的分类

库存物料复杂多样，库存的分类也有多种方法。常见分类方法如下。

(1) 按物品的价值划分，分为贵重物品和普通物品，例如，库存 ABC 分类法。

(2) 按物品在企业的产品成型状态划分，分为原材料库存、半成品库存和产品库存。

(3) 按库存物品的形成原因(或作用)划分，分为安全库存、储备库存、在途库存和正常周转库存。

① 安全库存指为应付需求、制造与供应的意外情况而设立的一种库存，是物料的最低库存或最小库存。

② 储备库存指企业用于应付季节性市场采购和销售的情况，事先储备的物料。例如

农产品的采购集中在秋季，节日用品集中在节日前，企业通常需要提前准备库存以满足特殊情况的需要。

③ 在途库存指由于材料和产品运输产生的库存量。

④ 正常周转库存指一般用于生产等企业经营而产生的库存，如按生产计划采购的物资。

(4) 按物品需求的相关性划分，分为独立需求库存和相关需求库存。

① 独立需求库存指某一物品的库存需求与其他物品没有直接关系，库存量是独立的。

② 相关需求库存指某一物品的库存量与其他物品有关系，存在一定的量与时间的对应关系。

2. 库存费用

库存费用主要表现在以下3个方面。

(1) 订购费用。

订购费用是在订货过程中发生的费用支出，主要包括准备订货单费用、运送费用、商品抵达时的检查费(检查数量和质量)、搬运费(将物料搬运到临时库房)等费用。订购费用通常分为管理费用和运输费用。

(2) 存储费用。

存储费用指保管、存储库存物料相关的费用，具体分为资本成本费用，如利息、保险、税金等；仓库管理费用，如供热、供电、租金、保安以及折旧费等；其他损失费用，如变质、损坏、偷窃、损耗等引起的损失费用。

(3) 缺货费用。

缺货费用指当需求量大于库存量时，发生缺货而导致的损失，包括未实现销售的机会成本、丧失顾客信誉及其他类似的成本。如停工待料引起的损失、客户订单延迟交货引起的赔偿或订单取消等。缺货费用常常使公司蒙受巨大经济损失。

3. 库存的作用

库存的作用主要表现在以下4个方面。

(1) 提供稳定的销售产品。

(2) 保证生产的正常进行。

(3) 协调企业中各物流环节。

企业在采购材料、生产用料、在制品及销售产品的物流环节中，库存起到了重要的平衡作用。采购部门采购的材料会根据库存能力或者资金占用等原因来协调来料收货入库。同时，生产部门的领料需要考虑库存能力、生产线物流情况(场地、人力等)平衡物料的发放，并协调在制品的库存管理。而对销售产品的物品库也需要视情况进行协调，如协调各个分支仓库的调度，出货速度等。

(4) 平衡企业流通资金的占用。

库存的材料、在制品和成品是其余流通资金的主要占用部分，因此库存量的控制实际上就是进行流通资金的平衡。例如，加大订货批量可以降低企业的订货费用；保持一定量的在制品库存与材料可以节省生产交换次数，提高工作效率。

4. 库存的弊端

库存对企业既有有利的一面，又有不利的一面。从客观的角度讲，任何企业都不希望存在任何形式的库存，不管是原材料、在制品还是成品，每一个企业都要想方设法降低库存。库存的弊端主要表现在以下几个方面。

(1) 占用大量资金。库存占用的资金通常情况下会达到企业总资产的20%～40%。

(2) 增加企业的产品成本与管理成本。库存材料的成本增加直接增加了产品成本，而相关库存设备、工作人员的增加也加大企业的管理成本。

(3) 掩盖众多的企业管理问题。这一弊端可用形象化的图形来比喻，如图 6.11 所示。

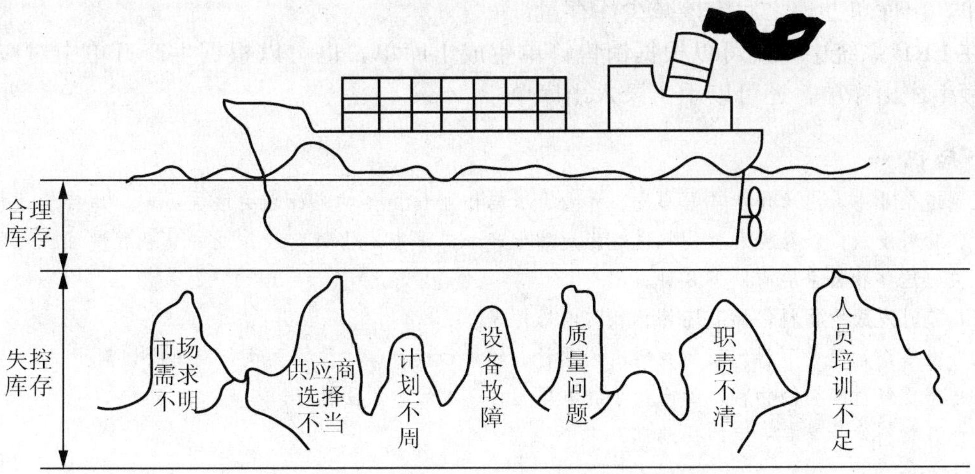


图 6.11　过量库存掩盖管理不善的问题

图 6.11 把库存量比作海水，把水下的礁石比作由于企业管理不善造成的各种问题，如预测不准、供应不及时、计划不周、采购不足、生产不均衡、产品质量不稳定以及销售不力等管理问题。库存量大了相当于水位高了，淹没了水下的礁石，看上去有利于通航，但是水下被掩盖的问题(礁石)却永远不能暴露出来，也永远得不到彻底解决。因此，库存量过大被喻之为“众弊之源”。也就是说，库存量掩盖的管理问题是永远不会自动消除的。

### 6.4.2　主要的库存作业

库存作业是指库存管理过程中的主要活动。它们是入库作业、出库作业、库间调拨作业和库存盘点作业等，其中最基本的业务是入库作业和出库作业。

1. 入库作业

入库作业的业务流程是仓库在收到采购物料、生产完工物料和销售退回物料后，由保管员检验物料的数量、外观质量和型号规格等，验收入库后办理入库手续。

常见的入库作业类型包括：采购到货直接入库、采购到货检验转入库、销售退回到货直接入库、销售退回到货检验转入库、半成品临时入库、在制品临时入库、产成品入库以及其他入库等。

入库处理的业务单据是入库单，入库单处理之后应该增加库存量。

通常，入库单支持以下处理方式：根据采购订单生成入库单、根据采购到货检验单生成入库单、根据生产订单生成入库单和手工输入入库单等。

当根据采购订单直接生成入库单时，除了保留原始单据的信息之外，还应该增加入库数量、入库日期、入库仓库和货位以及操作保管员等信息。

2. 出库作业

出库作业与入库作业对应。出库作业的业务流程是仓库根据销售订单、销售提货单和生产领料单等单据发放物料的过程。

常见的出库作业类型包括：销售出库、生产领用以及展览领用等。出库作业的单据为出库单，出库单办理之后应该减少库存量。

在 ERP 系统中，既可以根据销售订单生成出库单，也可以根据生产订单中对应的领料定额生成出库单，还可以手工录入出库单。

**小知识**

在制造企业中，出库作业常常与发料作业、送料作业和物料供应计划关联在一起。库存管理包含物料保管、物料发放，以及将发放物料送达指定的生产加工地点。物料发放作业的复杂程度往往与物料的性质有关。这些物料主要有以下 3 种。

(1) 随时发放的物料，如毛坯件、外购电器件等。

(2) 需要经过简单下料处理的物料，如棒材、丝材和板材等往往需要执行简单的切割处理。

(3) 需要经过配套的物料，如有些小的电器元件、电线和紧固件等。

因此，物料发放需要一定的提前期。

3. 库间调拨

库间调拨是指把物料在不同的存储位置间移送。实际工作中，由于仓库位置的变化、物料状态的改变和管理方式的调整等原因，经常需要把物料从一个仓库移送到另一个仓库。故库间调拨又称为物料调拨、物料转库等。

库间调拨的形式有：同一个仓库中不同货位之间的物料移动、同一个部门中不同仓库之间的物料移动，以及不同部门中不同仓库之间的物料移动等。

在具体的作业处理中，根据仓库、货位之间的距离和调拨时间的长短，可以采取两种不同的作业处理方式，即一步式调拨作业和两步式调拨作业。

(1) 一步式调拨作业处理方式：适合仓库或货位的物理位置比较接近的物料，在这种调拨作业中，物料发放和物料接收同步进行，不监控物料的在途过程。

(2) 两步式调拨作业处理：适合仓库或货位的物理位置比较远的物料，以及很难同步进行的调拨作业。在这种调拨作业中，物料发放和物料接收分步进行，并且监控物料的在途过程。库间调拨作业的单据大多数是转库单或调拨单。

4. 库存盘点

库存盘点是指企业定期或不定期对仓库内的存货进行全部或部分的清点，准确掌握当前的实际库存量，并且针对存货的账面数量与实际数量不符的差异，分析造成差异的原因，采取相应管理措施的过程。

实际工作中有多种不同的库存盘点方法。按照盘点的对象是“账面”还是“实物”，可以把盘点分为账面存货盘点(也称为永续盘点)和实际存货盘点。

(1) 账面存货盘点是根据出入库的数据资料计算出存货的账面盘点方法。

(2) 实际存货盘点是通过对仓库中的实际存货进行清点得到实际存货数量的盘点方法。

当存货实际数量大于账面数量时，称为盘盈；当存货实际数量小于账面数量时称为盘亏。盘盈、盘亏应该按照分析后的差异原因进行处理。

在 ERP 系统中，账面存货盘点和实际存货盘点都是经常采取的盘点方法。企业可以通过设置盘点参数来控制盘点作业，常用的盘点参数包括盘点周期、额定损耗率等。

在以上库存作业中，企业必须尽可能地保证库存记录的准确性。从某种意义上来讲，库存记录准确程度的高低是 ERP 系统实施成功和失败的标志。在 MRP 环境下，计算机中现存库存记录数据准确度至少应达到 95%，对于重要的物料准确度应达到 100%，否则不能实现主生产计划和运行 MRP。如果对某项物料库存记录数据不准确，那么该项物料的计划也将是不准确的，由此产生的订单以及根据订单展开所得到的所有下层物料项目的毛需求也是错误的，这将使计划的编制失去意义。

库存管理的流程图如图 6.12 所示。

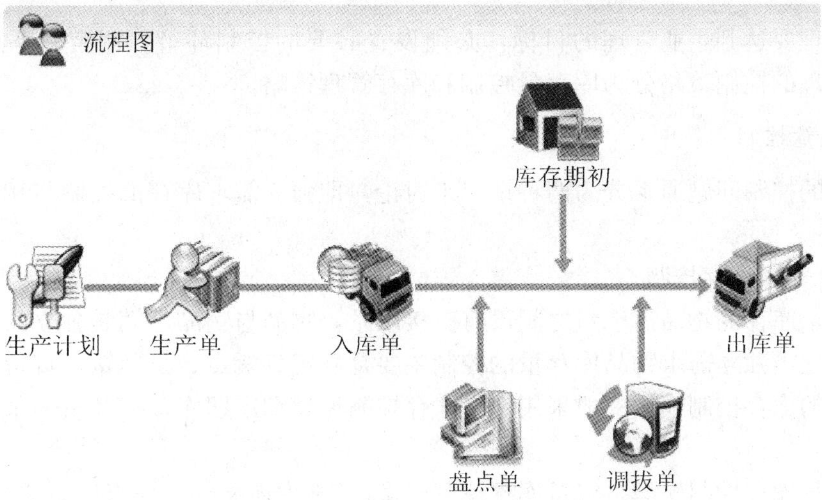


图 6.12 库存管理的流程图

**ERP 时事摘录 6-2**

## ERP 系统助力传统家具企业信息化

我国的家具行业以中小企业为多，并且小型私营家具企业在当中占较大比例，它们管理粗放，实行的大多是家族式、经验式管理，专业化和信息化程度严重偏低。在如今日益激烈的市场竞争中，家具企业需要强大的管理能力来完成规模化扩展和由传统企业向信息化企业的转型。

统计数据显示，家具企业的物料采购成本及订单管理成本占到了总成本的67%左右，另外，有 20%的成本是由库存产生的。针对这一情况，家具企业需要采用企业信息化手段来严格控制成本。广州易脉的家具ERP系统可以对企业的供应链进行重点优化，使供应链与生产实现数据的实时联结，使采购与领料都能依据订单进行，强调有合理的库存在适当的时间来满足生产的需求，降低企业的库存积压，使企业更为合理地支配现金流。

随着家具ERP的发展，库存管理进入精准阶段。企业再也不用因为库存不准而导致订单的交货延期。管理好库存等于企业迈出了精益化管理的第一步，系统提供对库存进出、调拨、盘点单据的整个的业务管理，使库存数据更为精准与可靠。对采集器等外部盘点设备的支持使仓库的盘点工作更及时与准确，减少盘点时的企业投入成本。

报表的自定义功能使企业能够在原有的库存分仓表、仓库流水表、物流明细表、实时分仓盘点表、历史分仓盘点表等全方位报表的基础上自定义企业所需要的报表，满足企业的个性报表需求。

仓库的实时信息传递解决了部门间因数据反馈不及时而产生的相互指责的情形，仓库建立了一个高透明化的数据体系供各部门进行实时的数据查询，提高了各部门的工作效率，也使仓库有更多的精力来专门投入到对库存管理的工作中。

未来中国家具市场呈现一片良好的势头，通过实施家具ERP系统可让企业管理更轻松，它能真正地带给用户价值以及管理上的数据支撑。

资料来源：http：//blog. e-works. net. cn/248550/articles/414022. html，2013年1月25日

### 6.4.3　库存管理的控制策略

库存管理要达到企业管理的目标，必须设置必要的控制环节，制定一系列的管理策略。库存管理的控制策略分为库存量控制和库存管理策略。

1. 库存量控制

库存量的控制问题通常分为两种情况来讨论，即独立需求库存的控制与相关需求库存的控制。

1）独立需求库存控制

独立需求库存的物品需求量之间没有直接联系，物品与物品之间是独立的，没有量的传递关系。这类独立需求物品库存量的控制主要是确定订货点、订货量、订货周期等。独立需求物品的库存控制模型一般采用定量库存控制模型和定期库存控制模型来进行库存量的控制。

（1）定量库存控制模型。定量库存控制模型（又称为连续库存检查控制法）指当库存数量下降到某个库存值的时候，采用连续不断检查库存物品的库存数量补充库存的方法保证库存的供应。

建立定量库存控制模型的基本假设前提如下。

① 产品订货批量是固定的。

② 订货提前期（从订购到收到货物的时间）是固定的。

③ 单位产品的价格是固定的。

④ 所有对产品的需求都能满足（不允许延期交货）。

定量库存控制模型的基本思想如图6.13所示。

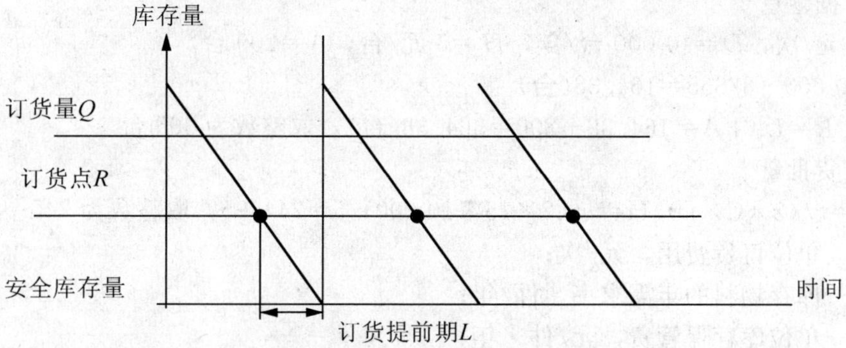


图 6.13 定量库存控制模型

图 6.13 表明，当库存量下降到订货点 $R$ 时，企业就应该进行批量为 $Q$ 的订购，并确保在提前期 $L$ 的末期收到，从而保证库存的供应。因此定量库存控制模型必须确定两个参数：订货批量 $Q$ 和订货点 $R$。

确定订货批量 $Q$ 的方法是经济订货批量法(Economy Order Quality，EOQ)，其基本原理要求总费用(库存费用+采购费用)最小。由于库存费用随着库存量的增加而增加，采购费用却随采购批量的加大而减少(采购批量加大，库存也增加)，因此不能一味地减少库存，也不能一味地增加采购批量。需要找到一个合理的订货批量，使得总费用为最小。图 6.14 所示为用 EOQ 法确定经济批量的原理图。

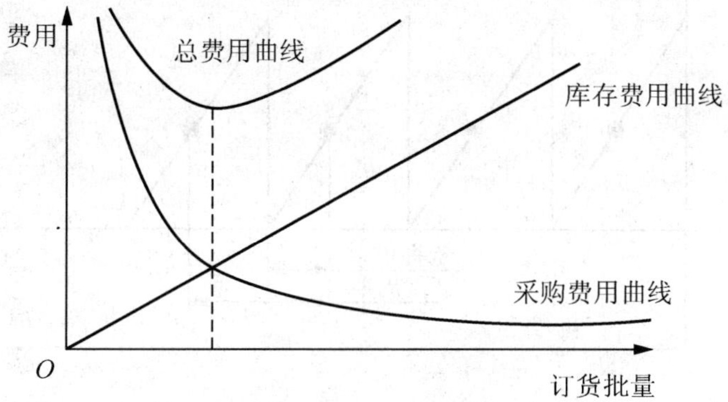


图 6.14 用 EOQ 法确定经济批量原理图

确定订货点 $R$ 的方法：由于该模型假定需求和提前期固定，且没有安全库存，所以订单周期内物料的消耗量 $L_T$＝日用需求量×提前期。

以下是该库存模型的参数计算方法。

订货点：$R=L_T+A$。

经济订货量：$Q=\sqrt{(2\times C\times D)/H}=\sqrt{(2\times C\times D)/(F\times P)}$。

**【例 6－1】**某公司 M 型计算机年销售量 10 000 台，订货费用为每台 15 元/次，每台计算机平均年库存保管费用为 5 元，订货提前期为 6 天，价格为 3 000 元/台，安全库存为 200 台。按经济订货批量原则，求解最佳库存模型。

**解**：根据题意

$C=15$ 元/次，$D=10\,000$ 台/年，$H=5$ 元/台，$A=200$ 台。

$L_T=10\,000\times6/365=164.38$(台)

订货点 $R=L_T+A=164.38+200=364.38$(台)，取整数为 365 台。

经济订货批量

$$Q=\sqrt{(2\times C\times D)/H}=\sqrt{(2\times15\times10\,000)/5}=244.95\text{，取整数为 245 台。}$$

式中：C——单位订货费用，元/次；

$D$——库存物料的年需求率，件/年；

$H$——单位库存保管费，元/件·年；

$L_T$——订单周期内物料的消耗量；

$A$——安全库存量。

(2) 定期库存控制模型。定期库存控制模型按一定的周期 $T$ 检查库存，并随时进行库存补充，直到一定的规定库存 $S$。这种库存控制方法不存在固定的订货点，但有固定的订货周期。每次订货也没有一个固定的订货数量，而是根据当前库存量 $I$ 与规定库存量 $S$ 比较，补充的量为 $Q=S-I$。但由于订货存在提前期，所以还必须加上订货提前期的消耗量。这种库存控制方法也要设定安全库存量。这种模型主要是确定订货周期与库存补充量。定期库存控制模型的基本思想如图 6.15 所示。

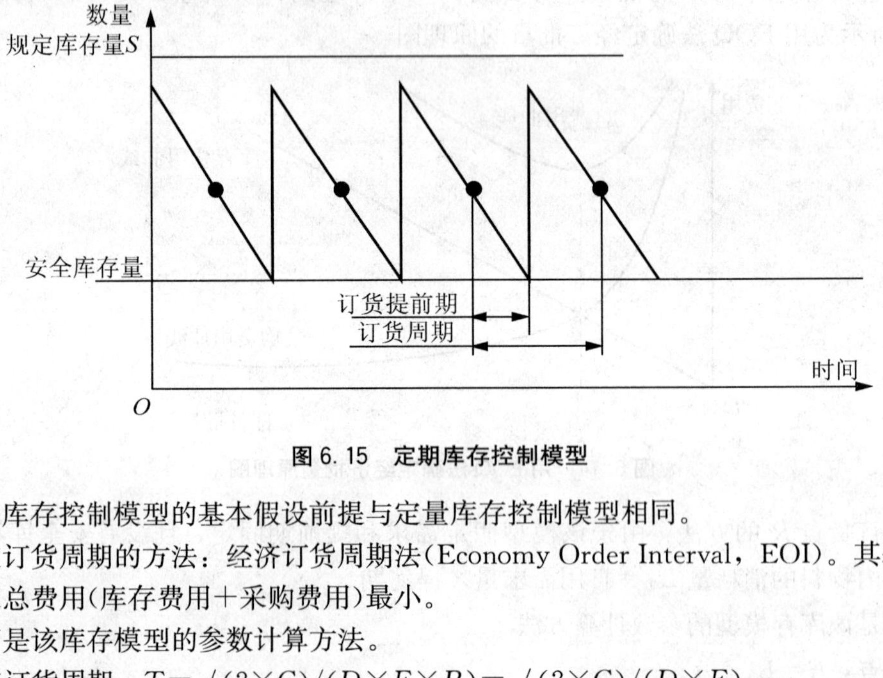


**图 6.15　定期库存控制模型**

定期库存控制模型的基本假设前提与定量库存控制模型相同。

确定订货周期的方法：经济订货周期法(Economy Order Interval，EOI)。其基本原理也是要求总费用(库存费用+采购费用)最小。

以下是该库存模型的参数计算方法。

经济订货周期：$T=\sqrt{(2\times C)/(D\times F\times P)}=\sqrt{(2\times C)/(D\times F)}$。

订货量：$Q=(T+L)\times D/365$。

最大库存量：$S=T/D$。

**【例 6-2】** 某公司 M 型计算机年销售量 10 000 台，订货费用为每台 15 元/次，每台计算机平均年库存保管费用为 5 元，订货提前期为 6 天，价格为 3 000 元/台，安全库存为

200台。按经济订货批量原则，求解最佳库存模型。

**解**：根据题意

$C=15$ 元/次，$D=10\,000$ 台/年，$H=5$ 元/台，$A=200$ 台，$L=6$ 天。

$T=\surd(2\times C)/(D\times H)=\surd(2\times 15)/(10\,000\times 5)=0.015$(年)$=5.475$ 天，取整数为5天。

订货量

$Q=(T+L)D/365=(5+6)\times 10\,000/365=301.39$(台)，取整数为302台。

式中：$C$——单位订货费用，元/次；

$D$——库存物料的年需求率，件/年；

$P$——物料价格，元/件；

$H$——单位库存保管费，元/(件·年)；

$F$——单价库存保管费与单件库存购买费之比，即 $F=H/P$。

**小知识**

上述控制库存量的方法中，ERP系统通常提供EOQ法。

2）相关需求库存控制

相关需求也称为从属需求，指物料需求量之间存在一定的关联性。一种物料的需求是由另一种物料的需求引起的，这样的需求不再具有独立性。有关相关需求的库存控制将在物料需求计划中进行重点研究，在此不再介绍。

2. 库存管理策略

库存管理策略是指按照企业的经营特点和物料的属性，对库存物料采取的综合管理方式的总称。在制造企业中，常用的库存管理策略包括ABC库存管理策略、批次管理策略和序列号管理策略。

1）ABC库存管理策略

一般情况下，库存项目都存在这样的规律：少数库存项目占用了大部分库存资金，而大多数的库存项目只占用小部分库存资金。ABC库存管理策略根据库存物品的价格来划分物品的重要程度，分别采取不同的管理措施。ABC的分类可参考表6-1。

表6-1 ABC库存的分类

| 类别 | 占库存资金 | 占库存品种 |
| --- | --- | --- |
| A | 大约80% | 大约20% |
| B | 大约15% | 大约30% |
| C | 大约5% | 大约50% |

A类物品属重点库存控制对象，要求库存记录准确，严格按照物品的盘点周期进行盘点，检查其数量与质量状况，并要制定不定期检查制度，密切监控该类物品的使用与保管情况。它属于非常重要资源，增加或减少一件对库存物资总金额影响较大，采取出多少进多少，加大A类物品周转效率的策略对其进行管理。另外，A类物品还应尽量降低库存

量，采取合理的订货周期量。对C类物品，由于它对物资总金额影响很小，对这类物资可采取粗放管理，但同时要防止因其数量和质量而影响计划的执行。对介于A类和C类的B类物资主要以日常管理为主。

**小知识**

ABC库存控制法简单、易用，长期以来为许多企业所采用。该方法在库存手工管理阶段非常常用。在ERP系统中，由于计算机存储、计算和检索能力非常强大，有可能采取更加严格的物料管理和控制策略。从ERP系统作为辅助管理工具的角度来看，ABC库存管理策略是比较粗放的。

2）批次管理策略

批次管理策略是对物料进行逐批管理和控制的方式。在批次管理中，即使是同种类型的物料，如果其批次不同，也要作为不同的物料来管理，不允许混批。这种管理方式常用于制药、食品、汽车、航空和航天等领域。例如，在乳制品行业中，今天收购的鲜牛奶与昨天收购的牛奶必须按照批次分开管理。在批次管理中，同一批次的物料可以用于多个产品中。如果某个批次中的物料发生了问题，那么企业不仅仅需要检查包含了该物料的产品，而且需要检查包含了与该物料同一批次的物料的所有产品。一般在采购到货、入库、委外加工和产品完工入库时创建批次。与其他物料相比，批次管理的物料需要增加更多的属性，这些属性包括是否批次管理、批次编码、批次说明、批次状态、生产日期、保质期和失效日期等。批次状态属性是非常重要的，常用的属性值包括"正常"、"过期"和"锁定"等。例如，在检查牛奶时，如果某盒牛奶有质量问题，则应该将这批牛奶的状态设置为"锁定"。

3）序列号管理策略

序列号管理策略类似于身份证管理。在序列号管理策略中，每一个物料都被赋予一个与之对应的序列号。该序列号将伴随该物料贯穿于物料的采购、库存、生产和销售等各个环节，这些环节的信息都与该序列号关联。序列号的设计应该满足唯一性、便于自动处理和易识别等特性。常用序列号的主要特征包括前缀、起始编号、步长和生成数量限制等。

### 6.4.4 衡量库存管理的主要指标

库存管理的目标是企业在保证生产与供应的前提下维持零库存记录，既没有资金的占用也没有库存空间的占用，这是库存管理的理想状态。然而，现实中由于受到诸多不确定因素的制约，企业的库存不可能绝对为0。零库存所代表的是企业降低库存的努力方向，是企业追求的一种境界。因此对库存管理水平的评估就围绕降低库存的目标进行，以下指标可用来衡量库存管理水平。

（1）库存总价值。库存总价值是库存全部物料成本之和，是企业在某时间对物料投入的全部资金，通常企业除对每种物料制定采购上限外，还要计算全部物料价值，通过该数据控制物料资金占用总量。

（2）库存资金周转次数。库存周转次数（Inventory Turnover）用来反映一年中库存资金运动的速率。

库存周转次数＝年售出货物成本/库存平均价值

库存周转次数以不低于行业先进水平为好，次数越多，说明资金利用率越高，资金占用越少。提高库存周转次数可以显著改善企业的现金流量，同时由于降低了库存管理费用而使企业利润得到提高。

此外还有一些参考性指标，如库存总价值与销售额的比率、供应天数等。

## 6.5 ERP中的采购与库存

从宏观的经营规划来看，采购作业计划是指导实际工作的微观作业计划，按照计划开展实际作业的起点则是采购管理，采购管理是整个企业经营管理活动按照计划开展工作的起点。因此，ERP中采购作业计划的各项业务在采购管理子系统中得以实现。ERP中采购管理系统与其他各个子系统的关系如图6.16所示。

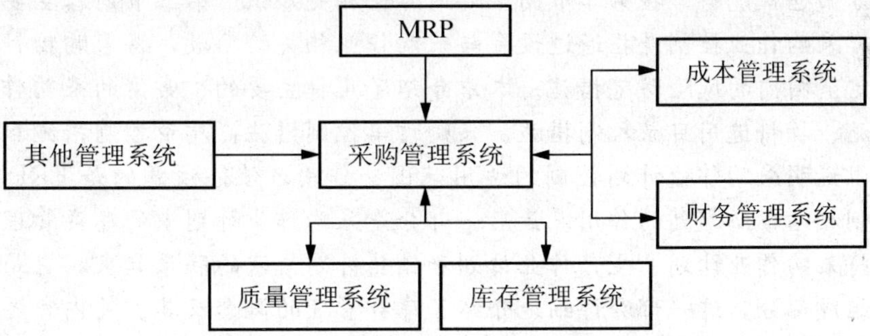


图6.16 采购管理子系统与其他子系统的关系

采购管理系统的计划来源是MRP，其他模块提出采购请求，成本管理系统和财务管理系统负责采购物品的成本计算、分析，以及应收和应付款项的结算工作，采购物品的质量检验与控制由质量管理系统来负责，库存管理系统承担了采购管理系统补充物品和收料的工作。

库存管理系统与其他各个子系统的关系如图6.17所示。库存管理系统将库存信息反馈给MRP，采购管理系统是库存管理系统中的各种物料来源，成本核算和分析由成本管理系统来负责，库存中物料、毛坯、产成品等的质量保障活动由质量管理系统来控制和管理，库存管理系统为生产作业管理系统提供原料发料和入库、在制品管理等工作，为财务管理系统提供财务资料。

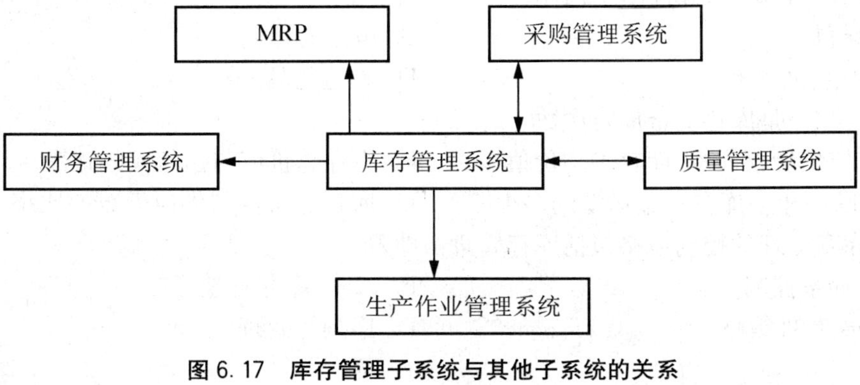


图6.17 库存管理子系统与其他子系统的关系

## 本章小结

本章介绍了ERP与企业方方面面的采购作业计划。对采购作业计划的相关知识做了比较详细的介绍。

(1) 采购作业计划的定义。采购作业计划作为采购管理中重要的部分，是整个企业经营管理活动按照计划开展工作的起点。

(2) 分析采购作业计划流程，对主要的采购业务：供应商管理、生成采购作业计划、询价和洽谈、采购订单、订单跟踪、到货验收一一作了介绍，从而对主要的采购业务进行了详细的说明；对采购作业的业务流程进行了分析，常见的采购作业：普通采购业务、受托代销采购和第三方采购，从这几个部分清晰、明确地说明了这一方面的内容。自然，读者从这两个方面也就能够掌握第二节的主要内容及相关知识。第三节内容主要是采购作业计划的控制。采购作业控制是指通过设置与采购作业相关的参数，将采购物料的数量和质量控制在预定范围内的风险防范措施。本章介绍了几种主要的、常见的采购作业控制——预算控制措施、物料选用目录控制措施、采购订单控制措施、质量控制措施和财务付款控制措施，用以说明采购作业计划控制的适用范围、作用。值得注意的是ERP环境与采购作业计划控制相结合所起到的作用。最后一部分是采购作业计划中的库存管理，库存管理作为桥梁，将采购作业计划、生产作业计划和销售计划紧密的联系起来，它是企业生产过程中的重要组成部分，这一部分详细地介绍了库存管理的概念及其相关内容，主要从库存管理的概述、主要的库存作业、库存管理的控制策略、衡量库存管理的主要指标这几个方面介绍了采购作业计划中库存管理的内容。

ERP系统中用到的许多库存管理方法，是整个采购作业计划中较重要的部分。

## 思考练习

1. 选择题

(1) 下面不属于库存管理的作用的是(　　)。

A. 提供稳定的销售产品　　B. 保证生产的正常进行

C. 平衡企业流通资金的占用　　D. 协调各部门的工作

(2) ERP系统中的物料概念不包括(　　)。

A. 原材料　　B. 电子元器件

C. 办公原件　　D. 人造物品

(3) (　　)是库存资金周转次数。

A. 年售出货物成本/库存平均价值　　B. 库存总价值与销售额的比率

C. 反映一年中库存资金运动的多少　　D. 库存总价值与供应天数的比率

(4) 库存管理的控制策略包括库存管理策略和(　　)。

A. 库存量控制　　B. ABC库存管理策略

C. 批次管理策略　　D. 序列号管理

(5) 采购作业流程的特性不包括( )。

A. 整体性　　B. 相关性　　C. 有序性　　D. 共享性

(6) 常用的采购作业控制措施有预算控制措施、物料选用目录控制措施、采购订单控制措施、质量控制措施和( )。

A. 财务付款控制措施　　B. 货物清算控制措施

C. 库存目录控制措施　　D. ERP管理控制措施

2. 问答题

(1) 采购作业计划是什么?

(2) 采购作业的控制中预算控制措施的优点是什么?

(3) 库存的缺点有哪些? 为什么存在这些缺点?

(4) 独立需求库存的控制与相关需求库存的控制的相同点与不同点有哪些?

3. 解答题

(1) 举例说明采购作业流程在现实生活中的应用。

(2) 在现实生活中举例证明为什么库存记录准确程度的高低是ERP系统实施成功和失败的标志。

## 实训拓展

1. 实训名称

普通采购业务。

2. 实训目的

掌握普通采购业务处理的主要内容和操作方法。

3. 实训数据

采购业务一:

(1) 财务部王玲需要笔记本电脑一台, 4月6日进行申请。需求日期: 4月10日。

(2) 4月7日, 采购部与供应商爱德公司达成采购协议, 以5 000元(不含税)购笔记本电脑一台。

(3) 4月9日, 订购的笔记本电脑到货。

(4) 4月9日, 到货的笔记本办理入库手续, 入库仓库是产成品仓库——南门库。

(5) 4月11日, 采购部收到供应商德加公司开具的购买笔记本电脑的发票, 款项当即付清。

(6) 4月30日, 财务部根据笔记本电脑的入库单和发票, 确认该电脑的入库成本。

采购业务二:

(1) 5月5日销售部提出未来两个月硬盘销量会有大幅增长, 想购进硬盘2 000块, 需求日期为5月9日。

(2) 5月8日, 采购部与供应商天美公司订货, 以每块硬盘1 000元(不含税)的价格采购。

(3) 5月10日，销售部所订购硬盘到货。

(4) 5月10日，到货硬盘办理入库手续，入库仓库：外购品仓库。

(5) 5月12日，收到购买硬盘的发票，挂入应付账款。

(6) 5月30日，财务部根据入库单和发票确认硬盘的入库成本。

4. 实训内容

(1) 实现采购申请，生成采购请购价单。

(2) 制订采购计划，生成采购订单。

(3) 实现采购到货，生成采购到货单，并自动生成采购入库单。

(4) 实现采购发票处理，生成销售发票。

(5) 实现采购付款，生成采购付款单。

# 第7章

# 销售计划

## 学习目标

通过本章的学习，读者应该能够：

(1) 掌握销售、销售管理、销售计划的基本概念；

(2) 了解销售计划的性质与类型；

(3) 熟悉销售管理的主要业务及业务流程；

(4) 熟悉销售计划在 ERP 中的层次；

(5) 掌握 ERP 中销售管理子系统与其他子系统的关系。

## 知识结构

本章的知识结构如图 7.1 所示。

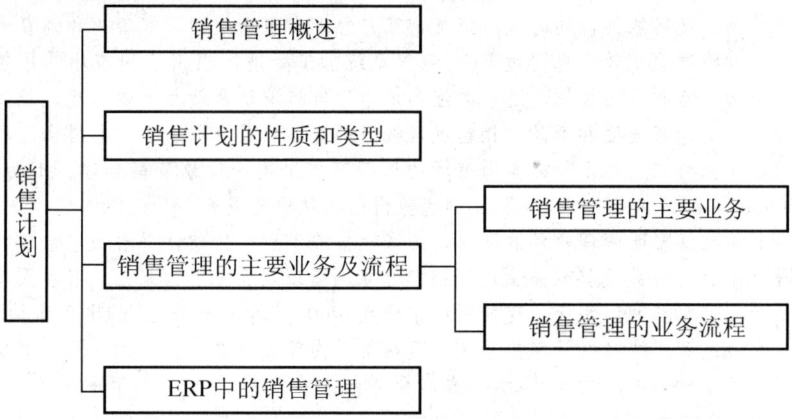


图 7.1　本章知识结构图

## 导入案例

2000 年我国最大的国有烟草企业红塔集团与德国 SAP 公司合作，开始了国内规模最大、涉及面最广的 ERP 项目的实施。这套管理软件从 2002 年上线至今已经发挥出了重要作用，取得了重大的经济效益。

红塔集团是以制造为主的企业，其信息化包括 3 个方面：生产设备自动化控制系统、生产执行系统和管理信息系统。ERP 是红塔集团信息化建设中的一个关键点，统领所有信息化系统。该 ERP 系统的组织结构采取面向业务流程方式。整个系统沿着业务流程横向展开，合并同类业务，优化冗余流程，纵向则按照业务管理进行分类设定。确定好系统中业务流程控制点和角色后，企业就能够很好地进行管理。

2001 年集团实施了 ERP 系统中的生产计划与控制、物料管理、销售与分销、财务会计和管理会计 5 个模块，2002 年实施了设备管理、质量管理、项目管理、基金管理和人力资源管理模块，覆盖了玉溪红塔集团的工业、商业及物资公司 3 家公司的所有业务范围。

2003 年红塔集团进行了大规模的组织结构改革，实行全员竞争上岗和工商企业拆分，调整了业务流程。伴随着这一改革，整个 ERP 平台只做了少量的改动，在短时间里做到了前后业务的无缝衔接，事实证明红塔集团的 ERP 系统在整个信息化建设中处于核心模块，并能发挥核心作用，有效地支持了集团业务的快速增长。ERP 系统分别从计划控制流、物流和价值流 3 条线展开，运用集成计划和预算来指导和控制业务运作，强调以财务为核心，以及物流计划的相互配合，使销售、生产和采购供应紧密地联系在一起，企业内部的物流链高效协调地运作，同时把企业物流同步映射到价值流，使价值流和业务流有机集成，从不同的角度审视企业的各项业务，并最终以价值的形式表达出来，使企业的各项业务运作情况实时、准确地反映到各级管理层，规避经营风险，完成企业管理目标。

2005 年是“红塔山”品牌树立的重要一年。该年集团推出了“红塔山”的主力规格产品——“红塔山”(新势力)，首批上市四川、云南和广东。ERP 销售系统的有效利用为集团取得了重大经济效益，提高了集团的竞争优势。每到一个地方，销售人员都积极与商业公司就新品上市方案沟通协商、交换意见，同时也广泛征询客户经理、市场经理、零售户和消费者对新产品的意见和建议，并将这些有效信息通过 ERP 销售系统加工处理，根据不同市场的销售特点制定出合理的市场投放策略和调控计划，随时关注各地市场价格波动及新品走势情况。集团也定期关注着各地商业公司的销售进度和产品动销情况，按时提交各成员企业加工“红塔山”的季度生产计划安排建议，以保持“红塔山”在当地市场的产销基本平衡、投放节奏合理、市场价格稳定。在之后的 2006 年和 2007 年，“红塔山”品牌优势得以实现快速成长。

另外，在实施红塔集团管理软件的同时，红塔也搭建了自己的硬件平台，包括建成以 622 兆速率 ATM 网为骨干，90 兆交换到桌面的网络。这张网络遍及企业各大厂区，各主要车间和办公建筑的统一的企业计算机网络系统，连接网络布线点 6 000 多个，建设了 YTT 卫星地面接收站 9 座，形成了从局域网到广域网的计算机系统。而在集团内部又建立了企业内部网，拥有自己的服务器，开通了邮件服务，并实施红塔办公自动化系统。在信息化建设方面采用 AutoCAD 网络版，实现了机械零件自动测绘，自动在计算机中形成三维实体模型，从而驱动加工中心加工出零件的现代化机械加工模式。

**思考：**

(1) 此案例重点说明了 ERP 项目成功实施的核心是什么？

(2) 红塔集团的 ERP 销售系统主要有哪些功能？

(3) 案例中销售系统是如何进行管理的？

在 ERP 和企业资源的关联方面，我们已经就企业基础数据、综合计划、主生产计划、物料需求计划作了详细介绍。销售管理作为企业管理的核心，位于 ERP 层次体系的高层，是对企业经营规划的细化，是制订其他管理计划的龙头，是企业经营管理的标准，是整合企业资源的工具。

本章将对 ERP 中销售计划进行详细介绍。

## 7.1 销售管理概述

一般来说，销售(Sales)指把企业生产和经营的产品或服务出售给顾客的活动。销售是依据买卖双方的同意而完成的交易行为，若双方无法取得某种同意，则销售无法产生。这种交易行为实现了所有权的转移：买方取得有形的产品或无形的服务，获得产品或服务的效用；卖方取得产品或服务的市场价值，获得货币。对生产型企业来说，销售活动大多发生在与各种中间商的交易过程中。对经销商或零食商来说，销售是指向最终顾客出售商品或服务的过程。企业是一个以营利为目的的经济组织，它通过销售自己的产品和服务造福于社会，并通过销售取得收入和利润来生存与发展。在市场经济条件下，企业的前途和命运实际取决于企业能销售出去的产品和服务的数量，销售体现了企业的价值。

通常情况下，销售的业务包括内销和外销两种情况。对于一般的内销业务，其完整的销售流程是：客户有购买需求时，向企业进行询价，企业向客户提供报价单，经过讨价还价后，双方达成协议，形成销售订单，之后是出货或生产后再出货。出货时产生发票、包装明细表提单及其他出货文件。

销售管理是管理直接实现销售收入的过程，帮助企业对销售业务的全部流程进行管理，实施报价、订货、发货、开票等销售流程管理。广义的销售管理是销售活动的综合管理，狭义的销售管理仅仅专注于直接的买卖活动。虽然企业各有不同的行业属性，销售形式也多种多样，但其销售管理的核心都在于动态地管理销售活动，从而实现企业的营销战略，获取销售利润。因此，销售管理必须以销售计划为中心，注意与企业其他营销战略协调配合，逐步地开展各项销售活动，以最终实现企业的目标。根据管理学原理，企业的销售管理由 3 个部分组成。

一是销售计划的制定。具有战略意义的销售计划需要综合分析公司面临的环境，并对环境进行分析，以便于有计划地组织公司的各种销售力量。

二是销售计划的执行。销售计划的执行包括招聘、筛选、培训合适的销售人员，并指导销售人员按照既定的目标执行销售政策。

三是销售业绩的评价和控制。对销售业绩进行评价和控制是为了依据销售计划实施事中调节或事后调整销售人员的行为。

可以看出，销售管理就是围绕着销售计划来实施的，销售计划在整个销售管理中起着非常重要的作用。正是因为销售计划在销售管理中的重要作用，有的书上将销售管理直接称之为销售计划。

在 ERP 中，销售计划是它的第一个计划层次，属于决策层。销售计划根据市场信息与情报，同时考虑企业的自身情况比如资金能力、生产能力等制定。销售计划在 ERP 的计划层次中与其他各层次之间的关系如图 7.2 所示。

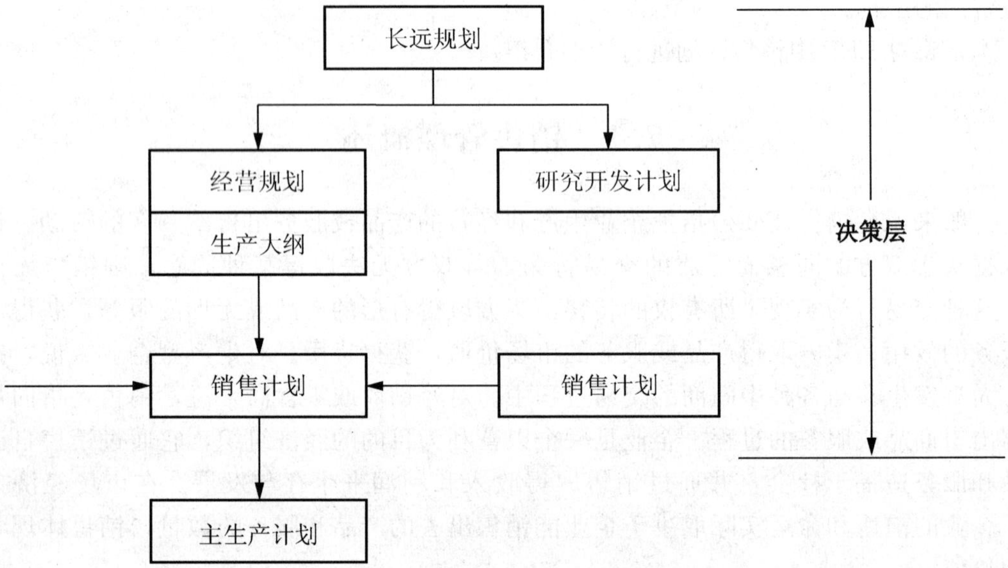


图 7.2　ERP 系统中销售计划的层次与其他各层次之间的关系

## 7.2　销售计划的性质和类型

### 7.2.1　销售计划的性质

1. 销售计划为实现企业销售目标服务

任何时候，企业的存在都具有自身的生命价值，企业的生存必须要有持续的利润来维持。销售管理中的销售计划就是为企业实现利润而制定的，它将企业的目标分解为部门及其成员的目标，通过有意识的合作来完成企业的销售任务。因此，进行销售计划有助于完成企业的目标。

2. 销售计划是企业销售管理活动的基础

销售计划的目的是使销售部门及其成员所有的行动保持同一方向，促使企业销售目标的实现。它为企业提供了通向企业目标的明确道路，为企业的销售管理工作提供了基础。

3. 销售计划要体现效率

销售计划对企业销售目标的贡献是衡量销售计划的效率。贡献是指扣除制定和实施这个销售计划时所需要的成本能够得到的剩余。如果销售计划能够得到最大的剩余，或者如果计划按合理的成本代价实现了销售目标，那么这样的计划是有效率的。成本代价除了用时间、金钱等来衡量外，还需要用个人及组织的满意度来衡量。

### 7.2.2 销售计划的类型

销售计划根据企业的近期销售情况、市场需求尤其是对重点客户的销售预测进行产品销售预测，将企业决策实施所需完成的销售任务进行时间和空间上的划分，以便将其具体地落实到企业中不同的部门和个人。因此制订销售计划可以按时间和空间两个不同的标准来划分。除了时间和空间两个标准外，销售计划还可以根据职能范围和企业类型以及明确性程度进行划分。表7－1列出了按不同方法分类的销售计划类型。

表7－1 销售计划分类

| 分类标准 | 类 型 |
|---|---|
| 时间长短 | 周销售计划 |
| | 月销售计划 |
| | 季销售计划 |
| | 年销售计划 |
| 区域范围 | 整体销售计划 |
| | 局部销售计划 |
| 层次高低 | 企业总体销售计划 |
| | 部门销售计划 |
| | 个人销售计划 |
| 企业类型 | 零售企业销售计划 |
| | 生产企业销售计划 |
| | 流通企业销售计划 |
| 明确性 | 具体性计划 |
| | 指导性计划 |

1. 周销售计划、月销售计划、季销售计划和年销售计划

周销售计划、月销售计划和季销售计划相对于年销售计划来说是短期计划。它们是由于受同行业或者市场影响，企业为达到短期内的销售目标，即在极短时间内收到回报，而制定的短期销售计划。年销售计划是企业根据目前的销售情况确定的未来一年所需达到的销售目标而制定的计划，它为销售部门在一年时间内的各种销售活动提供了行动依据。

2. 整体销售计划和局部销售计划

企业按销售产品的市场销售区域范围大小制定的销售计划可以分为整体销售计划和局部销售计划。整体销售计划是基于企业产品销售的整个范围而制定的，强调的是企业产品整体范围的协调。局部销售计划是企业根据产品覆盖的各个市场范围以及销售情况所制定的计划，是对整体销售计划的分解，有助于实现企业的整体销售计划。

3. 企业总体销售计划、部门销售计划和个人销售计划

企业总体销售计划是企业根据产品库存量和市场需求，为达到整个企业在一段时间内的销售目标而制订的销售计划，它确定了企业在该时期的销售行动方案。部门销售计划是对企业总体销售计划的分解与落实。个人销售计划是部门销售计划的分解，只有个人销售计划得到实施与完成，部门的销售计划才能完成，企业的总体销售计划也才能完成。

4. 零售企业销售计划、生产企业销售计划和流通企业销售计划

销售计划根据企业类型划分，可以分为零售企业销售计划、生产企业销售计划、流通企业销售计划等。零售企业销售计划是零售企业如服装行业，超市行业等根据市场需求制定的销售计划。零售企业的销售计划受季节的影响。生产企业销售计划是生产企业根据产品销售范围以及市场的需求情况制定的，受市场的影响较大。流通企业是指通过低价格购进商品，高价格出售商品的方式实现商品进销差价，以此弥补企业的各项费用和支出，获得利润的企业。主要的流通企业有粮食、物资、供销、外贸、医药商业、石油商业、烟草商业、图书发行及其他。流通企业销售计划主要受到市场需求和商品价格影响。

5. 具体性计划和指导性计划

具体性销售计划具有明确规定的目标，不存在模棱两可的现象。例如，企业销售部门经理打算企业销售额在未来一年中增长 9%，他也许会制定明确的程序、预算方案以及日程进度表，这便是具体性计划。指导性计划只规定某些一般的方针和行动原则，它指出重点但不把行动者限定在具体的目标或是特定的行动方案上。例如，一个销售额的具体计划是规定未来一年内销售额要增加 9%，而指导性计划则可能只规定未来一年内销售额要增加 8%～12%。相对于指导性计划而言，具体性计划虽然更易于执行，但是它缺少灵活性，它要求的明确性和可预见性条件往往很难得到满足。

## 7.3 销售管理的主要业务及流程

### 7.3.1 销售管理的主要业务

销售管理的主要业务有：销售报价管理、销售计划管理、订单管理、交货管理以及销售出库管理与资金管理。

1）销售报价管理

销售报价是企业向客户提供的产品、规格、价格和结算方式等信息，双方达成协议后销售报价单转为有效力的销售合同或销售订单，因此企业可以针对客户的级别、存货类型以及批量大小提供不同的报价。销售报价管理主要协助销售部门处理日常报价单的跟踪和审核作业。销售报价管理业务流程如图 7.3 所示。

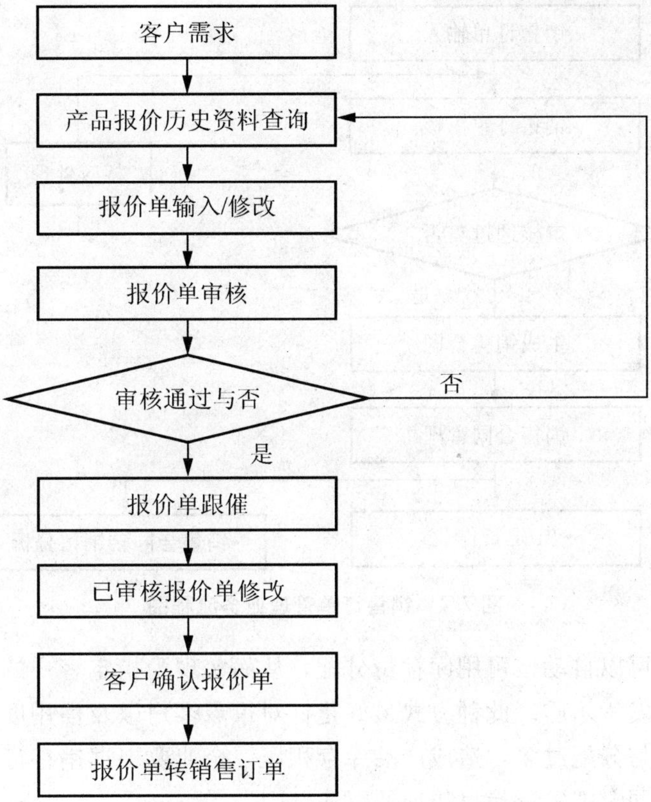


图 7.3 销售报价管理业务流程图

2）销售计划管理

销售计划管理的主要功能是按照客户订单、市场预测情况和企业生产情况，对某一段时期内企业的销售品种、各品种的销售量与销售价格做出计划安排。企业的销售计划通常按月制订(或按连续几个月的计划滚动)，也可具体到某个地区、某类客户(群)或某个销售员个人按特定期限进行制定。

3）销售订单管理

销售订单是企业与客户之间建立需求关系的凭据，它规定了企业销售过程中客户购买货物的明细内容，订单可以是业务员与客户之间进行洽谈后形成的订购票据，也可以是一种订货口头协议。销售部门在确定销售订单后，将销售订单信息传递给生产部门以安排生产，并且密切跟踪订单的执行情况。订单管理贯穿产品生产的整个流程，主要包括订单的输入(生成)、修改及跟踪查询执行状态。销售主管以及相关人员对销售订单的执行情况进行实时监控，保证准时交货，通过销售日报表、订单的交货情况查询了解销售订单的执行情况，并及时发现问题进行解决。销售订单管理业务流程如图 7.4 所示。

4）发货管理

在订单生成以后，企业先审核该订单客户的信用控制额度，如果符合信用控制额度，销售部门根据订单详情录入或者系统自动生成销售发货单，为销售订单分配货源，可以分

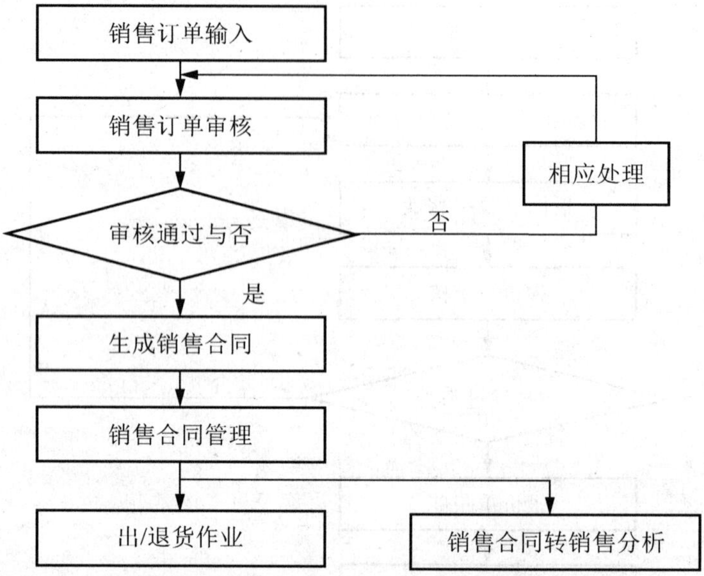


图 7.4　销售订单管理业务流程图

配指定的货源，也可以自动按可用库存量分配，从而实现为指定客户的发货预留，减少库存资源短缺造成的发货矛盾。此种方式最好是针对重点客户以及信用度高的客户，不要为不确定的需求预留与分配过多，造成产品库存积压。企业要根据销售订单来确定交货日期及进行发货安排，同时把发货信息传递给财务部门。

5）销售出库管理

一张销售发货单生成后，就有一张与之对应的出货单生成，系统管理出货单时，会进行出货单数目的累计，并且会生成销售发票。

6）资金管理

销售发票是对所销物料内容的描述，一般包括产品或服务的说明、客户名称、客户地址，以及物料的名称、单价、数量、总价、税额等资料。资金管理是指根据销售发票信息确认应收款项，进行销售结算，生成凭证传递到总账管理中。为实行良好的资金管理，企业可以采取以下措施。

(1) 每个销售员及时记录自己负责的每个客户每笔合同的回款情况，并随时查询及时反馈，这也可以作为销售员销售业绩评估的重要标准。

(2) 为对应客户制定客户折扣条款，鼓励提前或及时回款，实现现金折扣政策管理，如在不同时间收款采取不同折扣来鼓励提前或及时回款。

(3) 通过应收催款管理查询，对已经拖期或即将到期的款项进行催收，打印应收催款单给客户，实现欠款催收。

7）客户管理

客户管理是企业不可缺少的经营战略内容，是重要的企业经济活动内容之一。在全球市场经济环境下，企业要生存与发展，就必须要进行科学而严格的客户管理。互联网及信息技术的发展为企业创造了更好地进行客户管理的条件。

(1) 客户信息管理。客户信息管理包括收集客户资料，建立客户信息档案，对客户进行级别划分，根据客户级别制定不同的价格政策及销售策略，进而进行针对性的客户服务，以达到高效率地留住老客户，争取新客户。

(2) 客户信用管理。信用额度是系统根据实际情况设置的用来处理客户应收账款的最高限额，信用期限设置了客户应收账款的限期，系统通过对客户历史交易分析查看客户的信用度。良好的客户信用有助于企业维护稳定的销售渠道。

8) 销售统计与分析

(1) 销售统计。销售统计是企业销售部门对某一个时期内所销售的产品的各种相关信息的汇总，包括产品的销售形式，销售地区，销售数量，成本，单价，销售总额等，在销售综合统计表中可以查询企业订货、发货、开票、出库和回款等信息。

(2) 销售分析。销售分析是企业提高销售管理水平，降低销售成本的重要途径。企业以系统的原始销售业务数据为基础，对历史销售情况进行定量分析。销售分析一方面与其他子系统紧密集成，通过接收其传递来的数据进行各种营销数据的分析；另一方面主要是看销售是否达到目标，考察部门、业务员的绩效以及客户的贡献和产品的实际销售情况，分析市场需求并制定相应的销售策略。

### 7.3.2 销售管理业务流程

在销售管理的业务中，产品销售的业务呈现出较强的流程性特点，主要包括以下内容。

(1) 制订产销大纲计划和产品报价。

(2) 开拓市场，并对客户进行分类管理，维护客户档案信息，制定针对客户的合理价格政策，建立长期稳定的销售渠道。

(3) 进行市场销售预测。

(4) 编制销售计划。

(5) 根据客户需求信息、交货信息、产品信息及其他注意事项制定销售订单，并通过对企业生产可供货情况、产品定价情况，以及客户信誉情况的考察来确认销售订单。

(6) 按销售订单的交货期组织货源，下达提货单，并组织发货，然后将发货情况转给财务部门。

(7) 开出销售发票向客户催收销售货款，并将发票转给财务部门记账。

(8) 为客户提供各种相关服务，包括售前、售中和售后服务，并对这些服务进行跟踪。

(9) 进行销售与市场分析；对各种产品的订单订货情况、销售情况、订单收款情况、销售发货情况、销售计划完成情况、销售盈利情况，从地区、客户、销售员、销售方式等多个角度进行统计与分析。

根据销售管理的业务流程可以画出业务流程图，如图 7.5 所示。

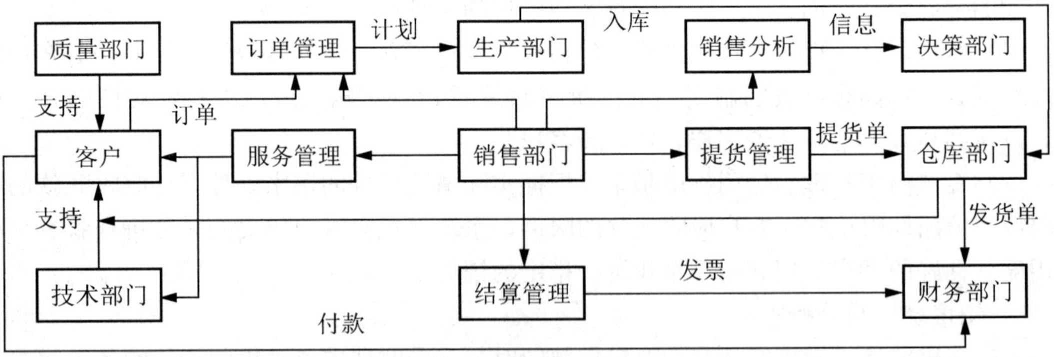


图 7.5　销售管理业务流程图

## 7.4　ERP 中的销售管理

综合来说，ERP 中的销售管理提供了销售预测、销售计划和销售合同(也可叫销售订单)，是主生产计划的需求来源。在 ERP 实现中，销售管理以销售管理系统的方式存在，帮助企业的销售人员完成销售计划管理、客户信用管理、产品销售报价管理、销售订单管理等一系列销售事务。

在 ERP 中，销售管理系统与其他子系统之间的关系如图 7.6 所示。

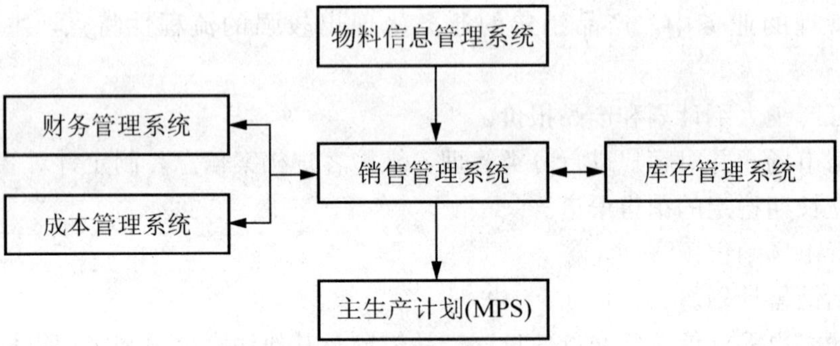


图 7.6　销售管理关系图

销售管理系统调用物料信息管理系统中物料的信息以生成销售报价单及销售订单，例如，销售报价单中物料名称、规格型号、计量单位等都是从物料档案中转换过来的；它产生的销售发票直接传送到财务管理系统，以实现现金管理和应收账款管理；它生成的销售订单可将相关成本数据直接传送给成本管理系统，以执行利润分析和提前预测该销售订单所能带来的利润。同时，销售订单生成以后，客户所需要的物料在系统中被立即转换为销售需求，以形成主生产计划。而销售产品的出入库以及退货入库则由库存管理系统来完成，并同时修改库存台账。

## 本章小结

本章介绍了 ERP 与企业的方方面面之销售管理，通过案例介绍了 ERP 销售系统在企业中的实际运用。主要包括以下内容。

(1) 销售计划的概述。首先介绍了销售，销售是指把企业生产和经营的产品或服务出售给顾客的活动；接着介绍了销售管理的概念，销售管理是管理直接实现销售收入的过程，它帮助企业对销售业务的全部流程进行管理，实施报价、订货、发货、开票等销售流程管理；紧接着阐释了销售计划在销售管理中的重要影响。在管理学中，销售管理的所有活动都是围绕着销售计划来开展和实施的。最后说明了销售计划处在 ERP 中的决策层。

(2) 销售计划的性质和类型。销售计划的性质体现在：销售计划是为实现企业销售目标服务的、是企业销售管理活动的基础、要求有效率。而销售计划的类型则分别列举了按不同方法分类的销售计划类型，并对各种计划做了详细介绍和说明。

(3) 销售管理的主要业务以及业务流程的分析。销售管理的主要业务有：销售报价管理、销售计划管理、订单管理、交货管理以及销售出库管理与资金管理。接着给出了销售管理业务的流程。

(4) ERP 中的销售管理。此部分阐明了 ERP 中的销售管理系统与其他子系统之间的联系。

## 思考练习

1. 填空题

(1) 在销售出库管理中，有一张销售发货单生成后，就有一张与之对应的(　　)生成。

(2) 销售管理作为企业管理的核心，位于 ERP 层次体系的高层，是对(　　)的细化。

(3) (　　)是系统根据实际情况设置的用来处理客户应收账款的最高限额。

(4) 在销售价格计划中，销售价格可以分为：(　　)、客户价格、大类折扣以及(　　)。

(5) 资金管理是根据(　　)信息确认应收款项，进行销售结算，生成凭证传递到总账管理中。

2. 问答题

(1) 什么是 ERP 销售管理？

(2) 销售计划的性质有哪些？

(3) 销售管理的主要业务有哪些？

(4) 销售管理在 ERP 中位于哪一层次？它与其他模块之间的关系是什么？

# 实训拓展

阅读拓展

ERP拓展阅读7-1

## 红塔集团应用ERP提升企业管理

20世纪90年代初，企业资源计划(Enterprise Resources Planning，ERP)的概念被提出，即以市场和客户需求为导向，以实行企业内外资源优化配置，消除生产经营过程中的无效劳动和资源，实现信息流、物流和资金流有机集成，提高企业整体水平为目标，以财务管理为核心，以计划和控制为主线，以网络和信息技术为平台，面向供应链管理的现代企业管理思想和方法。进行信息化建设普遍存在3个问题："模拟手工"的系统，数据不够规范和"信息孤岛"问题。为此，红塔集团提出理论依据和方法论，即通过统一调配企业所有资源，建立起数据统一、准确，完整的、集成的企业信息系统平台，做到物流、信息流、资金流的协调和统一，形成集成的业务运作流程，实现科学的、精细化的企业管理体制。

在上述思想的指导下，红塔集团引进德国SAP公司的ERP系统(SAP R/3)。红塔集团ERP系统的组织结构是采用面向业务流程的思想构建的，整个系统设计是沿着业务流程横向展开的，并整合优化了业务流程，同类的业务被合并，冗余的流程得到了优化，纵向的组织结构按业务管理进行分类设定，系统中的组织结构与实际的组织结构可对应，也可不对应，业务流程中关键操作和控制的点和角色的确定仅与业务流程相关，而与实际中由哪个部门和哪个人来完成无关。这样，无论实际组织结构和人员如何变化都能适应，或者无论业务流程如何变化，只要重新确定好ERP系统中的业务流程控制点和角色，并把ERP系统中的组织结构和角色与实际组织结构和人员对应即可。这为企业不断的管理变革建立起了长期的IT支撑平台，企业不必重复投资建设新的IT支撑平台，从而节约了总体项目投资(图7.7)。在2003年红塔集团进行了大规模的组织结构改革、全员竞争上岗和工商企业拆分，彻底变更了组织架构，调整了业务流程，伴随着这一系列改革，整个ERP平台只作了少量改动，用很短的时间就完成了，在整个改革过程中前后业务做到了无缝衔接。

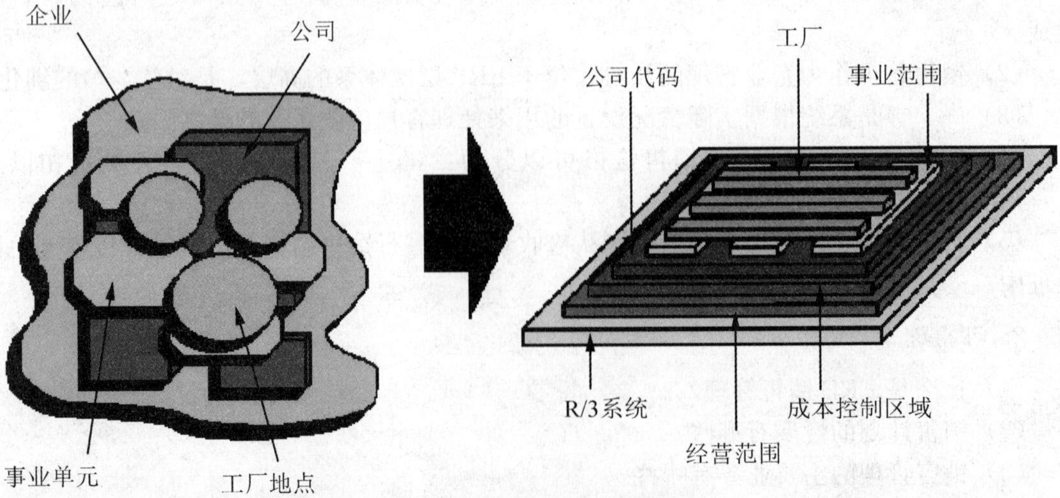


图7.7　ERP系统中映像企业组织结构

红塔集团实施ERP过程中，统一和规范了信息分类编码，进行全企业的数据的整合，建立企业统一的信息和数据。所有信息只有一个入口，所有业务和人员共用统一的信息和数据，提高信息了共享程度，维护了信息的完整性，消除信息孤岛和冗余信息，为企业宏观调控、经营决策和战略规划提供了信息的保证。

红塔ERP系统分别从计划控制流、物流和价值流3条线展开，运用集成的思想，以集成计划和预算来指导和控制业务运作，强调以财务为核心，以及与物流计划的相互衔接和配合，使销售、生产和采购供应紧密地联系在一起，使企业内部的物流链高效协调地运作，同时，把企业物流同步映射到价值流，使价值流和业务流的有机集成，从不同的角度审视企业的各项业务，并最终以价值的形式表达出来，使企业的各项业务运作情况实时、准确地反映到各级管理层，规避经营风险，完成企业管理目标，如图7.8所示。

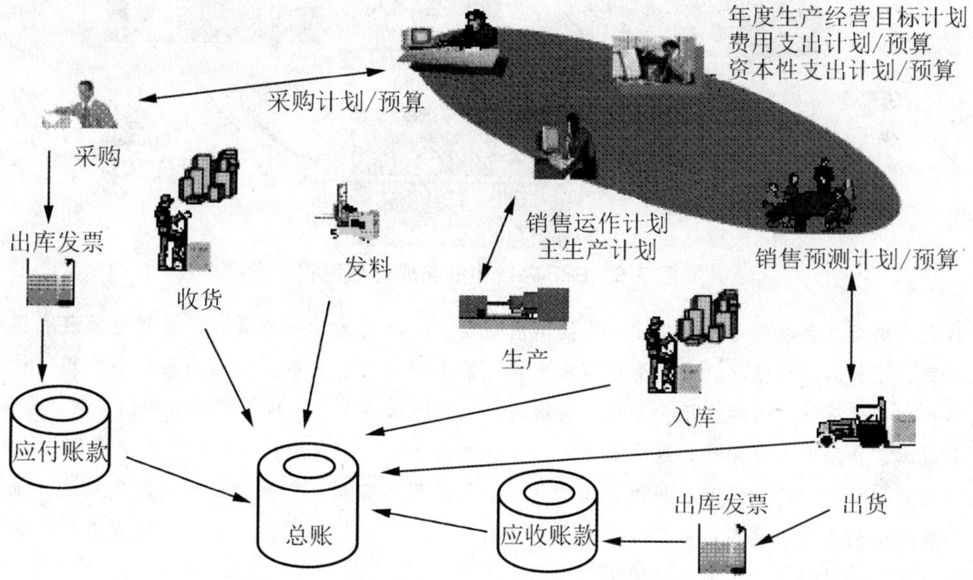


**图7.8 红塔集团ERP系统流程**

红塔ERP系统的计划控制流程强调计划和财务在企业管理中的核心作用，计划是决策层对执行层的目标，而预算控制和计划/实际(目标/差异)的考核就是决策层对执行层的控制和调整。红塔ERP集成计划和预算系统就是根据上级的要求，根据收集整理的各种信息，结合企业的自身特点，根据已建立的企业市场模型和业务运作模型，进行长期、中期和短期的模拟和分析，评估出企业所能达到的目标。当与上级要求有差异时，可决定是与上级沟通和协调，降低上级的要求和期望值，还是采取另一种积极策略，找准新的市场定位，找出新的效益增长点，采取新的战略措施，确定战略目标，制定长期实施计划和短期经营目标计划，设定相应的关键业绩指标(KPI)，然后把实际经营过程中产生的相关实际指标值与预先设定的标准值进行比较和评估，并分析其原因，找出解决的方法和途径。如果需要，再将企业的业务流程做相应的调整和优化，以使未来的实际业绩指标值可以达到令人满意的程度，同时，针对可能出现的多种情况，可做多套模拟，制定相应的应变措施和办法。当集团把企业战略目标、策略和企业长期发展计划、短期经营目标制定出来后，具体业务部门就需要在此前提下，制定出短期经营计划，即通常所说的年度生产经营计划，提供给集团领导决策使用。企业的年度生产经营计划可通过ERP系统的集成计划模块，灵活和方便地进行，分别制订销售计划、生产计划、采购资金的需求计划、成本中心费用计划、产品成本计划、获利计划，如图7.9所示。

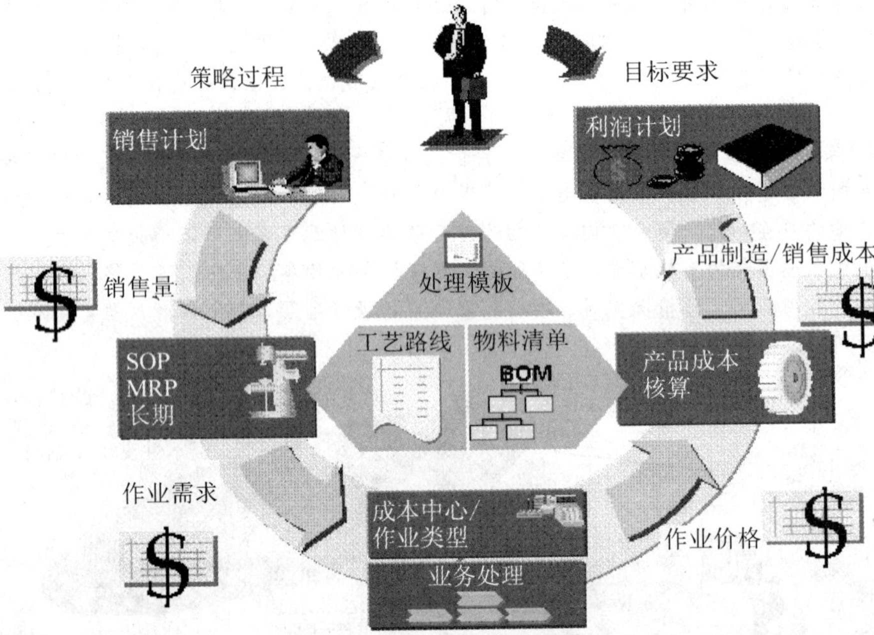


**图 7.9　ERP 系统中的集成计划流程**

当计划完成后，系统就可以向集团领导提供出企业下一年度的营业预算、产品销售及获利预算、三项费用预算、预计的纳税情况、采购资金需求预算、量本利分析报表等。企业高层将会发现，计划在企业战略分析和评估分析方面的作用由于可灵活地进行分析而加强了，可以模拟原来的销售假设发生变动，或者产品成本、费用发生变化后，这些变化将怎样影响企业的业绩和经营目标，使管理者做到心中有数，提前做好应对措施。同时，以此指导预算的制定和将来计划的编制。并且当计划实际完成后，企业高层也可评价原来的初衷是否实现，另外，可把实际结果与预计的计划加以比较，找出造成差异的原因和解决办法，如果需要可作为量化考评的依据。

企业计划/预算管理流程如图 7.10 所示，结合具体情况，当集成计划完成后，红塔集团对各项管理费用、经营费用和财务费用、资本性支出、采购金额等可控费用进行严格的预算控制，对产品成本采用计划管理，即通过科学严格的标准产品成本评估，制定标准成本，在实际业务中归集实际成本，并对比标准成本，进行成本差异分析，寻找形成差异的原因，采取控制和减少差异的措施来降低成本，同时，制定各项考核成本和消耗，对生产部门进行计划/实际的差异考核，使生产业务部门主动积极地采取一切合理的措施来降低成本，从而在保障产品质量的前提下，使企业的产品成本不断下降，提高效益、降低成本。

红塔 ERP 系统在统一的物料、供应商、客户等数据基础上，通过集成的业务处理，以及物流与价值流的信息同步，根据集团的关键业绩指标体系，如销售方面的客户满意度、退货率、交货时间等，在实际业务运作过程中及时、准确地反映企业的各项情况，为各层领导特别决策层提供准确、及时的原始数据以及对比分析性报告，用于指导企业的运作和发展。例如，对于卷烟产品成本，采用产品成本收集器，通过把它与生产订单关联起来，来归结所有生产环节的产品成本，如图 7.11 所示。

生产订单的生产发料可立即进入成本收集器，形成成本台账，可及时地反映产品成本状况。红塔生产订单下达到每个机台。只要完工确认，立即就可知道该机组的物料消耗及成本，以及按标准定额记的人工费用和制造费用。在财务月结费用分摊后，立即就可知道该机组生产该批产品的成本情况及与标准成本比较的成本差异和数量差异，以及形成差异的原因等。采用分班组确认的话，就可得到分班次的成本信息，产品成本核算更细致，便于管理考核。同样，对于企业的采购业务，可使之与财务会计紧密地集成，自动生成财务凭证并自动记账，使财务能监控到每一笔采购业务，并能进行正反向追溯，如图 7.12 所示。

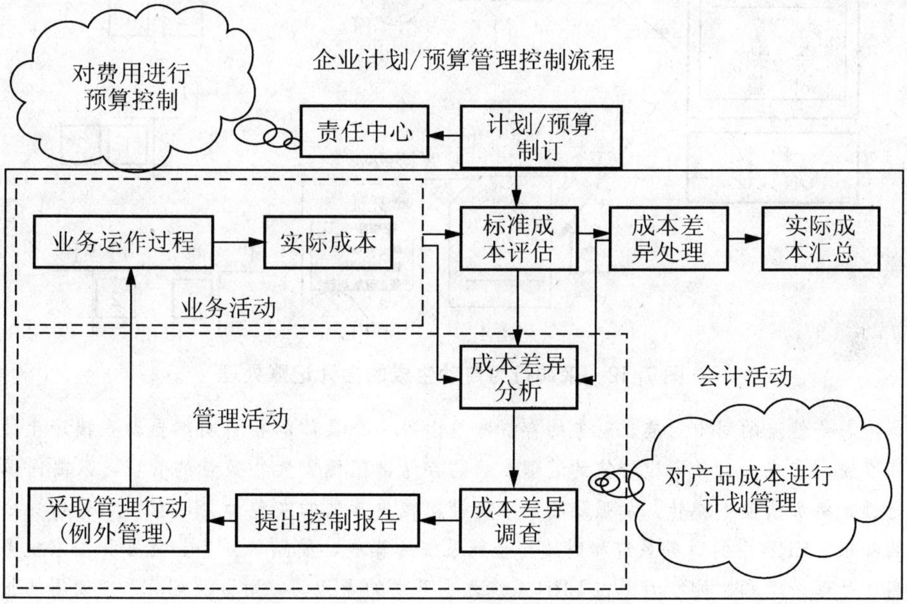


图 7.10　企业计划/预算管理控制流程

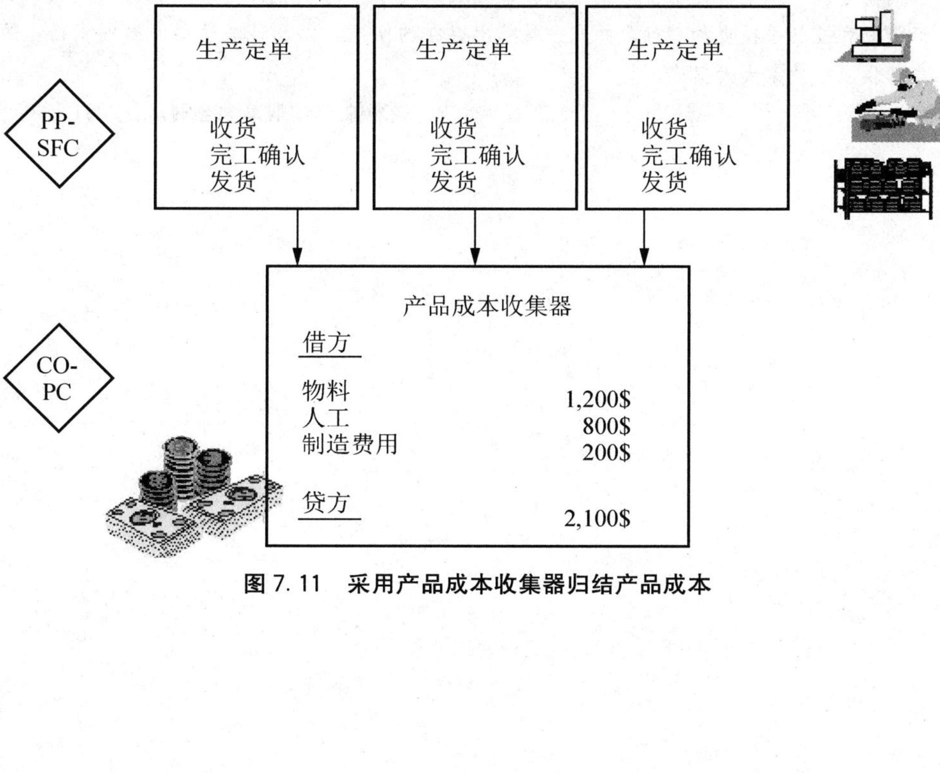


图 7.11　采用产品成本收集器归结产品成本

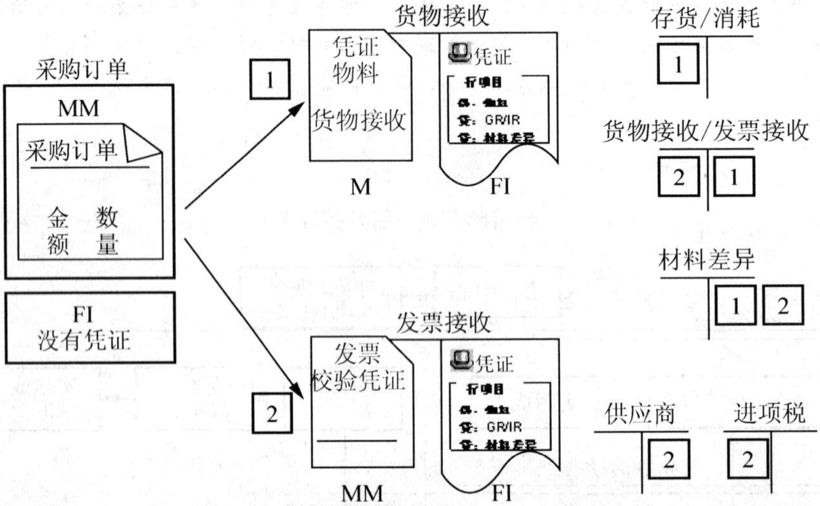


**图 7.12 采购行为自动生成的会计记账处理**

通过物流与价值流的同步对应，财务的存货账是由每一个具体的物料明细自动直接产生的，实物账与财务账高度统一起来，财务侧重价值的管理，采购存储部门侧重实物数量的管理，只要保障业务的正确性和及时性，将加快业务流转，加强账物的准确性，减少管理的灰色地带，有利于采购资金的节约和存储费用的降低。ERP 中的财务系统和财政局金穗系统的集成，使销售业务、财务和国家税务系统紧密结合，提高了处理效率和监控能力。在 ERP 系统之上开发的专为国家财务及烟草系统使用的报表能够保障及时地向上级机关准确提供企业财务及运作信息，提高信息提交的效率。集团采用了统一的物料编码，客户及供应商信息统一规范，标准价格集中维护都大大改进了现有管理，避免管理误区和减少管理灰色地带。生产计划和控制手段更加精确，并充分暴露出存在的问题，以及造成这些问题的责任，随着问题的解决，内部供应链效率大大提升。

资料来源：烟草学会网站，2011 年 05 月 20 日

# 第8章

# 生产作业计划

## 学习目标

通过本章的学习，读者应该能够：

(1) 了解生产作业计划的概念和特点；

(2) 熟悉生产作业的类型及其流程；

(3) 熟悉生产作业控制的内容和方法；

(4) 掌握生产作业计划在ERP中的地位。

## 知识结构

本章的知识结构如图8.1所示。

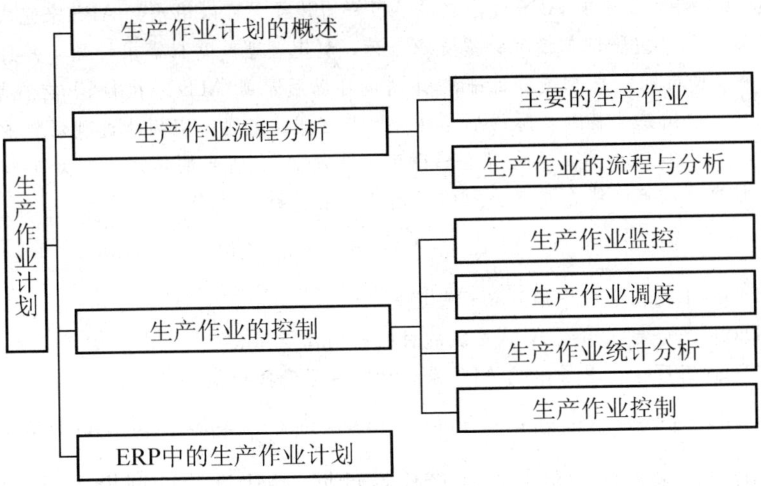


图8.1 本章知识结构图

## 导入案例

### 惠普公司San Diego工厂

惠普公司San Diego工厂是生产打印机、复印机以及相关设备的大型加工型工厂，其提供的控制面板受到众多客户的青睐。随着市场情况的变化和终端客户需求的不断变更，客户要求San Diego工厂提供的产品种类不断增加，但一个产品批次的生产数量规模并不是很大。因此，San Diego工厂在办公室打印、复印设备方面，需要为世界各地的用户提供各种个性化的解决方案。当面对紧急的订单时，负责生产打印机控制面板的部门为了减少制定生产计划的时间，减轻负责制定计划的每一位员工负担，提高计划的精度，决定导入永凯APS系统。导入生产排程软件的一个重要标准是对制造工序的合理安排，生产排程软件的管理对象不仅仅包括生产设备，其他的辅助人员也是考虑的因素。系统根据需要将17台机器按照不同的组合方式安排生产，同时大约需要15人左右来辅助完成机器不能独立完成的部分。永凯APS的合理排程，使得机器和人员的无效工时减少20%以上，经过试用，该工厂决定使用永凯的APS系统。

成功导入永凯APS后，库存管理部门负责人Bill说："在制造开始前可以进行模拟排程，可以在考虑机器负荷的前提下，事先检查生产计划是否合理，这对控制库存量具有很大的作用。只需要点击一下鼠标，永凯APS就会自动完成生产计划。与从前相比大幅度地提高了工作效率。"Bill还说，"永凯APS可制定各现场执行计划。以前需要考虑到每台机器的排程规则，人工地进行计算，现在只要设定好各种排程的配置参数，系统就可以自动制定计划了，这样就大幅度地缩短了工作时间，交货期延误率减少了30%。还有，从最初工序的材料投入到完成制造，生产周期缩短了40%，同时半成品库存量减少了20%。不仅如此，库存管理的精确度也得到提高，盘点时的误差也变为原来的1/7。"

San Diego工厂导入了永凯APS后，取得了很好的效果。可以用永凯APS来完成的工作还有很多。具体来说，包括按照订单情况计算资源负荷，制定合理的物料需求计划，并且安排零部件的采购。"另外，和订购信息相关联的采购计划也可以用永凯APS来执行。"在现场的情况下，"利用永凯APS可以清楚地看到实际计划与现场作业之间的差距，实际改进现场作业管理程序。"Bruce Zeid说："公司的很多员工已经完全感受到了永凯APS所起的作用，它对工作效率有着巨大的提升。希望这样的产品能在惠普公司的其他工厂中得到应用。"

**思考：**

(1) San Diego工厂在生产中遇到了哪些问题？

(2) San Diego工厂导入永凯APS系统的目的和期望是什么？

(3) San Diego工厂在使用了永凯APS系统后实现了哪些价值？

MRP的输出包括采购作业计划和生产作业计划。MRP的计划投入量下达后，就把企业总体的需求变成了具体的各单位作业任务。除原材料以外的生产加工和装配任务被分配到各个工作中心、车间、班组乃至具体的机床设备生产单位，这其中需要将总体的计划投入量和投入时间具体到各个生产单位，直到工作任务被明确，才能保证计划的完成。而原材料和外协件计划投入则被采购部门作为其作业任务来执行。采购作业计划和管理在前一章中已经讨论过，本章重点研究与生产作业计划相关的内容，分别从生产作业计划基本概念、生产作业流程和生产作业控制3个方面，详细介绍生产作业计划、管理和控制等方面的内容。

## 8.1 生产作业计划概述

生产作业是指借助于工装、工具和设备等手段对物料进行加工、表面处理和装配等操作的活动，是改变物料形态和属性的过程，是实现产品设计、工艺设计以及向客户提交产成品的关键环节，是归集、分摊生产成本和实现价值转移不可缺少的步骤，是生产管理、调度、协作、监控、分析和决策等管理活动的目标对象，是一系列加工、装配等增值活动的有序安排。生产作业最开始的表现形式是操作人员通过各种手段对物料进行处理。这里的操作人员主要指生产作业中直接对物料进行操作的人员，例如车工、铣工、刨工、磨工、钳工、表面处理工、钣金工等。而加工手段既可以是简单的台钳、车床，也可以是复杂的数控加工中心、流水生产线等。生产作业是改变物料形态和属性的过程。例如，一根棒材未加工处理时，仅仅是原材料库中的棒材物料。这根棒材经过加工、表面处理之后，是一根汽车的后轴，成为零件库中可以用于汽车装配的后轴零件。这种从原材料到零件的物料形态转换过程是通过生产作业完成的。从宏观角度看，生产流程包括设计、工艺、物料采购、生产作业、库存等环节，生产作业是生产流中的一个环节，通过改变物料的形态和属性达到增值的目的，实现设计的思想，为客户提供产品。

生产作业计划(Production Activity Control，PAC)是在物料需求计划输出的生产建议订单基础上，按照交货期的先后和生产优先级的选择原则以及车间的设备、人员、加工能力等生产资源情况，将零部件的生产计划以订单的形式下达给相关的车间。在车间内部，根据车间的工作日历、零部件的工艺路线等信息制订车间生产的日计划，并组织生产。同时，在订单的生产过程中，适时采集车间生产的动态数据，随时了解生产进度，及时发现并解决问题，尽量使车间的实际生产接近于计划。所以，生产作业计划是生产作业管理的起点，是指导生产作业调度、任务分派、过程监控和数据采集等工作的重要工具。生产作业计划把企业全年的生产任务具体地分配到各车间、工段、班组以至每个工作地和工人，规定他们在月、旬、周、日以至轮班和小时内的具体生产任务，从而保证按品种、质量、数量、期限和成本完成企业的生产任务。生产作业计划的目标是通过对生产过程中车间层及车间层以下各层次的物料流的合理计划、调度与控制，缩短产品的制造周期，减少在制品，降低库存，提高设备、人员等生产资源的利用率，最终提高生产率。

## 8.2 生产作业的流程与分析

### 8.2.1 主要的生产作业

生产作业流程是多个生产作业活动的序列。生产作业计划则是对生产作业流程进行的详细时间安排。主要的生产作业包括生产作业计划、生产作业技术准备、生产任务和加工订单以及生产作业排序和派工单。

1. 生产作业计划

生产作业计划的来源是MRP的运算结果。MRP的运算结果包括两部分，即用于指导采购管理工作的采购作业计划和用于指导生产作业管理工作的生产作业计划。在物料属性定义中，物料来源类型用于描述该物料是采购得到还是生产得到。在BOM结构中，如果某个物料的来源类型是生产，那么当MRP运算结束之后，该物料就出现在生产作业计划的详细安排中。

生产作业计划包括了这样一些数据，即计划编码、物料编码、物料数量、工艺路线编码、计划开始日期和计划完成日期等。其中，工艺路线由工序编码、工序名称、定额时间、工作中心编码和工作中心名称等数据组成。根据物料编码、物料数量和对应的工作中心编码，可以计算出该工作中心的工作负荷(可查看MRP中的CRP)。工序的定额时间通常由以下几个部分组成，即加工准备时间、加工时间、等待时间、移动时间、排队时间等。据调查分析，在生产作业系统中，超过90%的工序定额时间都是用于物料作为在制品，消耗在加工准备、排队和移动等过程中的，物料的加工时间不超过10%。因此，可根据物料的最迟完成日期，推算出物料最迟开始日期，或者如果已知该物料的最早完成日期，则可以计算出物料最迟完成日期。

生产作业计划是开展生产作业活动的依据。生产作业内容、数量、日期安排和需要的加工手段等为生产作业的各项活动提供了基础。

值得注意的是，生产作业计划必须经过确认之后才能真正有效地指导生产作业活动的开展，原因在于生产作业计划是基于各种定额数据计算得到的，这些定额数据与实际情况是否相符合，必须经过确认。

2. 生产作业技术准备

生产作业技术准备是以生产作业计划为基础，对生产作业计划需要的硬件技术、软件技术进行检查和准备，以确保生产作业计划的可行性。其中，硬件技术准备主要包括设备、工具、原材料和人员等资源的准备情况，软件技术准备主要是相关技术图纸和文档的准备情况。

接到生产作业计划以后，车间随即开展生产作业技术的准备工作，明确工作内容、核实当前能力、解决出现的问题、确认生产作业计划以及落实各项技术准备工作。具体的生产作业准备工作流程如图8.2所示。

生产作业技术准备通常包括以下两个步骤。

第一步：明确生产作业计划的内容。

具体来说就是明确将要加工的物料名称、物料编码、物料数量和完成日期等，了解该物料的加工对应的工艺路线和工艺路线包含的工序，掌握每一个工序对应的定额时间、需要的工作中心和加工手段等，计算出对每一个工作中心需要的工作负荷。

明确生产作业计划内容的原因是实际工作环境处于一个动态的变化过程中，而生产作业计划是提前制定的，只有计划中的各项数据符合实际运行情况时，制订的生产作业计划才能被确认。若出现了现有物料的数量不足、当前加工手段的可用能力欠缺，或者可用时间过短等不能满足需求的情况，则需要采取相应的措施进行解决。例如，如果当前物料的

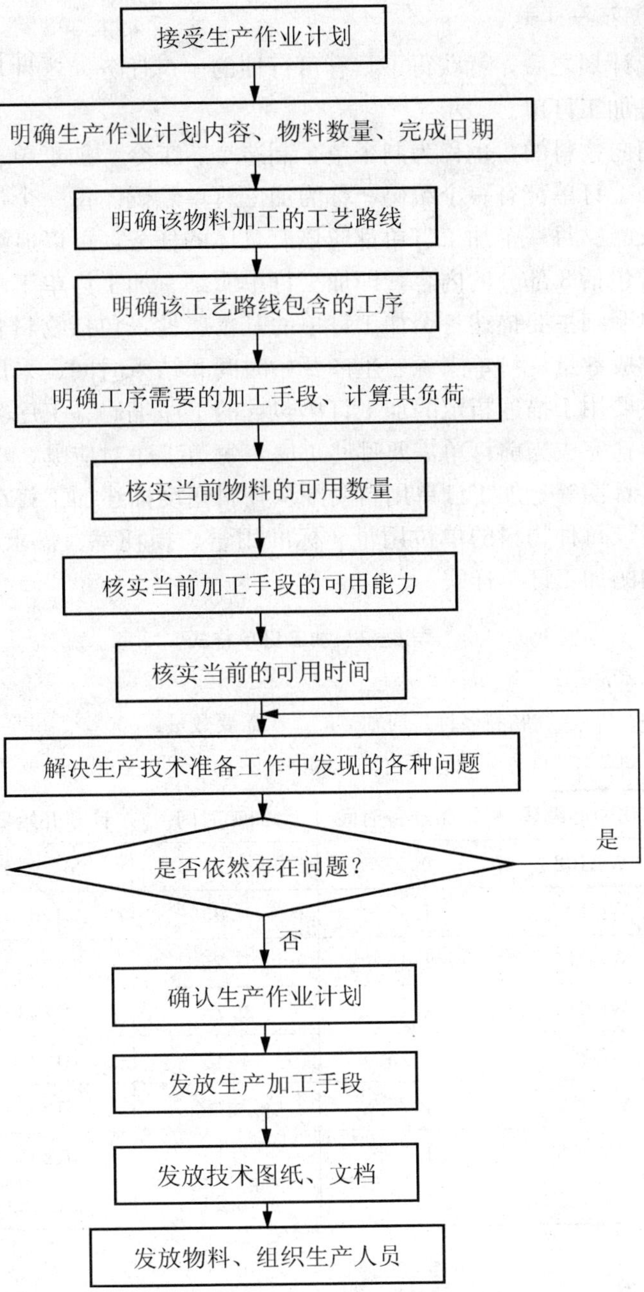


图 8.2 生产作业准备流程图

数量不足，可以考虑使用性能相当或更好的替代物料；如果加工手段的可用能力欠缺，可以通过外协等方式来解决；如果可用时间过短，则可以采取交叉作业的方式等。

第二步：落实生产作业技术准备工作的各项措施。

这些落实工作包括发放生产加工手段、发放技术图纸和文档、发放物料以及组织生产人员等。

3. 生产任务和加工订单

确认生产作业计划之后，就获得了具有可行性的生产任务。这种具有可行性的生产任务的表现形式就是加工订单。

加工订单是面向物料的，也称为制令单、制造令、工令、加工单、工单或生产任务指令单等。每一个加工订单都有一个编码，称为加工订单编码。每一个加工订单编码都对应一个产成品或半成品。每一个加工订单都应该有具体的任务，可以追溯到某个客户订单。

加工订单通常包括 3 部分的内容，即加工订单明细、加工订单工序明细和加工订单用料明细。加工订单明细主要描述各个加工订单的基本属性，包括物料名称、物料编码、物料的规格型号、完成数量、订单来源、生产开始时间和结束时间、采用的工艺路线等。加工订单工序明细主要用于描述指定的加工订单包含的工序编码、工序名称、额定时间和工作中心等属性，包括完成当前订单需要哪些工序，每道工序对应哪一项工作中心，每道工序开工日期和完工日期等。加工订单用料明细从物料角度描述加工订单，包括完成每个工序需要的各种物料，每种物料的单位用量、标准用量、损耗率、需求数量等。表 8-1 所示为一个经常使用的加工订单样式。

**表 8-1　加工订单样式**

加工订单编码：M2012030201

物料编码：T20B41882　　物料名称：前轴　　需要数量：500

计划开工日期：20120302　　计划完成日期：20120304

| 工序编码 | 工作中心编码 | 加工准备时间 | 加工时间 | 计划开始日期 | 计划完成日期 |
|---|---|---|---|---|---|
| 5 | WG102 | 0.65 | 0.25 | 20120302 | 20120303 |
| 10 | WG105 | 1.15 | 0.25 | 20120302 | 20120303 |
| 15 | WG210 | 1.15 | 0.25 | 20120302 | 20120303 |
| 20 | WG212 | 1.15 | 0.75 | 20120302 | 20120303 |
| 25 | WG215 | 1.75 | 1.15 | 20120302 | 20120303 |
| 30 | WG361 | 1.75 | 1.15 | 20120302 | 20120303 |
| 35 | WG493 | 1.75 | 1.15 | 20120303 | 20120304 |
| 40 | WG496 | 1.75 | 1.20 | 20120303 | 20120304 |

4. 生产作业排序

在某个时段，当多个生产作业到达同一个工作中心加工时，需要确定这些作业的加工顺序，即对这些作业进行排序，确定作业的优先级，保证作业按期完成。从本质上来看，作业排序是一个核实是否有足够提前期的问题。常用的确定作业优先级的方法有紧迫系数、最小单个工序平均时差、最早订单完工日期和先来先服务等

(1) 紧迫系数(Critical Ratio，CR)是剩余可用时间与剩余计划提前期的动态比值，计算公式如下。

$$CR=\frac{计划完工日期-当前日期}{剩余的计划提前期}=\frac{剩余可用时间}{剩余的计划提前期}$$

在 CR 的计算中，剩余可用时间与剩余的计划提前期之比会出现以下 4 种情况。

① CR<0，即 CR 是负值，表示计划完工日期早于当前日期，生产已经拖期，这时应该重新考虑如何计划完工日期以及采取什么样的补救措施。

② CR=1，表示剩余可用时间正好等于剩余的计划提前期，剩余可用时间恰好可用。

③ 0<CR<1，表示剩余可用时间小于剩余的计划提前期，剩余可用时间不足，这时应该采取补救措施。

④ CR>1，表示剩余可用时间大于剩余的计划提前期，剩余可用时间充足。

从上面的分析中可以看出，CR 值小者优先级高，必须采取合理的措施确保 CR 值小的物料加工顺利完成。

(2) 最小单个工序平均时差(Least Slack Per Operation，LSPO)则是从工序的角度来考虑作业的次序，这里的时差也可以称为缓冲时间、宽裕时间等。其计算公式如下。

$$LSPO=\frac{加工件计划完成日期-当前日期-剩余的计划提前期}{剩余工序数}$$

在上面的式子中，剩余的计划提前期等于剩余工序的所有提前期之和。LSPO 的值愈小，则剩余工序分摊的平均缓冲时间愈短，其优先级愈高。

(3) 最早订单完工日期(Earliest Due Date，EDD)。完工日期越近的应给予越高优先级，最早订单完工日期的计算方式如下。

$$EDD=完工日期-当前日期$$

EDD 值越小，优先级别越高。

(4) 先来先服务(First Come First Served，FCFS)即按照加工任务到达加工地的顺序安排加工顺序，计算方式如下。

$$优先级=(加工任务到达日期-固定日期)/365$$

其中固定日期是系统设置的固定日期，比如当年的 1 月 1 日，这一优先级值越小，优先级别越高。

5. 派工单

派工单又称调度单，是一种面向工作中心说明生产作业加工优先级和安排生产任务的文件。它说明工作中心在一周或者一个时期内要完成的生产任务，是用于生产管理人员向生产人员派发生产指令的单据。派工单往往是生产调度人员、工作中心操作人员工作的依据。派工单还说明哪些工件已经到达，正在排队，应当什么时间开始加工，什么时间完成，加工单的需用日期是哪天，计划加工时数是多少，完成后又应传送给哪道工序。它还说明哪些工件即将到达，什么时间到，从哪里来。

派工单是最基本的生产凭证之一。它除了有开始作业、发料、搬运、检验等生产指令的作用外，还有为控制在制品数量、检查生产进度、核算生产成本做凭证等作用。有了派工单，车间调度员、工作中心的操作员就可以对目前和即将到达的任务一目了然。如果在日期或小时数上有问题，也容易及早发现，采取补救措施。派工单的具体形式很多，有投入出产日历进度表、加工路线单、单工序工票、工作班任务报告、班组生产记录和传票卡等。表 8-2 是一个典型派工单的样式。

表 8-2　派工单样式

工作中心编码：WG893　　工作中心名称：数控加工中心　　派工日期：20120810

| 物料编码 | 加工订单编码 | 工序编码 | 数量 | 开工日期 | 完工日期 | 剩余时间(天) | 优先级 |
|---|---|---|---|---|---|---|---|
| A026 | M20130801 | 25 | 15 | 20120810 | 20120811 | 1 | 1 |
| T230 | M20130812 | 25 | 20 | 20120812 | 20120813 | 1 | 2 |
| B124 | M20130815 | 30 | 20 | 20120812 | 20120813 | 1 | 3 |
| A090 | M20130818 | 25 | 28 | 20120815 | 20120817 | 2 | 6 |
| A088 | M20130819 | 15 | 20 | 20120816 | 20120819 | 3 | 7 |
| V812 | M20130821 | 30 | 26 | 20120818 | 20120819 | 1 | 4 |
| Z219 | M20130826 | 35 | 51 | 20120818 | 20120819 | 1 | 5 |

6. 生产计划的编制方法

生产作业计划的编制方法取决于企业的生产类型、生产组织形式、产品和生产作业对象的特点。编制生产作业计划时，一般是先将企业生产任务分配到各车间，编制车间生产作业计划，然后再由车间分配到工段、班组直至工人。编制厂级生产作业计划的方法主要取决于车间组织形式和生产类型。如果是按对象专业化组织的车间，可以按生产任务直接分配给各车间。如果是按工艺专业化组织的车间，应根据不同的生产类型，采取不同方法编制生产作业计划。企业常用的编制生产作业计划的方法主要有：在制品定额法、累计编号法、生产周期法等。

1）在制品定额法

在制品定额法是指运用在制品定额，结合在制品实际结存量的变化，按产品反工艺顺序，从产品出产的最后一个车间开始，逐个往前推算各车间的投入和出产任务。这里的在制品定额是指在一定的技术组织条件下，各生产环节为了保证生产线所必需的、最低限度的在制品储备量。在制品定额法用在制品定额作为调节生产任务量的标准，以保证车间之间的衔接，这种编制生产作业计划的方法主要适用于流水线生产或大批量生产企业。在这类企业中，产品品种比较单一，产量较大，工艺和各车间的分工协作关系比较稳定，因而各个生产环境所占用的在制品应经常保持一个稳定的数量。

2）累计编号法

累计编号法也称为提前期法，是指根据预先制定的提前期标准，规定各车间产出和投入应达到的累计号数的方法。这种方法将预先制定的提前期转化为提前量，确定各车间计划应达到的投入和产出的累计数，再减去计划期前已投入和产出的累计数，以求得各车间应完成的投入和产出数。采用这种方法时，生产的产品必须实行累计编号。这里的累计编号是指从年初或从开始生产这种产品起，按照产品出产的先后顺序，为每一件产品编上一个累计号码。在同一时间上，产品在某一生产环节上的累计号数同成品产出累计号数相比相差的号数叫提前量，它的大小和提前期成正比例，累计编号法据此确定提前量的大小，即提前量=提前期×平均日产量。采用累计编号法编制企业的生产作业计划的方法一般应用于需求稳定而均匀，周期性轮番成批生产产品的企业。

采用累计编号法安排车间生产任务有以下优点。

(1) 它可以同时计算各车间任务，故而加快了计划编制速度。

(2) 由于生产任务用累计号数来表示，所以不必预计期初在制品的结存量，这样就可以简化计划的编制工作。

(3) 由于同一产品所有零件都属于同一累计编号，所以只要每个生产环节都能生产或投入到计划规定的累计号数，因而能有效保证零件的成套性，防止零件不成套或投料过多等不良现象。

3）生产周期法

生产周期法根据产品生产周期进度表及合同规定的交货期，在生产能力综合平衡的基础上，编制出各项订货的综合产品生产周期进度表，并从中摘取各车间的投入时间和产出时间。对于单件小批量生产的企业，其生产作业计划的编制方法主要是生产周期法。由于单件小批量生产方法不重复生产或不经常重复生产，因而不规定在制品占用额，并且，单件小批生产的企业不必规定编号，因而不宜采用在制品定额法或累计编号法编制生产作业计划。这类企业组织生产时，各种产品的任务数量是接受订货的数量，不需进行调整。所以，编制生产作业计划要解决两个方面的问题：一是保证交货期；二是保证企业在生产车间相互衔接。在编制作业计划时，首先是根据接受顾客订货的情况，分别安排生产技术准备工作；其次是根据合同规定的交货期，采用网络计划技术及相关技术，为每一项订货编制生产周期进度表；最后是进一步调整平衡后，编制日度作业计划，正式确定各车间的生产任务。

### 8.2.2 生产作业的业务流程与分析

在不同管理类型的企业中，生产作业流程经常是不一样的。比如流程型的化工企业与离散型的制造企业、汽车制造企业与电视制造企业、生产汽车轮胎的企业与生产汽车发动机的企业等，它们各自的生产作业流程的外在表现形式显然是不尽相同的。但是，从管理实质上来看，不同行业、不同类型的企业的生产作业计划却有许多相似的地方，其主要生产作业内容非常一致。例如，生产作业计划之后是生产作业计划的实施、生产作业实施之后的成果进入到库房或销售环节中。因此，常见的生产作业流程如图 8.3 所示。

从图 8.3 所示的生产作业流程图来看，整个生产作业流程的起点是 MRP。MRP 的结果包括了生产作业计划。生产作业计划是一个操作层面的实施计划。生产作业计划的落实需要经过生产作业技术准备工作环节。紧接着就需要执行一个重要的判断，明确制定生产作业计划依据的生产作业环境和条件是否与当前实际的生产作业环境和条件相一致。只有当计划和实际环境情况一致或基本一致时，工作才可以继续进行，否则就要返回，重新制定生产作业计划和进行生产作业技术准备。对生产作业计划进行确认以后，生产作业计划下达生产订单。系统根据下达的生产订单情况，对订单任务进行生产作业排序，给出派工单。在执行生产作业过程中，为了确保生产过程能够按照计划顺利执行，需要及时采取合理的作业调度措施，监控异常事件的发生，控制好在制品的数量，做好数据采集工作，提供有价值的生产统计数据。当生产作业完成后，经过检验，对合格的产成品办理入库手续。最后，对整个生产作业过程的计划投入和实际产出进行分析，找出生产过程中存在的各种问题，以便在今后的生产作业中改进。

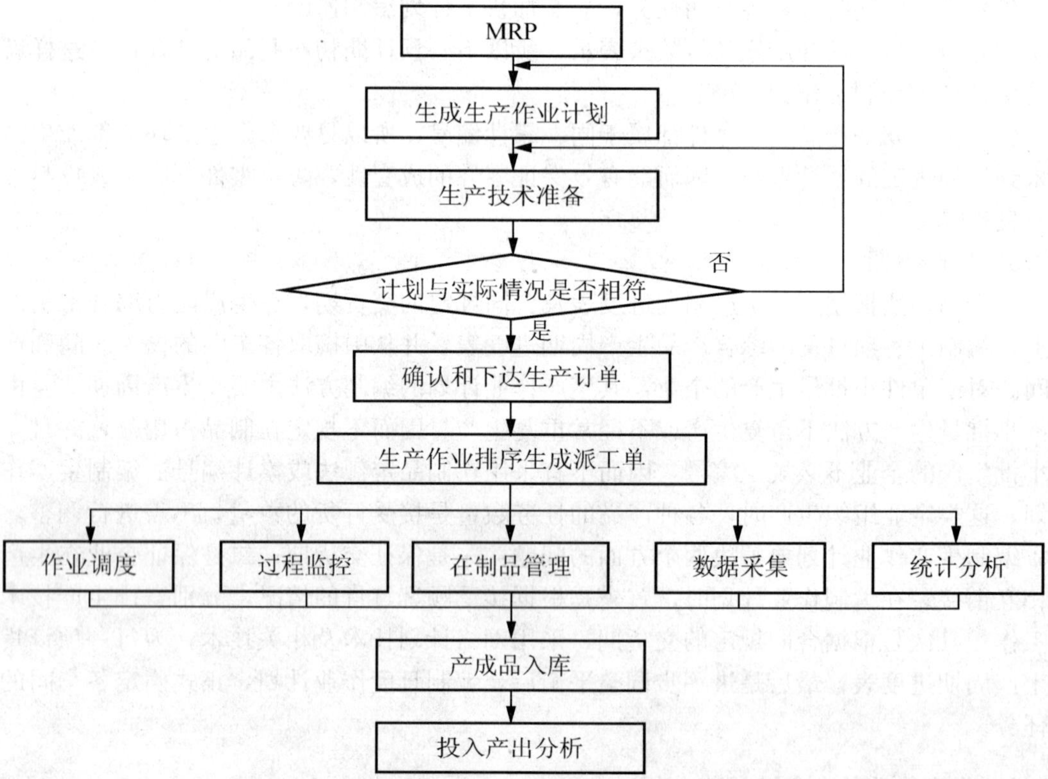


**图 8.3　常见的生产作业流程**

**小知识**

离散型生产是指不同的物料经过各种方式，通过不同路径，生产出不同物料或产品的生产类型。按照产品的特征划分，生产类型可以分为单件生产、小批量生产和大批量生产。流程型生产是指物料经过混合、分离或化学反应，连续地通过相同路径，生产出最终产品的生产类型。此类生产过程中的每一阶段或加工环节都可以加入新的成分或改变外部生产条件从而生产出新产品，如联产品或副产品。联产品是指两个或多个在相同生产过程中生产出的等值的最终产品，它们具有相同的利用价值，如禽类加工厂生产的肉、腿、翅等。副产品是指生产过程中产生的具有残余价值的产出品，如禽类加工厂中的羽毛等。

## 8.3　生产作业的控制

生产作业控制指确保生产作业能按照生产作业计划稳定执行的各种有效方法和措施。具体包括生产作业监控、生产作业调度、生产作业数据采集和生产作业统计分析等。

### 8.3.1 生产作业监控

生产作业监控用于监控生产过程中发生的各种异常现象，这些异常现象有可能对生产作业活动的稳定进行产生影响。常见的生产过程异常现象如下。

(1) 机器故障导致无法进行正常的生产作业。

(2) 工装工具或加工设备的原因导致加工件不合格数量增加。

(3) 人员操作失误导致加工件不合格数量增加。

(4) 物料不合格导致加工件不合格数量增加。

(5) 生产作业现场管理混乱导致大量加工件损坏或丢失。

(6) 设计更改或工艺方法调整导致生产作业大规模停滞。

(7) 物料浪费严重导致现有库存物料不能满足加工需求。

(8) 关键加工人员缺勤导致加工物料的关键环节操作被迫停止。

(9) 突发停水停电事件、突发人员冲突事件、或突发人身伤亡事故，导致生产作业停止等。

以上这些生产过程中的异常现象都会导致正常的生产作业活动无法得到有效的实施。

### 8.3.2 生产作业调度

生产作业调度是指组织、指挥、控制和协调生产作业计划的工作，确保生产作业活动有序进行的方法。生产作业调度以生产作业计划为依据，生产作业计划要通过生产调度来实现。生产作业调度的必要性是由企业生产活动的性质决定的。生产作业调度往往与生产作业监控关联在一起。现代工业企业生产环节多，协作关系复杂，生产连续性强，情况变化快，某一局部发生故障或某一措施没有按期实现，往往会波及整个生产系统的运行。采取各种合理、有效的生产调度措施可以及时解决生产作业监控中发现的各种异常问题，确保生产过程的顺利进行。常见的生产调度措施如下。

(1) 对机器设备进行定期维护和及时维修。

(2) 对加工手段进行实时调整或更换。

(3) 对操作人员进行教育培训。

(4) 确保物料的质量。

(5) 制定和修改各项规章制度。

(6) 提高设计质量，实施成组技术。

(7) 紧急采购、采用替换物料等。

(8) 尽可能地通过加工手段确保加工质量。

(9) 人员不足时可考虑加班、加点以及外协的方式。

(10) 加强生产安全教育，严格安全操作规程。

加强生产作业调度工作对于及时了解、掌握生产作业进度，研究分析影响生产的各种因素，根据不同情况采取相应对策，使差距缩小或恢复生产作业的正常运行是非常重要的。

**小知识**

成组技术 GT(Group Technology)从制造工艺领域的应用开始，逐步发展成为一种提高多品种、中小批量生产水平的生产与管理技术。从广义上讲，成组技术就是将许多各不相同，但又具有相似性的事物按照一定的准则分类成组，使若干种事物能够采用同一解决方法，从而达到节省人力、时间和费用之目的。长久以来，人们从经验中认识到，把相似的事物集中起来加以处理，可以减少重复性劳动和提高效率。成组技术可定义为：将企业生产的多种产品、部件和零件，按照一定的相似性准则分类成组，并以这种分组为基础组织生产的全过程，从而实现产品设计、制造和生产管理的合理化及高效益。成组技术的核心和关键是按照一定的相似性准则将产品零件分类成组。

### 8.3.3 生产作业数据采集

数据采集是进行生产统计分析的前提和基础。在进行生产作业数据采集时，需要明确5个问题：采集数据的手段是什么？采集的数据对象是什么？采集数据的频率是多少？采集数据的详细程度是多少？谁负责采集数据？

(1) 采集手段。采集手段有手工采集方式、计算机采集方式和混合采集方式3种。在手工采集方式中，通常使用表格、卡片、台账和票据等记录生产作业数据，然后对数据进行汇总、统计和分析。在计算机采集方式中，利用扫描器、磁性笔和光控传感器等手段采集数据，并进行自动汇总和分析，数据的采集和处理全部是自动完成的。而在混合采集方式中，生产作业数据采集是手工采集和计算机采集方式混合完成，数据的处理是自动化的。

(2) 数据对象。采集的数据对象为生产数据，包括人工数据、物料数据、生产作业数据、质量数据和财务数据。其中人工数据涉及人员数量和考勤情况，物料数据说明物料接收、发放、存储和移动的状况，生产作业数据说明生产作业的数量、工序时间和加工手段等状况，财务数据说明生产作业定额、成本核算方式等。

(3) 采集频率。即数据采集频率，指采集数据间隔的时间。采集频率各个企业有各自不同的设置。如果企业生产作业环境变化比较大，应采用高频率采集方式，比如每天或每周进行数据采集。反之，则采用低频率采集方式，比如每月采集一次。现在，以计算机辅助管理的ERP系统中，常常采用高频率数据采集的方式，以便能对生产作业环境的变化给出一个相对准确的判断。

(4) 数据的详细程度。它又称为数据粒度，数据采集的频率越高，得出的生产作业状况越详细，即数据粒度越小，生产作业中的问题越容易及早暴露。反之，生产作业中的问题就越晚展现。

(5) 数据采集的责任人。从ERP使用现况看，数据采集的责任人有两类。一类属于直接采集数据人员，主要采用分散式采集方式收集数据，如加工人员采集生产作业数据，质量检验人员采集质量检验结果数据等，这些都是最及时、最有效的数据；第二类是设置数据管理的人员采用集中式采集方式采集数据，数据管理人员负责采集相应数据采集点中产生的各类生产作业数据。

### 8.3.4 生产作业统计分析

理想的生产现场是整个生产作业都按照生产作业计划有条不紊地进行。事实上，这种理想的生产现场是很难得到或保持的，生产作业过程中总是会出现这样或那样的问题，生产管理人员必须及时处理这些问题。按照问题的表现形式，可以把生产作业过程中出现的问题分为两大类：一类是已出现的问题；另一类是未出现但已潜伏的问题。解决已经出现的生产作业问题相对容易，这也是生产管理人员的责任。但是如何发现生产作业过程中潜伏的问题，如何及早地采取措施，使问题在初期就得到解决，却是非常不容易的。

生产作业统计分析是帮助生产管理人员及早发现生产作业过程中各种潜伏问题的重要工具。在生产作业统计分析中，有许多有效的方法，最经常使用的一种方法是投入/产出分析。

投入/产出分析是衡量能力执行情况的一种方法，它通过对计划投入和实际投入、计划产出和实际产出的比较，分析生产作业中潜伏的各种问题，以便采取相应的措施解决这些问题。例如，在摩托车后轴的加工过程中，如果计划投入大于实际投入，则表明加工件到达加工地点有时间延迟；如果计划投入小于实际投入，则表明加工件提前到达了指定工作中心；如果计划投入等于实际投入，则表明加工件按照作业计划准确到达指定的工作中心。在这种分析中，无论是加工件提前到达还是延迟到达，都是生产作业过程中某些问题的表现形式。对这些问题应该深入分析其原因，有可能是定额时间不准确，有可能是机器设备故障，也有可能是操作人员的水平不一样。

表 8－3 是一个典型的投入/产出分析报告。在该分析报告中，计划投入表示该工作中心计划订单与已下达订单需要的工时，实际投入表示该工作中心实际接收的任务工时，累计投入偏差表示实际投入与计划投入之间的差距。累计投入偏差为负值，表示实际投入不足。计划产出表示计划完成的工时，实际产出表示该工作中心实际完成的工时，累计产出偏差表示计划产出与实际产出之间的差距。根据这里列出的数据可以看出，该工作中的任务不饱满，完成任务的效率比较差。应该根据具体的生产作业环境分析产生这种现象的原因，并采取合理的措施解决当前存在的问题。表 8－4 总结了对计划和实际投入与产出对比的常见结果。

**表 8－3　投入/产出分析报告**

工作中心编码：WG893　　工作中心名称：数控加工中心　　报告日期：20120815

能力数据：150 小时　　投入允许偏差：20　　产出允许偏差：20

| 时段 | 1 | 2 | 3 | 4 | 5 |
|---|---|---|---|---|---|
| 计划投入 | 150 | 150 | 150 | 150 | 150 |
| 实际投入 | 150 | 140 | 135 | 150 | 140 |
| 累计投入偏差 | 0 | －10 | －15 | 0 | －10 |
| 计划产出 | 140 | 140 | 140 | 140 | 140 |
| 实际产出 | 140 | 130 | 135 | 140 | 135 |
| 累计产出偏差 | 0 | －10 | －15 | －10 | －15 |

表 8-4　投入与产出对比的常见结果

| 项目 | 关系 | 项目 | 说明的问题 |
|---|---|---|---|
| 计划投入 | > | 实际投入 | 加工件推迟到达 |
| 实际投入 | > | 实际产出 | 在制品增加 |
| 计划产出 | > | 实际产出 | 生产落后 |
| 计划投入 | = | 实际投入 | 加工件按计划到达 |
| 实际投入 | = | 实际产出 | 在制品数量不变 |
| 计划产出 | = | 实际产出 | 准时生产 |
| 计划投入 | < | 实际投入 | 加工件提前到达 |
| 实际投入 | < | 实际产出 | 在制品减少 |
| 计划产出 | < | 实际产出 | 生产超前 |

## 8.4　ERP中的生产作业计划

生产作业包括了许多复杂的活动，保持企业的整个生产作业处于平滑、稳定、连续和高效非常不容易，需要耗费大量的调度、协作、监控、分析和决策等管理活动。生产作业的复杂性通过管理工作的多样性和复杂性充分表现出来。因此，在 ERP 系统中，生产作业管理系统的实现也是比较复杂的。作为 ERP 系统中的核心系统，生产作业管理系统与 ERP 中其他多个子系统相关联，如图 8.4 所示。MRP 生成的生产作业计划是生产作业管理系统的起点，基础数据管理系统为生产作业管理系统提供产品结构、工艺路线和工作中心等用于加工、装配的基础数据，生产工具和设备的状况由设备管理系统完成，生产作业人员的考勤、分工、考核、培训等工作由人力资源管理系统来支持，生产作业需要的原料、毛坯及电子元器件等由库存管理系统提供，部分物料的加工借助采购管理系统来完成，生产作业过程中零部件的质量保障活动由质量管理系统来控制和管理，成本核算和分析由成本管理系统来负责。

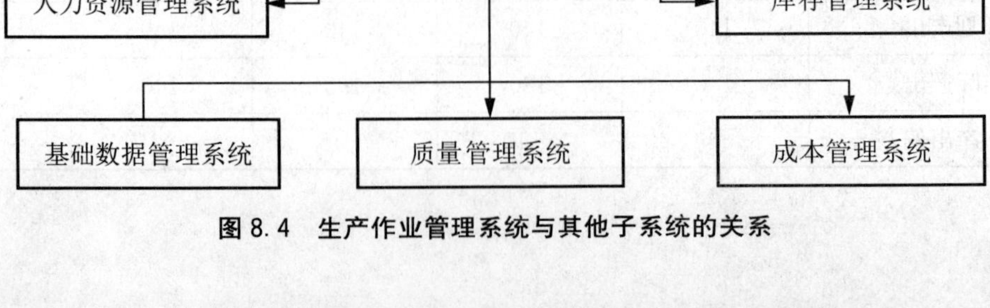


图 8.4　生产作业管理系统与其他子系统的关系

生产作业管理系统有时也被称为生产管理系统、车间管理系统、车间作业管理系统或工单管理系统等。也有些人认为，生产作业管理包括了离散型生产作业管理和流程型生产作业管理，但是车间作业管理则仅仅指离散型生产作业管理。

## 本章小结

本章通过ERP中生产作业计划的实际应用效果的案例介绍，引出生产作业计划的相关内容。主要讲述了以下内容。

(1) 介绍了生产作业计划的概念、特点及其目标，明确了生产作业计划是把企业全年的生产任务具体地分配到各车间、工段、班组以至每个工作地和工人，规定他们在月、旬、周、日以至轮班和小时内的具体生产任务，从而保证按品种、质量、数量、期限和成本完成企业的生产任务。

(2) 介绍了生产作业的流程，生产作业主要包括生产作业计划、生产作业技术准备、生产任务和加工订单以及生产作业排序和派工单。生产作业内容、数量、日期安排和需要的加工手段等为生产作业的各项活动提供了基础。生产作业技术准备用于明确工作内容、核实当前能力、解决出现的问题、确认生产作业计划以及落实各项技术准备工作。加工订单的产生表明生产任务具有可行性。某个时段，当多个生产作业到达同一个工作中心加工时，需要对这些作业进行排序，确定作业的优先级，保证作业按期完成。派工单有用作生产指令、控制在制品数量、检查生产进度、核算生产成本作凭证等作用。

(3) 介绍了3种编制方法：在制品定额法、累计编号法、生产周期法。应根据生产企业的生产类型、生产组织形式、产品和生产作业对象的不同，选择合适的编制方法。为了确定组织执行生产进度计划的工作得到落实，做好生产作业的控制工作是非常重要的。企业通过生产作业的监控和调度保证产品的质量，避免因某一局部发生故障，或某一措施没有按期实现而影响到整个生产系统的运行。

(4) 生产统计分析用于改进企业管理的各项基础性工作。对一个企业来说，生产统计分析工作做得好与差，将直接影响到企业的整体运作。为防止生产作业计划的执行结果与额定标准产生偏差，应严格执行生产作业计划的监控，及时发现偏差，分析偏差原因，及时采取措施纠正偏差，才能保证生产作业计划的圆满完成。

(5) 生产作业管理系统与ERP中其他多个子系统相关联。MRP生成的生产作业计划是生产作业管理系统的起点。生产作业计划管理系统的人力、财力分别由人力资源管理系统和成本管理系统支持。生产作业管理系统的物力则由基础数据管理系统提供生产所用数据；设备管理系统保证生产工具和设备的状况；库存管理系统和采购管理系统支持所需原材料。生产作业过程中零部件的质量保障活动由质量管理系统来控制和管理。

## 思考练习

1. 选择题

(1) 生产作业计划属于企业的(　　)。

A. 核心战略　　B. 总体战略　　C. 经营战略　　D. 职能战略

(2) 适用于大量大批生产类型的生产作业计划编制方法是(　　)。

A. 累计编号法　　B. 生产周期法　　C. 提前期法　　D. 在制品定额法

(3) 能够加快生产计划编制速度的编制方法是(　　)。

A. 累计编号法　　B. 生产周期法　　C. 提前期法　　D. 在制品定额法

(4) 投入/产出分析时显示实际投入>实际产出，则表示(　　)。

A. 生产落后　　B. 加工件提前到达　C. 在制品增加　　D. 准时生产

2. 填空题

(1) 按照产品的特征划分，生产类型可以分为(　　)、(　　)和(　　)。

(2) 确定生产作业的编制方法，取决于生产企业的(　　)、(　　)和(　　)。

(3) 生产作业中的数据对象包括(　　)、(　　)、(　　)、(　　)和(　　)。

3. 问答题

(1) 生产作业计划是什么？其任务是什么？

(2) 简述生产作业技术准备的步骤。

(3) 什么是加工单？什么是派工单？分别简述其作用。

(4) 常用的生产计划编制方法有哪些？分别适用于哪些企业？

(5) 什么是成组技术？在企业中有哪些应用？

(6) 阐述生产作业管理系统与ERP中其他子系统的关系。

## 实训拓展

阅读拓展

**ERP拓展阅读8-1**

### ERP：详细生产计划不可逾越的鸿沟

在企业的信息化管理过程中，只要将大量完整的数据信息以及管理人员长期以来积累的丰富经验信息都系统地输入到ERP系统当中，就能够达到人和系统合二为一的至高境界，从而产生详细到可以直接实施的生产计划，这是ERP应用的最佳境界。而实际工作中，企业总是希望自动得到尽可能详细的作业计划，却往往忽视了自身的基础管理工作。ERP在这方面遇到的所谓真正的技术瓶颈主要在企业本身，企业需要向系统输入大量的管理信息，包括把人脑的经验量化，来作为运行的基础，企业还要保证当条件、环境变化时，数据维护的及时和准确。这一问题最终导致了企业在自认为最需要的详细作业计划方面反而最薄弱、最无所作为。面对这样那样的问题，他们不去查找自身原因，经常把罪过推到ERP身上。一个非常有趣的现象是无论企业ERP软件搞得如何如火如荼，似乎生产调度人员都漠不关心。车间里或者生产线上的生产作业计划、生产过程的调度和管理仍然是在用最原始的那种管理方式，他们所做的，仍然是在拍脑袋，进行随意的生产组织和协调。结果，表面风风火火的ERP与企业的核心运转过程发生了断阶，就生出了一大堆问题，这些问题反过来又成为企业向ERP发难的炮弹。

企业生产调度对对企业最底层的生产资源——人员、设备、场地等比较熟悉，却在进行生产安排时却不走ERP系统，而在进行体外循环，由两个不同的系统得出的数据无论如何也不可能吻合，更不能以一套系统的数据去衡量另一套系统的数据是否准确。只有将那些全面的基础数据输入后，ERP 系统才能将控制的触觉伸向更深的层次。

难道详细的生产计划是 ERP 系统不可逾越的鸿沟吗？答案是否定的。一般来说，生产作业计划越详细，它给出的信息越丰富、越有价值，相应计算起来也就越困难，ERP 系统需要占有的资源也就越多，数据量越大，对企业的基础管理水平要求也就越高。如果生产作业计划粗略，越接近主生产计划，信息越少、价值就越低，对企业的管理水平要求也越低。

至此，也许有人会提出建立生产模型，让软件接受企业的详细生产过程，这项工作很麻烦，但也并非无法完成。对于一个 ERP 生产调度系统，如果很顺利输入了某企业的全部生产细节，就能够计算出一套生产作业计划，打印成一份给所有生产资源安排工作的作业计划。

再假设由一个有经验的生产组织者来评测这个 ERP 计划系统是不是可用的，他通过逐一检查每个工序的时间安排，看它们之间的次序和逻辑关系是不是符合企业生产工艺的逻辑关系要求；其次，他会观察这个计划中对每个资源的安排是不是合理，有没有类似于一个时间同时做两种工作这样的冲突情况发生；最后他要看在计划时间内物料能不能供应得上。当断定这些都没有问题了，他必须承认：这个计划已经是一个“可行”的计划了，也就是说，照此计划一定可以完成生产任务。但是，即使 ERP 系统工作做得如此细致，还往往会招致更大的麻烦。有经验的生产组织者根据自己习惯的做法，也手工制定了一个作业计划，确实在实际过程中也是执行过了，最后他把这两个计划一对比，发现问题了。如手工的计划可以 8 个小时完成全部工作，而计算机的计划需要 9 个小时。或者手工计划可以在 8：00 完成而计算机的计划要在 9：00 点完成。这是什么原因呢？其实，从本质上看，出现这样的问题是因为计算机和人并不占有相同的资源，计算机对某几个工序的顺序安排虽然可行但是不合理，而生产组织者根据长期经验早已清楚此时安排工序应该哪个先、哪个后，哪些工步并行比较好，哪个操作者比较熟练，哪个周转器具可以减少周转时间等，他可以灵活运用各种办法，从中找出人、机、料、法、环、测的最佳组合，结果可以得到用更短时间完成的计划。这是一种优化安排，而计算机搜索完所有的数据库也找不到这种安排方法，所以计算机给出的是一个“可行”的，但是“不好”的计划。理想中计算机应自动计算出一个比手工计划更好、更优化的排产方案结果，指导人如何工作，这样的软件才能体现出 ERP 的威力。否则，不能满足最优化排程的 ERP 在企业生产中还是无法代替手工。而另一方面，生产排程变数太多，人的能动性又起很大的作用，不同的工作环境、不同身体状态、不同的思想环境下人的工作效率也是不一样的。生产组织也非常细致和艰苦，组织者要告诉操作者如何做、做多少、然后转移到什么地方，下道工序如何接头等，漏掉任何一个细节都有可能把时间白白地浪费掉。

在以上案例中，生产组织者不仅仅占有了经验，还占有了与工人之间的融洽关系，取得了天时、地利、人和的优势，这对生产力的提高是大有余地的。特别在人的主动性占主导地位时，如果允许超产或欠产，生产任务完成的时间是有弹性的，也确实是不好把握的。

所以当人们不可能及时维护好计算机系统的参数，把所谓定性的数据转化成定量的计算机能够识别的数据时，计算机系统也就不可能动态地进行详细的生产计划编制。生产调度和详细生产计划是紧密联系在一起的，就像理论和实践的关系，相互作用，相互提升，这才是 ERP 系统能够有一个准确严谨的详细生产计划的关键所在。

一个企业的生产调度人员首先要对该企业的生产工艺流程熟记于心，也就是了解企业到底是怎么进行生产的，包括其中每个细节，这是当一个生产调度员最基本的素质条件。ERP 要想干同样的事情也必须达到同样的前提条件：清楚了解企业究竟是怎样进行生产的，每个细节都不能差！否则，就没有可比性。ERP 系统需要的基础数据除了物料，还有工序、资源、时间、逻辑关系、技术参数、成本等等错综复杂的生产信息，只有在这些信息都足够的情况下，才能得到相同的结果。ERP 能量究竟如何释放，在这时似乎找到了答案。详细的生产计划只是一个计划而已，若刻意地花费很大的精力是否有必要值得考虑，不要在追求详细的生产计划这个问题上误入歧途。

资料来源：中国品牌网，2012 年 8 月 15 日

# 第 9 章

# 人力资源管理

## 学习目标

通过本章的学习，读者应该能够：

（1）掌握人力资源及人力资源管理的含义；

（2）了解人力资源管理的主要内容；

（3）掌握人力资源管理的流程；

（4）熟悉人力资源在 ERP 中的应用。

## 知识结构

本章的知识结构如图 9.1 所示。

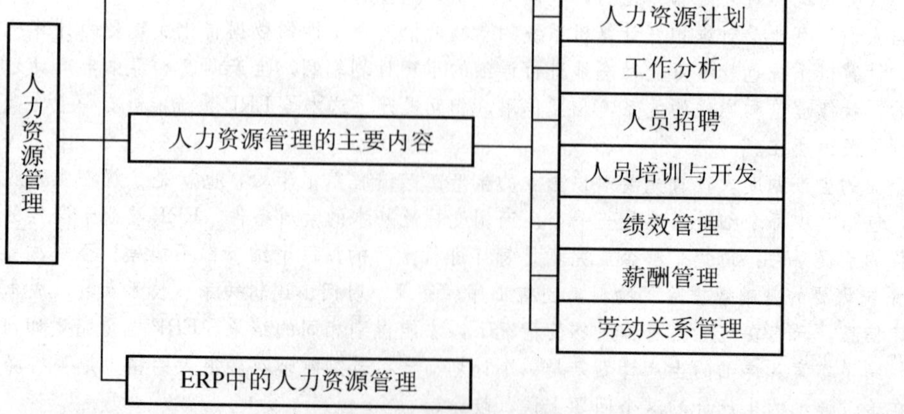


图 9.1 本章知识结构图

## 导入案例

### IBM 后继有人

想当元帅的士兵必须在一个能为他提供成长环境的军队里面。IBM 就是这样一个能够培养“元帅”的军队。IBM 规范的人才培养计划是成就 IBM 百年不变的辉煌的强大力量。

企业的“人才新干线”是为了全方位打造企业领导力的后备军而设置的。它从质和量上均衡发展接班人队伍，保证其人才生命周期生生不息。IBM 后备力量的发展是从两个基本层面着手的。一个是从 IBM 中国四千多人的员工队伍中选出 15%～20%的有突出表现和发展潜力的顶尖人才。一个是领导梯队，通过“长板凳接班人计划”确认每一个关键性职位未来 3～5 年的接班人，并有针对性地制定培养计划。

从人才生命周期规划、识别、吸引到雇佣、融入、培育、激励、保留，不合格的则放弃，IBM 人才新干线计划是一个超越执行层面的单点计划，全面地应对企业对人才的全盘需求，并实现人才发展的每个环节的连贯性。

以“长板凳接班人计划”为例。这个“长板凳计划”是指，IBM 每个主管级以上的员工在上任伊始，都有一个确定接班人的硬性目标需要完成。主管级以上的员工需要确定自己的位置在一两年内由谁接任，三四年内谁来接，甚至你突然离开了，谁可以接替你。主管级以上的员工确定接班人的目的是发掘出一批有才能的人。

每年 2 月，IBM 中国会要求每一个重要职位都提供出他的接班人，第一期是谁，第二期是谁。然后人力资源部的负责人会和 IBM 中国的 CEO 一起，结合 IBM 其他区域甚至总部的接班人计划来决定接班人在新的一年内的培养计划，作为未来升迁的考虑和依据。每年 IBM 大中华区人力资源部和 IBM 大中华区 CEO 要讨论的接班人数量为 40 多位。

IBM 人力资源部为这些明日之星提供的良师益友就是公司里的资深同仁，可以是在国内，也可以是在国外，有些类似国内工厂里的老师傅传、帮、带新人，把老人数十年的功力传承下来。

“长板凳”计划执行的基础是找出具有接班人潜质的优秀员工，这个流程在 IBM 有一个名字叫发掘新星 DNA。如果明日之星的“DNA”需要用另一种工作去擦亮，这时候 IBM 就会为其提供“换跑道”的机会使接班人的视野更高、更宽一些，即通过转岗增加其他经验。

IBM 对于人才梯队的培养可谓不遗余力。在 IBM 中国公司，每个同仁人均每年的培训费用在 3 000 美元左右。当然，这还不包括公司内部良师益友的付出。

正因为有足够大的接班人备选池，IBM 才能确保公司后备管理层不断裂，也才能不断培养出优秀的高层管理人才。

“无论你进 IBM 时是什么颜色，经过培训，最后都变成蓝色。”这是在 IBM 内部流传最广的一句话。

但是细看会发现，IBM 人的蓝色深浅不一，职位越高，蓝色越深越纯，人数越少，形成了一个规则的分层的“金字塔”。这个塔层结构造成一个自然的竞争机制，工作时间越长，员工和公司都更加了解对方，最终使员工的生涯发展与公司的业务发展成为一个互动和优化的状态。

IBM 相信员工都要从塔底往上走，其严谨的流程能把不同深浅的人配置到“调色板”最准确的位置上。

IBM 人才新干线从人才战略的高度，通过大量的创新实践，打造出人才快速发展的体系架构，为企业持续发展输送源源不断的后备军，提高了企业核心竞争力。

资料来源：新浪读书，2009 年 11 月 23 日

## 9.1 人力资源管理概述

伴随着管理理论的不断丰富和发展，现代人力资源管理的演进与发展大致经历了5个阶段。第一阶段是萌芽阶段，即产业革命阶段——18世纪末至19世纪末，特点是把人看成机器，忽视人性的存在，工人的工作环境极其恶劣，劳动价值低廉，对员工的管理是命令、强权式管理，企业一切以工作或生产为中心。第二阶段，即科学管理阶段——19世纪末至20世纪20年代，企业认为任何工作都存在一种最有效率、速度最快、成本最低、最合理的工作方式。管理者为劳动工具、操作方法和原材料等制定了一系列详细的标准，甚至规定了劳作时工人们行走步伐的大小和频率。人被看作只有经济需求的"经济人"，与其他机械一样，只不过是一种会说话的工具，并且都讨厌劳动，一有机会就会偷懒。这一阶段企业对工人的管理就是制定一些标准工作动作和流程，让监工站在一旁进行监督，管理的核心内容和主要任务，就是采用"胡萝卜加大棒"的办法来监控督促工人高效率地完成工作定额。该阶段的代表人物有泰罗、法约尔、韦伯等人。第三个阶段，即人际关系管理阶段——20世纪20年代至第二次世界大战。著名的霍桑实验发现，工人的生产效率除了受到环境和报酬的影响，还受到社会和心理因素的影响，特别是人的影响。要提高工人的生产效率和劳动积极性，就应当加强员工与员工之间，领导者与被领导者之间的交流与合作，给予员工更多的关怀和帮助。实验还发现，组织中除了正式组织外还存在非正式组织，工人对非正式组织有特殊情感和倾向，非正式组织对生产效率的提高有举足轻重的影响。第四个阶段，即行为科学管理阶段——第二次世界大战到20世纪70年代，企业以人际关系为出发点，对人员进行全方位开放式管理。该阶段对人的行为、社会现象和心理现象进行了大量的实证研究，注重对员工的正面激励，加强同他们的沟通与交流，建立一种和谐、信赖的人际关系，企业对员工的管理转向民主式管理，鼓励员工参与企业管理。这一时段是人力资源管理理论飞速发展的阶段，涌现出大量研究人员与理论成果，主要代表人物及理论有赫兹伯格的"激励－保健因素理论"、马斯洛的"人类需求层次理论"、麦格雷戈的"X－Y理论"等。第5个阶段，即人力资本管理阶段——20世纪70年代以来，这个阶段人力资源管理理论产生了新的飞跃，企业文化成为重要的组织行为理念，企业注重人力资本的经营，最大限度挖掘人力资源的潜能，人力资源管理的地位也得到极大提升，并成为企业战略规划不可或缺的部分。

随着知识经济时代的来临，人才成为企业最大的资本和核心竞争力的来源，人力资源管理在企业中的地位会越来越重要。

### 9.1.1 人力资源的概念

1. 人力资源的含义

人力资源(Human Resource，HR)是一种特殊而重要的资源，在现代的社会企业里已是一种不可或缺的资源。为了实现现代企业的战略计划和经营目标，认识并加强对人力资源的研究是现在企业资源研究的重要方向。"人力资源"最早出现在美国经济学家约翰·R. 康芒斯(John R. Commons)的著作《产业信誉》和《产业政策》中，因此他被称为第一个使用“人力资源”的人，但由于时代和环境的限制，当时约翰·R. 康芒斯使用的“人力资源”与现在说的人力资源存在很大的差别，他仅仅是使用了这个词而已。

1954年当代著名管理学家彼得·德鲁克(Peter F. Drucker)在其著作《管理的实践》中首先正式提出人力资源的概念，他认为人力资源与其他资源相比，唯一的区别就是它是人，人具有其他资源所没有的协调能力、融洽能力、判断力和想象力。当然把人看做一种资源，不能简单地从数量上来理解，也要考虑其质量，即体现在人所具备的知识、技能、经验、创造力等。随着时代的发展，人力资源越来越受到人们的重视，对人力资源的研究也越来越多，到目前为止，对于人力资源的含义，不同的学者有不同的解释，根据研究的不同角度，大致可以将人力资源定义分为两大类。

(1) 从能力的角度，认为人力资源是指包含在人体内的一种生产能力，这种能力能够推动整个经济和社会的发展，即人的体力，智力、心力、创造力以及劳动过程中形成的知识、技能、经验、态度、价值观等。这类观念主要侧重人力资源的质量。

(2) 从人的角度，认为人力资源是一定社会区域内具有劳动能力的适龄劳动力人口和非适龄劳动人口(这里所说的非适龄人口主要是指两类人，一类是低于劳动年龄而从事劳动的人，另一类是超过劳动年龄仍然在工作的人)的总和，这类观念主要侧重于人力资源的数量。

**小知识**

彼得·德鲁克(Peter F. Drucker，1909.11.19—2005.11.11，图9.2)1909年11月19日生于维也纳，1937年移居美国，终身以教书、著书和咨询为业。德鲁克一生共著书39本，在《哈佛商业评论》发表文章30余篇，被誉为“现代管理学之父”。

图9.2 彼得·德鲁克

2. 人力资源的特征

人力资源作为一种特殊资源形式，在企业生产经营活动中是无法被其他资源所代替的，因此人力资源具有其独特的性质，表现在以下几个方面。

1) 社会性

人力资源具有社会属性，它来源于社会中实实在在的自然人，因此不可能像其他一些自然资源一样，随着社会向前推动而不出现本质上的变化。人力资源在其形成过程中明显受到时代和社会因素的影响，在社会生产力、经济、政治、文化等发达的地区，人力资源整体质量情况明显较高。

2）主观能动性

主观能动性是人力资源区别于其他资源的根本性标志，人力资源在开发过程中具有自主意识能力，能够操控其他资源，而其他资源在开发过程中，完全处于被动的地位。并且人还具有思维，学习等能力，能够有意识地认识和改造客观世界。

3）可再生性

人力资源的可再生性表现在两个方面，一方面是指人的劳动能力不会因为人力资源的使用而减少，还能够再生出来，例如，劳动者的体力和精力因为工作而被消耗，但可以通过休息和补充营养恢复到原有的状态。另一方面是指人力资源的总体数量，随着社会的推进，人力资源不会因为持续使用和衰老而枯竭，反而是表现出可再生性，这种可再生性基于人口的再生性，即人类的繁衍。人类所拥有的文化知识与专业技能也会通过教育和学习而不断传承。

4）增值性

不同于其他自然资源，人力资源随着使用会不断地增值，表现在生产活动过程中就是经验越来越丰富，专业技能越来越娴熟，并不断积累，从而提高生产技术，改进管理方式，使人力资源的总体价值不断增加。另外，教育培训也是人力资源增值的主要手段。在实际生产活动中，企业通过教育培训使员工掌握更多的专业技能，以实现企业的具体需求。

人力资源是企业战略目标顺利实现的首要资源，是组织财富形成的关键因素。现代企业的生存是一种竞争性生存，人力资源自然对企业竞争力起着重要的作用。如何高效率利用人力资源是现代企业关注的重点方向，人力资源管理便是企业对人力资源实施的一种对人及相关活动的管理。

### 9.1.2 人力资源管理的含义

人力资源管理(Human Resource Management，HRM)是根据企业发展战略的要求，从企业内外部环境和人的特性出发，以充分发挥人力资源在企业资源系统中的特殊作用为目标，进行人员管理方面的政策制定及实践，即对企业中员工的招聘、培训、考核、调整、激励等一系列过程，为企业创造价值，确保企业战略目标的顺利实现。人力资源管理是企业应用现代管理方法，对人力资源的获取、开发、保持和利用等方面进行计划、组织、指挥、控制和协调等一系列活动，最终达到实现企业发展目标的一种管理行为。

人力资源管理与传统的人事管理存在很大的区别，传统的人事管理以事为核心，将人当作一种工具，注重的是投入、使用和控制，并且只限于人员招聘、选拔、工资发放、档案管理等较为琐碎的工作。而现代人力资源管理则以人为核心，将人看作是一种可以开发和增值的资源，是企业发展的首要资源，因此，人力资源管理注重人的关怀，并实现人与企业共同发展。人力资源管理与人事管理在企业中所处的地位也不同，传统的人事管理是相对独立的，只是某一职能部门的使用工具，常常被用来安置其他部门不能胜任的人员，更缺乏高层管理者的重视，但人力资源管理却截然不同，它已成为现代企业战略规划的重要组成部分，是企业竞争的重要资源。现代人力资源管理已远远超出人事管理的职能范围，它们之间的区别见表 9-1。

表 9-1 人力资源管理与传统人事管理的区别

| | 传统人事管理 | 人力资源管理 |
|---|---|---|
| 观念 | 视员工为成本负担 | 视员工为可以增值的资源 |
| 目的 | 保障企业短期目标的实现 | 满足员工自我发展的需要，保障企业长远利益的实现 |
| 模式 | 以事为核心 | 以人为核心 |
| 性质 | 战术、业务性 | 战略、策略性 |
| 地位 | 执行层 | 决策层 |
| 角色 | 例行、记载 | 挑战、变化 |
| 部门属性 | 成本部门 | 生产与效益部门 |
| 与其他部门的关系 | 对立、抵触 | 和谐、合作 |
| 与员工的关系 | 管理、控制 | 帮助、服务 |
| 对待员工的态度 | 命令式 | 尊重、民主 |

人力资源管理与人事管理也存在很大的联系，可以说人力资源管理是现代的人事管理，主要表现在两方面。一方面，人力资源管理是对人事管理的发展，是人事管理在现代社会的全新体现，虽然它的立场和角度完全不同于人事管理，可以说是一种全新视角下的人事管理，但它的发展是以人事管理为基础的；另一方面，人力资源管理又是对人事管理的继承，是从传统的人事管理演变而来的，人事管理的许多职能在人力资源管理中依然存在。

### 9.1.3 人力资源管理的目标和功能

对于人力资源管理的目标，不同专家学者有着不同的意见，以下概括出他们共同地认为人力资源管理可以实现的几个目标。

（1）保证企业人力资源需求的最大满足，即不存在企业人才荒、用工荒，当然也要保障企业不存在人员冗余，增加人工成本，造成资源的不必要浪费，即最大限度地实现企业人力资源供需平衡。

（2）最大限度地开发和管理人力资源，使企业员工的潜能能够得到最大程度的发挥，保证企业竞争力和可持续发展。

（3）在企业外部宏观环境允许的条件下，制定适合企业的相关政策和法令。

（4）保证企业战略目标顺利实现，满足企业利益相关群体的需求，这是人力资源管理的最终目标。

人力资源管理的功能是指实施人力资源管理能够做些什么，能为企业带来什么。人力资源管理各项的功能都必须围绕它的目标展开，人力资源管理的功能主要体现在 6 个方面：吸收、保持、开发、评价、激励以及调整，如图 9.3 所示。

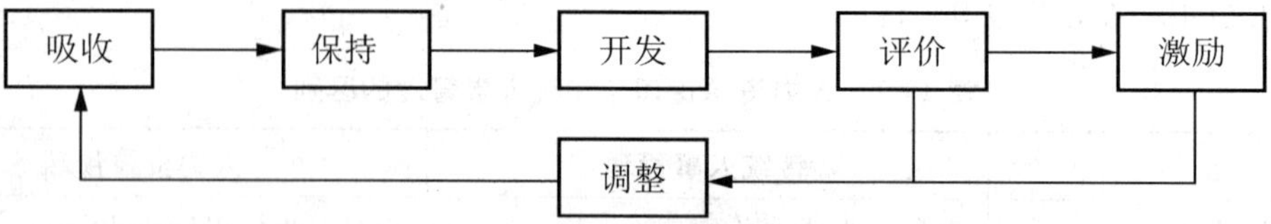


图 9.3　人力资源管理的功能

1）吸收

吸收功能是指为实现企业目标，满足其对人力资源的需求，运用科学的方法引入最合适的人员，通过对职位的测评，将适当的人员配置到适当的岗位。吸收功能是人力资源管理的基础，它为其他功能的实现提供了前提条件。

2）保持

保持功能是指使员工满意并继续留在本企业工作。企业通过教育培训以及创造员工实现个人需求的条件，使员工与企业具有一致的价值观，认同企业的文化，遵循企业理念，保持在企业继续工作，因此稳定了企业人员，使企业形成长久的竞争力，同时也降低了企业因为人员不断流动带来的成本开销。

3）开发

开发功能是指通过对员工的教育培训，使其掌握企业未来工作需要的知识、技巧及能力等，激发员工的潜能，实现人力资源的保值增值。开发功能是提高员工工作效率的首要手段。

4）评价

评价功能是指对企业员工的工作态度、业绩以及技能水平的考核与鉴定，是进行激励和调整功能的基础。

5）激励

激励功能是指企业为了促使员工保持积极的工作态度，创造优良的业绩而采取的增加薪酬、福利等其他奖励。同时激励功能还能增加企业的吸引能力，帮助企业招聘到优异的人才。

6）调整

调整功能是指根据评价结果，通过采取晋升、解聘、重新配置等人员调动手段，使员工的技能水平和工作效率达到职位的要求，对于不满足企业职位需求的员工予以辞退或者是进行教育培训。

## 9.2　人力资源管理的主要内容

人力资源管理的内容即实施人力资源管理活动时所涉及的工作范围，包括人事管理、工作分析、人力资源计划、人员招聘、人员培训与开发、绩效管理、薪酬管理、劳动关系管理八大基本职能模块。企业人力资源管理部门在日常活动中，通过实施这些职能来确保人力资源管理目标的顺利实现。

### 9.2.1 人事管理

人事管理是人力资源管理的基础工作，人力资源管理也是从人事管理发展而来的。凡是关系到企业员工本身、员工与员工之间、员工与企业之间的事务，都是人事管理的内容，包括人员招聘、调配与使用、职位管理、人事档案管理等一系列管理工作。

人员调配是人事管理活动中的一项经常性工作，由于工作的需要，或者是为达到在职培训的目的，或是考虑到员工自身条件以及家庭困难等原因，企业常常采取调动员工的工作岗位的措施。调配员工必须按照国家编制和人员结构要求，企业生产人员与非生产人员的合理比例以及学以致用、发挥特长的原则进行。

另外，人事档案管理是人事管理的一项重要工作，是在人事管理活动中形成的表格，用以记录和反映员工的经历和个人表现，包括员工的基本信息、学习经历、工作经历、个人特长和爱好等。人事档案表见表 9－2。

表 9－2　人事档案表

| | | | | | | |
|---|---|---|---|---|---|---|
| 姓名 | | 性别 | | 年龄 | | 照片 |
| 毕业学校 | | | 学历 | | | |
| 外语 | | | 水平 | | | |
| 职位 | | 职位级别 | | 职位种类 | | |
| 学习经历 | | | | | | |
| 工作经历 | | | | | | |
| 培训经历 | | | | | | |
| 任职记录 | | | | | | |
| 家庭情况 | | | | | | |
| 技能特长 | | | | | | |
| 兴趣爱好 | | | | | | |
| 签约合同号 | | | 终止合同 | | | |

**ERP 时事摘录 9－1**

## 企业内部晋升应注意的六大问题

企业内部晋升是组织管理和员工激励的有效途径，更是留人和用人的好方法，如何才能够招聘和选拔适合和恰当的人选，是人力资源实际工作的技能之一。现将以往工作经验和心得归纳为 6 个方面。

(1) 减少主观的影响。

从单位内部选拔人才，绝不是要主导者把眼光仅盯在整天绕着自己身边转的几个人身上，而是在全企业、各层次和范围内科学地考察和鉴别人才。

(2) 不要求全责备。

从单位内选拔人才时，决不要因为对员工过于了解面对他们求全责备；用其所长，注重晋升者能够做到什么，充分发掘其关键优势和特长才是着陆点。

(3) 不要将人才固定化。

不能用一个固定不变的模式来衡量人才，要唯才是举。只要能够为企业组织的发展和实际工作出谋划策，积极贡献力量者，都应在选择之列。

(4) 全方位地发现人才。

管理者可从员工的工作实践、部门推荐、员工档案、考核成绩等多种途径全方位地发现人才。通过多种路径考察了解人才的方方面面，最终选定适合之人。

(5) 要使工作合理化。

管理工作要上轨道，在弄清楚部门或某岗位因为什么原因，需要什么样的人才的基础上，才能进一步在每天的工作当中，从员工的工作表现、效率和品质中，通过深入了解去发现合适的人才，并给予适才适所的配置和任用。

(6) 人员录用是招聘的环节。

人员录用主要涉及选择之后一系列的有关录用的事宜，具体包括决定录用人员、通知录用人员、合同条款的变更或修订、员工的初始确认、试用、考察、正式录用等内容。所谓用适合的人做恰当的事，才能够达到事半功倍。笔者要提示的是，职位越高的内部招聘越要慎重，如何达到能位对应和尽快进入角色，应有一套操作指引和考核程序，保障组织内或部门不至于人员调动而产生对工作的影响。

资料来源：中国人力资源网，2010年5月28日

### 9.2.2 人力资源规划

1. 人力资源规划的含义

人力资源规划(Human Resource Planning，HRP)又称人力资源计划，是根据组织的发展战略和经营目标，用科学的方法对组织现有人力资源供给和需求给出相应的预测，并提出相应的平衡措施和解决方案，以应对组织内外部人力资源变化，使组织内部人力资源数量、质量和结构保持动态平衡，实现人力资源合理配置，降低组织人力资源的不稳定性，进而减少组织在人力资源方面的成本支出。

人力资源规划是人力资源管理的一项重要职能，在整个人力资源管理活动中占有重要地位，是各项人力资源管理活动的起点和依据。不断变化着的外部人力资源市场和内部环境必然会使企业定期进行员工的流入、流出。为保证企业在需要的时候能及时得到各种人力资源补充，企业在发展过程必然要有与其战略目标相对应的人力资源配置。

失败的人力资源规划不仅不能满足组织在人才方面的需要，也不能实现组织经营目标，从而使企业不得不重新考虑优化组织结构，提高员工作业效率，制定新的经营目标，最终导致企业原来的战略计划不得不改变。而对于绝大多数企业来说，这些改变导致的市场份额、订单数量、经济的损失是不能接受的，也是企业经受不起的。那么成功的人力资源规划对于组织来说，其重要意义又表现在哪些方面呢？

2. 人力资源规划的作用

(1) 人力资源规划有利于组织战略计划和经营目标的制定。

人力资源规划是组织发展战略的重要组成部分，同时也是实现组织经营目标的重要保

证。组织制订战略计划和经营目标时总要考虑自身的各种资源，特别是人力资源的状况，科学的人力资源规划对于企业尤为重要。人力资源规划要以组织的战略目标、发展规划和整体经营情况为依据，但反过来，人力资源规划又有助于战略计划和经营目标的制定，并可以促进战略计划和经营目标的顺利实现。

（2）人力资源规划保证组织在特定时期对人力资源的需求。

组织的生存和发展与人力资源的结构与数量密切相关，对于一个组织来说，人力资源的需求和供给的平衡不可能自动实现，因此就需要分析差异，并采取适当的手段调整差异，以满足组织对经验人员和人才的需求。由此可见，预测供需差异并调整差异，就是人力资源规划的基本职能，也是组织在特定时期对人力资源需求的重要保证。

（3）人力资源规划有利于人工成本的控制。

虽然人力资源对于企业来说具有非常重要的意义，但是它在为企业创造价值的同时也给企业带来了一定的开支，人力资源成本是企业总成本的重要组成部分，因此企业拥有的人力资源如果超出自身的需求，不仅会造成人力资源的浪费，而且会增加人工成本的开支。所以，通过人力资源规划预测企业人员的变化，逐步调整组织的人员结构，避免人力资源的浪费，使组织人员结构尽可能合理，企业就可以将员工数量和质量控制在合理的范围内，从而节省人工成本的支出，大大提高人力资源的利用效率，这是组织持续发展必不可少的环节。

（4）人力资源规划有助于激发员工的积极性和创造性。

人力资源规划不但要实现组织的目标，同时也要满足员工的个人需求，这样才能激发员工持久的积极性，因为只有在人力资源规划条件下，员工才可以看到自己的发展前景，对什么能够满足自己和满足水平才是明确的。当组织所提供的条件与员工自身所需求大致相符时，员工就会努力工作，追逐目标，尽他最大的努力实现自我，而与此同时，也推动了企业的发展。否则，在前途未卜和利益未知的情况下，员工的积极性、创造性将大打折扣，甚至会离开组织另谋高就。而人员流失特别是有才能的人员流失过多，是组织难以承受的，这必然会削弱组织的竞争力，使组织效率下降，从而进一步加速人员的流失，形成恶性循环。总之，组织和员工是相辅相成，紧密联系的，组织的发展离不开员工，而员工的知识才能和个人理想要依附于组织才能展现出来。

3. 人力资源规划流程

人力资源规划主要流程包括以下几个方面内容。

（1）明确企业的战略与人力资源战略。

（2）进行人力资源供给和需求预测。

（3）确定人员需求，制定人力资源规划方案。

（4）实施人力资源规划方案。

（5）人力资源战略与规划的评价和控制。

图 9.4 展示了人力资源规划的流程。

人力资源计划表见表 9－3。

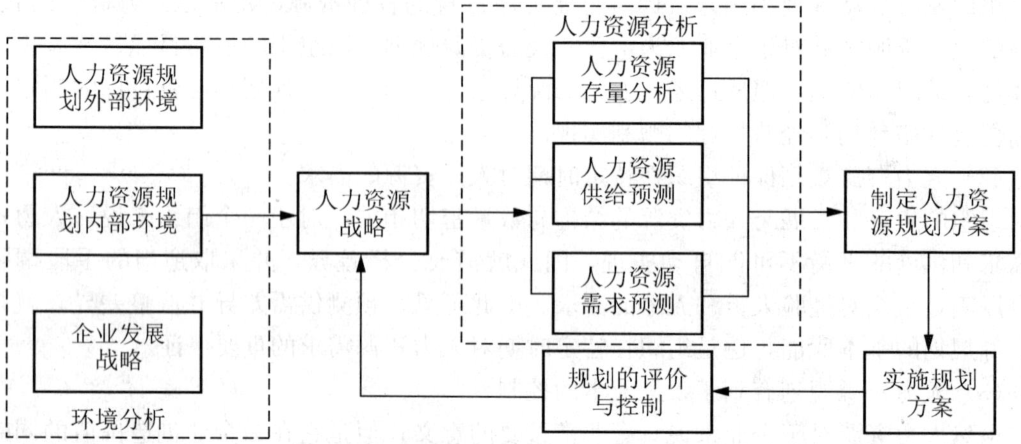


**图 9.4 人力资源规划流程**

**表 9-3 人力资源计划表**

| | | | | | |
|---|---|---|---|---|---|
| 计划时期 | | | | | |
| 计划目标 | | | | | |
| 当前环境分析 | | | | | |
| 未来环境预测 | | | | | |
| 计划内容 | 执行人 | 负责人 | 检查人 | 检查时间 | 预算 |
| | | | | | |
| | | | | | |

制定人/日期＿＿＿＿ 审核人/日期＿＿＿＿ 批准人/日期＿＿＿＿

人力资源计划方案实施后，人力资源部对实施的结果进行记录、追踪，制定人力资源计划执行表，见表 9-4。

**表 9-4 人力资源计划执行表**

| | | | | | |
|---|---|---|---|---|---|
| 计划目标 | | | 实际效果 | | |
| 当前环境分析 | | | | | |
| 未来环境预测 | | | | | |
| 内容 | 计划执行时间 | 实际执行时间 | 执行记录 | 预算 | 实际费用 |
| | | | | | |
| | | | | | |

### 9.2.3 工作分析

工作分析(Job Analysis)是指在工作职位明确的前提条件下，利用科学的手段和方法对各项工作的具体情况进行描述，包括该岗位特征、要求以及此项工作任职者的知识、能力和责任等。工作分析的最终目的是利用获取的信息制作工作说明书，为后续的其他人力资源管理活动服务。工作分析可以从两个方面进行：一是对岗位本身有的特点进行描述；二是对岗位上人的要求和职责说明。它包含两个方面的内容：一是工作描述；二是工作说明书。

工作描述是对工作环境、物质特点以及工作自身结构的说明，主要包括以下几个方面的内容。

(1) 工作识别项目，如职务名称、等级、所属部门、工资类别。

(2) 工作概要，包括工作任务、目的以及工作流程。

(3) 工作条件，包括完成工作所需的场所、设备、原材料以及专业技能。

(4) 工作环境，既包括工作的温度、湿度、照明情况等物理环境，也包括完成工作所涉及的人际交往、社会风俗文化以及工作群体等社会环境。

工作说明书又称职务描述，是工作分析最重要成果之一，主要是说明岗位的任务、责任与职权，建立工作程序和工作标准，让员工了解工作概要。工作说明书样例见表 9-5。

**表 9-5 工作说明书样例**

| | | | |
|---|---|---|---|
| 岗位名称 | | 岗位编号 | |
| 直属上级 | | 所属部门 | |
| 工资级别 | | 直接管理人数 | |
| 岗位目的 | | | |
| 工作职责 | | | |
| 工作权限 | | | |
| 工作关系 | | | |
| 岗位任职条件 | | | |

工作分析是实施人力资源管理其他活动的前提，是有效进行人力资源开发与管理的基础。工作分析形成的各项文件能够应用于人力资源管理以及整个企业管理的各个方面。工作分析在人力资源管理中的地位如图 9.5 所示。

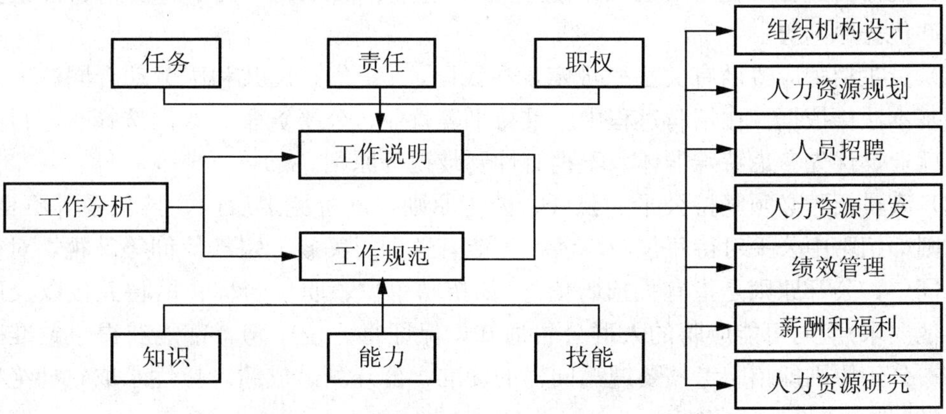


**图 9.5 工作分析在人力资源管理中的地位**

### 9.2.4 人员招聘

企业规模的不断扩大，原有员工的流失(包括不合格人员被辞退，超过劳动年龄老员工的退休以及各种原因造成的人力资源损失)都会造成组织职位的空缺。企业为了填补这些职位空缺并满足对人力资源的需求，就必须到外部人力资源市场进行人员招聘。人员招聘就是企业通过科学的方法招募、吸引外部需要工作的应聘者，并从中选出适合企业需求的人员。

人员招聘的主要流程包括制定招聘计划与策略、发布招聘信息吸引候选人、甄选、录用以及招聘工作评价。每一个过程都是一个关键决策点，如果应聘者达不到该决策点的要求就要被淘汰，只有通过了该决策点才能进入下一轮的选拔，至于每一轮的通过标准，不同的企业有不同的要求，要视企业的具体情况而定。人员招聘流程如图 9.6 所示。

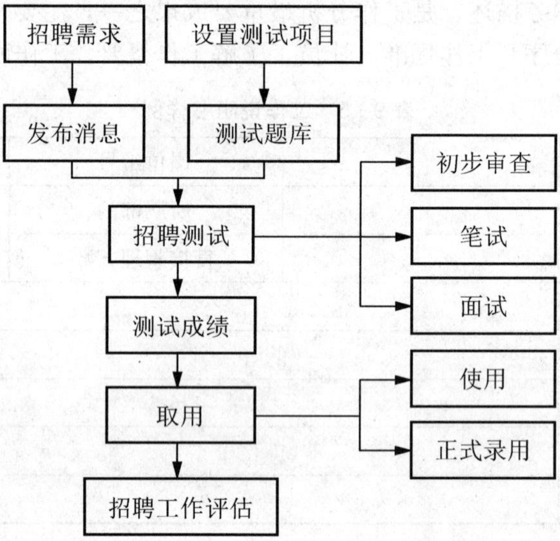


**图 9.6 人员招聘流程图**

为了提高招聘效率，招聘到符合企业需求的员工，光有一套科学的选人方法和技术是不够的，还需要遵循一定基本原则，这些原则包括合法原则、公平、公开、公正竞争原则、效率优先原则等。

(1) 员工招聘应遵循有关法律规定，在我国，《中华人民共和国劳动合同法》是员工招聘的基本法律依据。在招聘过程中应秉持平等就业、公平竞争、双向选择、不得招收未成年人就业、优先考虑特殊群体、不得有性别歧视等原则。

(2) 人员招聘必须坚持公平、公开、公正原则，以避免走后门、拉关系等不良之风。公平原则即招聘中公平对待每位应聘者，不能有性别、民族、宗教信仰等歧视，对待人才要一视同仁；公开原则是指有关招聘信息(如招聘单位、职位名称、招聘人数以及所需技能等其他要求)应向可能应聘的人群公告通知，保证每一位应聘者都能获得一致准确的招聘信息；公正原则即招聘考核要遵循同样的标准，公开测试成绩，择优录取，杜绝徇私舞弊现象。

(3) 企业不论采用何种招聘方式，都存在招聘成本，如招聘广告费、人力成本费等，这些都是不可避免的费用。效率优先原则就是在保证人员质量的同时尽可能地降低这些费用。

ERP 时事摘录 9-2

**2013 届毕业生求职难度增加硕士生签约率为 29%**

根据知名社会调查机构麦可思研究院的跟踪调查，受宏观经济形势影响，企业用人规模缩减，2013 届毕业生求职难度增加，有实习或工作经历者签约率较高。

本次调查从 2011 年 11 月 11 日开始，2013 年 1 月 11 日结束，共收回有效答卷 10 940 份。其中高职高专毕业生 3 439 份、本科毕业生 3 699 份、硕士毕业生 3 802 份。调查方式是挂网调查。结果显示，被调查的 2013 届高职高专毕业生签约率为 35%，低于上届同期 9 个百分点；本科毕业生为 38%，低于上届同期 8 个百分点；硕士毕业生为 29%，低于上届同期 7 个百分点。

调查表明，高职高专"有专业相关实习经历"的毕业生签约率为 43%、本科为 47%；硕士"有工作经历"的毕业生签约率为 35%。

从毕业生专业看，高职高专制造类专业毕业生签约率相对较高，本科和硕士工学专业毕业生签约率相对较高。高职高专毕业生签约率下降较快的专业为生化与药品大类、公共事业大类，本科为医学、经济学，硕士为农学、教育学、管理学。

目前签约人数最多行业是制造业，其次是电信及电子信息服务业。制造业目前仍是创造就业最多的行业，重要性不容忽视；同时，随着通信、互联网的技术提升和发展，相关服务产业人才需求旺盛。

资料来源：中国人力资源网，2013 年 2 月 16 日

### 9.2.5 人员培训与开发

人员培训与开发是指企业为了实现战略计划和经营目标以及满足员工个人发展需求而进行的有组织有目标的教育、训练活动，通过这些活动来提高员工的知识技能水平，激发员工的潜能。随着社会发展，员工需要不断掌握最新的科学技术，以满足企业发展需求。人员培训与开发能够确保员工按照预期标准和水平完成所承担或即将承当的工作和任务。

人力资源是一种可以增值和开发的资源。在竞争如此激烈的自由经济时代，研究和开发人力资源对组织的持续发展至关重要。人力资源开发是依据员工需求和组织发展目标对员工进行的一种面向长远的人力资源投资活动，主要培训与员工未来发展有关的知识，以使其达到未来企业某一职位的要求。

人员培训是企业应对组织内外不断变化的环境而采取的一项积极措施，不论是从经济上，还是时间上都是一项大的投资，对企业的发展尤为重要。因此，精心设计人员培训计划就显得十分重要。人员培训基本流程如图 9.7 所示，在人员培训中可以作为参考。

为了使人员培训结果能达到预期的效果，就必须选择合理的培训方法。人员培训方法有很多种，企业应根据培训需求、培训目的以及培训课程选择一种或两种为重点，再辅以其他培训方法。主要的人员培训方法有讲授法、研讨法、案例教学法、角色扮演法、工作轮换法、操作示范法、视听教学法、游戏法以及网上培训法等。

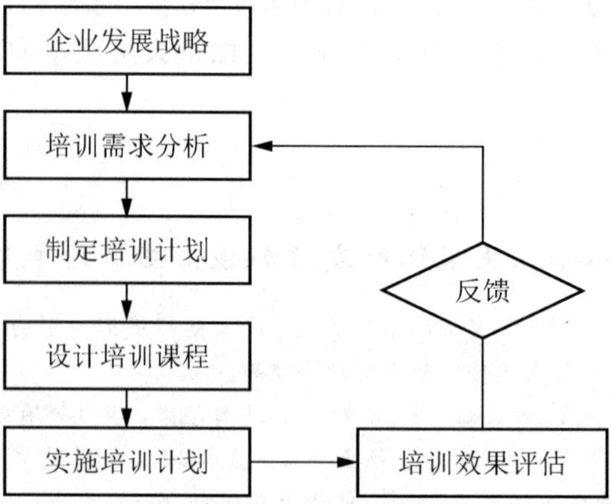


图 9.7 人员培训的基本流程

### 9.2.6 绩效管理

1. 绩效的含义

绩效也称业绩，反映的是人们在完成某一项任务时的工作行为、表现以及产生的成绩、成果。绩效的优劣不是取决于单一因素，而是受到激励、技能、环境和机会 4 种因素的综合影响。绩效是一个多维构建，在考察和评价一个员工时，要从多个维度、多个层面全面分析与考评。另外绩效还具有动态性，它不是一成不变的，而是会随着时间的推移和多种因素变化而变化，人力资源管理部门必须动态地，全面地看员工的绩效。

2. 绩效考核和绩效管理

绩效考核又称绩效评价、业绩考评，是管理者参照工作目标或绩效标准，采用科学的定性、定量考评方法，对员工的任务完成情况及其对企业的贡献和价值进行考核和评价，并将员工的工作职责履行程度和员工的发展情况以及评定结果反馈给员工的过程。绩效考核是企业管理强有力的手段之一，其结果直接决定职位晋升、奖金、出国培训等机会的分配，也可作为员工薪酬分配的依据。

绩效管理与绩效考核是两个不同的概念，绩效管理是指企业管理者和员工之间保持持续开放的沟通，共同参与组织或员工个人的综合素质、态度行为与工作业绩的分析和考核评定，并不断调动员工的积极性、创造性，提高员工综合素质以及改善组织行为的过程。

绩效考核通常使用 3 类技术，包括目标管理、关键绩效指标以及平衡记分卡。

(1) 目标管理是以目标为导向，以人为中心，以成果为标准，而使组织和个人取得最佳成绩的现代管理方法。目标管理亦称“成果管理”，俗称责任制，是指在企业个体职工积极参与下，自上而下地确定工作目标，并在工作中实行“自我控制”，自上而下地保证目标实现的一种管理办法。

(2) 关键绩效指标(Key Performance Indicator，KPI)是通过对组织内部流程的输入端、输出端的关键参数进行设置、取样、计算、分析，衡量流程绩效的一种目标式量化管理指标，是把企业的战略目标分解为可操作的工作目标的工具，是企业绩效管理的基础。

(3) 平衡记分卡是从财务、客户、内部运营、学习与成长4个角度将组织的战略落实为可操作的衡量指标和目标值的一种新型绩效管理体系。设计平衡记分卡的目的就是要建立"实现战略指导"的绩效管理系统，从而保证企业战略得到有效执行。因此，人们通常称平衡记分卡是加强企业战略执行力的最有效的战略管理工具。

在实践中，绩效管理是按照一定的步骤来实施的，这些步骤包括制定绩效计划、确定绩效考核标准和方法、绩效实施、绩效考核与评价、绩效反馈以及绩效结果的应用。绩效管理的一般流程图9.8所示。

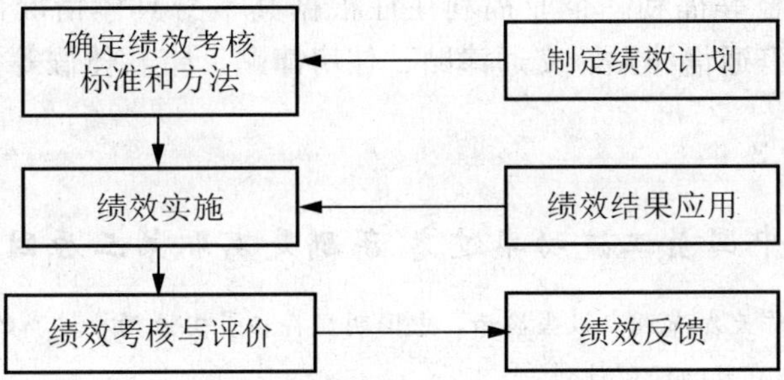


**图9.8 绩效管理一般流程**

### 9.2.7 薪酬管理

薪酬是企业对本单位员工为企业实现战略计划和经营目标所做贡献(包括劳动、精力、时间、技能、知识以及经验等)的一种酬劳或回报，是员工与企业劳动关系建立的基础。薪酬对企业来说既是使用劳动力的成本，也是用来交换劳动者劳动力的一种手段。薪酬对于经营者或管理者来说不仅是一种"保健因素"，而且还是决定员工工作态度和工作绩效的重要激励因素。薪酬对员工来说既是对个人工作能力和水平的承认，也是决定其生活质量和水平的重要因素。广义的薪酬包含经济类报酬与非经济类报酬两种形式，狭义的薪酬仅指经济类报酬。图9.9给出了广义薪酬的组成结构。

| 薪酬 | | | | | | | | | | | |
|---|---|---|---|---|---|---|---|---|---|---|---|
| 经济类薪酬 | | | | | 非经济类薪酬 | | | | | | |
| 基本工资 | 津贴 | 福利 | 收益或利润分享 | 股权激励收益 | 工作环境条件 | 荣誉尊严 | 工作性质 | 工作责任 | 个人发展机会 | 工作自由度 | 参与决策 |

**图9.9 工资组成结构**

薪酬管理是企业在经营目标和战略规划指导下，制定其薪酬水平、薪酬结构和薪酬形式，并结合实际中各种影响因素，实施薪酬调整和薪酬控制的整个过程。薪酬管理最主要的任务就是对企业的薪酬总额进行预算和监控，以维持正常的薪酬成本开支，避免给企业带来过重的财务负担，同时，还要激发员工的工作热情，不断提高工作绩效，高效率完成工作任务。

福利是薪酬构成中的一个重要组成部分，随着社会的发展，福利在全部薪酬中的比例越来越大，丰厚的员工福利已成为现代应聘者选择企业时考虑的重点内容之一。现代企业提供的福利有很多种，不同的企业可能会存在很大的差异，这要根据企业的具体运营情况而定，但最基本的员工福利是不能少的。员工福利包括法定福利和企业福利，法定福利包含养老保险、失业保险、工伤保险、医疗保险等社会保险以及公休假日、法定假日等法定假期，还有住房公积金等福利。企业福利往往根据其本身具体情况而定，没有统一的标准，常见的企业福利有通信津贴、交通津贴、住房津贴、带薪休假等多种形式。

**ERP 时事摘录 9－3**

**中国员工流动率过高 薪酬是离职第三原因**

"招聘专家"瀚纳仕昨天发布调查报告显示，中国明显存在员工流动率过高的问题，但部分雇主仍未对其给予足够重视，实施有效的保留计划。

瀚纳仕对900多位应聘者和客户进行调查后发现，中国三成以上或35%的应聘者在2～4年内会换新工作，而14.5%则不到两年就换新工作。缺乏职业发展前景(34.9%)是促使应聘者寻找新工作的最主要原因。第二个主要原因是想要追求全新的挑战(22.3%)。薪酬是应聘者选择离职的第三大原因，有13%的应聘者称他们会因酬劳问题而离开雇主。其他的离职原因包括管理不善、缺乏培训和发展机会以及办公室政治。

同时，37.8%的雇主没有任何保留计划，但多数雇主(88.6%)已认识到高人员流动率对其业务有消极影响。54.9%的雇主也承认他们未实行继任计划。

资料来源：HRoot 网 http：//www.hroot.com/contents/6/272622.html，2013 年 2 月 04 日

### 9.2.8 劳动关系管理

劳动关系是社会普遍存在的一种劳动者与劳动力使用者在实现企业生产过程中的社会经济利益关系。劳动关系由主体、客体、内容3部分组成，主体包括劳动者、用人单位、代表劳动者的劳动组织、代表用人单位的雇主协会以及对劳动关系进行干预的政府；客体是指存在于劳动者体内的劳动力，包括劳动者的知识、经验、体力以及专业技能等；内容是指劳动者与用人单位依法享有的权利和承担的义务，劳动者与用人单位间的权利与义务是相互的，劳动者享有的权利就是用人单位应当承当的义务，劳动者承担的义务就是用人单位享有的权利。

劳动关系管理是指运用一系列规范化、制度化的措施和手段，使劳动关系双方的行为得到规范，权益得到保障，维护稳定和谐的劳动关系，促进企业经营稳定运营的过程。劳动关系管理主要包括劳动合同管理和劳动争议管理。

劳动合同管理包括劳动合同的签订、劳动合同的履行、劳动合同的变更、劳动合同解除以及劳动合同的终止或续订。

劳动争议管理包括劳动争议的处理和劳动争议的预防两个方面。

## 9.3 ERP 中的人力资源管理

在 ERP 发展早期，企业主要以生产、销售或供应链为中心，而作为企业资源之本的人力资源，长期以来一直作为一个孤立的系统独立于企业核心管理系统之外。近年来，企业的人力资源开发与管理越来越受到人们的关注，人力资源被视为企业的资源之本，如何吸引优秀人才、合理安排人力资源、降低人员成本、提高企业竞争力，成为企业管理者必须考虑的首要问题。在这种情况下，人力资源管理作为一个重要的系统组成部分被加入到 ERP 中来。加入了人力资源管理模块后，ERP 的功能真正扩展到了全方位企业管理的范畴。一般来讲，ERP 系统中的人力资源管理功能结构如图 9.10 所示。

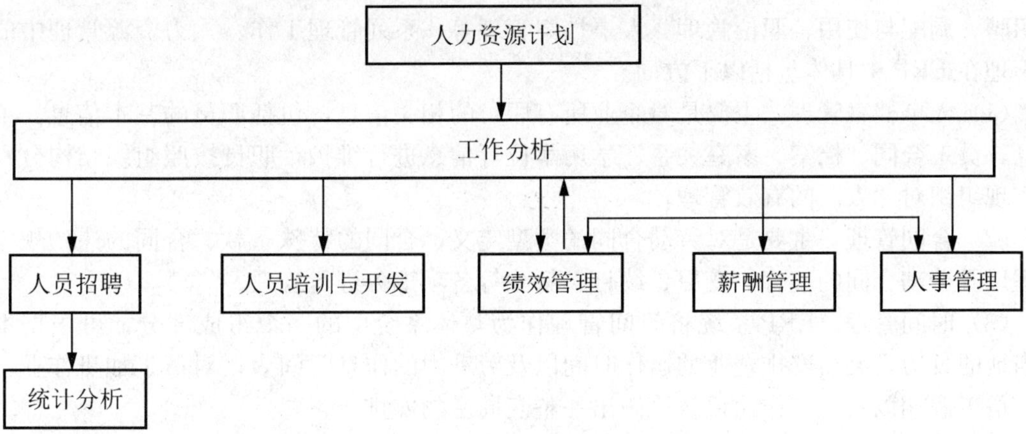


图 9.10　ERP 中人力资源管理功能结构图

1. 针对人力资源计划

运用 ERP 系统中的人力资源系统，管理者能够自如地应付现代企业管理中频繁的企业重组及人事变动。企业的管理者可以根据本企业的生产需求状况方便地编制本企业组织结构和人员结构规划方案，通过在系统中的比较和模拟运行评估，产生各种方案的结果数据，并通过直观的图形用户界面体现出来，为管理者最终决策提供辅助支持。ERP 中的人力资源管理优势如下。

（1）设置和维护组织结构。管理者可根据企业的需要对组织架构进行设置和维护，适应集团化多层管理架构的需要，各级企业人力资源管理人员可在权限范围内对本企业架构进行管理。

（2）管理职务体系。系统通过对职级、职位等级及职务的设置，建立起企业自身的一套职务体系，每个职务有其对应的职级、职等范围，并且可以查看各个职务上的对应人员。

（3）编制职位体系。系统在组织结构和职务体系的基础上生成相应的职位体系和岗位编制，管理人员可清晰地了解到企业的人员结构及岗位配置情况。企业通过职位设置可将内部人员按其工作性质、职位等级、职位名称进行管理，通过岗位编制可对企业及部门人员编制进行管理。

(4) 制定人力资源规划。管理者通过系统可明确规划企业下阶段的招聘时间、招聘级别、招聘人员类型，以及对人员的知识技能和素质的要求，并且可对规划进行查询和修改，对企业阶段性的人力资源需求及供给情况进行预测；人力资源规划还可制定职务模型，包括职位升迁路径和培训计划，根据担任该职位员工的资格和条件，系统会提出针对本职位员工的一系列培训建议；通过人员成本分析，企业可以对过去、现在、将来的人员成本做出分析及预测，并通过 ERP 集成环境为企业成本分析提供预测。

2. 针对人事管理

人事管理是人力资源管理的基础工作，人力资源管理也是从人事管理发展而来的。人事管理主要实现对员工从试用、转正直至解聘或退休整个过程中各类信息的管理，包括人员招聘、调配与使用、职位管理、人事档案管理等一系列管理工作。人力资源管理中的人事管理在 ERP 中具体包括以下方面。

(1) 人事档案管理，主要是对企业所有职员的相关信息，包括职员的基本信息、工作信息、员工合同、档案、家庭关系、学历学位等信息进行维护，职员按照组织结构分别归类实现组织对“人”的有效管理。

(2) 合同管理，主要是对劳动合同的类型定义、合同的特殊条款、合同的违约规定与处理以及劳动合同的签订、变更、续订、解除等各项事务进行管理。

(3) 时间管理。ERP 系统将时间管理作为整体系统中的一个组成部分，可根据本国或当地的日历，灵活安排企业的运作时间以及劳动力的作息时间表，对员工加班作业、轮班、员工假期以及员工作业顶替等做出一整套周密的安排。

(4) 考勤管理。主要用于记录职员出勤和假期的情况，产生的数据主要是方便薪酬管理模块和绩效管理模块调用。运用远端考勤系统，该模块可以将员工的实际出勤状况记录到主系统中，而与员工薪资、奖金有关的时间数据会在薪酬系统和成本核算中作进一步处理。由于企业使用的考勤系统非常多样化，一些 ERP 系统提供了与外部考勤系统的数据接口。

(5) 其他人事管理工作，如员工离退休、试用到期、合同到期、员工辞职、员工生日等，系统能提供预警提示，根据设定的预警规则实现系统的自动处理。同时，系统提供对职员信息记录或变动记录的批量处理功能，方便用户的实施和维护。

3. 针对人员招聘

如前所述，人员招聘的主要流程包括制定招聘计划与策略、发布招聘信息吸引候选人、甄选、录用以及招聘工作评价。招聘管理可实现从计划招聘岗位、发布招聘信息、采集应聘者简历、按岗位任职资格遴选人员、管理面试结果到通知试用等的全过程的管理。ERP 的人员招聘管理功能一般可以从以下 3 个方面给企业提供支持。

(1) 优化招聘过程，减少业务工作量。

(2) 对招聘的成本进行科学管理，从而降低招聘成本。

(3) 为选择聘用人员的岗位提供辅助信息，有效地帮助企业进行人才资源的挖掘，并可将招聘要求同步发布到互联网上。

4. 针对人员培训与开发

企业可利用ERP中的人力资源管理建立员工培训体系，使得培训管理工作更加系统化，同时与职位体系结合，使培训工作更具有针对性和有效性。

(1) 建立培训体系。系统可根据企业自身需求建立一套符合自身实际需要的培训体系，从而避免以往培训工作缺乏计划性和系统性的缺点。用户可对自己企业内部的培训项目进行分类，以便对培训需求进行分类管理。

(2) 进行培训规划。管理人员可在线发布培训需求征集通知，对各部门需求提交情况进行跟踪查询，并能对提交内容进行管理，还可根据企业的人力资源规划、培训体系及收集的培训需求，通过培训规划制定企业在某时间段内所安排的培训内容、地点、时间、受训人员、培训方式、培训预算。管理者可设置预警功能对要做的培训项目进行提示。

(3) 实施培训活动。应先建立培训计划，培训计划包括了项目名称、项目类型、培训内容、培训目的、计划起止时间、计划学时、费用预算、培训机构、培训讲师、培训地点、组织部门和组织人员等。管理者可针对不同的培训活动设置培训对象，同时可在线审批培训计划。系统针对培训计划进行培训后总结，包括培训后的在线培训、对员工培训的情况进行汇总的员工记录，同时可查看员工对培训的反馈汇总。在培训总结中，亦可在线审批。

此外，一些ERP系统能够支持在线培训及在线考试等。

5. 针对绩效管理

针对绩效管理这一块，ERP系统一般都支持多种绩效考核方式，如目标考核方式、360度考核等。用户可根据自身的业务特点和需要灵活建立多个不同考评方案。依据企业职位体系，每个方案对不同的考核周期、不同的考核对象采用不同的考核方式，或者将多种考核方式结合使用，使绩效管理的运用更具针对性和科学性，充分体现企业考核评价体系的公平、公正、公开。同时，考核方案与过程控制相结合，可将目标分解到其执行过程中进行管理，实现对日常事务的目标化管理。此外，系统在过程控制中可对员工的一些突出表现进行管理和记录。当某一阶段的目标完成后，可结合其实际完成情况及执行情况对其进行客观而科学的考核。

ERP系统提供对绩效考核结果的汇总、排序、统计、查询功能，可以对考核结果进行仔细的分析，使考核结果能够更好地应用到企业的人力资源管理活动中。

此外，系统一般也提供考核结果的修订和审核功能。用户可在考核方案中选择可修订或不可修订的考核内容，可规定用户能够修订分数的幅度。所有考核结果都必须经过审核后才能供其他子系统使用，如被薪酬管理功能引用，参与工资计算。

6. 针对薪酬管理

灵活、高效的薪酬系统能根据公司跨地区、跨部门、跨工种的不同薪资结构及处理流程，制定与之相适应的薪酬核算方法。薪酬管理与时间管理直接集成，能够实现对员工的薪资核算动态化，减少人工介入，消除接口中存在的问题，可以自动提供工资各项扣减。薪资管理部门可以通过薪资的模拟运行预先得到所需的信息。ERP系统的薪酬管理模块一般具有以下特点。

（1）薪酬设计。在薪酬设计方面，薪酬管理可与人力资源系统中的职位体系相结合，制定不同的薪酬标准体系和福利标准。

（2）与相关功能模块高度集成。薪酬管理模块与考勤管理、人事管理、绩效管理以及财务管理中的总账、成本核算等功能模块高度集成。在计算工资时用户可以引入绩效考评的结果、员工考勤、请假信息、员工贷款等作为工资项目进行计算。

（3）工资计算。系统允许企业建立多个工资类别，并能对工资计算项目及计算公式等进行详细分类设定(如部门信息、职员信息、工资计算所采用的项目、工资计算公式、所得税设置等)，从而很好地解决了工资管理的灵活性问题。系统可自动进行员工的工资结算、分配、核算，计算计提各项与工资有关的费用，自动做出凭证，导入总账。薪酬系统计算出工资以后，员工可以在系统中查看本人各期的工资情况，增加了薪酬管理的透明度。

（4）工资报表。系统可根据工资计算的结果自动生成工资条、工资发放表、工资汇总表等一些基本报表，一方面便于工资的发放、分配，另一方面可以全面掌握企业工资总额、分部门水平构成、人员工龄、年龄结构等，为企业分析薪酬状况、设计更合理的薪酬体系提供决策依据。

（5）回算功能。ERP 中的薪酬管理具有强大的回算功能，当薪资核算过程结束以后，员工的有关上一薪资核算期的主数据发生变化，在下一薪资核算期内，回算功能会自动触发，进行修正。此外，系统还可以根据员工考核的结果，自动调整薪资结构。

此外，ERP 的人力资源管理模块中还集成了差旅核算的功能。系统能够自动控制从差旅申请、差旅批准到差旅报销整个流程，并且通过集成环境将核算数据导入财务成本核算模块中。

## 本章小结

本章分为 3 个部分，分别介绍了人力资源管理的总体概述、人力资源管理的主要内容以及人力资源管理在 ERP 中的应用，使读者对人力资源管理有个全面的认识，并对人力资源管理如何在 ERP 中有效的实施应用有一个详细的了解。

（1）人力资源管理概述。介绍了现代人力资源管理发展的 5 个阶段：萌芽阶段、科学管理阶段、人际关系管理阶段、行为科学管理阶段、人力资本管理阶段；分别从能力角度和人的角度给出了人力资源的定义，指出从能力观念出发主要侧重人力资源的质量，从人的角度出发主要侧重人力资源的数量；介绍了人力资源作为一种特殊资源具有的独特性质，体现在人力资源的社会性、主观能动性、可再生性和增值性。列出了人力资源管理的目标：保证企业人力资源的需求、开发和管理人力资源，在外部条件允许的情况下，制定适合企业的政策法令、保证企业战略目标实现，满足企业利益相关群体的需求。人力资源管理的功能主要体现在 6 个方面：吸收、保持、开发、评价、激励以及调整。

（2）人力资源管理的主要内容。介绍了人力资源管理的主要内容，对实施人力资源管理活动时所涉及的工作范围逐一进行介绍，分别是人事管理、工作分析、人力资源计划、人员招聘、人员培训与开发、绩效管理、薪酬管理、劳动关系管理 8 个职能模块。

(3) ERP中的人力资源管理。将人力资源管理在ERP中具体实施的内容分别进行了介绍和列举。人力资源管理作为重要的组成模块加入到ERP中，将ERP的功能扩展到全方位企业管理的范畴。

## 思考练习

1. 名词解释

(1) 人力资源

(2) 人力资源管理

(3) 人力资源计划

(4) 绩效

2. 填空题

(1) 人力资源特征包括、(　　)、(　　)、(　　)、(　　)。

(2) 人力资源管理具(　　)、(　　)、(　　)、(　　)、(　　)、(　　)六大功能，是维持企业人力资源数量、质量和结构的重要保障。

(3) 人力资源管理的发展经历了漫长的演变过程，从产生直到现在，大致可以分为五个阶段：产业革命阶段、(　　)、(　　)、(　　)、(　　)。

(4) 在人员招聘过程，应遵循(　　)、公开、公正、公平竞争原则和(　　)。它们是企业招到优秀员工并同时控制招聘成本的重要保证。

(5) 劳动关系管理包括(　　)和劳动争议管理。

3. 问答题

(1) 简述人力资源管理与传统人事管理的区别和联系。

(2) 人力资源管理可以帮助企业实现哪些目标？

(3) 人力资源管理主要有哪些内容？

(4) 简述人力资源规划的作用和流程。

(5) 什么是薪酬管理？

## 实训拓展

案例分析

ERP拓展阅读9-1

### 枣矿集团的e-HR

枣庄矿业(集团)有限责任公司(以下简称“枣矿集团”)是一家跨行业、跨国界、跨所有制的大型企业集团，业务涵盖煤发电、煤化工、机械制修、建筑建材、种植养殖等五大产业。集团以建设国际化的大企业集团为目标，积极建立现代企业制度。人才一直被视作枣矿集团发展的根本，科学有效的人力资源管理是枣矿集团良性发展的基本保证。根据集团总体战略，枣矿集团在多方考察之后，选择了某公司合作建设人力资源管理系统，借助信息技术优化现有的人力资源管理模式，实现人力资源的精细化管理。

**传统管理的困境**

集团采用传统的人力资源业务方式存在如下困境。

(1) 无法准确掌握人员数据。集团通过人工上报方式，汇总各类月报和非在册用工月报，以此了解各下属单位的人员变动情况，这样的统计方式获得的数据统计经常会错。

(2) 业务流程的管控粗放。人进人出、升降调岗等业务的审批，需要跨部门在不同地方协同处理，各种业务审批办理耗费了很多时间和精力。

(3) 时效性工作管理压力较大。《劳动合同法》实施之后，合同管理的要求提高，人力资源管理工作人员的工作压力增大了。

(4) 工资管理的效率不高。枣矿集团有目标薪酬制、岗效工资制、岗技工资制等工资模式，工资的核算和发放处理的方式比较传统

(5) 培训管理比较分散，培训资源利用不充分。

**以信息化促进管理精细化**

枣矿集团建设完成人力资源管理信息系统以后，实现了人力资源的集团管控，使人力资源精细化管理有了基础平台，化解了传统管理方式下的老大难问题，优化了人力资源的各项业务。

**人员信息精确掌握，人事业务工作高效开展**

首先是集团的员工信息集中管理，通过系统可以实时准确地掌握各单位人力资源分布状况，能够在最短的时间对员工信息进行立体查询，并利用系统内置的分析工具对集团人力资源的状况进行不同形式的统计分析。

1. 纸质审批电子化，细化流程管控

纸质流程电子化优化了包括员工入职、劳务输出输入、劳务退回、员工调动、员工调出、退伍军人安置、内部劳动力市场人员注册等业务的办理过程。系统通过电子化的流程管理，可以监管单位之间以及单位内部的人员流动，控制各下属单位的编制等人员配备情况，还可以根据员工招聘需求直接从劳动力市场输入的简历中筛选符合条件的人员。异动的各种审批表格能在系统中提取人员数据输出和打印，各种审批在系统中进行流转，使业务办理流程得到了规范和优化。

2. 时效性工作智能预警，缓解合同管理压力

系统对劳动合同事项的处理实现了按条件自动预警提示，劳动合同内容电子备案可记录每项业务的办理时间及办理过程。合同管理处理了员工劳动合同签订、续签、变更、终止、解除等日常业务，集团可掌握各类员工劳动合同的签订状况，以最快的速度统计签订不同类型和期限劳动合同的员工数量。系统能实时监控二级单位的劳动合同签订情况，降低了职工劳动合同纠纷发生的比率。

3. 轻松进行工资核算和发放，人工成本精细化管理

系统实现了调资处理、工资审批、奖金审批、集中做账、工资报表生成等业务的高效处理，对下属单位工资总额也达到了有效监管，管理人员在系统中可以掌握各类人员的工资收入比例关系，正确执行集团的各项工资分配政策。

4. 统筹培训业务，提高培训管理效率

系统上线后，统一管理了全员教育培训、安全培训、职业资格培训、职业技能鉴定、技师与高级技师鉴定、技能后备人才库等业务。人力资源管理部门通过系统可以控制培训计划的制定与发布，培训班的时间和课程安排，简化现有工作流程，提高培训资源利用效率。

5. 方便准确的电子报表，提升精细化决策能力

系统实现了各种劳动工资业务报表在系统中的生成、上报和汇总。集团和下属单位的报表都通过系统进行，达到了工作的便利和数据的及时准确。各二级单位可以通过系统自动生成、上报本单位的人力

资源管理报表。劳动管理科在系统中自动生成公司机关的月报表、汇总各二级单位上报的报表数据并归档进行报表数据图形化分析。

6. 文件、年鉴电子化管理，使用更加便利

国家和上级下达的人力资源和社会保障管理的政策、制度，以及集团公司出台的文件、规定等都在系统中集中存放。集团人力资源管理过程中发生的重大事件也以电子形式统一录入系统代替以往纸质的年鉴，系统支持分类存放和关键字查询与检索，为各个单位和部门的查询提供了便利。

资料来源：计世网，2010 年 4 月 22 日

**思考：**

(1) 从网上数据库查询制造业实施 ERP 的案例，结合本案例，谈谈人力资源管理在 ERP 系统中的地位和应用状况。

(2) 请分析传统人事管理与人力资源管理的差异。枣矿集团为什么要采用 e-HR 来进行集团的人力资源管理？

# 第10章 供应链管理

## 学习目标

通过本章的学习，读者应该能够：
（1）了解供应链管理产生的背景和发展历史；
（2）了解供应链及供应链管理的概念；
（3）掌握供应链管理的基本业务流程；
（4）理解供应链管理在ERP中的应用。

## 知识结构

本章的知识结构如图10.1所示。

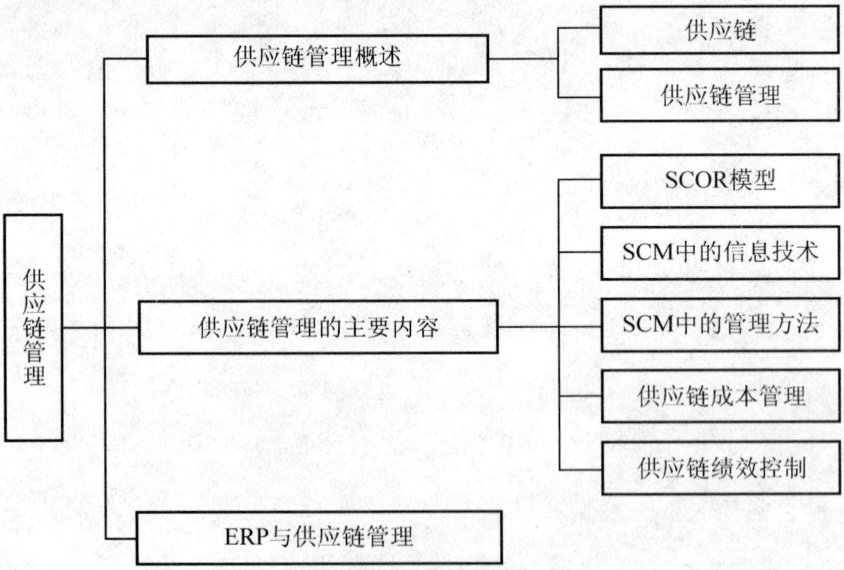


图10.1 本章知识结构图

## 导入案例

### 离散型制造业的供应链协同之道——新日电动车

电动自行车企业属于离散型制造业，其产品生产需要紧密依赖上游300多家零部件供应商的协同供应，协同管理数百家供应商很重要，而且电动自行车市场个性化需求多，产品品种多样。

江苏新日电动车股份有限公司(以下简称“新日”)实施离散型供应链的ERP管理系统。系统运行中，当某个零部件的库存达到“安全库存”的数量时，系统会自动发送短信给采购人员，及时补货，从而减少人为管理中的统计不准确、通知不及时等情况。

1. 实现渠道扁平化

如今，全国各地1 000多家分销商的订单会实时地输入到新日的ERP系统中，由销售部进行统计汇总。销售部门首先按区域、库存量等信息，把订单进行分配。从实际运作来说，为了保证经销商和消费者能够最快地拿到货，新日在生产上一般会提前备货，以便分销商在下订单之后的2天之内就能拿到货。

2. 准确预测市场需求

分销商的订单经过ERP系统处理之后，ERP中的库存数据会自动减少，并显示当前天津、无锡工厂的库存量是多少；销售部门依据这些数据来分析是否要追加生产，该生产哪些车型，生产多少等。新日生产计划制订时，销售部门利用ERP系统对往年或前几个月的销售情况进行统计分析，如果某款或某几款车型一直畅销，在生产计划的安排中，会加大这些畅销车型的生产量等。另外，一些创新的车型也会被安排进生产订单中。如折叠式电动车、微型电动汽车等，这些新车型在经过一系列研发、测试、小批量生产之后，就会进入批量生产阶段。在经过对库存量、往年销售数据、创新车型安排等综合分析和按照一定算法计算之后，销售部门最后制定一个比较准确的销售预测数据，提交给生产管理部门安排生产。

3. 生产优化：多样化的生产线

电动自行车的生产过程是一种介于自行车和摩托车之间的零部件组装过程，在经过了大约75个半手工作业的装配环节之后，一辆电动自行车就完整下线了，整个过程大约花费20分钟。每天，一条流水线大约能生产100辆电动自行车，涉及的车型一般会有10多种；新日具有10多条类似的生产线；每周的产量在一万辆左右。为了降低多样化车型对新日生产线带来的挑战，新日正通过ERP系统统计以往销售数据，总结出“经典车型”，通过增加和优化经典车型的库存来提高生产效率。现在换不同车型生产时，生产线停止运行10多分钟就可以正常生产，从而提高了每天的生产效率。为了进一步提高生产效率和组装的精准度，新日还计划在湖北襄阳新厂的生产线上安装机械手。

4. 货品的快速配送

新日仓储部门会通过ERP系统实时看到该分销商的库存缺货情况，可以主动而及时地向分销商供货，进一步提高仓储效率。经销商头天下订单打款，第二天上午就能将货生产完再发出去。从下订单到交货的平均时间是1.3天。“1.3天”正是新日把电动自行车从工厂配送到全国1 000多家代理商门店的配送时间。

物流部门建立了完善的信息化系统，可以通过GPS实现对货车等运输车辆的实时调配和监控，从而保证货品的安全运输，也可以通过信息系统对全国各个仓储中心进行有效的库存管理，比如，北京仓储的某种车型只剩下200辆(安全库存数)，仓储系统会自动提示新日的仓储管理部门及时进行调配货。同时，物流系统也可以了解到几天之后的所有发货情况，从而提前准备车辆、人员等运力，把货物及时运送到全国各仓储。

资料来源：中国经营报，中国经营网，胡敏，2012 年 2 年 25 日

**思考：**

(1) 新日如何实现供应商协同管理？

(2) 新日如何有效预测生产？

(3) 新日如何布局全国仓储体系？

## 10.1 供应链管理概述

进入 20 世纪 90 年代后，全球经济的一体化，顾客需求的多样性，市场竞争的激烈化要求企业对市场快速反应以响应客户需求。企业原有的那种从设计、制造直到销售都自己负责的“纵向一体化”经营模式已难以获得期望的利润，管理者意识到任何一个企业都不可能在所有产品环节上成为世界上最杰出的企业，只有将资源延伸到企业以外的其他地方，借助其他企业的资源提高自身竞争力，优势互补，才能共同增强竞争实力。于是就出现了“横向一体化”的管理模式，即在全球范围内寻求供应和销售的最佳合作伙伴关系，形成一种长期的战略联盟，结成利益共同体。信息技术的快速发展推动了这种新的管理模式的发展。以制造业为例，制造生产率对企业效益的影响非常大，而制造加工过程的技术手段影响力开始变小。研究证明，产品在全生命周期中供应环节的费用在总成本中所占的比例越来越大。因此，管理者开始将目光从管理企业内部生产过程转向产品全生命周期中的供应环节和整个供应链系统。而全球经济一体化也使企业之间的合作日益加强，跨地区、跨国合作制造的趋势日益明显。国际上越来越多的制造企业不断地将大量常规业务“外包”给发展中国家，只保留最核心的业务。在制造业占国民经济重要地位的国家，整个制造业零部件厂家的合理布置和协作体系的建立对国家经济发展是十分重要的。从体制上，这个群体组成了一个主体企业的利益共同体；在产业上，形成了产业集群扎堆规模发展的区域经济；在运营上，构成了从供应商、制造商、分销商到最终用户的物流和信息流网络。这一庞大网络上的相邻节点(企业)都是供应链上一种供应与需求的关系。对供应链的构成及运作研究就形成了供应链管理(Supply Chain Management，SCM)这一新的经营与运作模式。供应链管理强调核心企业与相关领域内最杰出的企业建立战略合作关系，委托这些企业完成自己的外包业务，自己则集中精力和资源，做好本企业能创造特殊价值、比竞争对手更擅长的关键性业务，这不仅打造和维护了自己的竞争力，而且使供应链上的其他企业都能受益。

### 10.1.1 供应链

1. 供应链的定义

供应链的概念最早出现在 20 世纪 80 年代，但到目前为止没有形成统一的定义。最

常见的定义就是物品从供应商向下流动到客户，而信息向着两个方面流动的一个由供应者、制造者、分销者、零售商和客户构成的系统。马士华(2000)给出的定义为：供应链是围绕核心企业，通过对信息流、物流、资金流的控制，从采购原材料开始，制成中间产品以及最终产品，最后由销售网络把产品送到消费者手中的将供应商、制造商、分销商、零售商、直到最终用户连成一个整体的功能网链结构模式。中华人民共和国国家标准《物流术语》对供应链的定义(GB/T 18354—2001)是：生产和流通过程中，涉及将产品或服务提供给最终用户活动的上游与下游企业所形成的网链结构；美国供应链协会则认为：供应链涉及从供应商的上一级供应商到客户的下一级客户的产品生产与交付的一切努力。

通过分析供应链的定义，可以看出供应链的概念主要包括以下几个方面。

(1) 供应链参与者包括供应商(原材料供应商、零部件供应商)、生产商、销售商，运供应链活动包括原材料采购、运输、加工制造、产品送达顾客。

(2) 供应链的 3 种流包括物流、资金流和信息流。

(3) 供应链的拓扑结构包括网络、链条、网链。

由此，本书认为供应链是通过信息流、物流、资金流的贯穿，由原材料采购、运输、加工制造直到把最后产品和服务送达顾客手中的一系列增值活动构成的网链结构。图 10.2 所示为供应链的概念模型图。

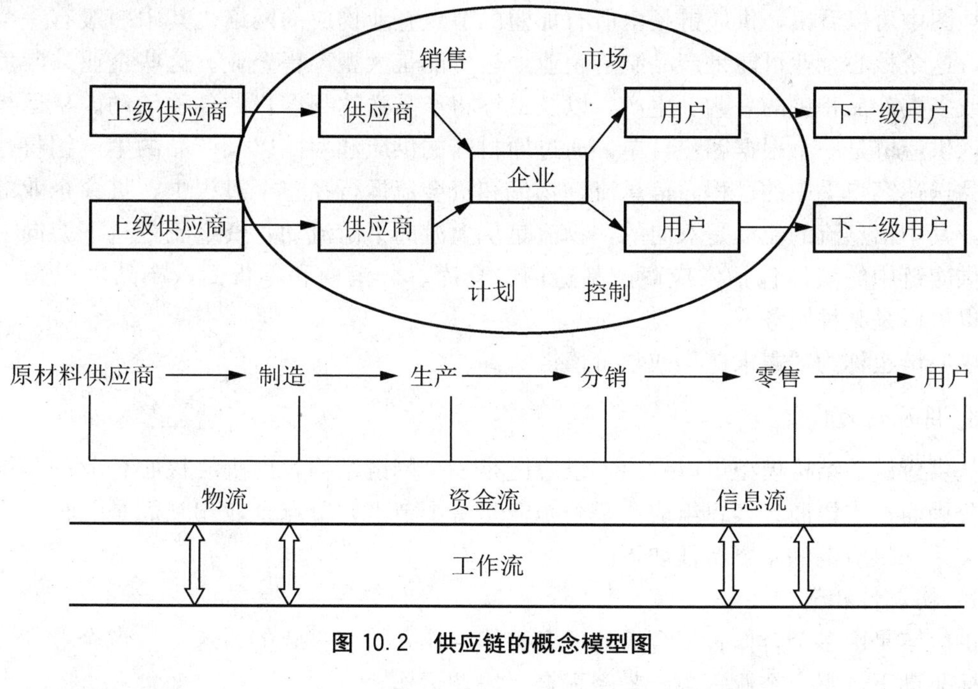


**图 10.2　供应链的概念模型图**

2. 供应链的结构

供应链中的供应商常常为多家，分销商也有多个。供应商、制造商和分销商在战略、任务、资源和能力方面相互依赖，构成了较复杂的供应—生产—销售网，这就是供应链网。供应链网一词最早是 Fu. Renlin 和 Michael J. Shaw 在 *Reengineering the Order*

*Fulfillment Process in Supply Chain Network* 一文中提出的。他们认为，供应链网是由一系列自主程度不同的业务实体构成的网络，实体之间互为上下游企业。而且，他们专门对供应链网进行了分类，研究了在供应链网中对订货完成过程的管理。在此之后，国外的专家和学者都把供应链和供应链网当作同一问题来研究，且把它们统称为供应链。在国内，有关供应链的研究刚刚开始，还没有人对供应链和供应链网进行区分，也没有人专门研究供应链网。

一般的供应链的结构如图 10.3 所示。

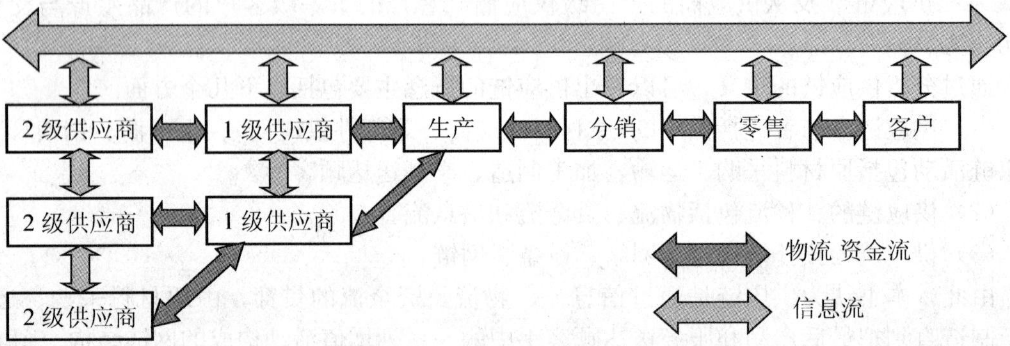


**图 10.3 供应链结构模型图**

从图中可以看出，供应链是由所有加盟的节点企业构成的网络，其中一般有一个核心企业，这个核心企业可能是产品制造企业，也可能是大型零售企业。这些企业共同负责与一类或多类产品相关的采购、生产，以及最终将产品送达到客户的各项活动。从运行机制来看，供应链是一个根据客户订单，通过原材料的供应和存储以及产品的生产销售，最后使产品送达客户手中的过程。信息流、物流和资金流运行在整个过程中，贯穿企业的所有活动，其中信息流的流动是双向的，物流是从上游向下游流动，资金流是从下游向上游流动。供应链中的实体包括供应商、制造商、仓库、分销商和零售商，产品可以是实物产品，也可以是某种服务。

供应链也称为“需求链”或“价值链”。

3. 供应链的特征

从供应链的结构模型可以看出，供应链是一个网链结构，由围绕核心企业的多级供应商和分销商、零售商、客户组成。一个企业是一个节点，节点企业相互间是一种供应与需求的关系。供应链的主要特征如下。

1）协调性和整合性

供应链是由多个合作者组合成的一个整体合作、协调一致的系统，节点企业在一个共同目标驱动下，整合企业资源，紧密配合，协调运作。

2）选择性和动态性

供应链的各个节点企业都是围绕核心企业在大量的企业中筛选出适合的合作伙伴。这种筛选是带有选择性的，同时供应链网络也随着市场需求、企业目标、服务方式、客户需要等的变化而变化，供应链网络随时处在一个动态调整过程中。

3）复杂性和虚拟性

因为供应链节点企业组成的跨度(层次)不同，供应链常常由多类型或多个企业构成，所以供应链结构模式比一般单个企业的结构模式更为复杂。而供应链的虚拟性体现在它是一个协作组织，而并不一定是一个集团企业或托拉斯企业。供应链节点企业依靠信息网络支撑和相互信任关系，为企业共同的利益，强强联合，优势互补，协调运作。

4）交叉性和面向用户性

供应链上的节点企业可以是这个供应链的成员，同时又是另一个供应链的成员，众多的供应链形成交叉结构，增加了协调管理的难度，体现了供应链的交叉性。而面向用户性指的是，供应链的形成、存在、重构，都是基于一定的市场需求而发生的，在供应链的运作过程中，用户的需求拉动是供应链中信息流、产品/服务流、资金流运作的驱动源。

5）多级性和跨地域性

供应链的多级性指随着供应、生产和销售关系的复杂化，供应链的成员越来越多。如果把供应链中相邻两个业务实体的关系看作供应—购买关系，那么这种关系是多级的，而且涉及的供应商和购买商也是多个。

供应链网中的业务实体超越了空间的限制，在业务上紧密合作，共同加速物流和信息流，创造出更多的供应链效益。最终，世界各地的供应商、制造商和分销商被联结成一体，形成全球供应链。

### 4. 供应链的类型

根据不同的划分标准，供应链可以分为很多不同的类型。本书按照制造特性、业务目标、生产差异、产品模式、装配阶段、产品生命周期和库存需求等7个方面的标准，将供应链划分为3种类型：集中型、分散型、适应型，见表10-1。

**表10-1　供应链的类型**

| 特性指标 / 供应链类型 | 制造模式 | 主要目标 | 产品区分 | 产品种类 | 装配过程 | 产品生命周期 | 主要库存类型 |
|---|---|---|---|---|---|---|---|
| 集中型 | 集中装配 | 小批量生产 | 较早 | 较少 | 集中在制造阶段 | 数年 | 产成品 |
| 分散型 | 分散装配 | 订货生产 | 较晚 | 多 | 分散到分销阶段 | 数月～数年 | 半成品 |
| 适应型 | 分散装配 | 适应外部环境 | 较晚 | 多 | 集中在制造阶段 | 数周～数月 | 原材料 |

在集中型供应链中，公司完成将零件和组件装配成最终产品的制造过程，在各个业务实体所建立的零件库存产生了库存成本。其产品的制造过程使用了资本密集型的设备和许多不同种类的零件，最终产品实际上是在装配阶段制造出来的。这种过早的产品区分使供应商很难在采用库存生产策略的条件下满足顾客的特殊要求。因此，当市场的需求不确定时，产成品库存成为主要的库存。为此，集中型供应链制定了小批量生产目标，采用JIT(Just In Time)技术，要求供应商和制造商紧密合作，共同控制最终产品的库存水平。其

突出特点是，制造过程和装配过程集中于某地完成，在一处作业地点将许多独立的零件组装成少量的最终产品。汽车工业、航空工业和机械制造工业的供应链就属于这种类型，其产品的生命周期长达数年。

在分散型供应链中，公司拥有最终产品的装配线和分销机构。装配过程分成两步进行：先在工厂完成通用产品的复杂装配过程；然后再分销地完成订货产品的简单装配过程。这种延迟的产品区分方法适合于产品大量订货的情况。制造商在复杂的装配过程结束后，采用了分散装配方法，对通用的零件进行不同组装，形成不同种类的最终产品。由于半成品和组件要运送到不同的地点装配成顾客所需要的最终产品，所以半成品库存遍及分散型供应链的每一处。器械工业、电子工业和计算机行业的供应链属于这种类型，其产品生命周期为几个月到几年。

在适应型供应链中，公司拥有最终产品的装配线和分销机构。但是，市场环境在不断变化。因此，适应型供应链必须对市场变化做出反应，这是适应动态环境的关键措施。公司采用预测生产策略，即尽可能准确地估计出产品需求的变化趋势，然后根据预测安排生产。产品品种的多样性和市场的多变性使产品生命周期有所缩短，最短的为几周或几个月。服装业、制鞋业的供应链就是属于这种类型。

### 10.1.2 供应链管理的内涵

1. 供应链管理的定义

对供应链管理最初的定义是1983年和1984年发表在《哈佛商业评论》上的两篇论文。SCM更早的起源是迈克·波特1980年发表的《竞争优势》一书中提出的“价值链”(Value Chain)的概念。其后，SCM的概念、基本思想和相关理论在美国开始迅速发展。关于供应链管理的定义有多种不同的表述。美国SGSCF(Stanford Global Supply Chain Forum)将供应链管理定义为“从供应(商)、制造(商)、分销(商)到客户的物流和信息流的协调与集成”。Evens定义为“供应链管理是通过前馈的信息流和反馈的物料流及信息流，将供应商、制造商、分销商、零售商，直到最终用户连成一个整体的管理模式”。再如Phillip认为：“供应链管理不是供应商管理的别称，而是一种新的管理体制策略，它把不同企业集成起来以增加整个供应链的效率，注重企业之间的合作。”虽然定义不同，但基本思想是一致的，都强调一种集成的管理思想和方法，把供应链上的各个环节有机结合，使供应链整体效率最高。

日本经营学杂志将SCM定义为“跨越企业组织的边界，作为一个完整的流程共享经营资源和信息，以整体优化为目标，彻底消除流程中的浪费的管理技术”。这个定义强调了供应链是由多个企业组成的，因此为了达到供应链整体优化的目标，多个企业必须共享资源，这首先就需要多个企业建立合作关系。这个定义从某种意义上来说，反映了日本式供应链管理的突出特点。日本的学术团体SCM研究会认为以上诸定义都忽略了一个重要的视角：顾客。他们从顾客的角度出发，提出了自己的SCM定义：“将整个供应链上各个环节的业务看作一个完整的、集成的流程，以抬高产品和服务的顾客价值为目标，跨越企业边界所使用的流程整体优化的管理方法的总称”。

中国的陈国权(2002)认为，供应链管理是对整个供应链系统进行计划、协调、操作、控制和优化的各种活动和过程，其目标是要将顾客所需的正确的产品(Right Product)在正确的时间(Right Time)、按照正确的数量(Right Quantity)、正确的质量(Right Quality)和正确的状态(Right Status)送到正确的地点(Right Place)——即“6R”，并使总成本最小。马士华(2000)认为，供应链管理是通过前馈的信息流(需方向供方流动，如订货合同、加工单、采购单等)和反馈的物料流及信息流(供方向需方的物料流及伴随的供给信息流，如提货单、入库单、完工报告等)，将供应商、制造商、分销商、零售商直到最终用户连成一个整体的模式。

综上，本书认为供应链管理是以提高整条“链”的竞争能力为目标，通过“链”上各个企业之间的合作和分工，对从供应商直到顾客的整个网链结构上发生的物流、资金流和信息流进行综合、计划、控制和协调的一种现代管理技术和管理模式。

2. 供应链管理的原则

供应链管理的原则包括以下方面。

(1) 以客户为中心，实施网络化服务。

供应链管理强调根据客户的状况和需求决定服务方式和水平，并且根据客户需求和企业可获利情况设计企业的后勤网络；相比较而言，传统意义上的市场划分则是基于企业自己的状况如行业、产品、分销渠道等，对同一区域的客户提供相同水平的服务。

(2) 供应链上的合作者利益共同分享，风险共同分担。

贸易伙伴间密切合作，共同监测整个供应链，及时发现需求的变化，给出早期警报，并据此安排和调整计划，实施时间延迟策略。

(3) 利用信息技术，实现管理目标。

利用一些信息技术，如标识ID代码、条码、POS扫描及电子数据交换(EDI)等，并应用一些相关的信息系统，帮助供应链上企业处理日常事务和电子商务，以及支持多层次的决策。

3. 供应链管理的目标

今天，供应链管理已经从企业的内部延伸到企业的外部，覆盖面包括供应商、制造商、分销商、最终客户，涉及的领域极其广泛。如今，社会生产、物资流通、商品交易及其管理方式等正在并将继续发生深刻的变革。供应链管理的总目标是在总成本最小化、客户服务最优化、总库存最少化、总周期时间最短化以及物流质量最优化等目标之间寻找最佳平衡点，以实现供应链绩效的最大化。具体来说就是以下几个方面。

(1) 根据市场需求的扩大，提供完整的产品组合。

(2) 根据市场需求的多样化，缩短从生产到消费的周期。

(3) 根据市场需求的不确定性，缩短供给市场及需求市场的距离。

(4) 根据市场竞争的激烈性，不断降低物流成本。

对供应链的管理主要表现在4个方面：一是将供应链看成是一个整体，而不是将供应链看成是由采购、制造、分销与销售等构成的一些分离的功能块；二是从整个供应链上各个功能部门的共同目标出发，对供应链实施战略决策；三是改变库存管理观念，降低库存，甚至实施零库存；四是运用信息技术，采用系统的、集成化的管理方法来统筹整个供应链的各个功能。

# 10.2 供应链管理的主要内容

## 10.2.1 供应链管理的SCOR模型

供应链运营参考模型SCOR(Supply-Chain Operations Reference-model)是由供应链协会SCC(Supply-Chain Council)开发并授权的一个关于供应链管理的跨行业标准。SCOR是第一个标准的供应链流程参考模型，其基本思路是将业务流程重组、标杆管理及最佳业务分析集成为多功能一体化的模型结构，是供应链的诊断工具，它涵盖了所有行业。

**小知识**

业务流程重组(或业务过程再造)对应于英文Business Process Reengineering(BPR)这一特定词组，是20世纪90年代以来企业经营与管理领域最重要的概念之一。在20世纪80—90年代，美国企业为夺回丧失的竞争优势，开始进行广泛的改造、重组，并与企业信息技术应用密切结合。在这一背景下，Michael Hammer(1990)首先提出了“再造工程”(Reengineering)概念。随后，1993年，Michael Hammer与James Champy的《再造公司》和Thomas H. Davenport的《流程革新》这两本重要的著作先后出版，业务流程成为改造企业或组织、提升竞争力的焦点，BPR的概念迅速传播到全世界。

SCOR模型主要由4个部分组成：供应链管理流程的一般定义、对应于流程性能的指标基准，供应链“最佳实施”(Best Practices)的描述以及选择供应链软件产品的信息。

SCOR模型的框架由5个基本的管理流程组成，它们分别是计划、采购、生产、配送和退货管理流程，每个流程都有相应的支持系统。它将企业流程重组、标准化和流程测评的概念结合成一个交叉功能的框架。它主要包括以下部分。

(1) 管理流程的标准化描述。

(2) 标准流程间的关系框架。

(3) 流程绩效评估的标准。

(4) 创造最优绩效的管理实践。

(5) 对于特征和功能的标准化整合。

通过定义供应链管理流程，并且配以最优的实践、基准绩效数据和优化软件应用程序，SCOR模型为制造业提供了一套强有力的改善供应链绩效的工具。SCOR模型结构框架如图10.4所示。

1. SCOR模型的流程

(1) 计划(Plan)：平衡需求和供应，制作一系列行动方案，以更好地为其余4个流程服务。

(2) 采购(Source)：按计划或需求获取物料和需要的服务。

(3) 制造(Make)：按库存制造、按订单制造、按订单设计的生产实施。

(4) 配送(Deliver)：为库存生产、按订单制造和按订单定制的产品进行订单、仓库、运输和装配的管理。

(5) 退货(Return)：该流程与任何原因的退货和交付后的客户支持相联系，包括将原材料返回给供应商和客户的退货。返回的产品则包括次品、MRO产品和多余产品。

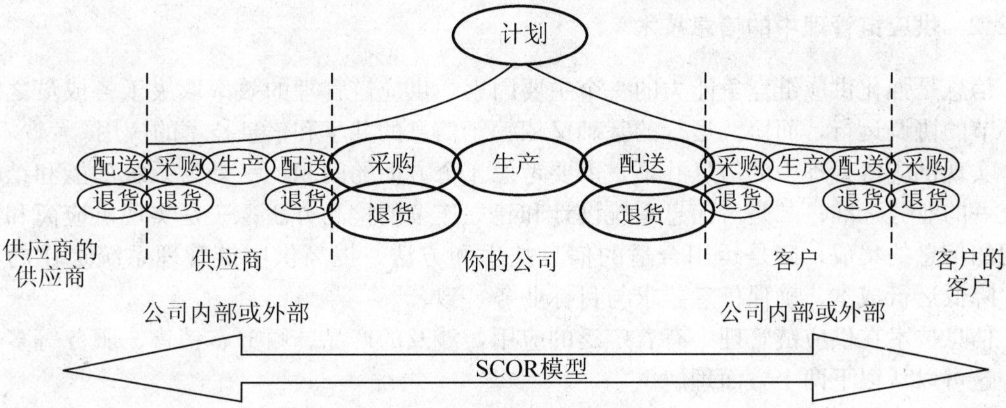


图 10.4 SCOR 模型结构框架

**小知识**

订单设计(ETO, Engineer To Order)是指在企业接到订单后，从产品设计开始，经过物料的采购过程、生产过程到最后完工，将产品交付客户，这种生产运作模式是由客户驱动的。

2. 供应链 SCOR 模型的 3 个层次

SCOR 模型的第一层描述了 5 个基本流程：计划、采购、制造、配送和退货。它定义了供应链运作参考模型的范围和内容，并确定了企业竞争性能目标的基础，是企业建立竞争目标的关键。

SCOR 模型的第二层是配置层，由可能构成供应链的 30 个核心流程范畴组成。企业可选用该层中定义的标准流程单元构建其供应链。每一种产品或产品型号都可以有它自己的供应链。

SCOR 模型的第三层是流程分解层，它给出第二层每个流程分类中流程元素的细节，为企业提供成功计划并设定其改进供应链的目标所需的信息。

一般来说，可以对 SCOR 模型从纵横两个方面去理解：从横向来讲，SCOR 模型认为任何企业的内部活动都可以划分为计划、采购、制造、配送和退货 5 项；从纵向来看，企业的上述任一项活动都应该根据产品/客户订单的不同特征进行分类。SCOR 模型主要涉及三方，分别是：供应商、核心企业和客户。SCOR 实施的基本条件如下。

(1) 明确客户订单以及订单级别。

(2) 订单部分为客户订单全权负责。

(3) 采用拉式生产模式。

(4) 为每一项物料设定供应等级。

**小知识**

拉式生产模式是丰田生产模式两大支柱之一“准时生产(Just In Time)”得以实现的技术承载。在拉式生产中，后一作业根据需要加工多少产品，要求前一作业制造出恰好需要的零件。

### 10.2.2 供应链管理中的信息技术

信息是强化供应链竞争能力的一个主要因素，供应链管理的效率取决于各成员之间和各环节的协调运行，而协调运行的基础又依赖于信息的共享和信息技术的应用。

实现供应链管理中的信息共享，需要考虑4个方面的问题：一是为系统功能和结构建立统一的业务标准；二是对信息系统设计和建立连续的检测方法；三是实现供应商和用户之间的信息的集成；四是运用合适的信息技术和方法，提高供应链管理系统运作的可靠性，降低运行成本，确保信息要求与目标业务一致。

信息技术在供应链管理中有着广泛的应用，涉及的产品、财务、销售、服务等多个方面。这可以从以下两个方面理解。

(1) 信息技术的功能对供应链管理的作用，如Internet网络、EDI技术。

(2) 信息技术本身所发挥的作用，如ATM、光纤、多媒体、图像处理和专家系统等。

1. 常见的几种信息技术

1) 电子数据交换(Electronic Data Interchange，EDI)

EDI是一套报文通信工具，它利用计算机的数据处理与通讯功能，将交易双方彼此往来的商业文档(如询价单或订货单等)转成标准格式，并通过通信网络传输给对方。EDI也是供应链企业信息集成的重要工具，是一种在合作伙伴企业之间交互信息的有效技术手段，是供应链中联结节点企业的商业应用系统的媒介。

EDI应用较为复杂，费用昂贵，但最新开发的软件包、远程通信技术使得EDI易于通用。利用EDI能清除部门之间的障碍，使信息在不同职能部门之间通畅、可靠地流通，能有效减少低效工作和非增值业务，同时企业可以通过EDI快速地获得信息，更好地进行通信联系、交流，更好地为用户提供服务。EDI的主要特点有：①交易自动化，加入EDI系统的用户可以按需求自动完成交易的过程；②缩短交易时间，提高工作效率；③避免重复操作，减少人为差错，提高工作质量；④降低库存；⑤节约交易费用；⑥应用范围广；⑦权威性、合法性和安全保密性有待进一步解决。

商业EDI适用于企业间往来单证涉及的所有范围。目前各行业所制定的单证都已转换成商业EDI报文标准。商业EDI-VAN系统是为了协助流通业在相关作业上运用这些报文，所覆盖的范围包括零售商、批发商、制造商、配送中心及运输商，相关作业包括订购、进货、接单、出货、送货、配送、对账及转账作业。

企业使用EDI可以集成内部的信息系统，使各种商业往来行为实现自动化，使管理人员可以充分掌握信息并管理信息。

2) 条形码技术

条形码是最早的也是最著名和最成功的AIDC技术。在超市购买的各种商品上都有条形码，常用的条形码有UPC/EAN128码、Code 39码、Code 93码和交叉二五码，其标准由国际标准组织ISO制定。

线性条形码可用于将数字或数字字母作为数据库关键字的许多领域。最主要的限制是存储的数据量有限，另外打印对比度不够或缺墨会降低条形码的识别质量。

二维条形码是新型的条形码，可在很小的地方存储大量的数据。

在供应链管理中，条码技术像一条纽带，把产品生命期中各阶段发生的信息连接在一起，利用它可跟踪产品从生产到销售的全过程，使企业在激烈的市场竞争中处于有利地位。产品信息条码化可以保证数据的准确性，条码识别设备高效便捷的性能可以保证供应链管理的信息化。条形码主要应用在出入库管理、员工考勤管理、流水线生产管理、市场供应链管理、售后服务管理等。

**小知识**

AIDC 即自动识别和数据获取(Automatic Identification and Data Capture)是指通过自动的方式来获取或收集数据的过程。例如，使用 RFID、条形密码扫描、智能卡、OCR 或磁条来收集数据，然后把数据存储到微处理器控制设备，如计算机。

3）射频识别(Radio Frequency Identification，RFID)技术

RFID 是无线电技术在自动识别领域中的应用，常用于物料跟踪、运载工具和货架识别等要求非接触数据采集和交换的场合。一个典型的射频识别系统由射频卡(Tag)、读写器(Reader)和应用系统(包括连接线路)3 部分构成。射频卡附着在待识别物表面，其中一般保存有约定格式的电子数据。读写器可无接触地读取并识别应答器中所保存的电子数据，从而达到自动识别物体的目的，进一步通过计算机及计算机网络实现对物体识别信息的采集、处理及远程传送等管理功能。

射频识别(RFID)作为一种非接触式的自动识别技术，它通过射频信号自动识别目标对象并获取相关数据，识别工作无须人工干预。作为条形码的无线版本，RFID 技术具有条形码所不具备的防水、防磁、耐高温、使用寿命长、读取距离大、标签上数据可以加密、存储数据容量更大、存储信息更改自如等优点，其应用将给零售、物流等产业带来革命性变化。RFID 技术最大的优点是非接触性能，阅读距离可达几十米。其缺点也在于此，同时阅读多种标签就可能出现误读。

**小知识**

基于无线技术如 Wi-Fi 标准、全球定位系统(GPS)、地理信息系统(GIS)、个人数字助理(PDA)等的信息技术都在供应链中有着广泛的应用前景。

Wi-Fi 是一种帮助用户访问电子邮件、Web 和流式媒体的技术，为用户提供无线宽带互联访问，是在家、办公室或旅途中上网的快速、便捷途径；GPS(Global Positioning System)是具有在海、陆、空全方位实时三维导航与定位能力的新一代卫星导航与定位系统，在供应链中主要用在货物运输工具的自定位、交通管理、导航、查询到递送物品所处的状态和确定最佳运输路线等方面；GIS(Geographic Information System)是一种基于计算机的工具，它可以对在地球上存在的东西和发生的事件进行成图和分析，可利用 GIS 强大的地理数据功能来完善物流分析技术。目前，国内已经开发出利用 GIS 为供应链管理提供分析的工具软件。完善的 GIS 物流分析软件集成了车辆路线模型、最短路径模型、网络物流模型、分配集合模型和设施定位模型等；PDA(Personal Digital Assistant)是一种手持设备，利用无线方式来实现个人信息(如通讯录，计划等)管理，具有上网浏览，收发 E-mail，发传真，电话等功能。在整个供应链中，员工可以利用个性化的 PDA 应用软件，通过 PDA 设备访问供应链管理应用平台，提高了供应链的效率，延伸了供应链的距离。

### 2. 信息技术对供应链管理的作用和影响

信息技术的应用极大地影响了供应链管理概念的产生和发展，供应链管理的有效实施

依赖于信息技术的高速发展。信息技术对供应链管理的作用和影响体现在以下几个方面。

(1) 信息技术促进了新的供应链管理组织的建立。

实现有效的供应链管理建立在以流程为基础的新的供应链组织上，不论是虚拟企业，还是动态协作、业务联网等都需要信息技术的支持。信息管理对于任何供应链管理都是必需的，而不仅仅是针对复杂的供应链。在供应链成员企业之间传输数据信息通常有手工、半自动化、自动化3种方式。利用EDI信息技术可以快速获得信息，提供更好的用户服务，并适时加强客户联系，提高供应链企业运行状况的跟踪能力，提高供应链管理体系的整体竞争优势。

(2) 信息技术加强了企业内外的竞争力与资源的集成。

供应链组织需要集成企业内外的竞争力和资源。集成强调对人和资源进行调整和再调整，集成的过程是资源网络化的过程，以便对具体的机会采取决定性的行动。供应链管理中的信息通常有供应链各节点间的信息和各节点企业内部的信息两大类。而企业内部的信息又分为作业级、战术级和战略级3级。每天世界经济市场都发生成千上万的交易，每一笔交易都伴随着信息流、物流和资金流的发生。信息技术的应用使得供应链上的合作伙伴能够及时得到这些信息，以便对产品进行发送、跟踪、分拣、接收、提货、存储实时操作，这些都需要信息集成的支持。

(3) 信息技术支撑着供应链管理运作的所有方面。

信息技术支撑着供应链管理运作，包括地理上分散的流程团体的网络化和渠道策略与运作集成。信息技术的网络化促进了供应链管理信息技术时代的到来和发展。信息网络的兴起使全球的经济和文化都连接在一起。任何一个新的发现、新的产品、新的概念都可以立即通过先进的网络化信息技术手段传遍世界。

(4) 信息技术帮助供应链管理实现信息共享。

现代信息技术内容十分广泛，包括了微电子技术、光电子技术、磁电子技术、通信技术、网络技术、控制技术、显示技术等。随着信息技术的不断发展与进行，大量信息被采集与传递，共享数据库成为分布式开放系统的基础，在企业内部及企业之间，甚至整个供应链都可以实现信息共享。

(5) 信息技术实现供应链的同步化运作。

供应链管理是一个全面管理的概念，它寻求企业内部以及联盟企业之间的业务职能结合成统一的供应链系统。因此，必须实现供应链的同步化运作，保证供应链上的各个企业能像一个企业内部的不同部门一样主动、默契地协调工作。这就要求供应链上的成员企业利用网络技术将信息系统连接起来，使成员企业内部的应用软件与外部客户和供应商的应用软件进行连接，实现信息及时共享、全面管理，从而达到实时快速的业务处理和决策制定，通过集成不同的数据库系统、文件系统和业务应用系统，提供全面管理和信息共享。

(6) 供应链管理系统实时对供应链上的问题进行响应。

供应链管理系统通过计划时区来平衡需求与供应，同时看到供应链上已发生的问题，及时提供实时响应。例如，安全库存水平是多少，是否是最低成本计划，使用的资源是否已经优化，计划是否满足客户服务的要求，利润是否是最大化，可以承诺的内容是什么，不可以承诺的内容是什么，等等。

(7) 信息技术保证供应链企业供应的稳定。

大部分供应链企业的经营会引起组织生产的失败，除了内部的不稳定性，就是供应的不稳定性。信息技术鼓励供应商去寻求减小供应链总成本的方法，与供应商共享利益。传统供应链中，各成员不愿与其合作伙伴分享自己的商业信息和运营信息，从而使整个供应链运作效率降低，库存成本增加，对市场和需求反应迟钝。而信息技术应用中的供应能有效地减少运作成本和失败风险，保证了供应的稳定性。

### 10.2.3 供应链管理中的管理方法

供应链管理理论的产生和发展远远落后于在运作过程中的具体技术与方法。早期，供应链管理多以一些具体的方法出现。常见的供应链管理方法如下。

1. QR(Quick Response)快速响应

QR 是美国纺织与服装行业发展起来的一种供应链管理方法。它是指在供应链中，为了实现共同的目标，零售商和制造商建立战略伙伴关系，利用 EDI 等信息技术，进行销售时点的信息交换以及订货补充等其他经营信息的交换，用多频度小数量配送方式连续补充商品，以缩短交货周期，减少库存，提高客户服务水平和企业竞争力的供应链管理方法。QR 的具体策略包括待上商品准备服务(Floor-Ready Merchandise)，自动物料搬运(Automatic Material Handling)等。QR 容易使人联想到“更快地做事”。但 QR 最重要的作用是在降低供应链的总库存和总成本的同时提高销售额。成功的 QR 伙伴关系将提高供应链上所有伙伴的获利能力。

实施 QR 需要经过 6 个步骤，每一步骤都需要前一个步骤作为基础，并比前一个步骤有更高的回报，但需要额外的投资。

1) 采用条形码和 EDI 技术

零售商首先必须安装通用产品代码(UPC 码)、POS 扫描和 EDI 等技术设备，以加快 POS 机收款速度、获得更准确的销售数据并使信息沟通更加通畅。通用产品代码(UPC 码)是行业标准的 12 位条形码，用作产品识别。扫描条形码可以快速准确地检查价格并记录交易。POS 扫描用于数据输入和数据采集。EDI 遵从一定的标准，在计算机间实现商业单证的交换。

**小知识**

EDI 要求公司将其业务单证转换成行业标准格式，并传输到某个增值网(VAN)，贸易伙伴在 VAN 上接收到这些单证，然后将其从标准格式转到自己系统可识别的格式。可传输的单证包括订单、发票、订单确认、销售和存货数据及事先运输通知等。

2) 固定周期自动补货

QR 的自动补货要求供应商更快更频繁地运输重新订购的商品，以保证店铺不缺货，从而提高销售额。自动补货是指基本商品销售预测的自动化，使用基于过去和目前销售数据及其可能变化的软件进行定期预测，同时考虑目前的存货情况和其他一些因素，以确定订货量。通过对商品实施快速反应并保证这些商品能敞开供应，零售商的商品周转速度更快，消费者可以选择更多的花色品种。

3）达成有效的补货联盟

补货联盟指为了保证补货业务的流畅，零售商和制造商联合起来检查销售数据，制定关于未来需求的计划和预测，在保证有货和减少缺货的情况下降低库存水平，甚至还可以进一步由制造商管理零售商的存货和补货，以加快库存周转速度，提高投资毛利率。

**小知识**

投资毛利率是销售商品实际实现的毛利除以零售商的库存投资额。

4）实施零售空间管理

实施零售空间管理是指根据每个店铺的需求模式来规定其经营商品的花色品种和补货业务。

5）联合开发产品

联合开发产品的重点是开发生命周期很短的商品，如服装等，而不再是一般商品和季节商品。厂商和零售商联合开发新产品能够缩短从新产品概念到新产品上市的时间，而且可以经常在店内对新产品实时试销。

6）快速反应的集成

该步骤通过重新设计业务流程，将前 5 步的工作和公司的整体业务集成起来，以支持公司的整体战略。实施快速反应的前 4 步，可以使零售商和制造商重新设计产品补货、采购和销售业务流程。实施前 5 步可以使配送中心得以改进，适应频繁的小批量运输，使配送业务更加流畅。同样，由于库存量的增加，大部分制造商也开始强调存货的管理，改进采购和制造业务，使他们能够做出正确的反应。最后一步零售商和制造商一起重新设计其整个组织、绩效评估系统、业务流程和信息系统，设计的重点是以客户为中心集成的信息技术。

2. ECR(Efficient Consumer Response)有效客户反应

ECR 是在食品杂货分销系统中，分销商和供应商为消除系统中不必要的成本和费用，给客户带来更大效益而进行密切合作的一种供应链管理方法。它的最终目标是建立一个具有高效反应能力和以客户需求为基础的系统，使零售商及供应商以业务伙伴方式合作，提高整个食品杂货供应链的效率，而不是单个环节的效率，从而大大降低整个系统的成本、库存和物资储备，同时为客户提供更好的服务。ECR 的基本构成如图 10.5 所示。

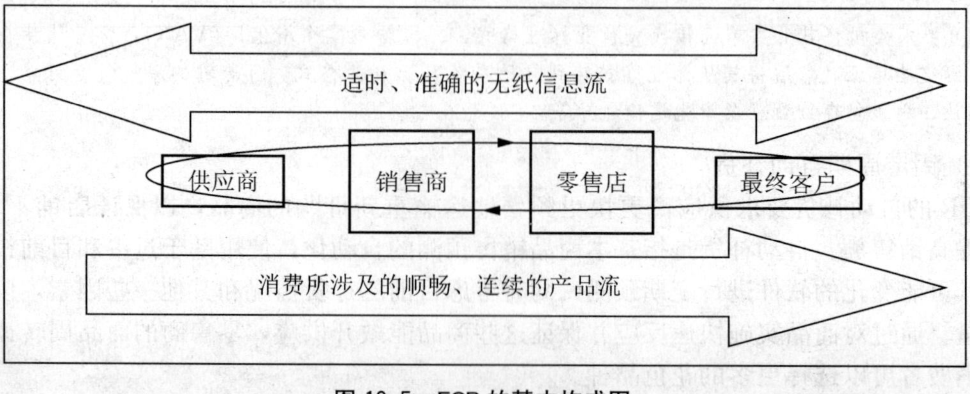


图 10.5　ECR 的基本构成图

从上图可以看出，通过ECR，如计算机辅助订货技术，零售商无须签发订购单，即可实现订货；供应商则可利用ECR的连续补充技术，随时满足客户的补货需求，使零售商的存货保持在最优水平，而提供高水平的客户服务，进一步加强与客户的关系，同时，供应商也可从商店的销售点数据中获得新的市场信息，改变销售策略；对于分销商来说，ECR可使其快速分拣运输包装，加快订购货物的流动速度，进而使消费者享用更新鲜的物品，增加购物的便利和选择，可以加强消费者对特定物品的偏好。

3. CPFR(Collaborative Planning，Forecasting and Replenishment)协同计划、预测及补货

该方法是QR发展进入的第三个阶段，是一种建立在贸易伙伴之间密切合作和标准业务流程基础上的供应链管理方法。CPFR指的是合作企业共同预测，共同补货，共同参与各企业内部事务的计划工作(如库存计划、销售计划、生产计划等)。

CPFR的特点有协同、规划、预测和补货4个方面，分别介绍如下。

(1) 协同，指CPFR这种新型合作关系要求双方长期承诺公开沟通、信息分享，共同确定其协同性的经营战略。

(2) 规划，指合作双方要共同制定合作规划(如品类、品牌、关键品种等)、合作财务(销量、库存、毛利等)，为实现共同目标还要共同协同制定促销计划、库存政策变化计划、产品导入和终止计划等。

(3) 预测。CPFR强调买卖双方必须做出最终的协同预测，如季节因素、趋势管理信息等，基于这类信息的共同预测能大大减少整个价值链体系的低效率、死库存，促进产品销售，节约使用整个供应链的资源。

(4) 补货。销售预测必须利用时间序列预测和需求规划系统转化为订单预测，并且供应方约束条件(如订单处理周期、前置时间、订单最小量、商品单元以及零售方长期形成的购买习惯等)都需要供应链双方加以协商解决。CPFR按照协同运输计划要求补货。此外，对于例外状况出现的比率、需要转化为存货的百分比、预测精度、安全库存水准、订单实现的比例、前置时间以及订单批准的比例，所有这些都需要在双方公认的计分卡基础上定期协同审核。潜在的分歧，如基本供应量、过度承诺等双方事先应及时加以解决。

### 10.2.4 供应链成本管理

1. 供应链成本管理的含义

供应链成本指供应链的运作产生的费用和支出。成本管理理论源于会计学中对“收入与成本的差为利润”理念的重视。在全球经济一体化的今天，市场的竞争已由企业之间转向供应链之间，且在全球范围内无国界的市场中进行。互联网技术促使竞争加剧，使企业赖以生存的环境发生了根本的变化，可赚取利润的空间越来越小。企业要在有限的利润空间内求得生存和发展，就必须寻求使供应链生存和发展的保障，提升整体供应链绩效，增强其竞争力。供应链作为一种新型的价值链结构，追求的是“通过成本进行管理”，其成本管理的作用在于通过系统的设计和有效的管理，使企业能在更好满足客户需求的同时，使包括自身在内的供应链系统达到最优。供应链成本分布图如图10.6所示。

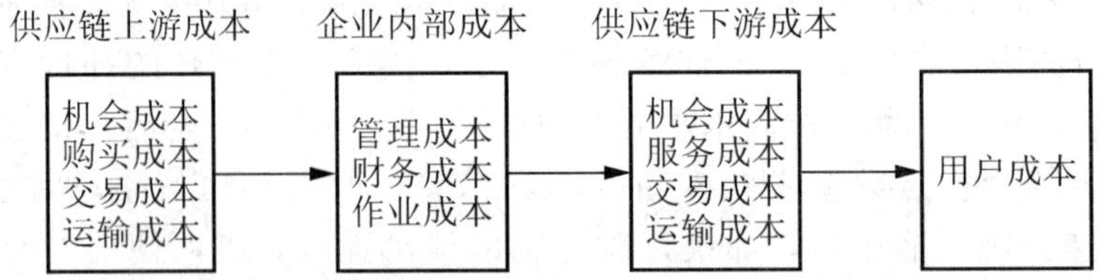


**图 10.6　供应链成本分布图**

2. 供应链成本管理的主要环节

一个完整的供应链包括 3 个环节：销售、生产和采购。销售被视为第一环节，因它最接近顾客的需求，保证产品和服务在顾客需要时准时送达。如全球第一大零售商沃尔玛由于掌握了订单运送技术，能在 24 小时内将产品送达遍布北美的各个分店。第二个环节是生产，即尽量降低产成品的加工成本。如 Dell 公司的总库存只能维持 6 天，从而可以减少库存开支，保证更快的产品革新。最后一环是采购，降低原材料的采购成本有利于企业将获得的原材料转化成产品并以较低的成本销售。

3. 供应链成本管理的特点

与传统的成本管理相比，供应链中的成本管理具有以下特点。

(1) 具有双重目标，解决了提高服务质量与降低成本的矛盾。

供应链管理解决了提高顾客服务质量和降低成本的矛盾，解决了传统成本理论单纯地追求企业成本或服务水平之间的平衡问题。美国国家半导体公司在两年的时间内关闭全球 6 个仓库，在新加坡新成立中央配送中心，向顾客空运微型集成电路，不仅使销售成本降低了 2.5％，而且将交货时间缩短 47％，销售额增加了 34％。

(2) 成本管理的范围更为广泛。

传统的成本管理仅重视生产领域成本的控制，而将其他环节的成本视为为生产和销售产品所发生的额外费用。随着科技的进步和市场竞争的加剧，与产品相关的设计、供应、服务、销售等活动引起的成本远远超过生产成本。据调查显示，企业平均物流成本约占销售额的 10.5％，仅次于所销售产品的采购成本。供应链成本管理的范围开始拓展，通过企业流程再造、物流体系设计来降低成本已经成为企业的第三大利润源泉。

(3) 结构层次性。

供应链成本管理主要有战略层次、战术层次、作业层次 3 个方面。战略层次主要包括合作伙伴的评价选择及仓库布局、仓库数量和储存能力，以及材料在物流网络中的流动等方面的决策。战术层次包括采购和生产决策、库存策略和运输策略，其活动一般以年或季节为时间单位进行重新评价。作业层次是指日常决策如生产计划流程、估计提前期、安排运输路线等。

(4) 以需求拉动生产。

供应链成本管理是一种需求拉动型的模式，有顾客需求及客户订单才组织生产，企业的产、供、销等经济活动都要适时适地适量，从而减少存货资金占用费用、仓储费用以及存货损失和产品由于过时、过季和供过于求而造成的价值损失。

(5) 技术手段多样化。

信息技术促进了供求信息在企业间的整合，企业建立客户关系管理系统(CRM)、供应链管理系统(SCM)、全球采购系统(GPM)和电子商务系统(E-commerce)等技术支撑体系，实施业务流程再造，创建学习型组织，有效控制供应链成本。

### 10.2.5 供应链绩效控制

1. 供应链绩效定义

供应链管理的绩效是指供应链上各成员企业通过信息协调和共享，在供应链的基础设施、人力资源和技术开发等内外资源的支持下，通过物流管理、生产运作、市场营销、顾客服务、信息开发等活动增加和创造的价值总和。

**小知识**

价值总和包括顾客价值、信息价值、供应链价值。顾客价值是最终顾客通过购买产品，包括核心产品和形式产品(接受服务，延伸产品)获得的价值，它由基本价值和额外价值组成；信息价值是指信息沟通的准确性、及时性和可靠性；供应链价值是供应链各成员企业通过各种活动创造或增加的价值，它由每种活动单独产生的价值和共同产生的价值以及供应链满足顾客需求的能力所组成。

2. 供应链绩效评估

要想通过高绩效的供应链物流来取得竞争优势，企业需要对供应链绩效进行控制，建立起有效的评价系统，对物流运作进行监控、管理和指导。监控是通过建立恰当的评价标准来实现的，该评价标准跟踪系统的运作情况，为管理层提出报告。管理是通过建立起与已有的评价标准相关联的绩效标准来实现的，借此来指出物流系统何时需要修改或需要注意。而指导是与员工的激励机制和对绩效的奖励有关。

供应链绩效评估的原则如下。

(1) 重点突出，要对关键绩效指标进行重点分析。

(2) 采用能反映供应链业务流程的绩效指标体系。

(3) 评价指标要能反映整个供应链的运营情况，而不是仅仅反映单个节点企业运营情况。

(4) 尽可能采用实时分析与评价的方法，要把绩效度量范围扩大到能反映供应链实时运营的信息上去，因为这要比仅做事后分析有价值得多。

(5) 在衡量供应链绩效时，要采用能反映供应商、制造商及客户之间关系的绩效评价指标，把评价的对象扩大到供应链上的相关企业。

3. 供应链绩效评估指标体系

供应链绩效评估指标一般分为定性和定量两种。

常见的定性绩效指标包括：顾客满意度、弹性、信息流与物流的整合、供应商绩效。其中，顾客满意度指顾客对产品、服务满意的程度；弹性指供应链响应随机的需求变化的程度；信息流与物流的整合指在供应链中货物传输与信息分享的程度，供应商绩效指供应商能持续、实时地把质量良好的原材料运送至生产场所的程度。

定量绩效指标根据性质分为面向成本指标和面向客户的指标。

以成本为标准的定量绩效指标见表10－2。

表 10－2　以成本为标准的定量绩效指标

| 指标 | 说明 |
|---|---|
| 成本最小化 | 最为广泛使用的指标，用于供应链整体或特有的商业单位或阶段 |
| 销售最大化 | 使销售金额或单位销售最大化 |
| 利润最大化 | 收益扣除成本后最大化 |
| 库存投资最小化 | 库存成本最小化 |
| 过期存货最小化 | 过期存货最小化 |

以客户响应程度为标准的定量绩效指标见表10－3。

表 10－3　以客户响应程度为标准的定量绩效指标

| 指标 | 说明 |
|---|---|
| 订单完成率最大化 | 及时完成顾客订单占全部订单的比例 |
| 目标完成率 | 达到目标的产品或服务的完成比率 |
| 产品延迟最小化 | 承诺的产品交货日与实际的产品交货日之间的时间最小化 |
| 客户响应时间最小化 | 从客户下订单到客户收到产品的时间最小化 |
| 制造周期最小化 | 从产品开始制造到完成的时间最小化 |
| 缺货率最小化 | 缺货率最小化 |

将定性指标与定量指标相结合，可以建立一个相对完善的供应链绩效评估指标系统。利用这个系统，供应链的每个节点企业可以衡量自己的管理目标、管理手段与整体供应链系统的目标是否一致，如果出现冲突就应该及时地调整，以使供应链整体的效率最高、效益最大。

## 10.3　ERP与供应链管理

ERP与供应链管理SCM，两者既关注了企业的不同方面，又有着紧密的联系，体现在以下方面。

（1）SCM扩展了ERP中采购和销售的职能，进一步提高了ERP的运作效率，降低了企业运营成本，可帮助企业获得更大的效益。对于销售管理来说，为了保持和吸引更多的客户，SCM中销售部门除了需要负责企业产品的销售，同时要维持和改善客户的关系，从而发展出客户关系管理(CRM)；在SCM中，销售部门对需求信息的分析预测由针对直接客户和分销商转移到针对整个供应链，对外供应链的协调控制也变为面向整条供应链的协调控制。对于采购管理来说，SCM中的采购部门既要负责企业物料采购，同时还要及时准确地获取上游企业的供应信息，以帮助企业进行必要的协调和决策，其上游企业的协调也通过 SCM 中的采购管理部门来完成。

(2) ERP 注重企业内部资源的集成，而对外部供应链的控制力度较弱；相对而言，SCM 则更注重对外部资源的管理和利用，但在企业内部管理中却大量沿用 ERP 的思想和职能。两者形成了优势互补的局面。

(3) 在决策方面，SCM 通过互联网直接与核心企业进行信息的沟通和交流，能对整个供应链进行数据的分析和预测，从而能纠正 ERP 针对直接的供应商和分销商做分析预测导致的偏差，提高了需求和供应决策的正确性，有利于企业做出更合理的采购、生产和销售决策。

(4) 在协调控制方面，SCM 既从外部供应链上获取信息，也从 ERP 系统中获取必要的生产、库存等信息与外部交换，形成协调双方或多方有利的合作方案，所以 SCM 需要 ERP 的紧密支持与配合。

在理论界，SCM 与 ERP 的发展，各自的优势、能力等，一直都纠缠不清。实际上，发展两者最好的方法是在未来实现 ERP 与 SCM 的集成。

## 本章小结

本章主要分 3 个部分，分别介绍了供应链管理概述、供应链管理的主要内容以及供应链管理在 ERP 中的应用。本章通过以上 3 个方面的介绍，让读者对供应链以及供应链管理有了全面的认识，对供应链在企业内及企业间的作用和影响等有一定的了解。

(1) 供应链管理的概述。讲解了供应链的多种定义、结构、特征，根据不同的企业划分不同的供应链类型。在经济全球化的背景下，企业逐步形成了内外的一体化管理，最终形成了现在的供应链管理。本部分介绍了供应链管理的不同定义，最后也为供应链管理下了一个定义：供应链管理是以提高整条“链”的竞争能力为目标，通过“链”上各个企业之间的合作和分工，对从供应商的供应商直到顾客的顾客整个网链结构上发生的物流、资金流和信息流进行综合、计划、控制和协调的一种现代管理技术和管理模式。本部分还讲述了供应链管理的原则、目标等。

(2) 供应链管理的主要内容。本部分主要讲了 5 部分内容：SCOR 模型、供应链管理中的信息技术、供应链管理中的管理方法、供应链成本管理、供应链绩效控制。在 SCOR 模型中，讲述了 SCOR 模型的定义、4 个组成部分、基本管理流程以及它的几大层次；还介绍了在供应链管理所用到的信息技术，如 EDI、AIDC、RFID 等，也从供应链管理组织的建立、企业的竞争力等方面讲述了信息技术对供应链管理的影响和作用：信息技术促进了新的供应链管理组织的建立，加强了企业内外的竞争力与资源的集成，支撑着供应链管理运作的所有方面，帮助供应链管理实现信息共享，实现供应链的同步化运作。供应链管理系统实时对供应链上的问题进行响应，信息技术保证供应链企业供应的稳定。本部分介绍了在供应链管理中集中常见的管理方法，如：QR(快速反应)与其实施的六大基本步骤：采用条形码和 EDI 技术、固定周期自动补货、达成有效的补货联盟、实施零售空间管理、联合开发产品、快速反应的集成；ECR(有效客户反映)，CFPR 等基本方法，其中 CPFR 的四大特点是协同、规划、预测、补货。同时阐述了供应链管理成本管理的主要环节，即销售、生产和采购；其五大特点为：具有双重目标，解决了提高服务与降低成本的矛盾、成本管理的范围更为广泛、结构层次性、以需求拉动生产、技术手段多样化；给出了供应链绩效控制的定义，即供应链管理的绩效是指供应链上各成员企业通过信息协调和共享，在供应链的基础设施、人力资源和技术开发等内外资源的支持下，通过物流管理、生产运作、市场营销、顾客服务、信息开发等活动增加和创造的价值总和。最后介绍了绩效评估五大原则以及评估的指标体系，其中指标分为定性和定量指标。

(3) ERP与供应链管理。讲述了供应链管理在ERP中的应用，主要介绍了ERP与供应链管理的关系，信息在供应链管理中的效应以及供应链管理所带来的经济效益。

## 思考练习

1. 名词解释

(1) 供应链

(2) SCM

(3) SCOR模型

(4) 即时生产

(5) 供应链绩效

2. 问答题

(1) 简述供应链管理中的信息技术。

(2) 信息技术对供应链管理的作用和影响有哪些？

(3) 简述QR的几个实施步骤。

3. 论述题

(1) 通过本章的学习，谈谈你对企业进行供应链管理的利弊的认识。

(2) 怎样对企业进行供应链绩效评估？

(3) 通过学习，你觉得怎样才能在各节点企业间建立一个合理的供应链？

## 实训拓展

案例分析

**ERP拓展阅读10-1**

### 戴尔公司的供应链管理

戴尔公司是由迈克尔·戴尔于1984年创立的。2002年，戴尔公司在全球个人计算机市场上的占有率为15.2%，已经成为该行业世界第二大公司。戴尔取得成功的关键就在于戴尔公司所创造的供应链管理模式——直销模式。其含义是：公司直接通过网站和电话接受客户订单，然后按单生产，并以最快速度直接将产品寄送到客户手中。按单装配、产品直销、低成本、高效率，这就是戴尔独创的“戴尔模式”

的精要。这个直接的商业模式消除了中间商，减少了不必要的成本和时间，让公司更好地理解客户的需要，缩短订单的执行时间以及减少库存。

戴尔在其产品的整个设计、制造、分销的全过程中建立起高度集成的供应链，而整个供应链最关键的地方就在于对生产和制造过程中物流的控制。在体系内树立全方位物流体系观念，把上游各个供应商、中间环节、企业内部各环节、客户视为一个整体来考虑，同时它也包括资金流、信息流等的配合，形成区别于传统供应链的新型的适应于快速反应市场、小批量多品种生产的供应链(图 10.7)。

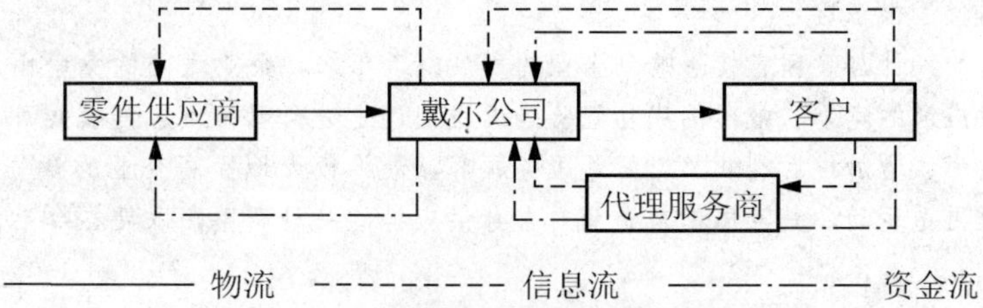


图 10.7 戴尔公司供应链示意图

戴尔创造了在业界号称“零库存高周转”的直销模式，即公司接到订货单后，将计算机部件组装成整机，采用“拉式”生产，而不是像很多企业那样实施传统型“推式”生产，根据对市场预测制定生产计划，批量制成成品再推向市场。戴尔公司真正按顾客需求定制生产，利用信息技术全面管理生产过程。通过互联网，戴尔公司和其上游配件制造商能迅速对客户订单做出反应：当订单传至戴尔的控制中心，控制中心把订单分解为子任务，并通过网络分派给各独立配件制造商进行排产。各制造商按戴尔的电子订单进行生产组装，并按戴尔控制中心的时间表来供货。戴尔所需要做的只是在成品车间完成组装和系统测试以及客户服务。由于戴尔采用了顺应多品种、小批量、高质量、低消耗、快速度的市场需要的JIT 生产方式，并且在生产过程中采用了适时适量、同步化生产、看板方式及生产均衡化等措施，使得公司仅需要准备手头订单所需要的原材料，因此工厂的库存时间仅有 7 个小时。这一切取决于戴尔的雄厚技术基础——装配线由计算机控制，条形码使工厂可以跟踪每一个部件和产品。在戴尔内部，信息流通过自己开发的信息系统与企业的运营过程及资金流同步，信息极为通畅。

此外，戴尔供应链中的一个明显特点就是服务外包的比重较高，其下游链条是 B-to-C 模式。通过服务外包，由代理服务商向顾客提供售后服务和技术支持，此举既提高了专业化的客户服务水平，又避免使公司的组织结构过度庞大。

低成本一直是戴尔的生存法则，也是“戴尔模式”的核心，而低成本必须通过高效率来实现。戴尔的生产和销售流程以其精确管理、流水般顺畅和超高效率而著称，有效地将成本控制在最低水平。

力求精简是戴尔提高效率的主要做法，公司把电话销售流程分解成简单的 8 个步骤，其自动生产线全天候运转，配件从生产线的一端送进来，不到两小时就变成成品从另一端出去，然后直接运往客户服务中心。戴尔在简化流程方面拥有 550 项专利。分析家们普遍认为，这些专利也正是其他公司无法真正复制貌似简单的“戴尔模式”的最主要原因。

戴尔注重树立产品品牌和提高服务质量。公司拥有一个严格的质量保证体系，并且还建立了一个强大的售后服务网络。戴尔不仅通过网站和电话为顾客提供全面的技术咨询和维修指导服务，而且在售出产品后会主动向客户打电话，征求意见。

此外，公司另一个取胜之道就是实行“多元化”的经营战略，即精确地找到高技术产品市场的切入点，迅速抢夺对手的市场份额，打造自身成功的供应链。

戴尔供应链管理的成功经验对国内企业的启示主要包括以下方面。

戴尔公司 1998 年进入中国大陆市场，由于中国市场的特殊性，戴尔在前进的道路上也面临着诸多的挑战。

首先是直销模式与中国特色销售体制之间的冲突。中国的市场是一个特殊的市场，实力再强的厂商也不可能照顾到方方面面。尽管直销模式对中国的IT企业具有较强的吸引力，但是在短期内该模式还无法在用户和厂商之间发挥纽带和桥梁的作用。此外，在中国现有的设施条件下，戴尔提出的在订货后5～7个工作日内，用户便可收到所订的计算机，一旦所订计算机出现问题，戴尔将按其所谓“Next-day Service”的原则，在24小时内提供技术支持的承诺在目前中国运输和通信在内的基础设施相对落后的情况下很难实现，戴尔甚至在生产过程中放弃了其在国际上一直采用的“零库存”方式。但是戴尔的成功经验还是为我们提供了很多启示。

第一，供应链的设计与管理直接影响到企业的发展。近年来，企业之间的竞争由原来的技术层面的竞争逐渐转移到供应链的竞争。戴尔的成功经验告诉我们，先进合理的供应链模式可以有效地降低生产成本、提高生产效率、增加税后利润及更好地服务顾客，最终极大地提高企业的竞争力。近年来，欧美企业纷纷掀起流程再造运动，其实质都是企业对自身供应链的一种调整，以便在今后发展中形成更强的竞争力。

第二，企业之间良好的合作关系是供应链管理的关键。直销模型的顺利运作主要归因于戴尔公司依赖先进的网络信息技术，与供应商实时共享一切重要的客户与生产信息。原配件供应商大多将自己的仓库建在戴尔工厂的附近，以保证生产所需原件在20分钟之内可以运到其装配车间；戴尔的技术设计小组全部配有供应商的工程师，在推出新产品时这些工程师会常驻戴尔，以保证新产品的顺利推出。为了维持这种相互信任、高度默契的企业关系，戴尔公司严格挑选供应商，逐步减少供应商数量，同时努力与供应商建立长期合作关系。我国企业也要促进企业间的长期合作，建立相互信任的合作基础；同时要有效提高信息技术的建设水平，为企业间的信息共享建立有效的操作平台。

第三，借鉴国外先进的供应链管理方式要因地制宜、实事求是。首先，直销模型只适用于高度标准化的产品，如计算机、家电等。其次，即便是应用直销模型在高度标准化的产品上，企业也要谨慎确定正确的目标客户群，正如戴尔公司定位于熟练计算机用户一样，直销模型多适用于有一定产品使用经验的顾客。我们需要根据的实际情况进行客观的分析，避免陷入盲目引进的误区。

资源来源：戴尔中国有限公司，2010年6月14日

**思考：**

(1) 阅读过本案例后，你觉得戴尔与供应商间的供求关系可以进一步优化吗？

(2) 你认为戴尔的个性化生产符合供应链管理的原则吗？

# 第三篇　企业如何做好 ERP 项目实施

# 第 11 章　ERP 系统选型与培训

## 学习目标

通过本章的学习，读者应该能够：

（1）了解 ERP 选型的重要性；

（2）掌握 ERP 选型的指标；

（3）掌握 ERP 选型的定性和定量方法；

（4）掌握 ERP 培训的分类；

（5）掌握 ERP 培训方案的制定。

## 知识结构

本章知识结构如图 11.1 所示。

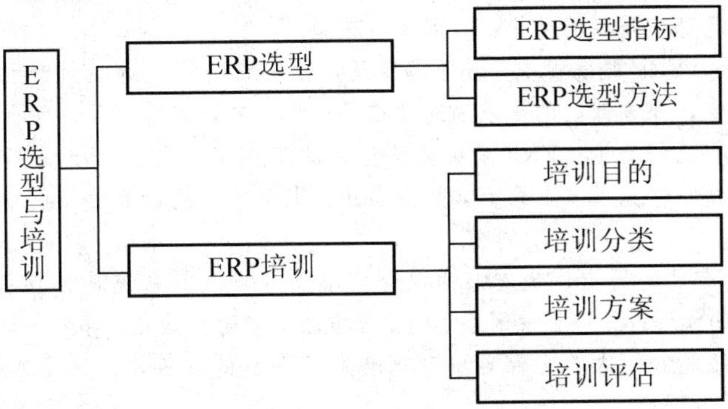


图 11.1　本章知识结构图

## 导入案例

### 上海百事：全员参与 ERP 选型

销售对于百事可乐而言，不仅仅是卖出产品这样简单的事情，物流、财务、维修等环节都包括在销售的范围内，不仅事务繁杂，而且成本很高。只有依靠信息系统实现精益营销，才能在激烈的市场竞争中立足。

一向在请明星做广告方面“大手大脚”的百事可乐，却在营销环节上小心翼翼，斤斤计较。“每瓶百事可乐的毛利润不到两毛，再摊上各种成本，利润不到 2 分，如果不斤斤计较，能否赢利就是个很大的问题了。”上海百事可乐饮料有限公司咨询技术总监臧宏鸣告诉记者，“特别是在原料成本大幅上升的情况下，竞争迫使可乐产品的零售价却不能因此而提升，所以，百事可乐的精益化营销更显得非同寻常的重要了。”

1989 年成立的上海百事可乐饮料有限公司在上海及周边城市中有多个销售网点。为了占有更大的市场份额，及时准确地反馈各种市场信息、转变销售策略，建立一套灵活、高效的集成销售系统对于上海百事可乐饮料有限公司来说是迫在眉睫的事。

1999 年，臧宏鸣进入上海百事可乐，工作的重心就是为公司上线新的 ERP 系统，“之前的一些老系统已经跟不上公司业务的发展需要，而公司业务还在高速扩展，快速消费品行业又是一个竞争激烈的行业。引入 ERP 系统就是要为公司的长期发展打下基础。”这时的臧宏鸣已经具有高校教师、咨询顾问等工作经历。

在实施 ERP 系统之前，上海百事使用的是自行开发的销售管理系统，由于系统集成性低，而销售点又分布在市内和市外的广大地区，沟通交流和数据分享困难，产品调配速度逐渐跟不上销售的要求。而且，由于各个点的库存数据时常变化，生产计划的变更情况比较多。

上海百事希望在实施 ERP 系统后，产品分销速度更快，内部控制机制更加完善，从而提升企业的竞争能力。由于百事可乐在行业内的示范效应，上海百事可乐上 ERP 系统引来了各大 ERP 厂商的角逐，SAP、甲骨文都来了，还有几家国产软件。显然，“各家都有自己的优势，但是百事可乐需要的系统非常特殊，各家的产品都有不尽人意的地方。如在回收管理方面，它是一个繁琐而重要的环节，从玻璃瓶到钢瓶，回收管理面临的对象有大有小，数量又特别庞大。这个需求是当时参加选型的 ERP 产品都不具备的。”回收管理是百事可乐成本控制的一个重要环节，也是快速消费品行业 ERP 系统不同于其他行业的一大特征。

正因为各个部门的需求是琐碎而多样的，如何保证 ERP 软件能够与业务紧密地贴合在一起，这是个很大的问题。“选型之初，我就将各个部门的经理召集起来，先给他们普及什么是 ERP，然后让他们列出自己部门需要的功能，一起参与选型。”

考虑到 1999 年，ERP 概念在中国还不算普及，臧宏鸣这样的选型策略无疑是明智的。“需要系统具有什么功能，业务部门的需求描述放在了选型之初，这减少了后面很多不必要的麻烦。”

所有部门都参与的好处是，ERP 系统能给他们的工作带来什么、不能实现什么，这些问题在事前就已经讲清楚，避免了“上系统前热情高涨，期望值过高，最后导致与系统的实现功能落差过大”的问题。

面对各家 ERP 产品的缺点，臧宏鸣的取舍标准有 3 点：①系统是否具有良好的可扩展性；②是否易于开发新的模块；③能否找到合适的第三方软件来弥补缺点。事实上，最后中标的 IFS 系统正是因为其在很短的时间内为上海百事可乐开发了合适的软件，而这是其他几家产品没有做到的。

资料来源：支点网，2010 年 11 月 19 日

进入21世纪以来，随着经济全球化的进一步加强，企业所面临的市场由过去的单一化、稳定性逐渐向多元化、变动性发展，如何在纷繁变化的市场中寻求一席之地，是每个正在成长的企业所面临的共同问题。从目前已有的相关案例资料分析，信息化是一件非常有效的工具，它不仅能够提高企业信息的流动速度，还能减少决策的时间，提高决策的正确率。企业资源计划(ERP)就像一把双刃剑，一方面其提升企业信息化水平和提高企业管理水平的功能得到了普遍认同，另一方面，项目在实施过程中高额的费用支出和极低的成功率也让企业颇为头痛。

提高ERP项目的成功率要从源头做起。在本章，我们将向读者讲述ERP系统选型的方法和ERP系统培训，从根本上解决项目成功率的问题。

## 11.1 ERP系统选型

“工欲善其事，必先利其器”，从企业的长远发展趋势来看，信息化是一条必经之路，它能够提高企业信息的流动速度，减少决策的时间，提高决策的正确率。企业实施ERP项目，一方面可以提升企业的信息化水平，另一方面可以提升企业的管理水平，可谓一举两得。但是，实施ERP项目不仅仅涉及企业资金、人力、物力等方面长期性的投入，还关系到企业业务流程的重大改变，涉及企业既得利益者的收益变动；实施ERP项目要求企业从原来的粗放式管理模式过渡到精细管理，要求企业不但有管理制度，还要保证管理制度实施到位……而这一切都将给企业带来巨大的变革。

业内曾经有一句话“企业不上ERP是等死，企业上ERP是找死”，意思是不上ERP，企业将不能够适应市场的变化，导致企业最终走向失败；企业如果实施ERP，又会因为ERP项目的投入巨大而带来巨大的风险，一旦项目失败，也会导致企业走向失败。

企业能不能够不上ERP？不行！企业上ERP是不是就一定是“找死”？不一定。如何降低企业实施ERP的风险，不让企业自己“找死”，是摆在各家企业面前的难题，解决这一难题最好的方法就是控制住项目的整体风险。企业应选择一家合适的软件供应商，在实施项目时严格制订项目计划，逐项完成项目实施，控制项目风险，推动项目的顺利完成。

ERP系统选型是ERP项目实施的几个最重要的阶段之一，这直接决定了整个项目的成败。所谓ERP系统选型，就是指企业在实施ERP项目时对ERP软件和项目实施公司的选择，ERP项目选型实际是一个选择购买的过程。由于实施ERP系统投资比较大，选定之后很难再转向另一个，因此，一旦选型失败，基本意味着项目失败，最好一次性成功。二次选型的风险和阻力将远远大于第一次。

ERP选型主要涉及3个角色：企业、咨询机构和软件供应商。企业是选型决定过程中的主导者，是决策过程的主体。咨询机构和软件供应商是选型过程的辅助因素。咨询机构主要为企业提供技术、方案咨询、选择和实施等，是企业的决策参谋；软件供应商为企业提供产品并获取销售利润，是决策的利益关联方，其产品是企业决策的客体。

进行ERP选型时，首先需要考虑采用哪些指标。可用于ERP选型的指标有很多，关注点也各不一样，有与供应商相关的指标、与软件相关的指标等，企业在选型时可根据自己的情况选择。就像日常生活中买衣服一样，不同的人关注点是不一样的。

ERP 时事摘录 11-1

## 专家提示选购服装 8 项注意

(1) 一般来说，浅色服装比深色的更环保。因为浅色服装的面料在生产过程中被污染的机会较少，特别是贴身的内衣。从健康角度来说，更应该选用浅色的。

(2) 选购服装的时候可以选择没有衬里的。西服套装等必须有衬里的产品，可选择无粘衬技术产品。因为粘衬需要用胶水，而胶水通常含有甲醛等溶剂。

(3) 很多人喜欢买外贸服装，但在购买的时候要多加小心，不要买回因为环保原因被退货的产品。

(4) 通过绿色环保认证的服装挂有一次性激光全息防伪标志，可用激光笔照射，在任何角度都可以看到 10 个环。

(5) 买衣服时不妨闻一下，有发霉的味道、煤油的气味、鱼腥味、苯类的气味等异味的服装大多甲醛含量超标，不能购买。

(6) 尽量不买免烫衣服。特别是甲醛过敏者，更不能穿着免烫服饰。

(7) 刚买回来的免烫衣服不要立即挂入衣柜中，最好先用清水进行充分漂洗后再穿，以降低服装中的甲醛含量。

(8) 穿上新衣饰后，如出现皮肤瘙痒、接触性皮炎等皮肤过敏反应，或情绪不安、饮食不佳、连续咳嗽等症状时，要考虑是否衣物不适所致，尽快到医院诊治。

小贴士：为了孩子的健康，选购穿用童装时，消费者可以通过选、闻、洗、观等方法加以鉴别。

选：甲醛主要来自廉价的染料和助剂，因此家长不要给孩子购买进行过抗皱处理的服装，尽量选购小图案的童装，注意图案上的印花不要很硬，不要购买漂白的童装和色彩特别鲜艳浓重的服装，因为这类童装中的甲醛含量特别高。

浅色服装是最好的选择。因为深色服装经孩子穿着摩擦，易使染料脱落渗入皮肤，特别是一些婴幼儿爱咬嚼衣服，染料及化学制剂会因此进入孩子体内，损伤身体。

闻：闻一闻童装上是否有一股特别浓重的刺激气味(类似于家具城内的气味)，但由于有些童装的外包装严实，营业场所一般面积又比较大，有时气味难以辨别，因此需要打开外包装袋或拿到家里仔细辨别。

洗：甲醛比较容易溶解于水中，为预防万一，童装买回家后，不要迫不及待地给孩子穿上，最好用清水充分漂洗后再穿，特别是贴身的内衣内裤，以免危及儿童健康。

观：给孩子穿上新衣服后，如出现皮肤过敏、情绪不安、饮食不佳、连续咳嗽等症状，可能是甲醛惹的祸，要尽快换衣服并赶快去医院诊治。

资料来源：东楚网，2012 年 7 月 26 日

**思考：**

请思考一下，你在日常生活中选购服装时，通常会考虑哪些因素？

### 11.1.1 ERP 选型的常用指标

1. 与供应商相关的指标

相关的统计数据显示，目前，我国的 ERP 软件供应商大约有三千多家，再加上国外的软件公司，国内现有的 ERP 供应商应该在五千家左右。那么，如何从这些分居各地、大小不同、良莠不齐的公司中选择出自己需要的企业呢？

1）公司规模

公司规模的度量指标有很多种，取决于研究者的研究目的和数据的可获得性。研究中主要采用的指标有销售额、员工人数、总资产、净资产、股票和债券的市场价值、销售成本、子公司数目、企业增加值等，但使用最多的是销售额、员工人数和总资产 3 个指标。

不同行业公司规模指标不尽相同，以计算机软件行业为例，可以分为以下几种。

（1）微型企业。

公司员工在 100 人以下，咨询实施人员在 30 人以下，公司全年销售额达到 300 万元。

（2）小型企业。

公司员工在 100 人(含)以上 500 人以下，咨询实施人员在 30 人(含)以上 100 人以下，公司全年销售额在 300 万元(含)以上，1 000 万元以下。

（3）中型企业。

公司员工在 500 人(含)以上 1 000 人以下，咨询实施人员在 100 人(含)以上 300 人以下，国内部分省市拥有分子公司，公司全年销售额在 1 000 万元(含)以上，5 000 万元以下。

（4）大型企业。

公司员工在 1 000 人(含)以上，咨询实施人员在 300 人(含)以上，国内部分省市拥有分子公司，有条件的拥有跨国分子公司，公司全年销售额高于 5 000(含)万元。

公司规模只是一个参考指标，而非绝对指标。这是因为每个公司成立的时间长短不一，规模大小不同，其核心能力也有千差万别，在考察 ERP 供应商时，更应考察其核心能力，而不是一味关注公司的大小。

在 IT 领域，小企业往往更有创造力，甚至有不少小企业甘愿做“小”，不愿做“大”。因为 IT 行业技术更新速度快，淘汰率高，小企业更容易接受新技术、新理念，在转向上有先天的优势；而大企业过于庞大的组织机构往往会限制其对新兴事物的接受，存在固执守旧、官僚主义严重的现象。另一方面，小公司组织层级较少，沟通更加顺畅，对客户需求的反应也较快，能够更好地响应客户的请求；小公司的人力成本相对较低，企业二次开发的成本也相对较低。但是，相对于小公司，大公司的抗风险的能力普遍更强，2008 年金融危机后，小公司的生存空间遭到压缩，不少小公司抗不住压力，纷纷破产，这种情况会使企业遭受损失。

2）行业背景

企业的行业背景是指 ERP 供应商主要从事某个行业的 ERP 项目咨询实施，并取得了很好的成果。一般来讲，ERP 系统是一个通用型的系统，但是由于每个行业都存在自己的行业特性，ERP 系统必须针对其行业做出相应的调整，以适应不同行业的不同需要。每个行业都有自己的特点，如果 ERP 软件供应商不清楚这些特点，那么这种方案必将遭到失败。如果 ERP 软件供应商已经在某行业里有过一些成功案例，甚至已经在该行业里的 ERP 市场中占据主流，那么企业选择这样的供应商就是相当有保证的。

“术业有专攻”，作为 ERP 供应商来讲，不可能、也没有必要在所有行业中都占据头把交椅，只要做好对本公司而言最重要的几个行业就可以了。这样有利于公司发挥自身优势，形成核心竞争力。

**小知识**

行业是指从事国民经济中同性质的生产或其他经济社会的经营单位或者个体的组织结构体系的详细划分，如林业、汽车业、银行业等。通俗地讲，行业分类就是有规则地按照一定的科学依据，对从事国民经济生产和经营的单位或者个体的组织结构体系的详细划分。

就个人而言，行业背景指的是这个人在这个行业中，曾经都在哪些地方、部门工作过，工作时间有多久，有过什么荣誉，和客户和同事的关系怎么样，开拓市场的能力怎么样，等等。

就企业而言，行业背景是指这个企业曾经为哪个行业服务过，以及这个行业所牵扯到的部门、人群、产品立足于哪些市场。

3）企业的市场占有率

企业的市场占有率即市场份额，指一个企业的销售量在市场同类产品中所占的比重，表明企业的商品在市场上所处的地位。市场份额越高，表明企业经营、竞争能力越强，软件被更多的组织所运用，软件的成熟度越高，适用性越强，出现无法解决的问题的概率越小。

察看供应商的市场份额时，不仅仅要看其在整个 ERP 市场所占的份额，还应该考察它在具体行业所占的市场份额，在某个行业的市场份额越高，说明该供应商在这个行业的产品越成熟。

4）可持续发展能力

任何一家企业，在其发展的过程中都有可能会遇到这样或那样的问题，有的问题可能会直接导致企业的经营困难甚至是破产，一旦发生这种情况，即使是实施的很顺利的项目，也会面临失败的危险。

企业进行 ERP 产品选型时，要特别考察该公司的可持续发展能力和对抗风险的能力。通常 ERP 项目的时间跨度比较长，短则几个月，长则好几年，在这么长的时间里，市场可能会发生很大的变化，原来的优势也可能会转换成劣势。一旦发生重大变化，公司的可持续发展能力或者对抗风险的能力比较差的话，很容易在竞争中倒下，也会给公司的客户带来损失。例如 2008 年 512 汶川地震，四川省内很多企业受到了不同程度的损失，不少企业为了减少支出，降低成本，砍掉了大部分的信息化预算，这样的结果又导致了部分中小企业由于拿不到足够的订单而产生了经营危机，IT 界也迎来了信息化的“严冬”。

**ERP 时事摘录 11－2**

### 国外著名的厂商 SAP 与 Oracle

SAP 公司成立于 1972 年，总部位于德国沃尔多夫市，是全球最大的企业管理和协同化商务解决方案供应商。目前，全球有 120 多个国家的超过 172 000 家用户正在运行 SAP 软件。财富 500 强中 80％ 以上的企业都正在从 SAP 的管理方案中获益。1995 年，SAP 中国公司在北京成立，并陆续建立了上海、广州、大连分公司。目前，SAP 在全球已有 5 万名员工。

SAP 也是 SAP 公司的产品——企业管理解决方案的名称，是目前全世界排名第一的 ERP 软件，它提供全面的商务智能功能，从高端分析师到普通业务用户都可以访问系统，得到他们所需要的信息。SAP 最核心的套件是 SAP ERP 应用软件，它能为企业提供一个良好的基础平台，帮助企业参与必要的竞争，赢得全球市场。SAP ERP 应用软件支持企业的业务流程和运营的基本职能，并专门针对企业的行业特定需求。

Oracle公司(甲骨文公司)是世界上最大的企业软件公司，向遍及135个国家的用户提供数据库、工具和应用软件以及相关的咨询、培训和支持服务。甲骨文公司1989年正式进入中国。Oracle公司虽然是全球最大的数据库软件公司，但是Oracle ERP也是一款强有力的软件，它在全球范围内与SAP展开竞争。

相比于SAP软件，Oracle公司在技术上的优势是显而易见的。Oracle应用系统充分采用了数据库上的先进技术，将有些系统功能放到数据库中去实现，而不是通过编程的方式，因而大大简化了程序，提高了效率。而SAP系统为支持多种数据库，不可能采用数据库技术去实现数据库端的功能，只是将数据库用来储存数据。Oracle系统具有强大的查询功能，在其输入数据的界面中，输入的任何数据都可作为其查询条件。SAP则需要专门定义查询界面。

但是在软件的成熟度与严谨性方面，Oracle公司却较SAP公司相差较远。经过近30年与全球大企业用户的合作，SAP系统积累了大量先进企业的业务管理流程，对于用户来说，只需根据企业情况在系统中挑选适当的业务流程，在软件中进行配置，而对软件的二次开发工作量极少。Oracle由于缺乏足够的业务流程模板和软件功能的支持，在实施中经常被发现无法满足企业管理上的要求，如在大型制药企业中必需的批次管理、质量管理、设备维护管理等，Oracle软件根本没有此类模块。虽然Oracle公司一再地夸大其软件的二次开发技术十分灵活，但是这实际上也就是在告诉用户这套软件功能不够，用户得自己去编程序。

SAP重视中国ERP市场，花了2年的时间进行汉化和按照中国政府的人事管理要求进行本地化，使得SAP的中国用户不仅能够使用国际化的先进软件，同时也满足本地化的要求。相比之下，Oracle公司对待ERP软件产品本地化重视不足，至今在中国地区，Oracle的用户还没有一家能够使用Oracle软件的人力资源管理模块。

资料来源：Linux社区，《SAP ERP与Oracle ERP比较》

2. 与软件相关的指标

目前，ERP软件供应商已近5 000家，大小不一，良莠不齐，它们提供的软件也是各有特色，各有优势。例如，目前全球排名第一的SAP公司，其功能强大的生产经营管理全面解决方案能够适应大型、复杂的离散型和流程型企业；而国内ERP软件的领军企业用友软件，则有着强大的财务管理功能。

企业在软件选型时，常常会陷入“ERP软件之海”中，在大量“同质化”① 严重的软件中，着重需要考虑哪些指标?

1）软件的扩展性

良好的扩展性对于ERP软件来讲是非常有必要的。

首先，ERP软件自身就是一个多模块软件，各个模块之间需要相互补充，模块之间的数据也需要相互流转。其次，ERP软件要能够适应企业组织结构的调整，任何一个企业都处于不断变化的过程中，组织结构的调整是很常见的，此时，就需要软件能够对企业的组织结构调整做到适应，而不能因为组织结构的调整过分影响企业的ERP软件的运行。第三，企业信息化是不断发展的，有可能企业之前会使用其他软件商的软件，也有可能会在以后需要同其他软件商的软件进行对接，这个时候就需要ERP软件有良好的扩展性以便于企业的业务扩充。最后，ERP软件是一款通用型的软件，但是企业又往往具有独特

① 所谓同质化，是ERP软件在性能、价格、解决方案等方面趋同的现象。

性，这些独特性会直接影响企业对软件的后续实施和使用。良好的扩展性有利于企业独特性的展现，能够让企业运用起来更加熟悉、更加得心应手。

2）系统的稳定性

系统的稳定性是ERP软件质量好坏的重要因素，在选型的过程中需要特别关注。软件系统不稳定会给用户带来一系列的麻烦，例如：核算数据不准确影响报表的正确性；出入库不严格，车间多领料，造成仓库多发或少收的现象，导致企业仓库数量及应收、应付账款不准确；账实不相符，不能正确提供制订计划用的参考数据等，这些都是ERP系统不稳定造成的直接后果。更为严重的是系统性能低甚至瘫痪，导致不能开单，造成业务停滞，业务人员无法正常工作等。

哪些情况会造成系统的不稳定呢？

(1) 新版本发布。软件新版本发布后，正处在不停升级、不停打补丁的状态中，这导致软件的稳定性比较差。企业用户往往是试用的对象，而系统的不稳定经常会给企业带来很多麻烦。待到一段时间之后，新版本所出现的问题基本处理得差不多了，软件的稳定性就比较高了。

(2) 新的解决方案发布。ERP软件供应商一般会针对不同的行业推出不同的行业解决方案，如果这一行业是该供应商新进入的领域，供应商对此行业的特点、需求把握不到位，也会存在软件不稳定的现象。而如果这一行业是该供应商早已进入的领域，软件的成熟度相对就会较高，稳定性也较好。

组织测试是判别ERP软件产品稳定性的最主要方法，在软件大规模实施前、实施过程中及后来的应用中分别进行有针对性的测试，是避免更多麻烦的最佳方法。常用的测试的方法有重点测试和全面测试。

① 重点测试。企业在实施ERP软件时，首先从本企业中挑选一个可以涵盖企业大部分业务的部分进行软件的试点，既可以全面验证软件性能是否有缺失，及时补缺，又可以根据企业的实际情况对软件提出修改意见。

企业在没有使用软件前，很难测试ERP的稳定性，通过这一阶段的应用，企业往往才能真正了解ERP软件的质量。“磨刀不误砍柴工”，在企业力所能及的情况下，尽量组织人手测试与本企业核心业务最紧密相关的软件模块和功能，免得实施ERP系统后遇到问题时“骑虎难下”。

② 全面测试。考察软件的稳定性是一个长期持续不断的过程，贯穿软件的整个生命周期，从系统上线、试运行到正式运行，整个期间软件的稳定性都是一个不容忽视的问题。验证软件稳定性的最常用方法就是软件原型测试，由于ERP系统是信息集成系统，所以在测试时，应当是全系统的测试，各个部门的人员都应该同时参与，这样才能理解各个数据、功能和流程之间相互的集成关系。

3）软件的适宜度

ERP软件的适宜度分为功能适宜度和管理适宜度。

ERP软件的功能适宜度是指ERP软件的功能模块与特定企业的业务需求相适宜，应尽量满足企业的实际管理需要，主要包括系统管理思想的先进性、功能完备程度、系统的集成性、可操作性、可维护性、安全性、开放性、二次开发等内容。ERP软件的管理适宜度，主要是指根据企业的生产经营特点、管理的规范程度、人员素质及配备、硬件资源、资金预算等因素选择ERP软件。

在目前软件功能大体相似的情况下，选择管理水平与企业目前管理水平相似，并略高于企业目前管理水平的软件是比较明智的，这样既能够让企业提升自己的管理水平，又不会让企业员工适应得太辛苦。但同时也要注意软件管理水平的可提高性，防止企业管理水平高于软件管理水平的情况出现。

3. 咨询实施

现今市场ERP项目中，ERP软件的价格通常只占总价格的60%～70%，软件的咨询、实施及后期服务往往会占到总价格的30%～40%。为什么会产生这样的报价的方式呢？因为现在的企业越来越清醒的认识到，ERP软件咨询、实施及后期服务往往能够影响ERP项目的成败。

“鞋子舒不舒服，只有脚知道。”如何让一款通用的ERP软件适合企业，除了软件本身之外，更重要的是软件咨询、实施团队的一双巧手对软件、企业双方面的改造，让软件这双鞋能够舒舒服服地套在企业这双脚上。软件本身是死的，怎样让软件适用于你的企业，就要看软件咨询、实施者的功力了。

(1) ERP系统的实施必须要有专业的ERP系统咨询团队为企业提供指导和帮助。

企业在准备实施ERP系统前，需要咨询团队帮助企业进行调研和需求分析，由于企业方知识、经验、管理水平的原因，考虑不周全的地方需要咨询团队代替客户方提出需求。在实施过程中，需要管理咨询团队帮助企业进行业务流程重新设计、组织机构调整并制定一套规范的实施方法，咨询团队还应考虑到企业管理水平提高后的需求，并据此预留出实施方案，以满足企业在不同管理阶段的需求。同时，ERP软件作为通用软件，在其无法满足企业的特别需求的时候，只有具有较强二次开发能力的咨询团队才能帮助企业提高ERP的实施效率。

(2) ERP实施团队是ERP项目强有力的推动者。

ERP系统的实施是一项涉及管理和技术的庞大的系统工程，工作量大，系统繁杂，涉及企业的各个部门。实施团队应由始自终都应站在客户一方，帮助客户对现有业务流程及(咨询顾问)推荐的业务流程进行评估、梳理，确定最终业务流程蓝图；协助客户降低实施周期成本，确保软件性能和项目成功；帮助客户制定实施计划并进行实施过程的管理，规避项目风险，确保项目顺利进行；及时解决项目过程中的需求问题；帮助客户建立并实施有关规章制度，以帮助操作人员规范应用，确保企业成功使用ERP软件。

第三方咨询是一种新兴的咨询方式。所谓第三方咨询，就是介于企业和信息技术、软件开发和服务提供商之间的第三方机构，凭借其行业专家、管理专家和IT专家共同组成的高水平咨询顾问人才队伍，为企业信息化决策、规划、设计、实施和系统运行各个阶段分别提供信息化可行性研究、信息化总体规划、辅助招标、建设监理和系统运行维护评价等服务。

第三方咨询优劣势兼有，优势在于第三方咨询独立于企业方和软件供应商，能够客观地看待问题、系统地分析需求，能够调和企业方和供应商的矛盾，力求解决方案既能满足管理效果需要，又能在现有软件的基础上实现。第三方咨询经验丰富，能够弥补供应商人员上的不足，彻底地帮助企业完成管理流程优化和提升的工作，最后在软件里固化管理流程，达到预期的实施效果。但是，第三方咨询的劣势在于增加了项目预算，加大了项目风险，而且第三方咨询对软件的熟悉程度上不如供应商的技术人员，但是企业方对第三方咨询的信任度比较高，反而会出现反客为主的现象。

4. 后续服务

ERP系统作为商品化产品，其质量是指产品所具有的适合用户要求的一切特性。作为软件产品，其质量概念包含两层含义：性能质量和服务质量。性能质量是指ERP产品本身固有的技术特征，主要内容包括功能、可靠性、可维护性、使用寿命等；而服务质量则是产品为满足用户使用过程需要而附加的各项指标，主要内容包括产品外观、舒适性、人机交互性、售后服务等。在某种意义上，在ERP软件选型中，服务质量的影响甚至超过了性能质量。

ERP系统供应商服务水平评价指标主要包括供应商实施能力、项目管理水平、提供的培训、顾客服务、版本的升级服务等内容。ERP系统的后续服务通常包括软件培训、软件升级、日常操作维护等，通常会采用下列方式。

驻场服务：即供应商在实施现场直接负责相关系统的运行维护工作。实施方根据合同条款，派人进入客户现场，直接处理相关工作，并把驻厂每天所做的工作及完成情况录入《上门服务单》，并经客户认可，形成客户签字或以其他方式记录下来。这种方式的优点是能够迅速解决问题，简单高效，缺点是对于客户方来说，成本较高。

电话/E-Mail/QQ/售后服务系统支持响应服务：实施方通过电话等方式响应客户，远程解决问题。这种方式的优点是速度快，响应及时，成本低廉，难点在于问题的描述与解答可能会造成沟通障碍。

远程服务：实施方通过计算机远程操作进行问题处理。这种方式的优点是实施方能够直观地面对问题，效率高，缺点是对网络的要求比较高。

现场支持服务：实施方接到用户的求助后，派人到现场诊断、解决问题；优点是相对于驻场服务成本低，实施人员达到后能够迅速解决问题，缺点是响应时间较长，差旅费压力较大。

系统培训：根据相关合同条款及规定，实施部、售后服务部向客户了解软件使用情况及企业需求，制定相关培训专题，并组织客户培训。培训内容有：日常操作、各专题功能模块或客户要求的培训等。优点是能够一次性解决大多数客户存在的问题，缺点是集中客户难度较大，成本较高。

5. 价格

ERP软件的价格主要包括软件购置费用、咨询实施费用、培训费用、售后服务费用等。ERP软件的价格差距较大，从几万到几百上千万不等。一般来讲，知名公司的软件产品由于其成熟性、稳定性、后续维护能力好，解决专业问题的能力强，价格也相对较贵。企业应根据自身实际情况合理控制预算，寻找企业能够负担的软件，切忌盲目追求知名公司，与其他企业攀比。

企业发现自己的预算与软件价格有差距时，可考虑采取分批次实施ERP项目的方式，即先上可以上的模块，待以后条件成熟了，再上其他的模块。这样一方面可以让企业尽早接触先进的管理思想、管理软件，另一方面不会加重企业的负担。

### 11.1.2 ERP 系统选型的方法

ERP 软件选型问题是一项复杂的系统工程。一方面，ERP 软件选型评价指标众多，指标的选取建立在评价者知识水平、认识能力和个人偏好的基础上，所以要对评价信息进行量化分析；另一方面，由于评价指标中包含许多具有模糊性的主观指标，反映了人们主观认识的差异，其内涵和外延具有模糊性。

企业在选择 ERP 系统时，主要有定性的方法和定量的方法两种，定性的方法以头脑风暴、德尔菲(Delphi)法、专家会议法为主，请有关专家、管理咨询公司顾问、使用过同类产品的企业用户以及本企业各个层次的管理人员和技术人员等各类人员从不同角度给待选的 ERP 系统进行打分。定量的方法主要有指标百分比法和决策树法。

1. 定性的方法

1）头脑风暴法

头脑风暴法是一种激发思维的方式，通过群体间无限制的自由联想和讨论，产生新观念或激发创新设想。采用头脑风暴法进行 ERP 系统选型时，可集中组织成员，让大家说出自己岗位中最需要解决的问题，将所有问题汇总、总结后，形成组织目前最急需解决的问题，再依照这些问题逐一考查 ERP 软件，找到最符合组织需求的软件。

采用头脑风暴法时需要注意以下事项。

(1) 召开专题会议前，将本次会议的主题通知给所有职能部门的负责人或业务骨干，让与会者有一定的准备。

(2) 召开会议前，应设置签到表，检查是否有人缺席。

(3) 会议主持者以明确的方式向所有参与者阐明问题，说明会议的规则，尽力创造融洽轻松的会议气氛。

(4) 会议主持者一般不发表意见，也控制其他人发表反对意见，以免影响会议的气氛，让企业员工尽可能多地提出组织存在的问题。

(5) 由专人记录与会者的发言，记录应尽量详细。

2）德尔菲(Delphi)法

德尔菲这一名称起源于古希腊有关太阳神阿波罗的神话。传说中阿波罗具有预见未来的能力。因此，这种预测方法被命名为德尔菲法。1946 年，兰德公司首次用这种方法用来进行预测，后来该方法被迅速广泛采用。

德尔菲法是做定性分析时常用的方法，集合专家采用匿名的方式发表意见，既听取了专家的意见，又防止了在专家会议时，专家不能充分发表意见，权威人物左右其他人意见的弊端。通过多轮次调查专家对问卷所提问题的看法，经过反复征询、归纳、修改，最后汇总成专家基本一致的看法，作为预测的结果。这种方法具有广泛的代表性，较为可靠。

德尔菲法的具体实施步骤如下。

(1) 确定专家小组。按照 ERP 选型所需要的知识范围，确定专家。一般应包括 IT 专家、经济专家、管理专家、企业所处行业的专家。专家人数的多少根据 ERP 项目的大小而定，一般不超过 10 人。

（2）就 ERP 项目选型向所有专家提出问题，附上本企业的相关背景材料，企业目前亟需解决的问题以及对 ERP 系统的要求，目前进入企业大范围内的 ERP 供应商及其软件等相关资料。然后，由专家做书面答复。

（3）各个专家根据他们所收到的材料提出自己的意见，并说明自己给出意见的原因。

（4）将各位专家的第一次判断意见汇总，列成图表，进行对比，再分发给各位专家，让专家比较自己同他人的不同意见，修改自己的意见和判断。也可以把各位专家的意见加以整理，或请身份更高的其他专家加以评论，然后把这些意见再分送给各位专家，以便他们参考后修改自己的意见。

（5）将所有专家的修改意见收集起来，汇总，再次分发给各位专家，以便做第二次修改。逐轮收集意见并为专家反馈信息是德尔菲法的主要环节。收集意见和信息反馈一般要经过三、四轮。在向专家进行反馈的时候，只给出各种意见，但并不说明发表各种意见的专家的具体姓名。这一过程重复进行，直到每一个专家不再改变自己的意见为止。

德尔菲法在收集专家意见时要经过二到三轮，过程比较复杂，耗时较长，对于企业来讲，成本偏高。

3）专家会议法

专家会议法是指根据规定的原则选定一定数量的专家，按照一定的方式组织专家会议，发挥专家集体智慧。

专家会议法的具体步骤如下。

（1）确定专家。ERP 项目选型会议一般应包括 IT 专家、经济专家、管理专家、企业所处行业的专家。专家人数以 10～15 人为宜。

（2）确定会议时间、地点、主题后，向各专家发出邀请，同时准备好会议相关的资料，供专家会前准备。

（3）注意听取专家是否参会的回复。如果参会人数达不到理想人数，应及早考虑后备人选。

（4）会议时间应控制在 30～60 分钟。

（5）会议主持人应控制会议的走向与气氛，注意不要出现一家独大的现象，应让各位专家充分发表自己的意见。

（6）会议应有专门人员负责记录。

专家会议有助于专家们交换意见，互相启发，可以弥补个人意见的不足；通过内外信息的交流与反馈，产生“思维共振”，进而将产生的创造性思维活动集中于预测对象，在较短时间内得到富有成效的创造性成果，为决策提供预测依据。但是，专家会议也有不足之处，如有时心理因素影响较大、易屈服于权威或大多数人意见、易受劝说性意见的影响、不愿意轻易改变自己已经发表过的意见。

### 2. 定量的方法

1）指标百分比法

组织在 ERP 项目选型时，最头痛的问题在于每个可供选择的软件都有自己的优缺点，从不同角度来看，不同的软件都有一定的可取性，为了让软件最大程度地满足组织的需要，通常会采用指标百分比法。

指标百分比法的实施步骤如下。

(1) 指标选定。组织应根据自身的情况，选择需要的指标。通常可用于 ERP 选型的指标有：企业规模、企业行业背景、企业的市场占有率、企业的可持续发展、软件的可扩展性、软件的稳定性、软件的二次开发能力、咨询实施服务、价格等。

(2) 比重设置。组织根据自己需求的重点，给所选择的指标设置一个比重。所有指标比重相加应等于 1。

(3) 打分。组织可采用专家会议法或德尔菲法对各个候选软件的各项指标进行打分，将专家打分的结果整理汇总后，形成各项指标最终的分数。分数可采取百分制。

(4) 将各个候选软件的指标得分与指标所占比重相乘，得到各项指标的最终得分，再把各项指标的最终得分相加，得到各个候选软件的最终得分。

(5) 排名。将各候选软件的最终得分进行排列，从中得出企业应选择的软件。

表 11-1 所示是某组织 ERP 选型应用指标百分比法的情况。

表 11-1 ERP 选型表

| | A 软件 | | | B 软件 | | | C 软件 | | |
|---|---|---|---|---|---|---|---|---|---|
| | 得分 | 比重 | 得分×比重 | 得分 | 比重 | 得分×比重 | 得分 | 比重 | 得分×比重 |
| 企业规模 | 90 | 5% | 4.5 | 80 | 5% | 4 | 80 | 5% | 4 |
| 行业背景 | 85 | 5% | 4.25 | 75 | 5% | 3.75 | 75 | 5% | 3.75 |
| 市场占有率 | 85 | 5% | 4.25 | 80 | 5% | 4 | 70 | 5% | 3.5 |
| 可扩展性 | 70 | 15% | 10.5 | 70 | 15% | 10.5 | 65 | 15% | 9.75 |
| 稳定性 | 85 | 10% | 8.5 | 75 | 10% | 7.5 | 75 | 10% | 7.5 |
| 二次开发 | 80 | 20% | 16 | 80 | 20% | 16 | 80 | 20% | 16 |
| 咨询实施 | 85 | 20% | 17 | 80 | 20% | 16 | 70 | 20% | 14 |
| 价格 | 70 | 20% | 14 | 90 | 20% | 18 | 80 | 20% | 16 |
| 总分 | | | 79 | | | 79.75 | | | 74.5 |

指标百分比法的优点是组织可以根据自己的情况选择需要的指标，并按照自己的需求情况给各个指标设置指标比重，以此标准选择出来的软件一定是能够最大程度地符合组织需求的 ERP 软件。

其缺点在于指标的选择、比重的设置以及最后打分都需要专业性很强、对组织本身很了解的人完成，否则，差之毫厘，谬以千里。

2) 决策树法

ERP 项目选型时，大部分企业都会受到成本的限制。企业实施 ERP 项目所投入的成本不仅仅局限于 ERP 软件的购买成本、咨询实施成本以及后期维护成本，还包含企业实施 ERP 项目时所投入的人力成本、时间成本、机会成本。ERP 项目投入大，时间长，前景不明确，一旦失败会给企业带来巨大的损失，这是很多企业实施 ERP 的障碍。

为了控制企业实施 ERP 项目的风险，选择可以接受的方案，通常使用决策树的方法对候选方案的成本进行评估。

决策树法的实施步骤如下。

(1) 测算每个候选方案项目成功给企业带来的收益和项目失败带来的损失。

(2) 测算每个候选方案项目成功和失败的可能性，两种可能性相加应为 1。

(3) 计算每个候选方案项目成功的可能收益和项目失败的可能损失。

(4) 计算每个候选方案的项目收益值。

某组织在 ERP 选型时，有 3 个候选方案，分别是方案 A，方案 B，方案 C。该组织经过仔细测算后发现，这 3 个候选方案的成功、失败比率与损益各不相同，形成如图 11.2 所示的决策树。各方案的获益情况计算如下。

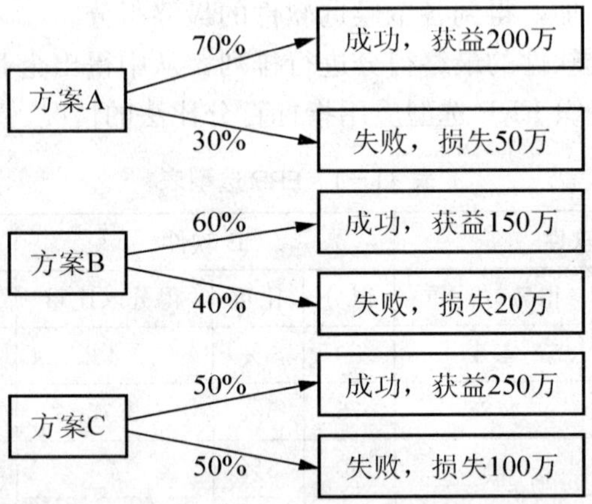


图 11.2 决策树模型图

方案 A：200×70%−50×30%＝130−15＝125(万元)。

方案 B：150×60%−20×40%＝90−8＝82(万元)。

方案 C：250×50%−100×50%＝125−50＝75(万元)。

对于该组织来讲，选择方案 A 更符合组织的利益。

## 11.2 ERP 系统培训

ERP 系统是一个庞大的系统，涉及组织内各个职能部门的人员，每个成员对 ERP 系统的理解各不相同，因此有必要在实施系统之前对组织内部的各个相关成员完成 ERP 系统相关知识的培训，这样有利于项目的顺利完成。

### 11.2.1 培训的目的

根据培训对象的不同，培训的目的也是各不相同的。ERP 系统培训不仅仅是开一到两次的培训讲座，而应该由 ERP 项目咨询实施方形成一个整体的培训方案，对企业的各个层面、各个角色都进行一次脱胎换骨的大改造。

ERP 系统培训的目的主要有以下几点。

1. 统一思想，统一认识

对于 ERP 系统的上线，组织内部可能存在不同的声音，赞成的、反对的、心存疑虑的、觉得事不关己的，这些不同的声音、不同的想法都可能会成为 ERP 项目的障碍，影响 ERP 项目的成功。所以，必须要先排除掉这些潜在的问题。

什么是 ERP，实施 ERP 会给企业带来哪些好处，实施 ERP 会给自身的工作带来哪些改变，这些会造成组织内部成员人心不稳的问题都可以通过培训来解决；目前世界上先进的管理思想，其他企业的成功案例与失败的经验也可以通过培训来传递。

ERP 系统培训可以让组织内部统一思想，统一认识，清除组织内的反对意见；可以让中低层管理者和基层员工看到决策层实施 ERP 的决心；可以让组织内部认识到实施 ERP 的必要性与急迫性；可以让组织内部上下一心，为成功实施 ERP 而努力。

2. 组织成员为 ERP 上线做好准备

进行 ERP 培训之前，包括 ERP 选型、项目组设立、项目启动、需求分析确定等许多工作都只涉及组织内的少部分人，大部分成员还没有真真正正地、实实在在地接触到 ERP 项目，不少人还认为 ERP 项目与自己无关，还抱着旧有的工作方式不放，不愿意接受改变。

通过培训，一方面让组织内部成员对 ERP 项目上线做好心理准备，让大家意识到 ERP 项目已经真正运用起来了，原来的工作方式将要被新的工作方式所取代；另一方面，也给组织内部成员一种变革的力量，改变过去那种效率低下的工作方式，采取更高效的工作方式；通过培训，改变组织成员的观念，使之不再局限于传统的思维模式，与世界先进的管理思想接轨。

其次，通过培训让组织成员对 ERP 项目做好技术上的准备。ERP 项目模块众多，模块之间的关联甚多，必须要经过专门的培训才能够熟练使用。很多组织成员素质参差不齐，不少年纪偏大的员工对计算机的使用还存在问题，这些问题都必须要经过一次甚至多次培训才能解决。

3. 建立沟通渠道

沟通管理是项目管理的九大领域之一，建立健全完善的沟通机制是项目成功的先决条件。ERP 培训中，尤其是集中培训时，参与培训的人员往往是组织的业务骨干、核心客户，这个时候建立沟通渠道，能够将所有核心客户全部掌握。另外，也可依靠培训时建立的客户关系，为以后的现场实施打下良好的基础。

### 11.2.2 培训分类

按照不同的方式，ERP 系统培训可划分为不同的种类。

1. 按照用户的管理层次分类

针对用户不同的管理层次，ERP 系统培训可分为企业决策层培训、企业管理层培训、企业操作层培训。

企业决策层培训是针对用户的决策层、高层管理者进行的 ERP 系统培训，这个层面的培训又被称作“理念培训”。培训的主要内容是ERP的管理思想。对于企业的决策层来讲，他们更关心如何运用ERP这种先进的管理思想提升企业的管理能力；行业内使用ERP系统的成功经验；运用ERP系统后，目前他们所关心的企业存在的问题是否可以解决，等等。

在进行企业决策层培训时，教师选择以行业内专家或者资深管理者为宜，既要求培训教师有理论基础，又要求培训教师有在相关企业工作的实际经验，这样既满足企业决策层对先进理念的渴求，又能够针对企业普遍存在的问题提出相应的解决方案。

企业决策层培训一般不在培训会议上对系统的具体操作进行讲解，即便要讲解，也应该采取个别培训的方式。

企业管理层培训是针对用户的中低层管理者进行的ERP系统培训。这个层面的培训既要注重理念培训，又要注重实际操作的培训。这个层面的管理者是高层管理者和基层工作者的桥梁和纽带，是整个企业的支柱，这个层面的培训做好了，问题解决了，以后实施ERP系统就会很顺利。

企业管理层培训要注意以下几个事项。

(1) 培训内容要偏向理念培训。中低层管理者与高层管理者、决策层不一样，他们既要负责一个部门，同时也可能是具体工作的操作者，对于他们而言，理念培训和实际操作都是必要的，缺一不可。同时考虑到中低层管理者会有向上成长的空间，需要对ERP理论知识有一个事先的准备，以便于以后的工作开展。

(2) 培训时要打消中低层管理者的顾虑。实施ERP系统就是对原有的工作程序、工作流程进行变动，原有的工作职能也可能面临重新分配。对于中低层管理者而言，他们原有的利益可能会失去，在ERP实施时就会消极地阻挠系统的实现。这个时候要通过培训打消他们的顾虑，从企业的大局出发，使其重视ERP系统的运用，推动ERP系统的成功实施。

(3) 操作培训必不可少。应该把中低层管理者看成是ERP系统实施强有力的推动者，让他们来监督、督促基层工作人员正确操作ERP系统，首先要保证中低层管理都能够正确使用ERP系统，这样一来，基层工作人员在遇到操作问题时，就可以首先求助自己的部门领导，而不用占用维护服务的资源。

企业操作层培训是针对用户的基层工作人员，也就是现场一线人员而进行的培训。企业操作层培训主要是ERP系统的操作培训。企业的基层工作人员都将直接使用ERP系统，培训成果的好坏直接关系到系统的成功与否；企业基层工作人员人数众多、素质参差不齐，培训的质量很难保证，所以对这一层面的培训要非常重视，多管齐下，将集中培训和现场培训、个别培训相结合，一定要保证培训按质按量完成。

企业操作层培训讲究以点带面。在培训时，时间有限，培训人员的精力也有限，很难做到使所有工作人员都能够百分之百地完成培训任务，百分之百地掌握如何使用系统。为了使企业操作层能够尽快地学会使用系统，培训时需要关注重点人员，即在每个职能部门里重点培养一到两名骨干成员，将这些骨干成员的培训做扎实，用他们来带动其他成员。这样，即使还有人员对操作理解不是很清楚，也可以在培训结束之后，通过相互之间的交流解决操作不熟练的问题。

2. 按照培训内容分类

按照培训内容分类，ERP 系统培训可以分为理念培训、操作培训。

理念培训的主要内容包括 ERP 的概念、发展以及目前在国内外的运用，企业运用 ERP 系统的成功经验与失败的教训，ERP 系统能够解决的问题、给企业带来的效益等。

理念培训的目的是为企业带来管理上的新思想，新理念，让企业能够接受新鲜事物，不要因循守旧，固步自封，尤其对于企业的高层管理者而言，吸收外来的先进思想是提高自身工作质量的有效方法。

理念培训的教师以业内资深的咨询专家为主。培训对象主要是企业的高层管理者。

操作培训的主要内容是 ERP 系统的实际操作，包括不同操作人员所应用的操作。操作培训的目的是使具体的操作人员熟练掌握 ERP 系统的使用，能够独立完成 ERP 系统的运转。操作培训的教师以咨询实施人员为主，这样可以在实施前与工作人员建立良好的关系，便于实施工作的开展。操作培训的对象是企业的中低层管理者、企业基层工作人员。

3. 按照操作人员的角色分类

按照操作人员的角色分类，ERP 系统培训可以分为系统管理员培训、普通操作人员培训。

系统管理员培训是指针对系统管理员的培训。ERP 系统管理员是指进行 ERP 系统日常管理、维护的人员，通常由企业信息中心的员工承担。

这部分的培训内容主要是 ERP 系统的日常管理工作、系统备份、系统恢复、系统日志的查看、操作人员的增减等。

系统管理员培训通常采用个别培训的形式，因为企业里系统管理员只有一到两名，人数有限。

普通操作员培训是指对所有使用 ERP 系统人员所做的培训，重点在于使被培训人员能够熟练使用系统。ERP 系统涉及的模块不同，操作也不尽相同，培训时可以将操作相同的人员集中在一起进行培训，一方面节约成本，另一方面也便于培训人员相互之间的交流。

4. 按照培训时集中程度分类

按照培训时集中程度分类，ERP 系统培训可以分为集中培训、现场培训、个别培训。

集中培训指将用户集中在一起进行培训。集中培训要求用户完全脱产，统一时间集中在一起，对用户工作的影响比较大。将所有在系统里进行相同操作的用户集中起来培训有利于提高培训效果，节约成本，便于咨询顾问与用户的交流，建立良好的关系，也便于实施工作到现场之后的进一步开展。

集中培训不可能将所有的用户都集中过来培训，只能够培训重点客户。企业在考虑集中培训人选时，本身也是一个筛选工作，应选择比较能够接收新事物的员工以及业务骨干，这样有利于项目的成功实施。

集中培训可以用于决策层培训、管理层培训和操作层培训。根据培训部门的多少、培训人数的多少又可分为“大集中”和“小集中”。“大集中”指参与培训的部门、人数比较多，培训成本较高；“小集中”指参与培训的部门通常只有一到两个，人数有限，这种培训成本相对较低。

现场培训指咨询实施顾问到用户工作现场作培训。它主要针对集中培训不能够将所有用户都培训到的缺点，是集中培训的很好补充。集中培训是针对重点客户的培训，现场培训则是针对所有用户的培训。现场培训也可以看作是在客户工作现场的集中培训。

现场培训的好处在于环境是用户比较熟悉的，接受起来比较容易；现场培训人数相比于集中培训较少，咨询顾问更容易照顾到每一个用户；用户发现的问题也比在集中培训时更容易提出。缺点是成本较高，尤其是部门、子公司较多的企业，咨询顾问需要针对不同的部门、子公司做现场培训，工作量较大。

现场培训常用于操作层培训，特别是部门、子公司不在一起的情况下，也可用于管理层培训。

个别培训是指咨询顾问单独面对用户进行单对单的培训。个别培训常用于培训人数很少或者是无法集中培训的情况。

个别培训的成本较高，常用于决策层培训、系统管理员培训。

### 11.2.3 培训计划的制定

ERP 项目培训时，咨询方应制定完善的培训计划，并交由客户方审查通过。这既是文档规范化的要求，也可以让客户方提前安排参训人员，做好工作上的安排。

培训计划通常应包括以下几个方面。

1. 培训目的

明确培训目的是培训成功的前提。培训目的是由用户使用系统的目的决定的。

设计培训方案时，目的相同的培训应尽可能地一次性完成，这样有利于提高效率，控制成本。目的相同的培训如果必须要安排多次，那么在培训地点、培训教师的选择上，应该保持一致，实在无法保证一致的，也必须选择水平一致的培训教师，保证培训质量。同一对象不同内容的培训，也应该尽可能安排在一次培训中完成，这样有利于节省用户时间，从而减少用户的抵触情绪。

2. 培训对象

确定培训对象才能做到有的放矢，培训教师应针对不同的培训对象调整培训内容，这样才能达到更好的培训效果。根据培训目的的不同，可以将培训对象分成决策层、管理层、操作层以及系统管理员。

ERP 项目是一个全员参与的项目，培训对象应该是组织中的所有成员。培训对象的选择通常由用户方根据情况自行决定，但需要提前通知参与培训的人员及其部门领导，以便于其工作的安排。

首次集中培训对象的选择必须慎重，一般为业务骨干、关键岗位人员和容易接受新事物的员工。首次培训人员要承担“火种”的任务，即将 ERP 系统的管理思想、技术方法传递给周围的同事，成为组织中的“内部教师”。所以，最初的人选特别重要。“好的开头等于成功的一半”，第一次的成功会为整个项目的实施带来一个非常好的局面，有利于提高实施项目的成功率。

3. 培训时间

在培训时间的安排上，咨询顾问不能够自己想当然地做决定，应该事先和用户做充分的沟通，了解用户什么时间段工作最忙，无法抽出时间，什么时间段相对轻松，可以进行相关的培训，这样的时间安排不影响用户的工作，能够得到很好的效果。例如，10月份是生产企业制定下一年度全年生产计划的时候，这个时间段就不宜安排生产部门的人员进行培训；同样，每个月中旬财务部门工作相对轻松，培训一般可以考虑在这个时间段进行。

决策层培训的时间也需要特别注意，要和相关人员仔细确认后才能确定时间，以免到时主要领导无法参加，达不到培训效果。

培训时间一经确定，除有特殊原因，不要轻易改变。

理念培训的时长一般应控制在两个小时以内，操作培训则可根据培训内容的多少安排在一天或几天进行，但要注意培训课间休息时间和培训内容的合理安排，以提高受训者的学习兴趣，提升培训效果。

4. 培训地点

选择培训地点的原则有两条：有相关的培训设施以及能够容纳所有参培人员的场地。

不同的培训方式要求不同的培训设施。理论讲授要求有投影仪、投影屏幕以及相关的音响设备；如需要上机操作，则需要使用机房。

如果是一个部门、一个子公司培训，参与培训人员有限，应尽量选择在组织内部的会议室举行，这样不仅便于集中培训人员，熟悉的环境也有利于培训人员集中精神学习。如果参与培训的人员较多，必须在组织外部进行，需要组织人员先考察培训地点，保证安全，并且在组织外部进行的培训要特别注意培训纪律。

5. 培训纪律

良好的培训纪律是保证培训效果的必要手段。参与培训人员应严格遵守培训纪律，这一点在培训开始前必须和参与培训的人员说清楚。

培训纪律主要有：确定参加培训的人员必须参加培训，由于特殊情况不能参加时必须书面提出申请，并得到项目管理小组的同意；培训人员应按时到达指定的培训场所，不得迟到、早退；培训人员应按时签到；培训人员应认真听讲，做好笔记；培训时手机应关机或调成震动，培训时不得接听手机；培训后测试应自己完成，不得抄袭；测试成绩将与绩效考核挂钩。

6. 培训内容

不同岗位的培训内容应该有所区别。工作内容不同，使用系统的目的不同，培训内容也有所不同。培训教师应根据参加培训的部门的情况，讲解用户工作中使用的重点部分，以确保达到培训质量的要求。表 11－2 是某公司 ERP 培训内容列表。

表 11-2 培训内容表

| 对象 \ 培训内容 | ERP理念 | 项目管理 | 软件功能 | 软件模块 | 实施方法 | 数据标准 | 数据整理 | 物料定义 | 物料编码 | 业务流程 | 系统调研 | 系统模拟 | 系统上线 | 持续改进 | 应用扩展 |
|---|---|---|---|---|---|---|---|---|---|---|---|---|---|---|---|
| 总经理 | √ | √ | √ | √ | √ | | | | | | | | | √ | √ |
| ERP 领导小组 | √ | √ | √ | √ | √ | | | | | | | | | √ | √ |
| ERP 实施小组 | √ | √ | √ | √ | √ | √ | √ | √ | √ | √ | √ | √ | √ | √ | √ |
| 部门经理 | √ | √ | √ | √ | √ | √ | √ | √ | √ | √ | √ | √ | √ | √ | √ |
| 关键岗位 | √ | √ | √ | √ | √ | √ | √ | √ | √ | √ | √ | √ | √ | √ | √ |
| 一般员工 | √ | | | √ | | | √ | √ | √ | √ | | √ | √ | | |

7. 培训方式

培训方式主要有理论讲授、上机操作和答疑等几种方式，培训教师可以根据需要灵活运用。理念培训以讲授为主，操作培训以上机和答疑为主。通常来讲，操作培训一般采用先讲授，后操作、答疑的方式。

8. 培训教师

有些软件供应商在实施过程中会配置专门的培训教师，负责客户的 ERP 培训；有些软件供应商则采取由咨询顾问担任客户的培训工作。这两种方式各有利弊。专职教师在整体教学安排、调动用户积极性等方面比较好，但是在解决用户的实际问题方面却差于咨询顾问。另外，咨询顾问担任培训工作还有一个好处，就是可以先建立客户的关系，便于日后现场实施时与客户的交流。

在基层工作的用户素质参差不齐，计算机使用上的熟练度也不一致，培训教师必须保持良好的耐心，细致讲解，不急不躁。

**ERP 时事摘录 11-3**

咨询顾问小王进入某 ERP 软件公司的第一份工作就是给用户做操作培训。小王为了这次培训，可是卯足了劲。他查阅了大量的资料，又请公司的老员工为他讲解了公司的历史、系统的基本操作，做足了准备工作。

培训当天，小王从 ERP 的来源讲起，讲到 MRP、MRPⅡ，涵盖目前世界对 ERP 的使用，ERP 的成功失败案例，本公司的成就、公司的成功案例等，一直讲到具体的操作，讲的是眉飞色舞、口干舌燥。但是下面的用户却兴趣寥寥，不少用户下来反映，“讲那么多，跟我们的关系不大”，“实际操作都没听到，回去不知道怎么用系统”等。小王听到用户的意见后，很不服气，认为自己也是想让用户多了解一点 ERP 的理念，这样也有助于实施时减少抵触情绪。

你觉得小王的失误在哪里？如果你是小王，你打算怎么做？

9. 培训考核

培训完成之后，必须进行成绩考核，考核成绩作为绩效考核的一部分，交给用户人事处。考核目的主要是考察培训是否达到预期效果，了解用户对于培训知识的运用情况，了解培训用户是否熟悉自己相关业务流程的运用等。

培训考核由咨询顾问出题，一般采用书面测试的方法，有条件或有必要的情况下，也可采用上机操作测试。

### 11.2.4 培训评估

培训评估是用户以不记名的方式针对此次培训做出的意见反馈。评估普遍采用培训评估表的方式，应用于培训工作完成之后。

评估的内容一般包括对培训内容的评估、对培训教师的评估、意见和建议等。培训评估是了解客户满意度的有效方式，通过评估，供应商可以了解用户对于培训工作(包括培训教师)的意见，是否存在需要调整培训内容的情况，是否存在培训教师不负责任的情况。表 11－3 所示是一份典型的培训评估表。

表 11－3 培训评估表

<table>
<tr><td colspan="2">培训时间</td><td></td><td colspan="2">培训内容</td><td colspan="3"></td></tr>
<tr><td colspan="2">学员姓名</td><td></td><td colspan="2">培训讲师</td><td colspan="3"></td></tr>
<tr><td colspan="3" rowspan="2">评估项目</td><td colspan="5">评估得分</td></tr>
<tr><td>劣—0</td><td>差—1</td><td>好—3</td><td>良—4</td><td>优—5</td></tr>
<tr><td rowspan="2">培训内容</td><td colspan="2">深度适中、易于理解</td><td></td><td></td><td></td><td></td><td></td></tr>
<tr><td colspan="2">切合实际、便于应用</td><td></td><td></td><td></td><td></td><td></td></tr>
<tr><td rowspan="4">培训讲师</td><td colspan="2">教学方法</td><td></td><td></td><td></td><td></td><td></td></tr>
<tr><td colspan="2">课堂进度与现场气氛的把握</td><td></td><td></td><td></td><td></td><td></td></tr>
<tr><td colspan="2">内容讲授清晰、有条理</td><td></td><td></td><td></td><td></td><td></td></tr>
<tr><td colspan="2">鼓励学员积极参与情况</td><td></td><td></td><td></td><td></td><td></td></tr>
<tr><td rowspan="3">培训组织</td><td colspan="2">培训时间安排</td><td></td><td></td><td></td><td></td><td></td></tr>
<tr><td colspan="2">培训课程安排</td><td></td><td></td><td></td><td></td><td></td></tr>
<tr><td colspan="2">培训设备安排</td><td></td><td></td><td></td><td></td><td></td></tr>
<tr><td colspan="8">培训收获：</td></tr>
<tr><td colspan="8">此次培训对本人工作的帮助：</td></tr>
<tr><td colspan="8">对此次培训工作的整体评价：</td></tr>
<tr><td colspan="8">对下次培训工作的意见或建议：</td></tr>
<tr><td colspan="8">还希望公司组织哪些方面的培训：</td></tr>
</table>

ERP 时事摘录 11－4

## ×××公司培训方案

目前，公司 ERP 项目已启动。为了确保整个 ERP 项目成功，使 ERP 系统能更好地应用于管理实践，提供数据分析，支撑经营决策，提高管理效益，ERP 领导小组决定对公司高层、中层、基层管理者、各业务骨干和各相关的关键岗位进行 ERP 培训。培训内容主要是 ERP 基本理论、ERP 操作、ERP 业务流程、ERP 系统功能、ERP 各模块功能等，并拟定具体方案如下。

1. 目的

(1) 使公司高层、中层、基层管理者、各业务骨干和各相关的关键岗位人员能熟练地使用 ERP 系统，并清晰地了解公司各项实际业务在 ERP 系统中的流程运作。

(2) 使公司高层、中层、基层管理者、各业务骨干和各相关的关键岗位人员能通过 ERP 系统进行业务数据分析和经营管理决策。

(3) 使信息化应用于管理实践，促进公司管理水平上新的台阶。

(4) 结合 ERP 系统，推动公司管理革新，促进公司内部协助，进一步增强公司各部门的全局观念，提升工作效率，降低管理成本。

(5) 为继续建设和完善 ERP 系统提供依据，推动公司和各部门的信息化发展。

2. 培训管理

(1) ERP 项目的培训由公司 ERP 项目领导小组负责年度制定、培训的管理和协调工作，并报公司总经理、公司培训部门。

(2) ERP 实施小组负责协助培训课程的设置及培训项目的组织和准备，并对各培训项目的进度和完成情况负责。

(3) ERP 项目领导小组负责对培训过程的控制、调整或计划变更的审批，负责审查、批准内部培训项目。

(4) 公司 ERP 项目培训由总经理签字并生效。

(5) 公司 ERP 项目培训的最终解释权归 ERP 实施小组。

3. 培训方式

本次培训主要由理论讲授、上机实际操作、问题讨论、成绩考核 4 部分组成，并以公司实际业务运作为立足点，注重理论和实际操作相结合。为了得到更好的培训效果，本次培训采用分期、集中、全天授课 3 种方式进行。

(1) 公司内部培训。

(2) 外聘专家培训。

4. 培训纪律

(1) 被通知员工必须参加公司指定课程的学习，由于特殊原因不能参加培训的应提出书面申请，报 ERP 实施小组批准，否则按旷工处理。

(2) 培训必须签到。

(3) 参加培训员工须按时到课，认真听课并作笔记。

(4) 培训时应关闭手机或调为震动，上课期间不允许接听电话，不准打瞌睡。

5. 培训对象

公司高层、中层、基层管理者、各业务骨干和各相关的关键岗位人员。

6. 培训时间

……

(以下略)

# 本章小结

本章主要讲解ERP系统选型和ERP系统培训。

ERP系统选型是ERP项目实施的几个最重要的阶段之一，直接关系到整个项目的成败。所谓ERP系统选型，就是指企业在实施ERP项目时，对ERP软件和项目实施公司进行选择，ERP项目选型实际是一个选择购买的过程。

ERP选型的指标可分为与供应商相关的指标和与软件相关的指标。与供应商相关的指标包括公司规模、行业背景、企业的市场占有率和可持续发展能力；与软件相关的指标主要功能包括软件的扩展性、系统的稳定性和软件的适宜度。

除此之外，企业还需要考虑咨询实施、服务、价格等因素。咨询实施主要指企业是否有专业的ERP系统咨询团队进行项目的实施咨询。第三方咨询是由行业专家、管理专家和IT专家共同组成的高水平咨询顾问人才队伍，为企业信息化出谋献策。第三方咨询的优势在于独立客观，不受双方影响，能够提出比较完美的解决方案，劣势在于增加了项目的风险。

服务也是必须要注意的一个方面，后续服务主要包括驻场服务、电话/E-mail/QQ/售后服务系统支持响应服务、远程服务、现场支持服务和系统培训。

软件的价格是企业最重视的指标之一，软件价格的主要构成是软件购置费用、咨询实施费用、培训费用、售后服务费用等。企业应根据自身实际情况合理控制预算，寻找企业适合的软件，切忌不可盲目追求知名公司。

企业在选择ERP系统时，主要有定性的方法和定量的方法两种，定性的方法以头脑风暴、德尔菲(Delphi)法、专家会议法为主，请有关专家、管理咨询公司顾问、使用过同类产品的企业用户以及本企业各个层次的管理人员和技术人员等各类人员从不同角度给待选的ERP系统进行打分。定量的方法主要有指标百分比法和决策树法。

ERP系统培训的目的主要有以下几点：①统一思想，统一认识；②组织成员为ERP上线做好准备；③建立沟通渠道。

按照用户不同的管理层次分类，ERP系统培训可分为企业决策层培训、企业管理层培训、企业操作层培训。按照培训内容分类，可以分为理念培训、操作培训。按照操作人员的角色分类，可以分为系统管理员培训，普通操作人员培训。按照培训时集中程度分类，可以分为集中培训、现场培训、个别培训。

ERP培训计划的制定是培训的第一步，通常应包括以下几个方面：培训目的、培训对象、培训时间、培训地点、培训纪律、培训内容、培训方式、培训教师、培训考核。

培训评估是指用户以不记名的方式针对此次培训做出的意见反馈。评估普遍以培训评估表的方式应用于培训工作完成之后。评估的内容一般包括对培训内容的评估、培训教师的评估、意见和建议等。培训评估是了解客户满意度的有效方式，通过评估，ERP供应商可以了解用户对于培训工作(包括培训教师)的意见，是否存在需要调整培训内容的情况，是否存在培训教师不负责任的情况。

# 思考练习

1. 选择题

(1) 小企业相比大企业而言，具备的优势有(　　)。

A. 不易于接受新技术　　B. 抗风险能力强

C. 沟通顺畅　　D. 人力成本高

(2) 选择 ERP 软件时，通常不考虑的指标是(　　)。

A. 软件的扩展性　　B. 系统的稳定性

C. 软件的适宜度　　D. 软件的通用性

(3) ERP 软件选型时，下列哪种说法是正确的？(　　)

A. 企业的规模越大越好　　B. 软件的功能越复杂越好

C. 价格是选型时必须考虑的因素　　D. 实施价格越低越好

(4) 头脑风暴时，以下说法正确的是(　　)。

A. 主持者发表主要意见　　B. 有专人记录发言者发言

C. 主持者不控制其他人发言　　D. 发言者会先不应有准备

(5) 选择 ERP 软件供应商时，通常考虑的指标有(　　)。

A. 公司员工数量　　B. 公司销售额大小

C. 企业的市场占有率　　D. 企业的可持续发展能力

E. 公司现有分公司的多少

(6) 后续服务时，通常会采用的形式是(　　)。

A. 驻场服务　　B. 电话/E-Mail/QQ/售后服务系统支持响应服务

C. 远程服务　　D. 现场支持服务

E. 系统培训

2. 问答题

(1) 可以从哪些地方了解一家企业的行业背景？

(2) 阐述 ERP 选型时的常用指标。

(3) 简述 ERP 选型时常用的几种方法。

(4) 简述决策层培训、管理层培训、操作层培训针对的人群、带来的效果、应注意的事项。

(5) 完成一份 ERP 培训计划的编写。

3. 计算题

某企业 ERP 软件选型，现在有两个可行性方案需要决策。

方案 A，投资 180 万元。系统实施完全成功可获利 170 万元；系统实施不完全成功可获利 90 万元；系统实施失败可获利－6 万元。3 种情况的概率分别为 30%、50%、20%。

方案B，投资60万元。系统实施完全成功可获利100万元；系统实施不完全成功可获利50万元；系统实施失败可获利20万元。3种情况的概率分别为60%、30%、10%。

请问，该企业应该选择哪一种方案？

## 实训拓展

1. 案例分析

**ERP拓展阅读11-1**

CKK拉链厂是国内生产拉链的领先企业。3年前该厂决策上一套ERP软件，实现业务、生产和财务的一体化管理。当初没有选型经验，IT部门只是简单地将各个业务部门在日常工作中遇到的问题收集成需求，然后邀请国内外ERP厂家来讲方案。结果听了一轮后，IT人员感觉从厚厚的项目建议书中学习到了很多东西，好像每家产品都有特色，似乎都可以解决企业的需求。于是就从性价比角度考虑，选择了一家国外中型ERP厂家的产品。

实施顾问进场后，发现CKK的信息化基础很弱，虽然公司有内外网，但电子邮件和文档共享、办公自动化软件都没有，大多数最终用户使用计算机都困难，更不要说是复杂的ERP软件了。

实施顾问到现场后告知CKK的项目组，售前承诺的“一单一结”需求在理论上可以实现，但需要进行较大规模的开发，而且开发难度大、周期长。所以他们希望在不开发的情况下，通过半手工半系统的做法，先上线用起来。如果实在要开发，可等上线后再说。而实际上，作为具有行业特色的核心需求，如果不能在上线前实现，这部分功能游离于系统之外，系统只能成为事后数据的存储之地，就失去业务过程管理的目的了。

实施顾问告知CKK项目组，根据实施合同，系统中的流转单据需要根据客户需求做调整，顾问可以做一部分，其他的要CKK的技术人员在掌握单据开发方法后自己做。而对于业务统计和管理用的分析报表，系统中没有直接适用于企业的，合同中明确规定这些报表由企业人员来做，顾问指导方法。现在顾问要求企业人员尽量在上线之前完成单据和报表的开发。而实际情况是，系统上线前只开发了几张最重要的单据，报表没有来得及开发。造成上线后，用户不能通过统计报表指导业务管理，就连月底的结账对账都成为大问题。究其原因，CKK的技术人员虽然早已经掌握报表开发工具，但是在短期内很难对ERP系统复杂的数据字典、逻辑结构有深入的了解，所以不知道报表的数据源在哪里、如何取数，一直是有心无力做开发。

顾问在实施期间将大部分时间用在对产品的配置、测试上，只关注与系统相关的流程和功能。对培训、数据、方案沟通、理念讲解、项目推进、执行监督等缺乏管理的经验，虽然都有涉及，但似乎又没有很好地做到位。上线后，企业用户对系统往往是“知其然，不知其所以然”，系统使用起来经常出毛病。

**思考：**

阅读以上案例，分析CKK公司的ERP项目没有成功的原因是什么。

2. 设计某企业的ERP培训方案

某企业是一大型的制造业企业，总公司设在北京，内设办公室、销售部、采购部、财务部和人事部，下设5个生产分公司，分别是北京分公司、辽宁分公司、湖南分公司、四川分公司、广东分公司，每个分公司都有一套完整的管理机构。该企业今年准备实施一套ERP系统，包括的模块有：生产管理模块、采购模块、销售模块、库存模块、财务模块、预算模块、人力资源模块。请你设计一套适合该企业的ERP培训方案。

# 第12章 ERP系统项目实施的规律

## 学习目标

通过本章的学习，读者应该能够：
(1) 掌握ERP项目实施全过程；
(2) 掌握需求变更的处理方式。

## 知识结构

本章的知识结构如图12.1所示。

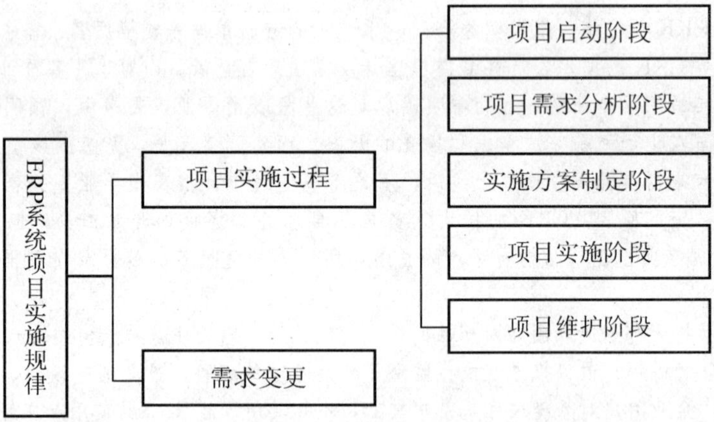


图12.1　本章知识结构图

**导入案例**

## 苏宁电器ERP项目实施案例经验分享

2007年元旦上午10点，刘先生在苏宁电器上海中山公园分店为杭州的朋友订了一台热水器。服务员参照杭州苏宁的门市行情，给了刘先生一个优惠的价格。付款签单后，刘先生立即收到了一条来自苏宁的手机短信，提示该订单将尽快处理。

中午12点，刘先生刚在一家餐馆落座，苏宁又发来一条短信，通知他订单已完成，并赠送了一些积分；正要求证的时候，杭州的朋友打来电话致谢。从上海下订单，销售信息传到杭州仓库，再到杭州派工装车、送货上门，前后不过2小时，苏宁的响应速度让刘先生感到意外的惊喜。

如果时钟往回拨一个月，刘先生还享受不到上海订货、杭州收货的便利；时钟再往回拨半年，刘先生享受不到2小时内家电上门的快捷。而这些快捷、便利，都依托苏宁的SAP信息管理平台，为充分发挥平台的功能，苏宁推出了沪、浙、闽、赣四省市一票通的服务。

只要持有苏宁购物发票，消费者可以跨区域购买家电，在上述四地得到同样的售后服务保障，实现异地购物和本地送货、安装。只要在苏宁有过购物记录，在苏宁任何一个地区的客服中心，消费者都可以得到货源查询、送货查询、维修登记等服务。

在SAP项目实施之前，苏宁的营销、采购与物流是各自独立的，工作易出差错，以致常出现时间上的延误。如送货，在POS机收银后，门店以手工录入的方式把订单传给仓库部门需要一定的时间；仓库部门随后汇总，到中午12点或下午4点截止时，才能统一派工装车，货车开出则至少要在两小时以后。

SAP系统为苏宁增添了新的竞争力。在苏宁公司看来，虽然门店的数量和规模很重要，但公司的核心优势集中在后台。在苏宁，IT组织架构采用的也是总部集中式管理，由信息系统中心统管分公司的信息部，而任骏则身兼CIO和CFO双重职务，财务和业务政出一头。信息系统中心编制达到200人，而IT人员少，业务需求分析人员多，苏宁把他们当成战略管理人才来培养。

信息系统中心下设系统开发中心(负责SAP、B2B、B2C、OA等)和网络管理中心(负责网络、服务器、通讯等)，200人的团队有一半人负责支持SAP系统。

“我们把SAP系统分成两部分，第一部分是核心的，包括商品管理、供应链管理、门店管理、客户关系管理、财务管理5个方面6个模块，进销存构成完整的供应链。第二部分是数据仓库、数据挖掘、人力资源，这个部分正在上，之后我们会上一个更高级的模块——企业的战略与分析模块。”任骏展示了一幅苏宁SAP系统的发展蓝图。

SAP的核心系统受到4个外部交流平台的支持，B2B和上游供应商交互数据，B2C和下游客户交互数据，一个系统和银行资金系统对接，还有一个与会员销售相关的短信系统(如安装空调，苏宁会短信通知工作人员什么时间去哪家客户，同时向客户通知工作人员什么时候上门，工作人员安装完毕发回短信，苏宁销单时再继续发出下一轮短信通知)。

其中，B2B已与索尼、摩托罗拉、LG、三星实现了系统对接，苏宁与供应商分别成立了一个共同小组，实时监控，定期开会，对业务的拓展进行评估。任骏透露，苏宁借鉴的是沃尔玛和宝洁这类零售商与供应商合作的模式。

“所有流程都在系统上跑，数据非常透明。以前天天要电话沟通，最起码订单要传真过去，再打电话问是否收到，对方发货也要通知我。现在则用不着对方坐飞机过来对账，因为每个环节都是透明的，流程是处于发货状态还是付款状态，系统能看得一清二楚。”任骏说。

苏宁的IT管理架构除了上述主要应用外，还有一些支撑管理、提高效率、节约成本的技术手段。如多媒体监控中心，对全国大城市主要店面都可以进行监控。“北京、上海都有二三十家店面，店面布局、产品出样、服务人员的态度、客户人流情况、店面发生的重大事件，是需要我们时刻去检查的，而从监控中心的电脑里能获取所有这些信息。”

资料来源：eNet硅谷动力，2007年1月22日

ERP项目是一个庞大的系统工程，参与人员众多，所需利益各不相同，项目中所要完成的任务也是纷繁复杂，要想顺利、成功地完成项目，必须要把ERP项目分成若干个阶段，以成功完成每一阶段为目标，从而达到整个项目的成功实施。本章将介绍ERP项目实施的全过程以及需求变更流程。

## 12.1 项目实施过程

在ERP项目实施的过程中，项目管理团队通常将项目分成若干个阶段，每一个阶段由项目里程碑和一个或数个可交付成果共同组成。将项目分成阶段，可以更有效地进行管理，有效地控制项目风险，通过确认每一个阶段的完成确认整个项目的完成，通过每一个阶段的可交付成果的提交确认整个项目所有可交付成果的提交。

### 12.1.1 项目启动阶段

项目启动是ERP项目的开始阶段，是企业方正式授权ERP项目开始的阶段。项目启动的主要工作包括制定项目章程、任命项目经理、组建项目团队、制定项目计划及相关制度、召开隆重而正式的项目启动大会。

1. 制定项目章程

项目章程是正式批准项目成立的文档，项目章程由项目组织以外的项目发起人或投资人发布，若项目为本组织开发也可以由投资人发布。项目章程对项目经理使用组织资源进行项目活动进行了授权。

项目章程的制定依据有：合同，项目工作说明书(业务要求、产品范围描述、战略计划)，环境和组织因素，组织过程资产。

2. 项目经理的任命

项目经理通过项目章程任命。项目实施方通过内部筛选的方式，选择一名合适的人员担任该项目的项目经理。筛选项目经理时通常会考虑候选人的技术能力、工作背景、项目经验、与下属的关系、身体状况等因素，所有因素加在一起综合考虑，挑选出一个适合本项目的项目经理。项目经理认命需经企业方认可。

项目经理接受任命以后，签署项目经理责任书，保障项目的成功实施。项目经理对项目中的人、钱、物等资源有支配权，对项目的时间、成本费用、质量负有责任，对项目的成败负有责任。

3. 团队的组建与制度制定

项目经理首先要做的工作是组建项目管理团队，根据项目的范围、成本、时间等因素挑选相关的团队成员。项目管理团队由项目领导小组和项目实施小组组成，项目领导小组由项目经理及相关助理组成，项目实施小组由具体咨询实施人员组成。在组建项目团队时需要注意各类人员的专业技能分布，包括咨询人员、实施人员、技术支持人员。

企业方也应组建由项目领导小组和项目实施小组构成的项目管理团队，项目领导小组由企业方高层管理团队及其助理组成，项目实施小组由各级参与项目实施的人员组成。

项目团队组建完成之后，还需要制定一些基本的项目管理制度，如日常管理制度、沟通制度、会议制度、激励机制、奖罚制度，各个项目团队成员都应严格遵守项目管理制度。还必须形成项目团队成员联络表，方便项目组团队成员之间互相沟通。

4. 编制 ERP 项目计划和资源分配计划

在 ERP 项目启动阶段，项目经理必须向全项目团队明确项目目标和最终交付成果，编制 ERP 项目计划，确定资源分配计划，以确保整个项目工作任务分配没有遗漏、分配得当、时间进度安排合理。

当然，在项目启动阶段制定的项目计划可以仅仅是个草案。但一旦在组建好项目团队后，就应当让团队成员确认各自的任务职责，合理、完整并且准确地进行规划安排。到第一次项目进展会议时，项目计划应该最终确定下来。

项目计划及资源分配计划应得到企业方的签字确认，并以此作为双方实施工作的指导及基本依据。

5. 召开项目启动大会

项目启动大会是项目启动阶段的里程碑。项目启动会的召开表明 ERP 项目正式转入实施，项目启动大会的作用是使企业方全体员工了解公司对 ERP 项目的重视程度，并提出大家的奋斗目标；鼓舞项目团队士气、激发全体人员积极参与 ERP 项目实施活动。在启动大会上，要宣布项目管理团队的成员名单，项目管理制度及相应的奖励与处罚措施，以便有效地推进项目实施。

项目启动大会是一个造势和誓师的大会，应该要非常重视、高规格地召开。规模越正式、态度越严肃、领导层次越高、人数越多，越会对后续项目的顺利实施产生正面的、深远的、至关重要的影响。

项目启动阶段的可交付成果是项目章程、项目实施方案(初步)、项目计划(初步)、项目资源分配计划(初步)。

**ERP 时事摘录 12-1**

## 浙江中烟召开 ERP 项目启动大会

2009 年 2 月 6 日，浙江中烟公司召开了 ERP 项目启动大会，公司领导班子、项目组全体成员、公司副科以上领导、项目合作方 IBM 及 AMT 公司领导共三百余人出席会议。启动大会的胜利召开，标志着浙江中烟 ERP 项目建设从规划及实施前准备阶段正式走向实施部署阶段。

会议由公司项目指导委员会常务副主任、刘建设副总经理主持，项目指导委员会主任、公司总经理张益山作了项目启动动员报告。张总指出，实施ERP项目不仅是浙江中烟根据自身发展需要，提升企业管理能力和水平，实现“一个优秀企业”、“少数关键强势企业”目标的重大举措，更是立足烟草行业、特别是烟草工业，适应卷烟竞争市场化、品牌竞争白热化，加快并完善公司现代企业制度建设的重要战略部署。张总强调，以ERP为主线的信息化建设是促进企业在管理理念、管理机制和管理能力等方面向先进水准看齐，实现管理水平的跨越和提升的重要途径，也是实现企业内部有效沟通、实时协作、资源有效配置的重要手段。ERP项目建设实施对于推进体制改革、改进业务流程、强化成品控制、规范经营行为、堵塞管理漏洞、提高管理水平、提高经济效应有着积极的推动作用，对企业深化改革、加快发展、提高竞争能力有着深刻的现实意义和深远的历史意义。同时，张总要求各级领导、尤其是各部门一把手、业务骨干和关键用户以及公司全体员工要积极参与、全力配合，和公司项目组全体成员与实施顾问、监理顾问一道倾力投入、排除万难、打赢这场事关浙江中烟发展战略的攻坚战。

会上，浙江中烟ERP项目办主任和合作方IBM、AMT公司领导分别发言。项目办主任章志华就项目前期工作、进度计划、工作机制和工作要求作了简要汇报，并代表项目组作了表态发言。IBM与AMT公司相关领导发表讲话，表示将全力支持浙江中烟ERP项目，共同推进浙江中烟健康、持续发展。

最后，刘总作了总结讲话，首先，刘总指出张总的动员讲话是ERP项目实施的总纲总要求，要求各部门领导、项目办全体成员认真贯彻、落实好讲话精神，同时刘总就项目实施工作，提出3点具体要求：一是严格按照项目计划执行。要求各个部门一把手要充分调动部门资源、密切关注项目进度、积极配合ERP项目实施工作、绝对保证本部门参加项目组工作人员的项目工作时间；要求各模块业务组长、关键用户、项目办公室、项目联系人、最终用户和实施方、监理方切实负起责任，通力合作，确保项目的顺利完成。二是建立、落实、完善工作机制、考核机制和规章制度，做到项目实施过程中有反映、有记录、有负责、有方案、有落实、有反馈，确保ERP项目的有效运行。三是坚持强化培训工作，要求公司各个层面的领导和员工高度重视、积极参与，不断提高ERP的认识水平和应用水平，打造一支过硬的ERP应用团队和维护团队。

启动会议结束后，IBM运营战略首席顾问白立新博士对全体与会人员进行了题为《公司软实力提升》的专题培训。

资料来源：浙江中烟官网 2009年2月6日

### 12.1.2 项目需求分析阶段

项目需求分析是指明确用户对ERP项目的需求，明确用户要解决什么问题，并对要解决的问题进行详细的分析，弄清楚问题的要求，包括需要输入什么数据，要得到什么结果，最后应输出什么。

需求分析是ERP项目的基石，根据以往调查结果显示，在实施ERP系统时，“需求定义不适当”成为ERP存在的主要问题，占到了所有问题的74.1%。因此一个ERP项目成功的关键因素之一，就是对需求分析的把握程度。

**ERP时事摘录12-2**

《企业用户实施ERP系统所存在的主要问题》调查中显示，CIO在实施ERP系统时，“需求定义不适当”成为阻碍ERP成功的主要问题，占到了所有问题的74.1%，而“缺少培训和教育”因素占到了64.7%；“变革的阻力”因素占到了60.4%；“缺少投入”因素56.1%；“沟通不力”因素占43.2%；“缺少企业决定层领导的支持”因素占41.4%；“缺少精通IT技术和业务的人才”因素占33.5%；“对任务量和时间估计不足”因素占31.3%；“不适应的投资返回和效益的期望”因素占28.8%；“缺少项目计划和管理”因素占27.0%；“ERP软件和厂商提供的服务不好”因素占16.9%；“软件选型不适合本企业业务过程”因素占16.9%；“其他”因素则占到10.1%。

资料来源：《企业用户实施ERP系统所存在的主要问题》

1. 把握重点用户的关键需求

需求是一个大问题，实施团队在做需求分析时，必须要有一个主次之分，一方面是模块的主次，另一方面是需求的主次。

ERP实施时通常采用分批实施的方法，那么每一批实施的模块中一定有主要模块和次要模块，抓住重点模块进行需求调研分析，制定详细的需求计划，逐步地把企业的业务需求做到周密详细。同一个模块中，所有的需求也必须要分出主次，这样有利于实施顾问抓住主要问题，解决主要问题。

以大型超商的ERP系统实施为例，核心模块当然是财务系统。在超商的财务系统中，对数据的准确性和实时性要求是远远高于其他企业的，所以这一点是主要需求，在需求分析时应特别注意这一点。

2. 满足不同用户的不同需求

不同的用户，由于其工作内容不同，着重点也不同。同是ERP软件使用者，高端用户的需求是复杂的，他们要的是个性化的解决方案；低端用户要的是满足他们根本需求的必需品。即使是同一家企业的同一部门的员工，需求方面也会存在差异。负责费用的人员可能希望费用报销的单据从OA(办公系统)中流转后，直接进入财务系统，而不要再录入一次；负责报表的人员则要求数据能够简单、清晰、快速地被查询。不同的用户需求不相同，这要求实施顾问在调查需求时要尽可能充分，不能以偏概全。

3. 尽可能多地与用户进行访谈

确定项目需求前，在成本允许的情况下，实施顾问要尽可能多地与用户进行访谈，确定需求。访谈之前要做好准备工作，确定访谈的提纲，确定需要了解的问题的重点。在访谈之中，尽量记录用户对于需求的要求，要深入了解用户表述的深层次意义，找到用户提出需求的原因，而不能仅仅局限于用户的回答。如有可能，可以将记录交用户审定，以确定用户所表达的与记录的有无出入。

访谈可采用小组或单独形式，小组形式的好处是用户之间对需求可以相互补充，并且由于是小组访谈，小组中的成员会对需求有一个妥协，更容易形成最终需求，缺点是用户可能受他人影响，真正的需求可能被忽视。单独访谈的好处是用户不容易受他人影响，可以直接说出自己的想法，缺点是时间成本过高，需求最后的“说服”成本也较高。

需求分析也可以问卷调查的方式，问卷的设计应该注意突出重点，简洁明了，问题应该明确，不应模糊不齐，应该让被调查者方便回答。整个问卷应设计在30分钟以内，过长会让被调查者觉得厌烦。

4. 参考其他企业的成功经验

如果想把信息化做得更好或者ERP项目做得顺利，在需求分析的同时，要多去了解行业内是如何做的，竞争对手又是如何做的。

在同一个行业内，企业的需求大部分是相似的，参考其他企业的 ERP 项目可以更好地做好自己的项目。实施顾问如果有其他企业的实施经验，可以更好地帮助用户完成自己的需求确定。但是，参考不等于全盘接受，照搬其他企业的全部需求非常不利于项目的实施，只有符合企业自身要求的需求，才是使 ERP 项目成功的关键。

5. 提高需求分析人员的素质

无论在哪个企业，人的因素都是决定性的因素。人的因素决定了需求分析的深度，也决定了 ERP 成败的关键。一个合格的需求分析人员不但要具备多年的项目经验、对于行业的深刻认识，还应该具备强大的沟通能力，包括倾听的能力和说服的能力。选用高素质人才才能保证 ERP 项目的成功。

6. 制作完整的需求分析文档

了解了行业的普遍需求、企业的具体业务需求之后，就应该由项目经理制定一份详细的需求分析文档，把企业所涉及的需求逐项写进文档。需求分析文档由用户方签字确认，并成为需求的基线。

需求分析文档是实施文档中非常重要的文档，是实施范围确定的文档之一。实施顾问一定要在需求分析阶段完成该文档，否则会导致需求不容易控制和需求泛滥。

需求分析阶段的里程碑是完成需求分析文档。需求分析阶段的可交付物是经用户确认的需求分析文档。

### 12.1.3 实施方案制定阶段

ERP 项目实施方案是实施顾问根据企业方的具体需求，人力配置，时间要求等情况完成的对于 ERP 项目的具体实施计划，包括合理配置各种人力资源和其他资源，详细可行的工作进度等，目的是在保证实施质量的前提下，使得各实施工作合理有序地进行，尽可能地缩短项目实施周期，减少项目实施成本，达到企业方和 ERP 供应商的双赢。

实施方案制定阶段的主要工作有：企业现有工作流程梳理、企业流程图优化和软件方案匹配、组织用户讨论、撰写和提交项目实施方案。

1. 企业现有工作流程梳理

实施顾问通过与用户的访谈、问卷调查等方式了解企业现有的流程，并对现有工作流程进行梳理，以确定企业目前的管理现状。工作流程梳理要从企业实际的业务出发，对企业当前工作流程进行充分显性化，而在显性化基础上发现问题。

2. 工作流程优化

完成对企业现在工作流程的梳理后，下一步工作就是对现有工作流程进行优化，改变原来繁杂的工作流程，缩短原有的冗长工作流程，明确工作责任，提高工作效率。流程梳理是流程优化的基础和前提，否则解决了老问题，还会出现新问题。“每年解决了 100 个问题，结果又有 200 个新问题跑出来了”。没有经过系统流程梳理和显性化而进行的冒进式的局部流程优化会给企业带来的负面影响。

工作流程优化必须要和用户深入讨论后才能形成。一方面，实施顾问闭门造车的话，所得到的结果并不一定是最优结果，也有方案失败的可能性；另一方面，工作流程优化会给用户现有的工作方式带来很大的改变，在推向用户时会产生很大的阻力，在确定新的工作流程时让使用者加入进来能够减少阻力。工作流程优化还必须要取得用户一把手的支持，才能形成方案，否则即便完成，也很有可能成为一纸空文，无法实现。

3. 撰写和提交项目实施方案

将优化后的工作流程与软件相匹配，形成最优的实施解决方案。实施方案不仅仅包含工作流程优化，还有项目实施的时间进度、人员安排、资源配置等计划，所有这些汇总成为项目实施方案，并经过企业方签字确认，方可用于实施。

实施方案制定阶段的里程碑是工作流程优化方案及实施方案的完成。主要可交付成果是经用户确认的项目实施方案(含项目计划、资源配置、流程优化等)。

### 12.1.4 项目实施阶段

所有的方案均已确定之后，项目正式进入实施阶段。项目实施阶段的主要工作有：编码方案的确定、基础数据的收集和录入、用户培训、进度控制、成本控制、质量控制等。

1. 编码方案的确定

ERP系统是一套计算机系统，计算机系统最重要的是数据，而编码是所有数据记录的基础。编码是许多企业、实施顾问比较头痛的问题，很多实施顾问在做编码方案时通常是经验主义，随随便便想一想便确定编码，殊不知，正是这随便一弄，给企业的ERP系统埋下了隐患。

目前ERP项目中，编码存在的主要问题有：缺少正确的编码原则，各部门均按各自的需要编码，由于各自的思维方式不一样，致使编码方案标准不统一，错误、重复较多；子、母公司编码原则不统一，导致整个企业编码不统一。

编码时应遵循以下原则。

1）分类性原则

企业物料种类繁多，必须按一定的标准分成不同的类别，使同一类物资在某一方面具有相同或相近的性质，这样便于管理和查询。

2）扩展性原则

对现有物资分类时，还必须考虑未来可能出现的新物资，有必要在现有分类的基础上留有足够的空位，便于未来穿插新物料。

3）完整性原则

编码时，必须对现有的所有物料都进行分类和编码，不能遗漏。

4）一贯性原则

在进行编码时，所采用的方法要一直使用下去，中途不得更改。每一种物料都要对应一个唯一编码，不得更改。

5）简单性原则

物资编码的目的在于将物资种类化繁为简，便于管理。但不是越简单越好，而是在分类和扩展的原则下越简单越好。

2. 基础数据的收集和录入

基础数据指使 ERP 系统运转起来的、有关企业信息的数据，分为静态基础数据和动态基础数据。静态基础数据包括企业组织机构档案、部门档案、员工档案、供应商档案、客户档案、物料清单等，动态基础数据包括企业库存、业务数据等。只有先录入基础数据，ERP 系统才有可能运行起来。

收集和录入基础数据时，首先需要确定收集和录入哪些基础数据，确定由哪些部门、哪些员工提供基础数据，确定什么时间点提供这些基础数据。基础数据的整理和提供关系到项目的实施进度，一定要严格按照时间表执行。

其次，应指定实施顾问负责收集所需的基础数据，并在基础数据收集时对用户提供指导，确保用户按照要求提交数据。

第三，收集后数据应进行核查。确实无法核查的，应要求用户对所提供的基础数据负责，因用户提供数据错误而导致 ERP 实施拖延的，应由企业方承担相应的成本费用。

最后，由专人负责数据的录入工作。数据录入完成后，复核该数据，确保录入系统的数据的正确性。

3. 用户培训

用户培训工作是 ERP 项目实施过程中最重要的一个环节，培训结果的好坏会直接影响 ERP 能否成功上线。但是，培训工作也是实施顾问面对的最棘手的问题之一，由于公司角度、部门利益或使用范围等不同因素的考虑，让不同业务部门的人员在统一时间进行统一的培训着实不易。

要想使培训顺利进行必须遵循以下几个原则。

1）领导重视、人力资源部门支持

ERP 项目实施工作关键在于领导支持，领导带头参加，工作再忙，也要安排时间进行培训；严格培训考核，培训合格才能上岗，考核成绩与绩效挂钩。

2）建立培训相关的规章制度

要让员工真正重视起培训工作，就要把培训工作作为一项长期工作，并建立相应的规章制度。为了保证培训成果，要建立相应的考核体制：设置考核项目、考核指标，并规定好考核时机、考核方法，以及考核失败的惩罚措施。

3）根据培训的对象区分培训的主要内容

同样的培训内容，如果面对的对象不同，培训的重点也应该不一样。

例如，同为操作培训，高层管理者更着眼于整个公司层面的数据、流程等，如公司销售订单的产品的单价、成本、毛利等分析。中层管理者着眼点于某一部门的主要业务的统计分析，比如采购部门的采购订单的跟踪和统计，或者生产进度的跟踪、统计和分析。而主要用户的培训着眼点在于具体流程、具体作业、具体报表的培训，产品功能和操作层面的东西更多。

4）做好资料的交接工作

培训的本质是知识的转移，知识转移的首要工作是文档资料的准备和转移。实施顾问要充分准备好培训的资料，如用户操作手册等，将它们及时有效地转移到用户手中，作好项目知识的转移。

4. 系统控制

系统控制是项目成功的基础，主要包括成本控制、时间进度控制、质量控制等。控制是将实际情况与计划作比对，从中找出计划与实际不相符的地方，并分析原因，寻找改善实际工作的方法。

控制的标准在于计划，没有计划，控制就没有准绳。计划的跟踪、检查、反馈是纠正计划的最好时机，计划的执行情况又是下一轮制定计划的基础。所以计划的制定必须经过由上而下、由下而上的过程，完善可行的计划是依靠集体的力量完成的，并不是计划人员闭门造车的结果。

### 12.1.5 项目试运行阶段

在基础数据录入完成后，项目进入试运行阶段。试运行阶段是企业现有系统和ERP系统两套系统并行的阶段。在试运行阶段，以ERP系统运行结果与原系统运行结果一致，不出现重大问题或漏洞为成功。试运行阶段一般不少于3个月。

试运行阶段是全面验证ERP系统的阶段，在这个时候，如果发现问题，可以及时地调整、修改，避免给企业造成更大的损失。试运行阶段也是企业开始适应系统的阶段，为了保证ERP系统的正常运行，应该根据企业的实际情况建立起完善的系统试运行内部控制度。

1. 建立健全的ERP岗位责任制

建立ERP岗位制度，要明确每个工作的职责范围，切实做到事事有人管，人人有专责，办事有要求，工作有检查。ERP岗位设置可以根据企业的实际情况按照不同的思路划分为不同的岗位。ERP系统岗位分为直接管理、操作、维护ERP系统人员及计算机软、硬件人员等。各企业可以根据内部牵制制度的要求和本单位的工作需要，在保证数据安全的前提下交叉设置岗位，使各岗位保持相对合理与稳定性。

2. 建立ERP操作管理制度

企业应通过ERP操作管理制度的建立，明确规定上机操作人员对ERP软件的操作工作内容和权限，对操作密码的严格管理等，杜绝未经授权人员操作ERP软件；预防未经审核的各种原始凭证输入系统；操作人员离开机房前，要执行相应的退出命令；根据本单位的情况，由专人保管必要的上机操作日记，记录操作人、操作时间、操作内容、故障情况等内容。

3. 建立计算机硬件、软件和数据管理制度

硬件、软件和数据管理制度的建立，要经常对有关设备进行保养，保持机房与设备的整洁等，保证机房设备和计算机正常运行；确保ERP数据和ERP软件的安全保密，防止人员对数据和软件的非法修改和删除；对有关磁性介质数据进行双备份，并且存放在不同的位置；对ERP软件进行更换、修改、升级，对硬件设备进行更换时，要有一定的审批

手续，并由有关人员进行监督，以保证 ERP 数据的连续和安全；健全硬件和软件的定时维护措施，制定有关防治计算机病毒、黑客等入侵的措施。

4. 建立 ERP 档案管理制度

企业应通过档案管理制度的建立，实现对 ERP 数据档案的管理，并由专人负责；做好 ERP 数据的防磁、防火、防潮和防尘等工作；对重要的 ERP 档案进行双备份，并存放在不同的地点；实现对磁性介质档案的定期检查与复制，防止磁性介质的损坏而使 ERP 数据丢失；同时对 ERP 开发设计有关的档案资料也要进行保管。

### 12.1.6 项目维护阶段

ERP 成功上线后，如果后续管理不善，也会导致项目无法达到企业预期效果，造成企业资源的浪费，所以，必须做好后期维护工作。

ERP 系统维护工作主要有几个方面，对应用系统已发现的错误用改正性维护解决，以适应性维护使系统经受住应用环境及流程的少量改变，通过完善性维护扩大系统应用的用户与功能。改正性维护即维持 ERP 系统的日常运转，解决用户操作时出现的问题，如用户操作的失误，系统的小 BUG，以及为用户做巩固性培训等。适应性维护是针对系统小变动，如工作流程进一步优化后，并将其在系统中实现，或者是人员、部门的微调。完善性维护是指企业方发生了组织机构的大变动，或者是业务流程的大变动，将这些变动最终与系统相结合，完善企业与系统的适应性，提升系统总体目标。

另外，维护工作有完整标准的文档记录，以便于不断积累问题的现象与对策，加速问题的定位与解决；维护工作还应做好日常备份及系统安全工作，保障系统在安全稳定的环境下运行；维护工作还应为提高运行环境性能和效率等而服务。

系统维护使 ERP 系统真正被用于管理和控制企业运作，这样系统的投资回报才容易被认同，维护的价值也充分得到体现。

## 12.2 需求变更

用户需求的确定是实施 ERP 系统的首要条件，但是在实际的实施工作中，需求的确定往往是最困难的事。用户在上 ERP 项目初期，对需求的认识往往是模糊的，但随着对 ERP 的深入认识、项目环境的变动以及企业内外部多种因素的影响，用户对需求产生了新的认识，使客户对 ERP 的需求不断改变。

需求的变更对于咨询顾问来讲，通常是两难的选择。如果不处理这些变更的需求，用户的正常需求得不到满足，用户不会满意，系统与用户的需求相差甚远，会导致验收通不过，收不回尾款而使公司利益受损。对于客户来说，达不到需求的软件也浪费了投资。如果咨询顾问同意需求的变更，又有可能使用户滥用变更的权力，把一些无关痛痒的变更变成堂而皇之的变更，一再调整项目实施进度，上线日期也会随之一再拖延，项目成员的士气也将越来越低落，严重的还会直接导致 ERP 项目失败。

以笔者参与的多个 ERP 实施项目的实际经历来看，需求变更泛滥是非常可怕的事，尤其是到了项目实施后期，客户不断对移交的 ERP 系统提出修改意见，甚至有时刚刚重新完成更改，客户又要求改回去或改成另一种模式。需求变更越来越多，实施顾问只能疲于应付。“无底洞”是大部分实施顾问进行ERP项目的共同感觉。

在关注用户需求变更的问题时，首先要弄清楚用户需求变更的根源。

### 12.2.1 用户需求变更的原因

用户需求变更的原因有很多，总结起来，主要有以下方面。

1. 签合同时的初期调研没有做好

很多ERP软件供应商为了打败竞争对手与用户签订合同，在销售时对用户做了很多无法完成的承诺，为后期的实施工作带来不便，让用户觉得供应商“说一套做一套”，导致项目尾款无法收回。有的销售顾问对业务不熟悉，往往草率决定和片面同意客户提出的需求，当客户提出新的需求时，他们自认为没有问题，是个小“修改”，擅自答应用户的变更。有的合同在签署时，没有实施顾问的介入，仅由销售顾问做前期调研，导致用户需求描述不清，为实施工作带来困惑，给后期的需求变更埋下隐患。很多合同在签署时，没有将需求变更的流程写入合同，导致供应商在后期无法拒绝用户。

签订合同时如果能够明确定义项目需求的范围，可以为以后各项实施工作的开展奠定深厚的基础。将需求变更的流程写入合同也可以减少很多不必要的需求变更。

2. 调研时对客户需求理解不到位

ERP项目实施的需求调研分析阶段是实施项目组和用户共同确定需求的阶段，是ERP项目实施的关键阶段之一。深入的、有效的沟通是有效确定需求的唯一手段。但是，在实际实施过程中，双方的交流往往是有限的，不完整的，甚至有时是难以进行的。

交流的时间往往极其有限，用户本身有自己的工作，很难抽出大块时间来确定需求。实施顾问只能利用零散的时间与用户进行交流，这种沟通效果极差，用户有时为了脱身，甚至采用“你按照过去的案例”、“你说了算”的方式，让实施顾问自己来确定需求。实施顾问只能根据用户提出的描述性、总结性的短短几句话去制定实施方案，没有真正挖掘和按客户的需求去制定实施计划。

由于工作背景的关系，实施顾问可能存在不能理解用户需求的情况。国内不少实施顾问都是从高等院校毕业后直接从事实施顾问工作，对用户的实际工作情况知之甚少，再加上行业的原因，实施顾问在理解用户的专业名词上显得力不从心，从而造成双方的误解。

有的时候，实施顾问无法确认用户需求的真实意图。当客户头脑一热或领导一拍脑袋提出新的需求时，实施顾问往往也就不能区分客户的真正需求和镀金需求。

如果项目组对客户需求的细节了解不充分，双方对需求的理解就会产生差异，就会导致移交ERP系统时才使问题暴露出来，客户只能频繁地提出需求变更。

3. 没有需求变更流程

如果没有明确的需求变更流程，用户只能直接向实施顾问提出需求，实施顾问自己评估需求能不能接受，由于实施顾问之间的能力和知识存在差异，判断事情的标准不一致，导致同一个需求提交给不同的实施顾问时，会产生不一样的后果，这样会让用户产生对公司的不信任感。另外，很多用户都会提出需求的变更，实施顾问如果不能一一满足，就会造成用户间的不平衡，如果全部满足，又会给项目实施造成时间上的拖延。

对于用户来讲，需求变更都是重要的，都是需要修改的。但对于整体项目而言，并不是所有的变更都要修改，也不是所有变更都要立刻修改，如 ERP 界面风格问题，就可以先不修改，或者规划一下修改的时间待到以后进行优化。另外，有些小需求表面看起来工作量不大，但是实际上需要考虑到其他方面的细节，实施顾问和开发顾问需要耗费较长的时间去完成，这些问题都是销售顾问或者客户考虑不到的。

哪些变更被接受，哪些变更不被接受，哪些变更要立刻修改，哪些变更可以等到以后再修改，所有这些问题都应该由一个明确的执行流程及一个有效的组织来管理，这就是需求变更管理流程和变更控制委员会(Change Control Board，CCB)。由变更控制委员会决定变更的流程，决定什么类型的变更需要修改和什么时候修改，这会在很大程度上减少用户由于需求没有满足所带来的不满。

4. 客户不知道需求变更的代价

用户需求的变更总是不可避免的。有可能变更的需求是必要的，是使软件更符合用户的使用，付出的代价是值得的；也有可能变更的需求只是细枝末节，变与不变对使用影响不大，但付出的代价却比收获大。

但是，用户在提出变更的时候，并不明确地知道变更所付出的代价。所有的变更都是必须要付出代价的。这里的代价是指时间成本和人力成本。所以在变更评估的过程中，有必要让用户加入到评估的程序中，让客户清楚明确地知道需求变更带来的后果。如会增加多少费用，会延长多少时间等。在评估代价过程中，请客户和实施顾问一起做判断："您能接受后果吗?"

用户同时需要对需求变更进行确认，以便项目结束统一进行核算时，对于超出项目费用的变更需要支付相应的费用。

### 12.2.2 需求变更的控制

需求变更确实会给项目的实施带来麻烦，实施顾问是否应该全部拒绝用户的需求变更呢? 实际上，在项目实施过程中，需求变更是正常的，因为不管是用户还是实施顾问，对于需求的认识都是一个逐步完善的过程，他们都希望最终成果能够满足用户的使用要求。事实上，对于需求变更，最重要的是做好变更的控制工作，例如授权、审核、评估和确认，在实施过程还要进行跟踪和验证。有句通俗的话说得非常好："需求变更控制的目的不是控制变更的发生，而是对变更进行管理，确保变更有序进行。"对待客户频繁的需求变更，实施顾问应采取有效办法应对，避免事态蔓延，不让客户养成随意变更的毛病。

1. 合同约束

需求变更给 ERP 实施带来的影响是有目共睹的，所以 ERP 供应商在与用户签订合同时，可以增加一些相关条款，如限定用户提出需求变更的时间，规定何种情况的变更可以接受、拒绝或部分接受，还可以规定发生需求变更时必须执行变更管理流程。

虽然ERP项目合同很难在签订之初就能够精确定义每项需求，单靠合同是帮不上忙的，但也不能忽视合同的约束力。

2. 成立变更控制委员会CCB

软件开发活动中公认变更控制委员是为最好的控制变更的策略之一。CCB由项目所涉及的多方成员共同组成，通常包括用户方项目实施领导小组成员和实施方项目实施领导小组成员。变更控制委员是决策机构，不是作业机构。

变更控制委员会的工作之一是通过评审手段来决定项目是否能变更。

客户的需求是永远不会满足的，可能一天一个样。为了将有限的成本使用得更有效率，尽可能地控制整个项目的进度，控制可能出现的频繁的需求变更，需要将需求变更后产生的成本进行评估与量化，形成分析报告。这个工作由变更控制委员会来完成。否则，一味的妥协或一味的拒绝都会让项目进一步恶化。

变更控制委员会需要对每一次变更申请进行成本分析，掌控项目的进度成本，确认哪些需要收费变更，哪些可以免费变更。这样既可以维护客户关系，又不致造成公司无谓的损失。一般来说，如果客户认为该变更是必须的(不是其上级领导拍脑袋提出的)就会接受这些后果，通过与客户的协商，项目组可能会得到回报或者即使没有回报也不会招致公司和客户双方的埋怨。

变更控制委员会的另一项工作是确认变更的代价。

每一项变更都是有代价的，变更控制委员会需要判断需求变更是否依然进行。例如，变更是没有问题的，但是要明确客户能否接受由此引起的问题，如进度延迟、费用增加、效率下降等。

如果变更控制委员认为该变更虽然有必要但是可以暂缓，则由双方签署备忘录后留待以后解决。如果变更控制委员认为该变更可有可无，多数情况下会取消变更，这样既可防止频繁变更，也让客户认识到不是所有的需求都需要变更，更不是所有的需求变更都需要立刻修改。如果变更控制委员认为该变更非常必要，必须马上进行，那应该与用户签署变更确认书，确认变更被执行，并确认承担由变更引起的项目费用增加和时间增加。

3. 明确变更控制流程

明确变更控制流程，就是要明确需求变更审批环节、审批人员、审批事项、审批流程等。有效的需求变更流程应该包括变更申请、评估变更的必要性、分析变更对项目的影响、做出是否变更的决定、执行变更。

变更申请可以由用户或实施顾问提出，当用户发现由于业务变化而引起的需求变更，或者实施顾问发现有必要进行变更时，提出书面的变更申请。这样对所有的变更，双方的项目负责人都能做到心里有数。书面申请往往比口头申请更慎重，用户在递交书面申请前一般都经过内部讨论，这样减少了用户“拍脑袋”的想法，以及因用户内部看法不同导致的反复变更。

变更控制委员会根据书面的变更申请进行评估，确定变更的必要性、可行性、经济性以及变更对项目的影响，做出是否变更的决定。变更控制委员会在评估时可采取会议的方式或者背对背的方式。变更控制委员会对变更产生的后果负责。

变更控制委员会决定变更后交由实施顾问执行变更，并将变更带来的影响，比如成本的增加、项目超时记录在案，便于日后翻查。

确定变更控制流程的目的有两个：一是规范用户的变更，减少张嘴就来，避免变更的泛滥，明确重要的、紧急的、合理的变更，并付之实施，减少非必要、非紧急、非合理的“无效变更”。二是留下书面依据，为今后可能的成本变更和索赔准备好“变更账”。

凡未履行审批程序的“变更”，一律是无效变更，不予受理。

需求变更控制程序如图 12.2 所示。

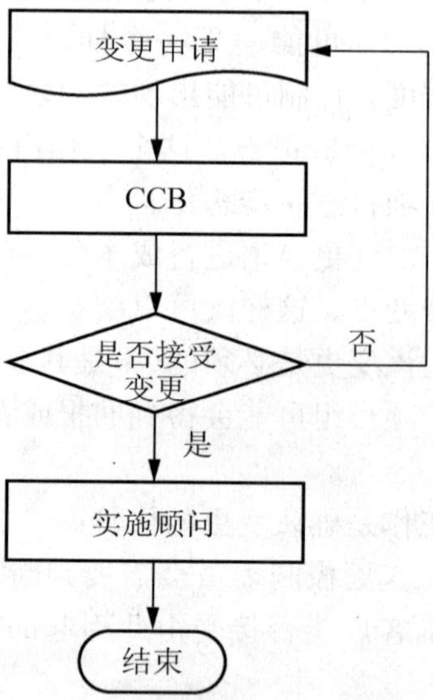


图 12.2　需求变更控制程序

4. 对确认的变更分批处理

对于已经确认的变更，实施顾问需要确认是小变更还是大变更，以便更好地处理。小变更是指对系统影响不大，所花时间不长的变更，这类变更通常采取集中处理的办法。大变更是指对系统影响较大、花费时间长、人力投入多的变更，这类变更一般采取团队攻关的方式处理。

变更控制委员会每周或每两周甚至每月应召开一次需求变更专题会议，汇总所有经过确认的变更，由项目经理将变更分类。小变更采取集中处理的方法，主动控制好工作节奏，尽量避免由于处理零碎变更而影响项目运行的总体进度。大变更难度较大，可采取团队攻关的方法，集合大家的力量，完成变更的处理。

会后应向客户提交一份正式的各阶段需求变更的计划，注明变更引起的时间、成本、工期的代价和增加的工作量以及预计完成的时间。

5. 每月变更记录上报双方领导

最后，实施顾问要将有关变更措施和记录随时抄报双方项目实施领导小组，留档备案，可采取简报、文件、抄报、抄送、会议等多种形式。实施顾问要掌握主动权，逐步让不合理的随意频繁变更成为客户不好意思开口的尴尬事件，尽快形成正常的项目执行氛围和良好的工作习惯，也为可能遇到的变更所带来的责任问题留下伏笔。

最后，要在ERP项目开始就对项目组和客户进行宣传和培训，让所有成员都理解变更控制的重要性。

## 本章小结

本章的主要内容是ERP项目的实施过程和项目的需求变更控制。

ERP项目是一个庞大的系统工程，参与人员众多，所需利益各不相同，项目中所要完成的任务也是纷繁复杂，要想顺利、成功地完成项目，必须要把ERP项目分成若干个阶段，以成功完成每一阶段为目标，从而达到整个项目的成功实施。

项目启动的主要工作包括制定项目章程、任命项目经理、组建项目团队、制定项目计划及相关制度、召开隆重而正式的项目启动大会。

项目需求分析是指明确用户对ERP项目的需求，明确用户要解决什么问题，并对要解决的问题进行详细的分析，弄清楚问题的要求，包括需要输入什么数据，要得到什么结果，最后应输出什么。

实施方案制定阶段的主要工作有：企业现有工作流程梳理、企业流程图优化和软件方案匹配、组织用户讨论、撰写和提交项目实施方案。

试运行阶段是企业现有系统和ERP系统两套系统并行的阶段。在试运行阶段，以ERP系统运行结果与原系统运行结果一致，不出现重大问题或漏洞为成功。这一阶段一般不少于3个月。

项目维护阶段是ERP项目达到企业预期效果的保证。ERP系统维护工作主要有几个方面，改正性维护是解决应用系统已发现的错误，适应性维护使系统经受住应用环境及流程的少量改变，完善性维护扩大系统应用的用户与功能。

用户需求的确定是实施ERP系统的首要条件，但是实际的实施工作中，需求的确定往往是最困难的事。用户需求变更的原因有很多，总结起来，主要有签合同时的初期调研没有做好，调研时对客户需求理解不到位，没有需求变更流程，客户不知道需求变更的代价等。

对于需求变更，最重要的是做好变更的控制工作。变更的控制工作主要有：合同约束；成立变更控制委员会CCB，确认哪些需要收费变更，哪些可以免费变更；明确变更控制流程，明确需求变更审批环节、审批人员、审批事项、审批流程等；对确认的变更分批处理；每月变更记录上报双方领导。

## 思考练习

1. 选择题

(1) 下面不是制定项目章程的依据的是(　　)。

A. 合同　　B. 项目范围说明书

C. 环境和组织因素　　D. 组织过程资产

(2) 项目需求分析阶段的输出结果是(　　)。

A. 项目范围说明书　　B. 项目实施方案

C. 需求分析文档　　D. 项目计划

(3) 企业编码方案应遵循的原则中不包括(　　)。

A. 总公司应与分公司分别编码　　B. 简单性

C. 完整性　　D. 一贯性

(4) 用户需求变更正确的处理方式是(　　)。

A. 百分之百同意用户需求变更　　B. 一律不同意用户需求变更

C. 成立CCB控制用户需求变更　　D. 与用户私下解决

(5) 下列关于系统的维护工作描述不正确的是(　　)。

A. 改正性维护解决已发现的错误

B. 适应性维护解决应用环境及流程的少量改变

C. 完善性维护扩大系统应用的用户与功能

D. 改正性维护解决应用环境及流程的少量改变

E. 完善性维护解决已发现的错误

(6) 项目实施方案包括(　　)。

A. 项目实施的时间进度　　B. 项目章程

C. 项目经理的确定　　D. 人员安排

E. 资源配置

(7) 项目实施过程的阶段有(　　)。

A. 项目启动阶段　　B. 项目需求分析阶段

C. 实施方案制定阶段　　D. 项目实施阶段

E. 项目维护阶段

2. 问答题

(1) 简述项目启动过程的工作要点。

(2) 简述项目需求分析阶段所应注意事项。

(3) 分析用户需求变更的原因。

(4) 描述CCB的工作流程。

(5) 简述实施方案制定的工作流程。

## 实训拓展

案例分析

**ERP拓展阅读12-1**

王先生刚出任项目经理，并承接了一个中型软件项目。上任时公司高层再三叮咛他一定要尊重客户，充分满足客户需求。项目开始时比较顺利，但进入到后期，客户频繁的需求变更带来很多额外工作。王先生动员大家加班，保持了项目的正常进度，客户相当满意。

但需求变更却越来越多。为了节省时间，客户的业务人员不再向王先生申请变更，而是直接找程序员商量。程序员疲于应付，往往直接改程序而不做任何记录，很多相关文档也忘记修改。很快王先生就发现：需求、设计和代码无法保持一致，甚至没有人能说清楚现在系统“到底改成什么样了”。版本管理也出现了混乱，很多人违反配置管理规定，直接在测试环境中修改和编译程序。但在进度压力下，他也只能佯装不知此事。但因频繁出现“改好的错误又重新出现”的问题，客户已经明确表示“失去了耐心”。

而这还只是噩梦的开始。一个程序员未经许可擅自修改了核心模块，造成系统运行异常缓慢，大量应用程序超时退出。虽然最终花费了整整3天的时间解决了这个问题，但客户却投诉了，表示“无法容忍这种低下的项目管理水平”。更糟糕的是，因为担心系统中还隐含着其他类似的错误，客户高层对项目的质量也疑虑重重。

随后发生的事情让王先生更加为难：客户的两个负责人对界面风格的看法不一致，并为此发生了激烈争执。王先生知道如果发表意见可能会得罪其中一方，于是保持了沉默。最终客户决定调整所有界面，王先生只好立刻动员大家抓紧时间修改。可后来当听说因修改界面而造成了项目一周的延误后，客户方原来发生争执的两人这次却非常一致，同时气愤地质问王先生：“为什么你不早点告诉我们要延期！早知这样才不会让你改呢!”王先生委屈极了，疑惑自己到底错在哪里了。

**思考：**

请分析，王先生到底错在哪里？

# 第13章 ERP 系统实施成败探究

## 学习目标

通过本章的学习，读者应该能够：

(1) 掌握 ERP 项目成功的原因；

(2) 掌握项目实施阶段的基本原则；

(3) 掌握项目验收流程。

## 知识结构

本章的知识结构如图 13.1 所示。

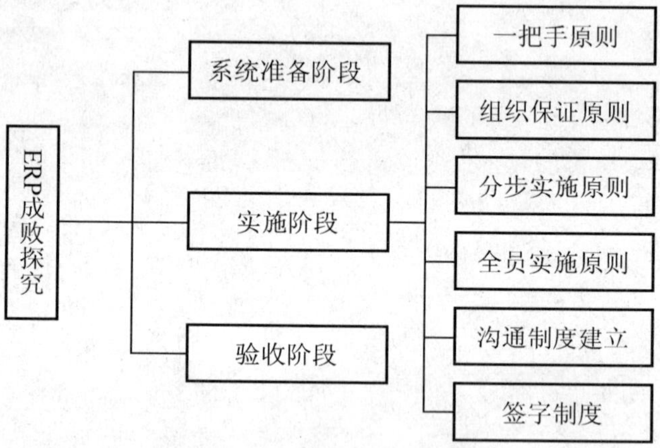


图 13.1　本章知识结构图

**导入案例**

## 国内外ERP应用成功率堪忧 调查结果令人震撼

国内关于ERP成功率的系统调查尚未见权威报道。不过，在2002年一次国内相关调查的结果中我们发现，已经开展信息化项目的企业“效果明显”的只有不足50%！

下面列出部分国外咨询机构对ERP成功率的研究结果。

1990年，Gartner的调查表明90%的ERP项目失败。

1995年，The Standish Group进行了IT调查，将“按时、按预算完成初期指定的所有特征和功能”定义为项目成功；按此标准，8 380个项目中83.7%失败；1998年该公司将范围扩大到23 000个项目，失败比率是74%。

2000年，英国一项调查显示，如果将“把在项目开始时指定的所有特质传递给用户”定义为成功，超过1 023家公司中，只有130家符合成功的条件，失败比率达87.3%。

2000年，Deloitte Consulting公司对85个实施ERP的跨国公司中的230个被访者进行调查表明，53%的项目从来没有达到目标。

2001年，Robbins-Gioia公司对232个被访者的调查表明，36%的公司已经或正在实施ERP系统，51%认为他们的ERP系统没有成功，46%认为他们不知道如何使用系统来改善业务。

2003年，美国Peerstone Research调查了超过200家使用SAP、Oracle、PeopleSoft或者JD Edwards应用软件的公司，主要结果如下：63%的大型ERP客户说他们从软件投资中取得了某种形式的业务利益；其中只有39%的公司认为他们从ERP中获得了可以美元计算的ROI；除了特定的垂直性行业外，在厂商之间这些数据没有明显的不同；事实上38%的答卷者从没有实际做过正式的ROI评估；对大多数客户，ERP投资的关键业务目标自然是非财务目标，按关键性排序，最高的是提高运作管理能力(71%)，最低的是削减人数(22%)和彻底的流程变革(20%)；ERP项目没有达到预期目标的最普遍原因是不合适的领导(26%)，其次是供应商的过度承诺(21%)，专业服务成本失控(20%)，程序代码错误(19%)。

Pricewaterhouse Coopers的报告指出，在过去25年中IT项目失败导致的诉讼数量急剧增加，其中48%是由于担保破裂，13%是源于受到欺骗，11%是违反合同，9%是由于疏忽，7%是由于误传。

市场研究公司Surgency最近对美国一些实施大型ERP项目的公司调查表明：45%的公司期望通过项目降低人力成本，而只有34%的公司实际看到了这种结果；25%的公司期望减少IT成本，但只有12%达到目标。

资料来源：支点网，2005年5月10日

为什么有些项目会失败，而另一些项目却成功了？关于这个问题，CHAOS① 报告给出了一些有趣的观点。根据这次调查，项目成功的关键因素有：用户参与、管理层支持、项目需求的明确表达。问题项目和失败项目背后的两大主要原因是：缺少用户参与、需求表达不清。

---

① 1995年，Standish Group咨询公司对365位IT经理进行了调查访谈，调查结果被称为CHAOS报告。

CHAOS调查结果总结见表13-1，CHAOS报告中发现，大型项目的成功率仅为9%，比中小型项目的风险高，IT技术、商业模式及更新时间变化太快，所以如果系统开发时间超过一年，那么开发的结果就会失去意义。把大型项目分解成多个易于管理的、可在一年内完成的小项目，可以提高项目的成功率。

表13-1 CHAOS调查结果总结

| 公司规模 | 平均开发成本/美元 | 平均成本超支量 | 平均进度延误量 | 预定功能实现比例 | 成功项目比例① | 问题项目比例② | 失败项目比例③ |
|---|---|---|---|---|---|---|---|
| 大 | 2 322 000 | 168% | 230% | 42% | 9% | 61.5% | 29.5% |
| 中 | 1 331 000 | 182% | 202% | 65% | 16.2% | 46.7% | 37.1% |
| 小 | 434 000 | 214% | 239% | 74% | 28% | 50.4% | 21.6% |

项目成败的原因分析见表13-2，用户参与被列为项目成功的最重要的因素，用户积极地参与项目的执行过程，可以保持他们对项目的兴趣和激情。如果项目的成功与否对个人产生影响，那么，那个人就会对项目负起责任。

表13-2 项目成败的原因分析

| 排名 | 成功项目的原因 | 问题项目的原因 | 失败项目的原因 |
|---|---|---|---|
| 1 | 用户参与 | 缺乏用户参与 | 需求不完整 |
| 2 | 管理层支持 | 需求不完整 | 缺乏用户参与 |
| 3 | 需求定义明确 | 需求和规范发生变更 | 资源缺乏 |
| 4 | 计划得当 | 缺乏领导层支持 | 不切实际的期望 |
| 5 | 期望现实 | 技术能力不足 | 缺乏领导层的、支持 |
| 6 | 设置项目中间里程碑 | 资源缺乏 | 需求和规范发生变更 |
| 7 | 人员胜任 | 不切实际的期望 | 缺乏计划 |
| 8 | 有责任感 | 目标不清晰 | 不再需要IT方案 |
| 9 | 愿景和目标清晰 | 不切实际的时间要求 | 缺乏对IT的管理 |
| 10 | 团队工作努力、不怕吃苦、有目标 | 使用新技术 | 技术文盲 |

ERP项目难以成功的原因是多方面的。本章将从项目的准备阶段、实施阶段、验收阶段3个方面让读者了解到项目成功的因素。

① 成功项目是指项目按时、按预算完成。

② 问题项目是指项目完成了，但是预算超支，进度延误，原来要求的功能和特征没有完全实现。

③ 失败项目是指项目没有完成，被取消了。

## 13.1 系统准备阶段

ERP 项目难以成功的原因是多方面的。多数用户在决定上 ERP 项目之前，对其管理思想、技术功能等缺乏深刻了解，至于 ERP 到底能为企业带来哪些直接的和间接的经济效益，就知道得更少了。应该说，用户是带着许多问题和疑惑去了解 ERP，进而选择软件厂商的。但是，由于市场竞争的关系，各软件厂商为了各自的利益，尽可能地夸大自己产品的技术功能。有的厂商甚至为了眼前利益，不惜欺骗用户，许诺根本无法实现的功能，而用户也在懵懵懂懂中不断增加自身的期望值。

如此一来，厂商在最终签合同时就陷入了被动，完全按照谈判时许诺的条件签约，自己又做不到，而按自己的意愿签约，用户又不答应，真可谓进退两难。最后妥协的办法就是，合同双方都含糊其辞。岂不知这种关系是不会维系长久的，当用户发现厂商根本没有能力履行合同时，不付尾款还是轻的，重则就要对簿公堂。

出现上述情况，厂商与用户都有责任，但厂商应负主要责任。厂商只图眼前利益，必然以自己的信誉扫地为代价。因为 ERP 项目不是一次性商品交易，它涉及诸如客户个性化定制、项目实施、业务流程重组等大量工作，特别是项目结束后，后续的维护和产品升级亦离不开软件厂商。因此，一个优秀的软件厂商应该秉承“一旦成为用户便终生是用户”的经营思想。

但是，作为用户来讲，也要从自身方面积极寻找原因，做出改进。ERP 项目毕竟是一项庞大的系统工程，投入资金大，花费时间长，参与人数多，风险大，一旦失败对组织的影响极大，到底如何做才能提高项目的成功率，我们总结、分析了大量的案例，发现成功的项目和失败的项目之间都存在一些共通点。企业准备实施 ERP 系统之前，做好必要的准备工作，能够很大地提高项目的成功率。

ERP 系统选型是项目成功最重要的一步。选型工作是一次性的工作，选型失败意味着项目失败，补救的可能性很小。选型的基本原则是“不选贵的，只选对的”，选择最适合自己企业的，才是最好的。

1. 根据企业的管理现状来选择

企业要想项目成功就必须正视自己存在的问题，不能假装问题不存在，而盲目地进行选择。在我国，企业信息化进程已经推进了近二十年，但是不少企业的信息化程度仍然较低，尤其是在基层单位，计算机普及率低，业务流转还停留在手工阶段。人员年龄结构老化，秉持传统守旧的思维方式，不愿意接受改革的思想以及既得利益者的存在，都大大阻碍了 ERP 项目的成功。

企业要根据自己目前所处的管理水平选择 ERP 系统，不能一味追求高水平的管理软件。如果企业的信息化程度较低，大部分业务还处于手工流转阶段，大部分员工计算机操作还不熟练，那企业的首要选择不是全面的 ERP 系统，而应该是从办公自动化(OA)开始，培养员工使用计算机工作的习惯，否则即便实施了 ERP 系统，也会因为大部分员工不使用而闲置在一旁。

当企业的管理现状不容易改变时，应该尽量让软件先用起来。以业务流程重组

(Business Process Reengineering，BPR)为例，BPR是实施ERP项目中重要的一环，它通过对企业业务流程的重新设计获取效率上的重大改变，获得企业效益的增加。但在我国大型企业，BPR受到的抵触非常大，强行推行BPR导致项目失败的比例非常高，因为它改变了日常的工作模式，损害了既得利益者的利益。国内一家软件公司对这一思想做了一点小小的改动，提出了“业务流程先固化，再优化”的模式，即先承认现有的业务流程，把现有的业务流程做到系统里，然后再根据企业的发展情况，修改、优化业务流程。这种方式首先解决的就是使用问题，让企业先用起来，在使用的过程中再做修改。

2. 根据企业的特殊需求来选择

每个企业在流程上都会存在一些特殊之处，企业在选型时要充分考虑到这一点，否则选出来的软件白花了钱，达不到企业的要求，最终还是会被闲置。

企业的特殊需求一般情况下可以通过二次开发来解决，但是不同的软件二次开发的难度、成本费用是不同的，企业应充分考虑这一因素，决定选择的软件。

以上海百事可乐选型为例，面对各家ERP产品的缺点，臧宏鸣的取舍标准有3点：①系统是否具有良好的可扩展性；②是否易于开发新的模块；③能否找到合适的第三方软件来弥补缺点。事实上，最后中标的IFS系统正是因为其在很短的时间内为上海百事可乐开发了合适的软件，而这是其他几家产品没有做到的。

3. 根据企业未来的发展来选择

企业实施ERP的根本原因还是想借助ERP系统的东风来提升企业的管理水平，如果软件仅仅将现有的管理水平、管理状态搬到计算机上，那就没有达到企业使用软件的目的。企业实施ERP是为进一步发展做准备，所以在数据库的选择、模块的选择、使用人员的选择上都应该有一个超前的考虑，而不仅仅局限于现在的情况。以数据库为例，目前企业刚刚实施ERP，使用的模块和部门都不多，数据量也不大，一些中小型的数据库完全可以满足企业现阶段的需求，而且费用不大。但是，考虑到企业随后的发展和软件使用部门的增加以及更换数据库的难度，还是选择目前主流的大型数据库为宜。

**ERP时事摘录 13-1**

### 三露联想“婚变”

北京市三露厂在1998年3月20日与联想集成(后来划归到神州数码)签订了ERP实施合同。合同中联想集成承诺6个月内完成项目实施，如不能按规定时间交工，违约金按5‰来赔偿。ERP软件是联想集成独家代理的瑞典Intentia公司的MOVEX。

合作的双方，一方是化妆品行业的著名企业，1998年销售额超过7亿，有职工1200多人。一方是国内IT业领头羊的直属子公司。这场本应美满的“婚姻”，因为Intentia软件产品汉化不彻底，造成了一些表单无法正确生成等问题而出现了“婚变”。后虽经再次的实施、修改和汉化，包括软件产品提供商Intentia公司也派人来三露厂解决了一些技术问题。但是由于汉化、报表生成等关键问题仍旧无法彻底解决，最终导致项目的失败。

合作的结果是不欢而散，双方只得诉诸法律，在经历了15个月的ERP官司之后，经过庭内调解，结果三露厂退还MOVEX计算机管理信息系统软硬件并获得200万元的赔偿。

资料来源：《著名ERP失败案例》

## 13.2 实施阶段

准备得再好的项目，也有可能在实施过程中出现问题，实施项目时遵循必要的原则有利于项目的顺利实施，有利于项目的成功。

### 13.2.1 一把手原则

我们经常会听到一些企业讲“一把手工程”，如环保一把手工程，安全生产一把手工程，扭亏增盈一把手工程，等等。所谓“一把手工程”，就是指由企业的第一负责人(一把手)具体负责、领导该工程的实施，落实项目的资金、人力、物力等资源，确保工程的成功。在ERP应用和企业信息化建设领域，为了项目能够成功，也必须将ERP项目列入“一把手工程”。

1. 一把手原则是项目实施成功的前提

只有“一把手工程”才能推动项目进行，确保系统正常有序的实施。企业推行ERP管理思想和方法，实施ERP系统是一场深刻的管理革命。对于企业来说，实施ERP系统困难重重。首先，这件事过去没有干过，对于员工来讲是一个全新的事物，员工会产生畏难情绪，不愿学习；第二，这件事会带来改变，而改变会产生不安全感，所以员工不喜欢改变，希望改变尽可能不发生，或者发生得越缓慢越好，因此在实施时会有推诿、拖延的现象；第三，ERP项目会占有大量的资源，而这些资源并不掌握在一个部门手里，需要多个部门共同协作，而协作往往需要高一层管理者沟通协调。

面对诸多困难，解决的办法只有一个，那就是在企业决策层领导深刻理解ERP的基础上，由一把手亲自主持、参与系统实施，动员企业全体员工共同参加，才能克服困难，取得成功。一把手工程不单是第一把手挂名，依靠计算机应用人员来推动系统实施，而是要求企业的最高领导人实实在在地投入到系统实施过程中，具体负责工程项目的领导工作。

2. 企业一把手要下定决心实施ERP

企业在准备购买和应用ERP系统之前，就应清楚地意识到即将应用的ERP系统将会对自己原有的管理思想与管理模式产生冲击。因此，ERP系统的应用是企业的一次管理革命，没有最高决策层的领导与推动，这场管理革命就不会在企业取得成功，从而也就不会达到降低企业库存和生产成本、缩短产品生产周期、提高产品质量和客户满意度、减少企业呆账、实现对市场的快速反应等预期目标。

企业员工对于新系统的接受需要有一个心理认同和熟悉操作的过程。如果新系统的使用大大地加重他们的工作，员工就会产生强烈的抵触情绪，使实施过程中遇到的问题被放大。而在ERP实施过程中，初始阶段工作量加大几乎成了一个无法回避的问题。另外，新的管理方式对于人员素质提出了更高的要求，这会引起部分人的岗位危机；新的管理方式还会触犯一部分人的既得利益。在这种情况下，如果企业领导没有表示坚定不移的态度，这些人就会采用诋毁的态度让项目进行不下去。

企业一把手要下的决心还包括在项目失败时，勇于承担失败的责任。实施 ERP 项目本身就具有很大的风险，企业在应用 ERP 系统之前就必须考虑到失败的可能性，只有在项目开始时就做好失败的心理准备，项目才有可能成功。

3. 企业一把手要在项目实施中担任具体职务，承担具体工作

企业要成立 ERP 项目管理领导小组，主要领导担任管理小组组长。企业一把手要制定系统总体解决方案，确定新的企业管理方案。在实施过程中，组织协调各部门、各系统之间的关系，解决系统实施中出现的重大问题，把 ERP 实施作为企业的主要工作之一，并授予主管部门考核权，确保系统正常有序顺利地实施。

4. 企业决策的连续性

ERP 系统的建立往往需要一年以上的时间，有时会在领导成员交接时进行。因此，一把手工程是一个广义的概念，不仅需要企业最高领导亲自参与主持，还应包括企业整个决策层的参与。

### 13.2.2 组织保证原则

组织保证的意思是组成实施团队，并明确告知企业内部所有人。ERP 系统的实施是一项涉及管理和技术的庞大的系统工程，工作量非常大。为确保项目顺利实施，一定要在组织上加以落实。

ERP 项目实施团队由两部分组成，一部分是软件供应商或第三方的咨询实施团队，另一部分是企业方成立的项目管理团队。两部分实施团队都应该由项目领导小组和项目实施小组组成。

项目领导小组的组长应由企业的“一把手”担任，企业的其他决策层担任小组组员。项目领导小组主要负责制定计划的优先级、系统总体方案，确定企业管理改革方案，资源的合理配置，重大问题决策及政策的制定，组织协调各部门之间的关系并解决系统实施中出现的项目小组不能解决的问题等。项目实施小组由企业内部的管理人员，各主要业务部门的业务骨干、技术人员组成，具体负责系统的实施。

相应地，软件供应商或第三方咨询实施团队也应该有项目领导小组和项目实施小组。项目领导小组由公司管理层、项目经理组成，负责制定项目实施方案，确定项目实施批次，确定咨询顾问人选，进行项目成本费用控制，项目时间控制，项目质量控制以及项目风险控制，与企业方项目领导小组一起，协调各部门关系，解决系统实施中出现的重大问题。项目实施小组由咨询实施专家组成，与企业方实施小组一起，承担系统的实施工作，培训企业用户的实际操作，解决软件上的漏洞等。

组织保证是十分必要的，它给了全体组织成员一个信号，宣告项目进入实施阶段，是确实要行动起来的事情，而不仅仅是口头上的行为；它明确了实施双方从上到下的联络人体系，从决策层、管理层到操作层，明确了双方组织的协调人；它明确了实施中的汇报体系，即有关实施进度、需求确认、问题解决的体系。

### 13.2.3 分步实施原则

整个 ERP 系统的模块很多，涉及的企业部门也很多，如果一次性实施所有的模块，项目失败的可能性很大。项目实施过程中要遵循分步实施原则，其作用体现在以下方面。

1. 有利于项目人力成本的控制

项目由于其特殊性，在人力成本的投入上体现出如图 13.2 所示的曲线，即项目初期，人力成本投入很少，项目组成员工作量比较少，一般不需要加班，项目成员可以不用全部进入项目；项目中间阶段，人力成本投入巨大，项目组成员工作量猛增，加班量比较大，项目组成员全部进入项目，可能还需要其他临时成员加入；项目结尾，人力成本投入很少，不需要加班，项目组成员大部分被释放。

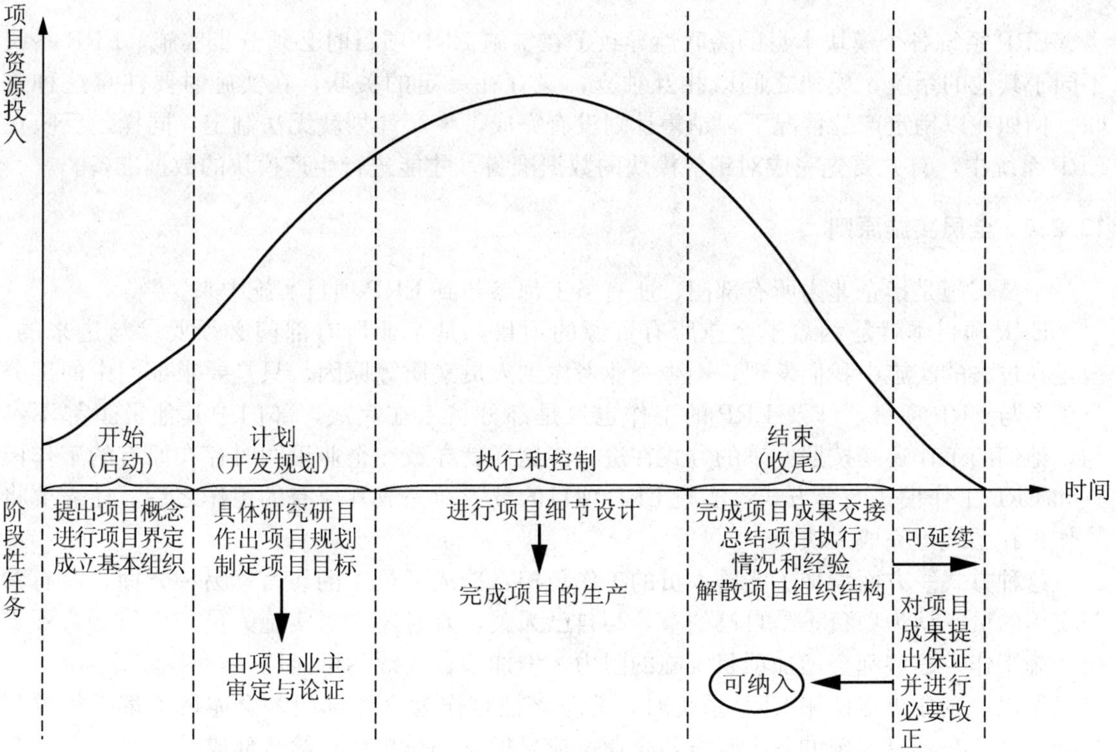


**图 13.2 项目生命周期中项目资源投入和时间的关系**

项目人力资源的不平衡性给项目经理在人力成本的控制上带来了难题，一方面在项目初期和结尾时，项目人员空闲较多，工作量不饱和；另一方面，在项目中期，项目人力成本投入过大，大大增加了成本。

为了更好地平衡人力支出，项目实施时普遍采用分批实施的方法，既可以减少项目总成员，便于管理，又降低了人力成本的实际支出。

2. 降低了项目实施的难度

对于企业来讲，同时实施所有模块困难也是很大的。它意味着企业将同时在所有的模块上投入资源，对于资源有限的企业而言，这很可能会超出企业的能力，影响到企业正常的业务运转。而且，成功的榜样能够鼓励企业克服困难，模块的实施有难有易，企业在实施比较困难的模块时，如果没有一个阶段性的成果做支撑，很容易让员工产生放弃的念头。

分步实施时，可以选择一到两个信息化基础好的部门做试点，企业先期资源投入较少，即使出现问题，产生的损失也可以接受；这些部门信息化基础好，实施的时候接受程度高，成功的可能性大，容易先出成绩，有了成绩，项目受到的支持就会更大；这样可以树立标杆，增强用户信心，增强克服困难的勇气。目前，国内企业财务部门信息化的接受程度普遍比较高，所以在设计实施方案时，通常是先进行财务部门的试点，这样，成功的概率比较高。

3. ERP 模块之间本身存在关联关系

ERP 系统各个模块本身的关联性导致了在实施 ERP 项目时必须分步实施。ERP 系统不同于其他的系统，模块之间既相互独立，又存在一定的关联，在实施时要注意这种关联。例如在以销定产的情况下，销售计划没有完成，生产计划就无法制定，同样，反映在 ERP 系统中，首先要先完成对销售模块的数据准备，才能进行生产模块的数据准备。

### 13.2.4 全员实施原则

全员实施是指企业内所有部门、所有员工都参与到 ERP 项目实施中来。

ERP 项目本就是涵盖了企业所有资源的项目，是企业所有部门必须要参与进来的。但是在过去的实施中我们发现，不少企业考虑到人员素质等原因，只是要求部门中的部分员工参与 ERP 项目，涉及 ERP 的工作也只是部分员工在完成，部门中其他员工都不参与，他们的工作还是按照原来的方式在进行。这样就导致在企业里同时存在原有的工作模式和 ERP 工作模式两套方式，实施 ERP 项目的员工在完成其原有的工作之后，还需要将工作再在系统里完成一次。

这种方式一方面增加了实施人员的工作负担，造成了员工的怨言；另一方面，没有参与实施的员工认为项目不是自己的事，与自己无关，有时还会对实施人员产生抵触，不支持实施工作。这些都会增加项目实施的阻力，增加项目失败的可能性。

所以，企业决定使用 ERP 系统时，就应该把它作为全体部门、全体员工都必须要参与的事情，在项目实施的各个阶段，企业都应该把这一思想传达给全部成员。

在项目启动时，企业要召开项目启动大会，并确定一把手负责的原则，明确实施项目的决心。在项目实施培训中，企业要告诉全体员工，ERP 项目实施是全体员工的事情，所有员工都应摒弃过去那种与己无关的想法，摒弃守旧不愿改变的想法，要求全体员工接受新系统，使用新系统；并培训所有员工，在培训完成后进行考核并将考核成绩与绩效考核相挂钩。在项目实施过程中，企业要检查所有人员的工作进度，检查其是否应用系统，将自己的工作内容反映在系统里；所有的员工都应该遵循系统的方式，改变自己原来的工作方法。企业在项目实施及试运行阶段可以采用两套系统并行的方式，但试运行结果良好，企业正式运行时，就应该抛弃原来的工作方式，以 ERP 系统来代替。

### 13.2.5 沟通渠道、沟通制度的建立

石油大王洛克菲勒说过，假如人际沟通能力也是同糖或咖啡一样的商品的话，我愿意付出比太阳底下任何东西都珍贵的价格购买这种能力。

沟通在工作中的重要性毋庸置疑。它能够保持信息的有效传递，使命令可以下达；能

够满足人们交流的需要；能够使人们达成共识、合作，降低工作成本，提高工作效率；能够增强企业的凝聚力。

但是，相比沟通而言，而重要的是建立沟通的渠道和制度。

项目沟通渠道主要依靠项目实施团队来建立。企业项目实施小组成员是实施工作的主要力量，也是实施工作中企业方与实施方联系最紧密的人，他们一方面承担企业与咨询顾问的沟通，另一方面承担企业内部实施工作的沟通。在实施中，咨询顾问需要先与实施小组成员达成一致，无法达成一致的，交由项目领导小组协调，最终达成一致。

最有效的项目沟通制度是建立项目汇报制度，即项目周报制度、项目月报制度。这一工作由咨询顾问项目实施小组与项目经理完成。项目实施小组分别以周报的形式向项目经理汇报自己所在项目小组本周的工作情况，包括项目进展、项目成本、项目所遇到的问题列表(其中列示已解决和未解决)以及咨询顾问无法解决的问题等，项目经理汇总各项目实施小组的项目周报后，按时间形成项目周报和项目月报，抄送各项目领导小组成员，并着重汇报其中影响到项目实施，要求项目领导小组予以解决的问题。

项目汇报制度的好处是让项目实施团队中所有人都知道项目的进展情况，包括项目遇到的问题，咨询顾问可以相互帮助，共商解决问题的办法。涉及咨询顾问无法解决的问题时，及时通报给领导小组，要求领导小组帮助协调、解决，以便于项目的更好实施。

### 13.2.6 签字制度

在整个实施过程中，咨询顾问会调查企业现状，根据企业的需求形成企业需求文档和具体的实施方案，这些文档都是实施过程中非常重要的文档资料，是指导项目实施的重要文件。这些文件必须经企业方认可，方能作为实施中的指导文件。另外，企业需求变更也必须要经过相应的需求变更流程，提交实施小组认可，才能变更。

所谓认可的唯一方式就是签字制度。

建立签字制度能够更好地保护双方利益，准确区分责任，避免因责任不清而导致双方相互扯皮；建立签字制度可以让实施做到有依据，避免咨询顾问做出不切企业实际的方案；建立签字制度可使由企业变更而引起的成本的增加、时间的延长都有据可查。

## 13.3 验收阶段

项目结束是指项目中所有活动完成，项目所产生的产品或成果转移给企业方。项目有开始就必须要有结束，不少项目在实施时很顺利，但在项目结项时，可能会出现企业方不愿意结项的情况，主要原因是企业方担心项目一旦结项，以后再发生问题自己无法解决，所以采用各种借口拖延项目结项。项目如果一直不结束，咨询方就无法收到企业的尾款，并且项目人力资源也无法释放，造成人力成本的增加。对于咨询方来讲，项目的顺利结束是项目完成的节点。要想让项目顺利结束，必须使项目顺利地通过验收，在项目验收前、验收中和验收后做好相应的措施。

### 13.3.1 验收前

在制定实施方案时，就必须明确项目结束的标准是项目通过验收，项目验收标准必须在实施方案中明确。实施方案中还应明确项目达到验收标准后，什么时间内双方必须组织验收，否则默认咨询方通过验收，项目结束。

制定验收标准，明确项目实施必须完成的目标，有利于项目小组成员朝这个方向努力；制定验收标准，实施人员知道自身与其他小组的差距，有利于推动实施的进行；制定验收标准，明确项目验收必须提交相应的文档，有利于实施人员提前准备，保证实施文档的完整性。

达到验收标准后确定验收时间时，咨询方可以提醒企业方一旦项目达到可验收的标准，即必须要进行项目验收，避免企业方采取其他借口推托、阻碍项目验收；达到验收标准后规定时间内不进行验收的，将视为企业方通过验收，项目结束。

### 13.3.2 验收中

实施小组达到项目验收标准时，必须要在第一时间通知项目实施经理，要求进行项目验收。项目验收由企业方实施小组和咨询方实施小组共同组成，由企业方项目实施领导小组成员和咨询方项目经理带队，负责验收。

验收时应根据验收标准，逐项审核是否达到标准。达到标准的项目给予验收通过；没有达到标准的项目，提出具体原因，要求整改，给予验收未通过。如果验收未通过，实施人员应根据要求整改，重新准备验收资料，并在达到要求后，重新提出验收申请。

### 13.3.3 验收后

验收通过后，实施小组应准备项目的交付工作，即项目的收尾，包括项目收尾和合同收尾。

项目的收尾工作主要包括产品知识的转移。一方面是项目书面资料的交付，项目实施中所产生的所有书面资料都应交付给企业，包括项目章程、项目需求文档、项目实施方案、项目培训资料等，所有这些资料都应该由咨询顾问在验收前准备完成；另一方面是用户的培训，训练用户自己解决问题的能力，包括培训用户自己的二次开发团队、培训用户自己的维护团队等，这方面工作应该在实施的过程中有意识地完成。

合同收尾是指完成和结算所有合同，解决遗留问题，解决项目尾款问题。

## 本章小结

ERP 项目难以成功的原因是多方面的。很多项目在开始就埋下了失败的种子。系统选型是项目准备阶段最重要的工作，选型失败基本意味着项目失败，补救的可能性很小。选型的基本原则是“不选贵的，只选对的”，选择最适合自己企业的，才是最好的。

准备得再好的项目，也有可能在实施过程中出现问题，遵循必要的原则有利于项目的顺利实施，有利于项目的成功。

“一把手工程”，就是指 ERP 项目由企业的第一负责人(一把手)具体负责、领导该工程的实施，落实项目的资金、人力、物力等资源，确保工程的成功。在 ERP 应用和企业信息化建设领域，为了项目能够成功，也必须将 ERP 项目列入“一把手工程”。

组织保证的意思是组成实施团队，并明确告知企业内部所有人。ERP 系统的实施是一项涉及管理和技术的庞大的系统工程，工作量非常大。为确保项目顺利实施，一定要在组织上加以落实。

分步实施原则是指所有的模块按批次逐步实施，这样有利于项目人力成本的控制，并可降低项目实施的难度，ERP 系统各个模块本身的关联性决定了在实施时必须分步实施。

全员实施是指企业内所有部门、所有员工都参与到 ERP 项目实施中来。

最有效的项目沟通制度是建立项目汇报制度，即项目周报制度、项目月报制度。项目汇报制度的好处是让项目实施团队中所有人都知道项目的进展情况，包括项目遇到的问题，咨询顾问可以相互帮助，共商解决问题的办法。涉及咨询顾问无法解决的问题时，要及时通报给领导小组，要求领导小组帮助协调、解决，以便于项目的更好实施。

建立签字制度能够更好地保护双方利益，准确区分责任，避免因责任不清而导致双方相互扯皮；建立签字制度可以让项目实施做到有依据，避免咨询顾问做出不切企业实际的方案；建立签字制度可使由企业变更而引起的成本的增加、时间的延长，都有据可查。

项目验收是项目顺利结束的结点。要想让项目顺利结束，必须使项目顺利地通过验收，在项目验收前、验收中和验收后做好相应的措施。

项目验收标准必须在实施方案中明确，项目达到验收标准后，实施小组应该在第一时间通知项目实施经理，要求进行项目验收。项目验收由企业方实施小组和咨询方实施小组共同完成。验收通过后，实施小组应准备项目的交付工作，即项目的收尾，包括项目收尾和合同收尾。

## 思考练习

1. 选择题

(1) 系统选型的原则是(　　)。

A. 根据企业的现状来选　　B. 根据企业的一般要求来选

C. 根据企业未来的状态来选　　D. 根据企业过去的状态来选

(2) 关于项目实施原则的描述错误的是(　　)。

A. 一把手原则是指企业一把手负责

B. 项目实施团队是指 ERP 供应商的项目实施团队

C. 全员实施是指企业内所有部门、所有员工都参与到 ERP 项目实施中来

D. 所有交给企业的文档均需接收方签字

(3) 项目验收后，实施小组应该做的是(　　)。

A. 收工回家　　B. 所有实施人员去帮助其他未完成的小组

C. 项目经理负责收项目尾款　　D. 完成项目文档的转移

(4) 项目实施的原则有(　　)。

A. 一把手原则　　B. 组织保证原则

C. 分步实施原则　　D. 统一实施原则

E. 全员实施原则

(5) 关于项目验收，下列说法正确的是(　　)。

A. 项目验收由企业方实施小组和咨询方实施小组共同组成

B. 项目验收标准由企业方说了算

C. 实施小组达到项目验收标准时，直接通知企业方要求进行项目验收

D. 实施小组达到项目验收标准时，通知项目实施经理，要求进行项目验收

E. 如果验收未通过，实施小组应重新实施项目

2. 问答题

(1) 简述一把手原则的重要性。

(2) 所谓全员实施，意味着什么？为什么要进行全员实施？

(3) 签字制度的重要性在哪里？什么样的文档应该由用户签字确认？

(4) 成功地完成项目验收需要完成哪些事项？

(5) 系统准备阶段应注意哪些事项？

## 实训拓展

案例分析

ERP 拓展阅读 13-1

### 河南许继集团 ERP 失败案例

1998 年初，河南许继集团(以下简称许继)采用 Symix 公司(现更名 Frontstep 公司)的产品来实施 ERP，同年 7 月份，许继实施 ERP 的进展都很顺利，可是随后的一系列变故让项目彻底失败。4 年过去了，许继的销售额从当时的 15 亿元上升到目前的 22 亿元。但是，对于许继来讲，当初实施的 ERP 如今却成了个负担。

一、背景资料

许继是以电力系统自动化、保护及控制设备的研发、生产及销售为主的国有控股大型企业，是国家 520 户重点企业和河南省重点组建的 12 户企业集团之一。2001 年许继集团实现销售收入 28.8 亿元(含税)、利润 2.5 亿元，比 2000 年分别增长 34%和 9.75%，各项经济技术指标再创历史最好水平，继续保持行业的龙头地位。

Symix 成立于 1979 年，总部位于美国俄亥俄州，专业从事企业管理软件的研发和推广，1995 年进入中国市场，设立赛敏思软件技术有限公司，并发展了多元电气、许继电气、威力集团、西南药业等本土化用户。

二、ERP 选型

许继上 ERP 系统希望能解决 3 个方面的问题：第一方面希望通过 ERP 规范业务流程；第二方面希望信息的收集整理更通畅；第三方面是通过这种形式，使产品成本的计算更准确。

ERP 选型时，许继公司接触过包括 SAP、Symix、浪潮通软、利玛等国内外 ERP 厂商，并最终选择了 Symix，一家面向中型企业的美国管理软件厂商。许继当时的产值是 15 亿元，与美国的中小型企业相当，而 Symix 在中小型企业做得不错，价位也比较适中，而且按照一般的做法，签单的时候，一般企业的付款方式是分 3 笔，采用 5∶3∶2 模式。而 Symix 开出的条件非常优惠：分 7 步付款的方式，双方就这样成交了。

三、ERP 实施

从 1998 年初签单到同年 7 月份，许继实施 ERP 的进展都很顺利，包括数据整理、业务流程重组，以及物料清单的建立等。厂商的售后服务工作也还算到位，基本完成了产品的知识转移。另外，在培养许继自己的二次开发队伍方面也做了一定的工作。如果这样发展下去，或许许继会成为国内实施 ERP 企业的典范，然而，计划赶不上变化。

到了 1998 年 8 月份，许继内部为了适应市场变化，开始发生重大的机构调整，将原有的零部件分厂按照模拟法人的模式来进行运作。实施 ERP 在先，公司结构大调整在后。但是许继高层在调整过程中，更多地是关注企业的生存，企业经营的合理化和利润最大化，显然没有认真考虑结构调整对 ERP 项目的影响。

企业经营结构变了，而当时所用的 ERP 软件流程却已经定死了，Symix 厂商也似乎无能为力，想不出很好的解决方案。于是许继不得不与 Symix 公司友好协商，项目暂停，虽然已运行了 5 个月，但是继续运行显然已经失去了意义。

**思考：**

请分析许继集团 ERP 失败的原因。

**ERP 拓展阅读 13－2**

## 金蝶浙江嘉信医药 ERP 项目成功案例(节选)

一、集团介绍

嘉兴医药始建于 1951 年，2003 年改组为浙江嘉信医药股份有限公司。公司集贸易、生产、研发于一体，经营药品，保健品，医疗器械等 20 000 多种，现拥有总资产 2 亿多元，员工 400 多人，销售网络覆盖浙江、上海、江苏、广东、山东、北京等 80 多个城市。

二、项目背景

1996 年嘉信医药的信息化工作基本普及到业务、财务及仓库管理等环节，初步实现了计算机辅助企业管理。但由于受当时技术条件和管理水平的局限，各管理系统相对独立、应用水平参差不齐，各子系统形成一个个信息“孤岛”，难以实现企业内部的信息共享，限制了企业的发展。现有管理信息系统的“不可扩展性”的弊端日益显露出来。

在第二次的 ERP 选型时，公司认真总结教训，董事长兼总经理蔡光圻先生亲自领队率全体职能部门负责人成立了专门的软件选型小组，先后两次举办招标会，对国内 ERP 厂商的产品、技术力量、服务水平、实施成功案例进行了多方面的考察及论证。经过对国内数家 ERP 软件提供商的考察和比较，公司最终选择了金蝶 K/3-ERP。

三、解决方案

嘉信医药的实施按照“突破重点、逐步展开、分步实施”原则，把系统建设划分为 3 个阶段。

第一阶段：以强化企业的市场竞争力为重点，以财务为突破口，实现以集团财务、采购、销售为核心的 ERP 系统的基本框架，通过对公司内部物流、资金流、信息流的统一综合控制，进一步强化企业内部的管理，合理配置企业内部资源，降低经营成本。

第二阶段：在公司内部全面实施 ERP 系统，使整个企业的管理水平跃上一个新台阶。

第三阶段：以全面提高企业管理素质为目标，实现 CRM(客户关系管理)、SCM(供应链管理)与 ERP 系统的集成，形成企业面向网络环境的管理信息化应用平台。

四、实施步骤

(1) 坚持管理创新，深化企业改革。

嘉信医药在项目实施的过程中，对各级管理人员中进行了 ERP 管理思想和方法的培训教育。通过培训教育，使大家找出企业现有的管理工作与 ERP 管理方法的差距。公司领导班子全力支持项目实施，对不适应ERP管理流程的组织机构和管理制度进行大刀阔斧的改革，从组织和制度上保证了项目的实施成功。

(2) 全面推行管理业务流程重组，提高企业核心竞争力。

嘉信医药从3个方面入手进行了业务流程重组：一是以满足市场需求为核心，对企业各管理部门和业务流程进行改组和组合，消除无效作业，提高企业运行效率；二是以提高客户服务质量为目的，建立完善的销售信息网络和服务体系；三是坚持“以财务核算为基础，以管理为核心”的指导思想，深化财务管理，由过去单纯注重记账、算账、报账转变为强化“检查”、“考核”、“监控”，建立经营效益管理机制和风险控制机制。

(3) 成立ERP项目实施机构。

为确保ERP项目顺利实施，嘉信医药成立了以企业主要领导、业务骨干和技术总监为首的三级项目实施组织体系，即ERP项目督导组、ERP项目经理和ERP项目业务领域职能小组。

ERP督导组由公司总经理和技术总监组成，负责对ERP系统的各项开发、实施目标、组织项目投资等工作作出决策；根据实施进度，组织有关部门做好实施的各种准备工作；对公司内部业务流程重组方案作决策，并组织落实；对系统开发过程进行监督、控制。

ERP项目经理由公司副总经理及信息部门有关人员组成，负责研究系统总体结构，制定项目实施总体规划和分步实施计划；制定系统开发的程序和工作标准，并协调各开发组贯彻执行；研究制定系统共同数据库的建设方案和系统集成方案，并贯彻执行；协调各部门工作进程，解决开发过程中可能出现的问题。

ERP项目业务领域职能小组由嘉信医药有关部门的业务骨干组成，按开发工作的分工，分别对系统的各个模块进行原型测试及二次开发的配合工作。

嘉信医药项目已于2003年7月初正式启动，8月中旬财务标准系统投入正式使用，8月底完成业务、物流等系统的全面调研并确定具体实施方案，9月中下旬进行原型测试，十一月初开始试运行。

**思考：**

请分析嘉信医药ERP项目成功的原因。

# 第四篇　ERP 的社会应用

# 第 14 章　典型行业 ERP 系统应用

## 学习目标

通过本章的学习，读者应该能够：

(1) 了解不同行业实施 ERP 系统的区别；

(2) 了解不同规模企业实施 ERP 系统的区别；

(3) 理解制造行业实施 ERP 的问题解决方法；

(4) 理解物流行业的特点和实施情况。

## 知识结构

本章的知识结构如图 14.1 所示。

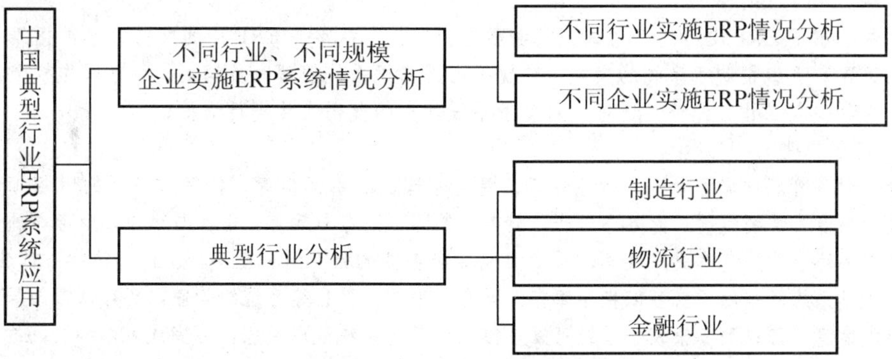


图 14.1　本章知识结构图

## 导入案例

### 东阿阿胶成功实施ERP过程

一、东阿阿胶实施ERP的动因

山东东阿阿胶集团有限责任公司是全国最大的阿胶生产企业集团，1952年建厂，1993年5月改组为股份制企业，1996年成为上市公司，7月29日“东阿阿胶”A股股票在深圳挂牌上市，累计融资5亿多元。

集团拥有7个成员企业(股份公司、阿华包装材料厂、阿华医疗器械有限公司、阿华制药有限公司、阿华生物药业有限公司、东阿泉啤酒有限公司、阿华保健品有限公司)，3个分厂，共有员工2 000余人，其中高级技术人员500人。集团总资产8.89亿元，占地24万平方米，生产中成药、生物制剂、保健食品、医疗仪器、药用辅料等6个门类的产品40余种。

阿胶集团从1987年开始实行计算机单机管理，到1989年已基本普及到质量、人事、财务、生产等环节，初步实现了计算机辅助企业管理，形成了初步的计算机信息系统。但由于受当时技术条件和管理水平的局限，各管理系统相对独立，开发环境和应用平台差异很大，信息代码没有统一的标准，应用水平也参差不齐，各子系统形成一个个信息“孤岛”，难以实现企业内部的信息共享，企业的信息资源无法得到合理利用，限制了企业的发展。

二、ERP项目的实施

总结国内企业实施ERP的成功经验和失败教训，结合阿胶集团企业自身实际情况，集团按照“效益驱动、总体规划、分步实施、重点突破”的原则，在实施ERP过程的每个阶段和每项内容方面，最大限度地达到实施与应用紧密结合，应用与需求保持一致。

但是，由于整个ERP系统十分复杂和庞大，设计开发的技术难度非常大、全面设计开发的工作任务也非常艰巨。受此影响，目前在国内企业运行的ERP系统的主要功能仍是着重于成本、销售、采购及财务等功能模块的设计开发和使用，质量管理功能相对比较薄弱。尽管其模块功能结构覆盖面较广，但质量管理的深度不够，各功能结构的信息处理能力弱，针对性及实用性也相对比较差，企业推广使用和二次开发难度大，特别是质量管理模块与ERP系统也还没有完全实现真正意义上的集成。而专门设计的企业质量管理信息系统(QMIS)相对ERP中的质量管理子模块，开发技术比较成熟，量身定制的质量管理功能也非常适合企业的实际需求。因此，随着产品生产质量意识和企业质量管理要求的不得较好的效益。以下是各子系统功能模块的实施情况。

1. 系统控制

系统控制是ERP必备的子系统。它主要是管理包含在整个ERP中的所有共享数据维护和操作权限设置。系统控制子系统的实施，实现了由计算机系统管理人员档案，设置操作权限及进行数据备份和恢复工作。此外，还可以对各子系统共用的代码文件进行维护。

2. 财务管理

通过财务管理中账务管理、财务分析、费用管理、成本模拟等，把阿胶集团的财务工作上升到管理的高度。特别是通过财务与生产，财务与销售，财务与库存，财务与供应，财务与质量等企业各个业务环节的信息集成与共享，从而实现现代企业的人、财、物、产、供、销的一体化管理。如：账务子系统的应用不仅可以指导库存、生产、采购、销售等系统的管理，还可以为领导决策提供重要的信息来源；财务报表子系统可以直接从账务子系统读取数据，可完成表内和表间的数据运算，还可以通过定义将不同的账务数据合并生成合并报表，从而适用于集团公司的财务管理等。

资料来源：e-works，2003年4月4日

**思考：**

(1) 东阿企业实施 ERP 的是属于哪个行业的典型案例？

(2) 东阿阿胶成功实施 ERP 对于同行业的 ERP 系统的实施有哪些借鉴意义？

(3) 现在企业转型普遍存在，如果东阿企业转型到房地产开发行业，以前的经验对于现在还有意义吗？是推动力还是阻力？为什么？

(4) 我国是否有现行的 ERP 实施的行业标准呢？建立 ERP 系统实施的行业标准是否有必要？

根据国际上对 ERP 的应用统计，全球 500 强企业有 80%实施了 ERP，全球共有 3 万多个公司实施 30 多万套 ERP 系统，其中日本约 4 000 多个公司实施 ERP。应该说，ERP 从其诞生开始是伴随着制造业的发展而发展，并且越来越成熟的，但是它所蕴涵的管理思想却正在被越来越多的行业借鉴并被应用。信息技术的突破带来的企业管理模式与管理理论的创新也越来越快地被整合到 ERP 的管理模型中。

目前中国国内的 ERP 系统应用中，能够按期、按预算成功实施实现系统集成占 10%～20%；没有实现系统集成或实现部分集成的有 30%～40%；失败的却占 50%。我国拥有近 15 000 家大中型企业和 1 000 万家小型企业，有大批的企业需要在市场环境下实现管理现代化，依托 ERP 管理思想与工具带动企业的健康发展。本章从 ERP 系统在我国的应用出发，通过不同行业、不同规模的企业级典型应用状况来阐述 ERP 的社会应用情况。

## 14.1 行业 ERP 应用情况分析

ERP 系统不仅可用于生产型企业，而且对其他类型的企业如非生产企业、公益事业企业也是适用的。不同行业、规模的企业实施 ERP 存在许多共性，其项目实施过程是相同的，都需要经过以管理规范化、信息化以及以流程重组为主导的观念进行重建、流程重组和组织重组等，只是在具体的管理思想、管理模式、软件选型、功能侧重点、项目实施难度、投资额等方面存在差异。

### 14.1.1 不同行业实施 ERP 的差异

不同规模企业所利用的资源(人、财、物、信息)和基本转换功能只有数量上的差异，没有本质上的不同，因此，规模不同的企业实施 ERP 项目的主要差异在于 ERP 软件规模、项目实施难度和时间周期、投资额等方面，功能上的差异较小。ERP 软件的大小要与企业规模相适应，以期获得满意的投资回报率。大型企业业务流程和组织结构复杂，ERP 项目实施难度大、周期长、投资多。另外，即使规模相同，具有不同生产集中度和市场集中度的企业在实施 ERP 项目时也存在差异。比如，对大型跨国或跨地区公司而言，全面基于 WEB 平台的 ERP 软件可能是最佳选择。

不管企业规模大小，不管企业在什么行业，都将面临全球化和信息化的挑战。ERP 也在企业信息化过程中扮演着越来越重要的角色。

1. 制造业、工程机械业

制造业是中国对ERP进行理解与应用最早的一个行业。现在中国的制造业已经有一定的竞争能力了，并随着加入WTO和中国自身的比较优势，正在向世界的制造中心发展。但是制造业本身的发展也带来了越来越多的挑战。如何提供大规模定制的能力，如何适应西方国家制造外包的趋势，如何将国外几十年在制造业沉淀下来的管理理论如MRP、MRPⅡ、JIT、TQM、TOC、AI等，以极短的时间消化、吸收、优化，使它们为中国的制造行业所用，这是行业的挑战，也是ERP最淋漓尽致发挥其强大管理作用的领域。

在家具制造行业，ERP有以下特点。

第一，家具行业是一个历史悠久的传统手工行业，一些重要的工艺环节仍采用传统的手工、半手工作业。在从业人员方面，“重专业技术人才，轻综合管理人才”的传统给企业业务流程重组造成了极大的障碍。

第二，家具产品结构复杂、种类繁多，产品更新换代的周期也较短，这给数据资料收集工作带来了较大难度。如果按照通常的作业方式，基本数据资料收集整理需要花费大量的人力和时间，往往在BOM资料建好之前，产品就已经过时了。

第三，家具行业所用的材料特性差异较大，规则材料、不规则材料都被大量使用，特别是实木材料，受树木生长的制约，无法统一材料规格。这些因素给材料编号、单位换算、用量分析、材料采购及库存管制都带来了许多困扰。

第四，订单中往往还会遇到产品编号与实物是否匹配的问题，同一款产品可能会随时更换材料、配件和产品组合方式。如某一款式的沙发订单，一部分要求用红色皮、一部分用灰色皮，但是根据厂家和客户的习惯，对于形状、规格相同的产品通常使用相同的产品编号。这样一来，如何建立BOM资料、控制采购数量、确定领料的材料和数量等问题就成为关键所在。

第五，在生产管理方面，家具生产过程分为备料、薄皮、组装、油漆、包装等环节，各阶段之间的管控重点不相同：备料阶段为了提高材料的利用率，需要尽量加大生产批量；油漆、包装阶段要考虑产品涂装效果和颜色统一，就需要把相同系列的产品安排集中生产。这些管理特点是通用ERP软件无法顾及的。

最后，家具行业生产中的可变因素大、随机性较强，无法按部就班地运作。某个产品今天在这条生产线生产，明天可能就会调到另外一条生产线生产，也可能委托给其他厂商生产。如此就增加了生产计划安排的难度。

2. 采矿业：煤炭采选、石油和天然气开采、有色金属矿采等

油田的管理模式存在管理层次多、核算层次多、项目管理粗放等特点。这些管理模式与ERP系统的扁平化、透明化、专业化和开放性等要求是不相适应的。

我国的采矿业以国有控股为主，大多是大中型企业或集团。

3. 服务业：金融、电信、保险、银行、证券、医疗、房产、酒店等

中国的服务业与制造业相比是落后的，大量的服务行业处于垄断阶段，或刚刚走向市场。我国的金融、电信、证券等，都是在粗放管理中、在政策扶持中长大的。但幸运的是

服务行业遇到的挑战也是最快的。个性化服务的需求使得电信、金融不断提高它们的管理水平与服务能力。通过精细化、集中式管理、全面监控解决方案来为企业降低经营风险和成本、提高服务水平和竞争能力，全面增强它们在市场环境下的赢利水平，这些都在向管理信息系统，向 ERP 寻求着全面的解决方案。

4. 流通业：分销、第三方物流、连锁、零售行业等

流通型企业是中国市场经济非常重要的一个环节。尤其是中国市场整个产业链，可以通过现代流通带动现代生产与现代管理。流通业自身的发展也非常快，不但表现在与国际接轨，也表现在企业为增加利润而需要大程度地改进生产流程和向客户提供产品的过程。未来流通业的竞争就是信息化的竞争，消费品分销、第三方物流、连锁零售等行业将通过信息化改变传统的经营方法。如果没有信息化的系统，现在的物流企业无法生存，更无法取得竞争中的主动地位。

物流活动包括运输、仓储、包装、配送、流通加工等多个环节，在运输方面涉及铁路、公路、航空、海运和国际运输等多种模式，在服务方面涉及电子、汽车、药品、日用消费品等众多行业，需要物流信息系统像纽带一样把供应链上的各个伙伴、各个环节联结成一个整体，这就需要在编码、文件格式、数据接口、EDI、GPS 等相关代码方面实现标准化，以消除不同企业之间的信息沟通障碍。

5. 零售行业

目前零售企业实施 ERP 仍然主要关注于进、销、存和财会方面，最关注的是供应链管理(SCM)模块。客户关系管理和人力资源系统的使用正在得到发展，而商业智能和知识管理等一些高级决策支持模块还不是企业应用的重点。目前，零售行业在应用 ERP 方面具有以下特点。

首先，许多大型零售企业热衷于积极扩张，兼并收购了大量不同业态的零售企业，这在一定程度上延缓了对流程、系统和企业文化等方面的整合。其下属零售网络目前仍未实现集中采购。

其次，由于大型零售企业积极扩张，其零售网络逐渐渗透至二线、三线城市，这对如何管理业务规模和地域范围的扩张、如何服务不同的消费者群体提出了新的挑战。

再次，由于供应链的分散性，零售企业对同一种商品往往需要从多个供应商和分销商处采购。这些企业拥有不同的规模，处于不同的地域，信息化水平参差不齐，其中一些仍习惯于传统的业务方式。从供应链管理的角度看，零售企业面临整合商品和供应商的挑战。

许多零售企业的快速并购扩张大大增加了自身组织结构和公司治理的复杂性，也增加了整合流程和系统的难度。

大多数中国零售企业目前把“整合”误解为“单一系统”，而非将整个企业建设成“单一购买组织”。

零售企业的营销、采购和店面运营等业务流程之间具有高度的相互依赖性，这需要以一种整合的思维将业务流、信息流以及目标和考核标准互相连接起来。这种整合应当贯穿整个企业，需要完整的解决方案的支持。

在零售分销行业，很多企业的目标是通过 ERP 的功能模块降低采购成本，降低存货水平和成本，提高店面管理，更好地了解客户购买行为模式。

### 14.1.2 不同企业实施 ERP 系统的差别

1. 功能模块有区别

从功能模块来看，ERP 主要包括四大方面的内容：生产控制(计划、制造)；物流管理(分销、采购、库存管理)；人力资源管理(人力资源规划、招聘、工资核算、工时管理、差旅核算)和财务管理(会计核算、财务管理)。就生产型、非生产型、公益事业 3 类企业而言，生产型企业 ERP 功能模块最完整也最复杂，包含了所有功能模块，但具有不同行业特点的生产型企业所需 ERP 软件的功能侧重点也不同，如冶金、能源、机械设备、化工等工业消费品类制造企业，它们的销售环节层次相对简单，客户数量相对较少，企业更注重生产效率的提高和成本的降低，因此更注重企业内部的管理；日用消费品制造企业一方面要降低成本，提高生产效率，另一方面要及时获取用户信息、提高服务质量、管理复杂的销售网络，因而每个功能模块都很重要；对于非生产型企业，如银行、证券、保险、运输、流通等服务性行业，它们一般需要直接面对客户，与客户接触频繁，客户服务业务处理相对复杂，而内部管理比生产型企业要简单得多；而公益事业单位的 ERP 的功能模块则较前二者都要简单。

2. 实施难度有区别

从 ERP 项目实施难度看，生产型企业的技术难度最大、投资最多、周期最长；非生产型企业次之；公益事业单位的 ERP 项目实施难度最小。

3. 实施重点有区别

从 ERP 项目实施重点看，生产型企业的难点和核心是生产控制；非生产型企业的难点和核心物流管理；公益事业单位的难点和核心则视情况不同而异。

4. 软件选型有区别

就软件选型看，由于不同企业面对的市场竞争环境和客户要求(产品品种款式、质量、数量、价格、服务和交货期)是有差异的，因而对 ERP 软件的功能参数和应变能力也有不同要求。

**ERP 时事摘录 14-1**

#### 中小企业定制 ERP 的发展前景

经过 20 年的信息化普及推广，当前，管理软件的价值已经在中小企业群体中得到了广泛的认可，人们普遍认为企业需要借助管理软件的帮助提高工作效率，优化业务流程，在数据引导下进行科学决策。越来越多的中小企业开始重视信息化应用，加大了对管理软件的资金和人力投入，这为中小企业管理软件行业的发展带来了巨大的市场空间。

推动 ERP 发展的因素有多种：全球化市场的发展与多企业合作经营生产方式的出现使得 ERP 将支持异地企业运营、异种语言操作和异种货币交易；企业过程重组及协作方式的变化使得 ERP 支持基于全球范围的可重构过程的供应链及供应网络结构；制造商需要应对新生产与经营方式的灵活性与敏捷性使得 ERP 也越来越灵活地适应多种生产制造方式的管理模式；越来越多的流程工业企业应用也从另一个方面促进了 ERP 的发展。计算机新技术的不断出现将会为 ERP 提供越来越灵活与功能强大的软硬件平台，多层分布式结构、面向对象技术、中间件技术与 Internet 的发展会使 ERP 的功能与性能迅速提高。ERP 市场的巨大需求大大刺激了 ERP 软件业的快速发展。

在 ERP 开发技术方面，平台产品具有灵活的体系架构，它通过模块与组件来配置系统，客户参与性强，可以灵活调整，高效、高质量、低成本，因此能快速适应业务变化，能有效地解决管理软件通用性与用户需求个性化之间的矛盾，这是未来 ERP 开发技术定制化趋势的重要成因。

我国 ERP 行业中，虽然中小型企业数量占总企业数的 99%，但中小企业 ERP 的市场规模在 ERP 市场规模中仅占 60%。进入“十二五规划”期间后，国家大力支持和鼓励中小企业发展，促进中小企业加快转变发展方式，强化质量诚信建设，提高产品质量和竞争能力，目前，国家已经把推进中小企业信息化作为促进中小企业发展的重要途径，积极实施中小企业信息化推进工程，而 ERP 作为企业信息化的重要组成部分，市场对其将会有巨大的需求。在内在需求和外部环境的推动下，中小型企业 ERP 将会有巨大的提升空间。展望未来 5 年，用户对 ERP 的需求将保持稳定的增长，未来 5 年 ERP 行业的复合增长率为 17.85%，预计 2015 年我国企业 ERP 市场规模为 312.97 亿元，其中大型、中型、小型市场比重约为 40%、42%、18%。

资料来源：比特网，2011 年 11 月 30 日

## 14.2 典型行业应用解析

### 14.2.1 制造业 ERP 系统典型应用分析

中国制造业经过几十年的发展已经初具规模，积累了丰富的技术和经验。但是随着世界经济一体化的形成，由于中国潜在的巨大市场和丰富的劳动力资源，国外的技术、资金、产品大量涌入中国，中国企业将面临新的挑战与竞争。这必将要求企业提供更快速的交货、更低的价格、更高的产品质量、更新的产品类型和服务。更因为面临着诸多的困难，企业必须采用现代化的管理思想、方法和计算机网络通信技术来实现管理创新、制度创新和技术创新。所以建立连接厂内外的计算机网络通信系统，选择先进、成熟、适合企业管理需求的企业资源计划(ERP)、客户关系管理(CRM)、供应链管理(SCM)、商业智能(BI)、电子商务(EC)等软件系统，通过管理咨询和业务流程重组优化设计企业的组织机构、管理模式、业务流程，应用上述软件系统实现企业管理的信息化，以克服目前企业管理中存在的问题，提高企业管理水平、管理效率和企业的竞争能力，是企业面对知识经济和全球经济一体化做出的必然选择。

推动 ERP 发展的因素有多种，而全球化市场的发展与多企业合作经营生产方式的出现使得 ERP 将支持异地企业运营、异种语言操作和异种货币交易；企业过程重组及协作方式的变化使得 ERP 支持基于全球范围的可重构过程的供应链及供应网络结构。计算机新技术的不断出现将会为 ERP 提供越来越灵活与功能强大的软硬件平台，多层分布式结构、面向对象技术、中间件技术与 Internet 的发展会使 ERP 的功能与性能迅速提高。ERP 市场的巨大需求大大刺激 ERP 软件业的快速发展。具体来说 ERP 的发展方向和趋势如下。

(1) 企业中的 ERP 不断运用使得 ERP 功能精深化，应用范围拓宽。ERP 应用在比较成

熟的特大型制造企业如宝钢、中石油、上海大众等，这些企业对于ERP系统的深化应用将促进ERP系统功能的进一步提升。ERP系统在软件结构上不再追求大而全，而更趋于灵活、实际和面向具体用户。ERP软件应用范围将拓宽，覆盖制造业以外的许多领域。ERP管理的对象主要从企业内部和外部的物料、物理的和生产力的资源扩大到信息资源等方面。

（2）ERP的计算机环境要从传统Client/Server环境过渡到以Web和Internet/Intranet为支撑的网络计算环境。

（3）ERP将进一步和电子商务、客户关系管理(CRM)、供应链管理等其他企业应用系统进行整合。ERP系统在强调提高企业内部效率的同时，使企业不得不调整客户服务驱动的物流运作流程，实施与业务合作伙伴(供应商、客户等)协同商务的供应链管理，注重对企业外部资源，如供应商、客户和营运商的协调管理。ERP更加符合现代供应链管理的理念，作为企业进行电子商务的基础，ERP为企业实现现代供应链管理提供了坚实的信息平台。随着社会的不断发展，客户对企业的影响越来越深，如何留住客户，如何让客户满意，如何让企业运用好客户关系这个战略决策将决定企业未来的发展前景。因此，ERP和客户关系管理等系统的整合将成为一种趋势。

（4）平台化——ERP的柔性大大增强。在ERP应用实施的过程中，用户的满意度一直不高。主要原因是产品更新周期加快、市场响应要求提高，对ERP的个性化要求越来越高，这也是导致ERP实施成功率不高的重要原因之一。应对这种变化，显然再去走定点开发的路是行不通的。那么路在何方？现代的计算机技术和软件设计技术已经为我们创造了基本条件，那就是走ERP平台化之路。

平台级企业信息解决方案提供了一个软件平台，内置多种管理软件组件和快捷的二次开发工具，其组件可以通过多种语言来开发，供应商开发出一个个的小模块，然后把每一个小模块独立起来建成一个组件，最后把这些组件组装起来形成最终的成品。那么对这些组件进行调用，管理和删减、添加及修改，甚至重新构架都可以，而这样对某一部分的改动根本不会影响到其他功能。这就是平台带来的灵活性，易操作性，这些特性使它在进行小的改动时可以直接通过系统上的某些功能来实现，而不必通过改源代码的方式来处理，可以降低企业信息化软件的开发难度，提高开发效率，提高系统的柔性和可扩展性。一方面管理信息化厂商通过平台提供的组件能很方便地满足用户个性化的需求，以及用户在发展过程中各种各样变化的需求。另一方面将应用软件的业务逻辑和开发技术相对分开，使得应用软件的开发者可以仅关注应用的业务任务，而不必关注其技术的实现。这使管理与业务人员参与应用软件的开发成为可能。

平台化软件的基本特性如下。

① 软件架构灵活。

② 核心业务标准化。

③ 接口标准化，具有很好的兼容性。

④ 提供客户化工具包。

总之，ERP将向着功能更完善，操作更灵活，技术含量更高，不断平台化，影响范围更大等方向发展。相信企业在ERP的帮助下，将会在市场上站稳脚跟，不断进步，不断实现自己的发展目标。

ERP时事摘录 14-2

## 美华美木业ERP应用案例

陈枝华(美华美木业公司董事长)在企业快速发展的几年中已经明显地意识到，美华美木业与当初一个小厂做几套家具送给建材家具城的时候已经不一样，市场定位的优势迟早有一天会被别人发现、学习并赶上，美华美木业的核心竞争力还是应来自于管理。信息化的应用成为了他提升管理能力的方式之一，2002年，他选中了一套以财务为核心的进销存系统，但是，家具行业本身固有的特性完全不同于其他离散型企业，产品本身配件繁多，加工工艺复杂且灵活，边角物料难以管理等问题导致了系统运用的差强人意。

“家具行业可以说是制造业里最难进行信息化的，必须对生产方面有丰富的经验，深入了解行业的软件才可以满足我们的要求”，正如美华美IT部经理李志勇所言，第一次的系统就是因为软件生产功能薄弱，导致了后续无休止的二次开发，企业被拖得十分疲惫。

有了一次失败的经历之后，再次选型的美华美极为慎重，只准备选国外的ERP软件，当接触到神州数码的易飞ERP以后，美华美木业看到同样是国内软件，但它在制造业有着优势和众多的成功客户，因此美华美决定放弃价格昂贵的国外软件，最后选择了神州数码的易飞ERP。

**知难而进**

美华美木业的第二次信息化在2005年7月份正式起步，由于美华美的行业特点较明显，在上线过程中，首先是要将产品配件、工艺和边角料成本等家具行业上线ERP的难点通过系统予以解决。面对这些问题，神州数码ERP的顾问进行了细致的分析后，得出了解决方案。

通常情况下，要想进行生产过程的控制，BOM分阶是唯一的办法，但是同时会导致半成品品号的增加，而结合了易飞的工单和工艺管理则做到了在不增加编码的前提下深入管理，针对每道工艺提供在制量、完成量、报废量、返工量、待转量、调整等数量的控制。

系统提供产品标准工艺及工时信息录入，以作为生产效率评估及标准人工、制费计算依据。工艺转移可依现场状况，不需依工单工艺的标准顺序转移，充分发挥中小企业对生产的弹性运作。转移单除记载各工艺完工数量外，亦记载损坏、返工数量信息，并对工艺实际耗用工时做完整记录。

在对家具行业的边角料控制上，由于家具行业不规格物料种类繁多，通过有效的控制，采用拼板、替代等手段可以节约很大一部分成本。有些管理好的企业甚至是主产品不赚钱或少赚钱，只是通过边角料的节省就可以获取利润。但是在系统中管理一直是一个问题，使用易飞系统后，通过按材质、体积、尺寸大小范围来编号，并将编号设置为取代关系，这样可以有效满足物料计划将余料纳入考虑的需求。

有了这些清晰的思路之后，美华美的ERP系统仅仅用了三个半月的时间就成功上线。

**高速成长**

随着易飞ERP的上线，美华美木业迎来了业务上的飞速增长，新园区从运作初始就采用了ERP系统作为管理工具，而实施过程中接受的一些管理经验和提升建议也在新园区得到实现。

美华美的生产部经理对ERP的实施普遍后的效果很有感触，他介绍实施信息化的效果主要体现在如下几个方面。

(1) 严格的ERP流程管理规范了采购、销售、生产、财务的业务流程，业务流程系统化、集成化，堵塞了管理漏洞，降低了企业的管理风险。

(2) 准确的库存有效降低了资金成本。库存准确率、订单交货追踪准确率都有了大幅度提高。

(3) 生产计划与采购计划的快速制定，有力控制了超期交货。目前公司已告别了手工作业，所有单据报表的产出都由易飞ERP系统提供，从而有效提升了工作效率。工作效率的提升间接地让人员能在相同的时间内处理更多的工作，有更多的精力管控采购与生产进度。

(4) 信息充分共享，统计分析历史数据为决策层提供决策依据。通过系统强大的数据汇总及分析功能，许多管理上需要的信息变得唾手可得，使得主管可以轻松地从原始的、零散的数据中获得有意义的管理数据，以便高层主管能正确掌握企业现状及趋势，进行必要的决策工作。

而事实证明，美华美木业信息化带来的效益并不只限于此。近几年，国内家具企业大批倒闭，原因主要是木材原材料的涨价、出口退税逐渐下调、人民币不断升值、人工成本的提升，并且反倾销已经持续了3年，这对于主要做外单的家具企业来说，可谓是噩梦连连。而美华美目前的纯利润依然能维持在20%左右，信息化对于企业效益的提升作用已经完全显现出来。

公司简介：美华美木业有限公司成立于1992年，致力于仿古家具的制造和销售，产品以全实木及贴薄片系列为主，100%出口美国以及中东地区。公司目前拥有员工1 700人，其中有250个工艺精湛的手工雕刻技师，随着2006年新工厂自动化生产线的建成投产，公司的生产规模进一步扩大。

资料来源：CIO通讯，2010年5月13日

### 14.2.2 物流业应用解析

1. 物流业现状和存在的问题

根据我国加入世界贸易组织的承诺，2004年12月11日以后，涉及物流的大部分领域要全面开放，中国物流业的发展环境将更加宽松。市场竞争的激烈程度日益加剧，企业内部、企业与企业之间的物质流通速度、频率、数量超过了以往任何时候，企业面前所未有的挑战。

据中国物流与采购联合会统计，目前在我国的工业企业生产中，直接劳动成本占总成本的比重不到10%，而物流费用则达到40%，物流成本通常被解释为业务工作中仅次于制造过程中的材料成本或批零产品成本的最高成本之一。从GDP的角度看，2004年中国与物流相关的年总支出已超过20 000亿元，物流成本占GDP的比重为20%左右。美国物流成本占国内生产总值(GDP)的比重在二十世纪九十年代大体保持在11.4%～11.7%范围内，2001年美国商业物流系统成本为9 700亿美元，占当年美国国内生产总值(GDP) 102 100亿美元的9.5%。这表明我国企业的物流支出成本过高、管理水平落后。

同时物流调查报告显示，由于物流运作模式落后，物流设施落后，物流装备落后，我国工业生产中物流活动所占时间为整个生产过程的90%左右，而发达国家这一比例为40%左右。按国土面积和人口数量计算的运输网络密度，2003年我国仅为1 344.8公里/万平方公里和10.43公里/万人，而美国为6 869.3公里/万平方米和253.59公里/万人，印度为5 403.9公里/万平方米和21.6公里/万人。每万美元GDP产生的运输周转量我国为4823吨公里，而美国仅为870吨公里。

国内企业最近几年才关注物流问题，是因为前些年全球企业一直强化ERP的供应链管理，当供应链在全球的ERP软件系统中成为标准组成部分即企业的竞争在供应链管理理念同质化后才发现物流是企业基于ERP管理的首要问题，尤其在中国的物流非常落后的情况下。

同样据中国物流与采购联合会统计，2004年我国工业企业流动资金年周转速度为2.1次，而日本制造业的年周转速度为15～18次，一些知名的跨国企业如沃尔玛、家乐福等

已达到20～30次，2000年底我国库存商品沉淀的资金高达4万亿，占当年GDP近50%，而目前国际上公认的库存商品与GDP的比例，发达国家一般不超过1%。

国内整体落后物流体系的影响加重了国内企业物流问题严峻性。中国企业ERP面临众多问题，主要表现在以下方面。

(1) 企业高层管理对物流管理不重视，缺乏ERP整合物流管理的理念知识，缺乏相对专业的物流人才协助企业管理层进行物流管理。这些是造成国内企业物流成本普遍居高不下的原因，也是决定企业其他物流问题能否解决的首要因素。

(2) 物流技术比较落后，很多企业的ERP系统未能采用成熟的物流技术，如GIS/GPS技术、无线仓储管理系统技术在企业物流领域的使用并不多见。信息化程度低，也制约了物流技术的采用。

(3) 物流的设备差。与国外物流企业相比，目前我国大多数企业ERP系统物流设施配备差，原始数据多数靠手工录入，检索困难；没有用自动采集设备，原始数据采集、传输手段有限，难以满足企业的需要；仓储运输过程中，自动化设备缺乏，对包裹、邮件和货物的全过程监控及跟踪手段落后。

(4) 企业物流人才缺乏。目前我国培养的物流人才不仅数量不够，而且结构单一，主要面向社会物流。企业物流领域需要复合型的物流人才，既懂企业管理、ERP管理、物流管理，也懂信息技术和电子商务的复合型人才严重不足。

综上所述，国家整体物流落后现状的制约导致企业ERP系统运行、运用不成功，成效达不到，这就要求企业策划尽量避免这种社会制约，在建造好设施管理的基础上重点增强ERP系统的功能，尽量改造和利用自身内部的资源，如：企业建造仓储、运输系统，以期减少与国外的企业的差距。这是当前ERP环境下的主要物流管理问题，即跟上时代、世界先进技术的步伐，发展世界标准的现代化物流。

2. 物流业的特征

当前物流被国际上作为企业核心竞争力所在，国外企业在国际市场占绝对领先优势。根据国外物流发展情况，本书将现代物流的主要特征归纳为以下9个方面。

(1) 物流反应快速化。物流服务提供者对上游、下游的物流、配送需求的反应速度越来越快，前置时间越来越短，配送间隔越来越短，物流配送速度越来越快，商品周转次数越来越多。

(2) 物流管理信息化。由于计算机信息技术的应用，现代物流过程的可见性明显增加，物流过程中库存积压、延期交货、送货不及时、库存与运输不可控制等风险大大降低，从而可以加强供应商、物流商、批发商、零售商在组织物流过程中的协调和配合以及对物流过程的控制。

(3) 物流功能集成化。现代物流着重于将物流与供应链的其他环节进行集成，包括：物流渠道与商流渠道集成、物流渠道之间的集成、物流功能的集成、物流环节与制造环节的集成等，储存、运输等只是集成的物流系统中的一些具体的作业，因此，物流所处的层次比储运更高。

(4) 物流服务系列化。现代物流强调物流服务功能的恰当定位与完善化、系列化。除了传统的储存、运输、包装、流通加工等服务外，现代物流服务在外延上向下扩展至市场调查与预测、采购及订单处理，向下延伸至配送、物流咨询、物流方案的选择与规划、库存控制策略建议、货款回收与结算、教育培训等增值服务；在内涵上则提高了以上服务对决策的支持作用。

(5) 物流作业规范化。现代物流强调功能、作业流程、作业、动作的标准化与程式化，使复杂的作业变成简单的易于推广与考核的动作。

(6) 物流目标系统化。现代物流从系统的角度统筹规划一个公司整体的各种物流活动，处理好物流活动及各种物流活动与公司目标之间的关系，不求单个活动的最优化，但求整体活动的最优化。

(7) 物流手段现代化。现代物流使用先进的技术设备与管理为销售提供服务，生产、流通、销售规模越大、范围越广，物流技术、设备及管理越现代化。计算机技术、通讯技术、机电一体化技术、语音识别技术等得到普遍应用。世界上最先进的物流系统运用了全球卫星定位系统(GPS)、卫星通讯、射频识别装置(RF)、机器人，实现了自动化、机械化、无纸化和智能化。

(8) 物流组织网络化。为了保证对产品促销提供快速、全方位的物流支持，现代物流需要有完善、健全的物流网络体系，使网络上点与点之间的物流活动保持系统性、一致性，这样可以保证整个物流网络有最优的库存总水平及库存分布，运输与配送快速、机动，既能铺开又能收拢。分散的物流单体只有形成网络才能满足现代生产与流通的需要。

(9) 物流经营市场化。现代物流的具体经营采用市场机制，无论是企业自己组织物流，还是委托社会化物流企业承担物流任务，都以“服务-成本”的最佳配合为总目标，谁能提供最佳的“服务-成本”组合，就找谁服务。国际上既有大量自办物流相当出色的“大而全”、“小而全”的例子，也有大量利用第三方物流企业提供物流服务的例子。

加强物流意识，提高 ERP 管理效率是企业物流管理成功的关键。否则即使是最完美、最优秀的系统解决方案也发挥不了作用。这里和 ERP 实施理论中经常提到的“一把手工程”相似，企业需要培训领导在应用 ERP 物流管理方面的意识。

3. 物流行业 ERP 的应用

应对当前 ERP 系统中物流的落后，对 ERP 中已有专门物流管理模块结合流程改造原理进行系统优化重组，以此强化 ERP 中物流管理，利用关键的几项软件技术扩充现有的 ERP 系统是十分必要的。

(1) 物流供应链使用 B2B(Brower to Brower)采购平台的物流管理方式，海尔供应商 100%的订单从网上获得，其 ERP 系统通过网上付款达 80% 以上，通过网上支付，每年可为供应商节约上千万元的费用。

其中 Internet 软件系统属于 B/S(Brower/Server)软件设计架构，相比于旧式的 C/S (Client/Server)有显著的优点：首先是节约投资。B/S 结构下软件一般只有初期一次性投入成本；而 C/S 结构下软件则随着应用范围的扩大，要求企业不断进行资本的投入，如需要购买更为高级的服务器或者增加相应的管理人员等。

其次是简化工作。B/S 结构下软件安装在服务器端即可解决问题，在做更改时，只需调整服务器端即可。C/S 结构下软件则需要安装在客户机端，调整的时候需要涉及局域网内的每一台机器。对于区域级服务器来讲，C/S 结构的软件更新则更加复杂。

再次，B/S架构能更好地保障数据安全。在C/S结构软件的解决方案里，异地经营的大型集团企业需要在各地分别安装区域级服务器。一旦某一个区域级服务器出现问题，对数据的安全会造成一定影响，而且总部也不会得到准确的最终数据。对基于B/S结构的软件来讲，其数据集中存在于企业的中央数据库，可有效地保护数据的安全，而且企业可随时随地掌握自己的经营状况、市场动态，以快速做出决策。

最后，B/S结构软件不受网络的限制。C/S结构软件仅适用于局域网内部用户或宽带用户(1Mb以上)；而B/S结构软件则适合于任何网络结构，尤其适合于宽带不能达到的地方。

所以我们选择B/S架构，通过Web Service软件技术与原有C/S架构进行系统集成。

(2) 利用GIS/GPS技术。当前GIS/GPS开发技术已经成熟，由于软件业的激烈竞争，开发成本也已降低到适合国内应用ERP系统的企业。

GPS(全球卫星定位系统)是一种先进的导航技术，它由发射装置和接收装置构成，发射装置由若干颗位于地球卫星静止轨道、不同方位的导航卫星构成，不断向地球表面发射无线电波。接收装置通常装在移动的目标(如车辆、船、飞机)上，接收装置接收不同方位的导航卫星的定位信号，就可以计算出它当前的经纬度坐标，然后将其坐标信息记录下来或发回监控中心。地面监控中心利用GPS技术可以实时监控车辆等移动目标的位置，根据道路交通状况向移动目标发出实时调度指令。GPS具有全球性、全能性、全天候优势的导航定位、定时、测速功能，由空间卫星系统、地面监控系统、用户接收系统三大子系统构成。

GIS(地理信息系统)应用于物流分析，主要是指利用GIS强大的地理数据功能来完善物流分析技术。GPS可以实时监控车辆等移动目标的位置，根据道路交通状况向移动目标发出实时调度指令。而GIS、GPS和无线通讯技术的有效结合再辅以车辆路线模型、最短路径模型、网络物流模型、分配集合模型和设施定位模型等，这些优势能够迅速、准确地进行智能配车、在途跟踪等，能够建立功能强大的物流信息系统，使物流变得实时并且达到成本最优。

(3) 运用信息情报搜索技术知识管理是ERP系统的一部分，它利用系统的知识管理和最新的信息搜索学技术，把握控制最新、最有价值的物流信息，为物流运作达到具有竞争力的成本，这也是未来物流管理的发展方向。

(4) 设备的改进。应用现代化设备的优势主要是准确、快捷、高效。基于无线网络的无线仓储管理系统主要指无线射频技术(RF)、无线手持电脑终端、无线网络通讯技术、自动仓储管理设备(如有轨巷道堆垛机、激光导引无人运输车系统)等自动化控制设备，利用它建立自动化的实时仓储管理系统。

如在青岛市海尔工业园物流中心，6 000多平方米的物流中心里仅有10多个工作人员忙碌其中，10多台运货车穿梭其间。此前，这里的工作人员超过200人。而且，正是这个立体仓库，使得海尔节省了43个足球场那么大的仓储面积。

(5) 物流人才培养。提高企业应用ERP系统的员工的物流管理素质是提高ERP应用效率的关键。企业可以利用现代人力资源管理和知识管理理念，对企业员工进行物流管理知识培训，塑造物流管理人才，或用优化的薪资待遇、企业环境招聘物流人才。

总之，ERP 的成功运行标志着企业管理水平进入了一个新的境界，但管理绩效的真正改善并非一朝一夕能够完成的，不仅需要较长的时间去继续学习和提高，而且需要建立相应的体系进行监督控制，否则不仅不能发挥 ERP 系统的全部效能，管理水平还可能会停滞不前甚至倒退。

### 14.2.3 金融业应用解析

1. 金融企业应用 ERP 的现状

金融业是现代经济的核心。金融业是指经营金融商品的特殊行业，它包括银行业、保险业、信托业、证券业和租赁业。金融业具有指标性、垄断性、高风险性、效益依赖性和高负债经营性的特点。银行、证券、期货公司以及其他一些金融企业在保障商品交易和贸易顺利进行、维护社会稳定、实施宏观调控、促进经济发展等方面起到了重大作用。与传统的金融业相比，现代金融业作为知识密集型产业，在业务拓展、业务流程和组织架构等方面，充分体现了知识和信息的重要性。金融业的这种行业属性，决定了其发展必须以飞速发展的信息技术为支撑。只有推进金融的信息化发展，才能促进金融的创新、打造出我国金融企业的竞争力来应对国际金融机构的竞争。

银行、证券、和保险 3 个行业信息化发展过程不尽相同。新中国的银行开始于建国初期，证券业开始于 20 世纪 80 年代末，保险业也始于建国初期，但后来停滞了很长一段时间，直到 20 世纪 80 年代才开始恢复。行业起点的不同导致了信息化起点的不同。银行业信息化起步最早，信息化建设经历了较长时间的探索过程，积累了不少经验，取得了较大成绩。相对银行业来说，证券业信息化起点较高，历史包袱较少，但由于证券行业高速成长，信息化工作还缺乏系统、完善的整体规划。

2. 金融企业应用 ERP 的难点分析

1）产品选型的难点

目前在我国，金融行业 ERP 软件供货商大致可以分为 3 类。第一类是以 SAP、Oracle 等为代表的国际厂商。第二类是以用友、金蝶、浪潮等国内软件企业。其中依靠财务电算化起家的，以用友、金蝶为代表的 ERP 软件供应商已经成为这个行业的重要力量。现如今金融事业部产品线更加丰富，提供有银行业、证券业、保险业、期货业等行业的信息化管理解决方案。除此之外，国内还聚集了一大批各类中小型软件商，专注在金融行业的某个细分市场。本书将此类软件商统统归为 ERP 软件供货商的“第三梯队”。

第一类以 SAP，Oracle 为代表的国际软件厂商，它们的软件相对来说功能更完善、软件的稳定性和成熟度更高。但同时国外的 ERP 软件厂商在我国企业应用上存在着一系列的“本土化”问题。另外国外的 ERP 软件存在价格高且后期实施成本巨大以及项目实施方的力量薄弱等很多的问题，也很是影响国外的 ERP 软件在我国的推广。再次，国外 ERP 产品难以提供服务。国外 ERP 产品在国内的实施方和咨询方力量都相对薄弱，这也是造成我国企业应用 ERP 产品失败的一个重要原因。当前国内 ERP 软件厂商仍处于一种无序的、不成熟的竞争状态。有些软件厂商为保持技术领先，保证市场份额，不断推出新版本的软件，建议客户升级系统，使用新版本软件，不顾客户的实际需要，实际上让客户花了一些不必要的钱。

2）信息化管理水平的问题

目前在金融行业内，信息和数据是分散的：全国各个营业点和总部都分别的接入和保存着市场信息、顾客信息数据和业务数据，形成了很多个信息孤岛，造成了公司重复投资，加大了公司成本，同时给公司管理这些数据和信息带来了很多的麻烦。

我国金融行业企业信息化方面需要提高的地方，主要包括：第一，信息化建设的基础环境尚不够健全；第二，金融监管和风险控制能力不足；第三，我国金融信息技术资源配置结构不尽合理；第四，利用科技手段保障金融服务发展的能力不足；第五，新型金融工具的潜力有待发挥；第六，信息化投入的应用深度不够，信息化水平和知识管理水平相对较差。

3. 金融企业实施 ERP 的对策

1）准确地进行 ERP 的选型

现今金融行业的 ERP 软件产品提供商主要有：用友、SAP，Oracle、金蝶、浪潮等。各个软件厂商针对相应的金融行业都有自己的解决方案。而且各个厂商都有不少自己的典型行业用户，譬如用友软件，其证券行业客户有：中国证券监督管理委员会、申银万国证券公司、中国银河证券、国泰君安证券等。银行业客户有：中国人民银行、中国工商银行、中国银监会、中国银联等。保险业客户有：中国保监会、中国人保、大众保险、太平保险、永诚保险、永安保险等。期货行业客户有：万达期货、鲁证期货、永安期货、民生期货等。

ERP 软件的集成度越高就越能有效地进行企业资源计划，以提供更多的业务与决策信息。当然，企业是根据其自身的业务特点、管理需求来决定选用哪种 ERP 的，“适合就是好的”就体现了这个原则。

2）充分的数据准备

充分的数据准备工作是保证 ERP 实施成功的基础，它贯穿着整个项目实施的全过程，ERP 工作的量很大、同时实施的周期又长，主要的原因就是企业的基础数据准备工作比较麻烦。同时还要确保数据的正确。ERP 作为一种管理信息系统，它处理的对象就是各种各样的数据，这就要求必须有统一的标准。

数据准备过程中必须有人对数据的准确性进行书面审核。每一类数据应该只由一个人或专门几个人负责确认和审核，避免在出错后找不到原因而互相推诿。整理、准备的数据将作为正式运行环境的正式数据，数据整理的进度会直接影响实施上线的进度，数据的质量同时会直接影响运行的稳定性与准确性。数据准备的结果应让准备人员签字确认，以免将来客户推卸责任。

准确的数据能够保障 ERP 系统正确地执行相关功能，由于 ERP 系统高度集成的特点，一旦输入了错误的数据，就有可能在整个企业中导致严重的后果。因此必须通过培训让员工认识到准确的数据对于项目的重要性，并且在 ERP 实施的整个过程中对数据的准确性进行检查和测试，保证项目的成功实施。

## 本章小结

ERP 实施是一个管理与技术的集成过程，其中三分技术，七分管理。中国的 ERP 应用总体处于培育阶段、市场处于不成熟时期、企业处于建立现代企业制度的过渡时期，这都导致整个 ERP 行业应用的问题比较复杂，尤其是不同行业企业的经营重点与关键点有着很大的不同，使得 ERP 在应用中所表现出的直接效能与价值有很大的差异。

本章首先简要分析了 ERP 在国内的应用情况；第二部分主要对行业 ERP 应用情况分析，阐述了不同行业和不同规模的企业实施 ERP 的差异；第三部分是对典型行业应用解析，主要从制造、物流和金融 3 个行业进行了分析，在对这 3 个行业分析时，从每个行业的特点，ERP 实施的难点和对策进行了深入分析。在分析过程中所列举的案例可以让读者加深各行业实施情况的理解。

## 思考练习

1. 填空题

(1) ERP 在中国的发展趋势是(　　)、(　　)。

(2) 不同企业实施 ERP 的区别是(　　)、(　　)、(　　)、(　　)。

(3) 制造行业实施 ERP 的应对措施是(　　)、(　　)、(　　)。

2. 问答题

(1) ERP 在应用中存在哪些问题？

(2) 简要阐述不同行业实施 ERP 系统的区别。

(3) 物流行业在应用 ERP 系统时应注意哪些问题？

(4) 金融行业在 ERP 的使用上有何趋势？

# 第 15 章 ERP 创造的社会价值及未来的发展方向

## 学习目标

通过本章的学习，读者应该能够：

(1) 了解 ERP 创造的社会价值；

(2) 了解国内 ERP 未来的发展方向；

(3) 初识云计算、移动 ERP 等新技术。

## 知识结构

本章的知识结构如图 15.1 所示。

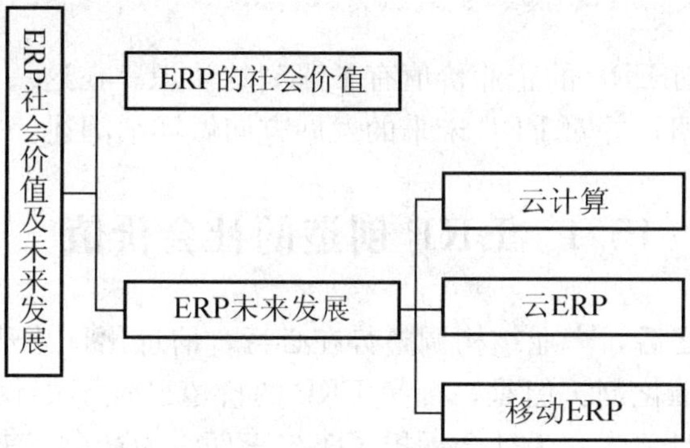


图 15.1　本章知识结构图

**导入案例**

### ERP也要计算社会价值

中国企业界和政府到底为ERP投入了多少资金，有3个数据很能说明问题。

(1) 根据赛迪顾问统计，2001年，企业投资在ERP项目软件上的资金就超过8.8亿。

(2) 按照国际惯例，ERP项目在启动后的3年内，软件方面的投入通常只占总投入的30%～40%。

(3) 根据来自钢铁行业的信息综合分析，在未来5年内，钢铁行业在ERP、信息化上的投入不会低于10亿(甚至可能接近50亿)。

然而，哪些ERP项目的投入能帮助企业为社会创造最大财富？哪些ERP项目的投入能为社会大众带来价值？

据分析，实施ERP能为企业带来多大价值，能为社会带来多大价值，最根本的源头有3点。

(1) 与准备上ERP项目企业本身为社会创造价值的能力和重要性密切相关。

如：2002年1～4月512户国家重点企业，工业总产值(不变价)7 525.3亿元，增长13.1%。出口交货值633.7亿元，增长10.1%。实现利润669.1亿元。

(2) 与企业对于ERP项目提升管理的重点期望相关，特别是优先可以解决的问题和主要需要解决的问题往往是矛盾的。

(3) 与ERP供应商以及ERP实施合作伙伴对行业的了解，对企业的了解有关。

一项数据显示，尽管国内实施ERP产品的集团型企业只占全国ERP用户的3‰，但是这些用户却创造了中国38%的国民经济生产总值。

资料来源：市场报，2002年7月2日

前几章，我们已经对ERP的企业价值有了深刻的认识。在这一章，我们将对ERP创造的社会价值做简单介绍，并对ERP未来的发展方向做详细阐述。

## 15.1 ERP创造的社会价值

自我国加入WTO之后，产业结构调整势在必行，信息化日益升温，不同规格的ERP产品正成为各类企业的催化剂。但是，衡量ERP的价值已经不能仅仅从它为企业带来了多少利润着眼，而应同时关注它为社会承担了多少责任，为社会带来了哪些价值。

总的来说，国内关系国计民生的行业、企业实施ERP，能为国民经济整个产业链提供润滑剂。

从企业的产值来分，实施ERP项目后能为社会创造最大价值的企业主要包括两类：集团型企业和高成长型企业。而这两类企业就是ERP的高端客户群，也正是特别需要谨慎考虑ERP供应商的企业。

一项数据显示，尽管国内实施ERP产品的集团型企业只占全国ERP用户的3‰，但是这些用户却创造了中国38%的国民经济生产总值。而在美国和韩国，这些用户所占据的位置更加重要，美国的集团型企业创造了全国超过60%的国民生产总值，而韩国更是突破了70%。由此可见，集团型大企业处在关系国计民生的最关键位置。

这些集团型的大企业包括：传统的机械制造集团、新兴的制造集团、投资型集团企业和国有的大中型企业等。如果落实到具体的公司名字上，那么，美国的IBM、Cisco、Dell和中国的海尔等都属于此列。它们的特性是规模大、组织比较复杂、跨地区经营、跨行业运作、集中管理难度大。

而高成长型企业是新兴企业的代表。比如说像金融业、保险业目前是发展最快的行业，还有服务业、高科技业、生物制药业，它们的发展都非常快。这些高成长型企业的特点就是投资很高，其中科研经费尤其高，而且有些设备比较贵，但是它们的利润也很高。

高端ERP客户群的价值并不仅仅体现在它们的产值上。这些企业是关系到国计民生的企业，长期给国家的产业链和地方经济带来深远影响。同时伴随着中国逐渐融入WTO后的国际竞争，这些高端ERP客户将是中国参与国际竞争的生力军。但是与此同时，这些高端ERP客户群在中国加入WTO以后，面对国外企业的竞争会首当其冲。

(1) 从制造业来看，加入WTO以后，中国制造业要加入全球化竞争，亟需提高自己的定制能力和供应链管理能力。

(2) 从服务业来看，金融领域的银行、证券、基金以及保险等行业，需要集中管理和全面监控解决方案来为企业降低经营风险和成本，而最关键的部分就是提高自己的个性化服务能力。

(3) 从公用事业来看，包括能源(如电力)、交通、建筑、航空和化工行业都是资产密集型企业，它们更需要的是体现竞争力的资产管理。

ERP已经不单纯是个技术软件，它蕴涵的是一个软件公司对先进管理理念的深刻理解。国内企业要国际化，必须采用国际化的ERP产品。但中国市场的差异性非常大，这种差异性甚至超过了整个欧共体和北美自由贸易区的全部差异。同时，中国市场还处于不断变革之中，必须考虑本地化的问题。

高端ERP用户一般都已经具备了第一竞争力和第二竞争力，前者指可量化的有形资源，包括资本、设备和团队；而后者指无形的但可量化的资源，比如品牌、专利和技术。但是它们缺乏第三竞争力，即无形的、看不到且不可量化的资源，包括企业的思想、文化和模式等。本土的ERP厂商只有学会与国内用户共同呼吸，才能兼顾用户的社会效益，使ERP充分发挥其社会价值。

## 15.2 国内ERP未来的发展方向

### 15.2.1 三大猜想

对于国内ERP未来的发展方向，业内目前有3个猜想。

猜想一：向BI进发。

BI现在已经是市场上大热的名词。根据Gartner的定义，BI是对商业信息搜集、加工、管理和分析的过程，目的是使企业的各级决策者获得知识或洞察力，帮助他们更快地做出对企业更有利的决策。

BI 的功效需要建立在一定的信息化基础平台之上，而 ERP 就是 BI 最佳的一个软件平台。通过 BI 和 ERP 的组合，ERP 系统中的海量数据可以被 BI 充分挖掘，形成计划、执行、分析、决策和调整的不断优化过程，构成决策和执行的闭合循环系统，更多地释放 ERP 的能量，帮助企业将数据变为信息和知识，提供给企业开发金矿的有力工具，从而为 ERP 装上一个能思索的大脑。

用友是国内高举 BI 和 ERP 融合大旗的厂商之一，曾以 ERP-U8 的提出进入 ERP 普及时代。现在，用友以 ERP-U8 BI 进入了 ERP 应用的辉煌时代。这两个时代在产品上的主要差异在于用友把 BI 模块引入了 ERP-U8 之中。

用友软件副总裁向奇汉表示，大部分企业的老总都希望能将 ERP 应用延伸至他们的桌面，但这些老总不可能进入 ERP 系统去操作具体的业务数据。为此，应全面实现 ERP 应用的升级和 BI 的普及，将 ERP 应用延伸至企业管理者的桌面，让 BI 与企业现有 ERP 系统结合。除此之外，还要使其得到增值的咨询服务和远程交付服务。这使得源数据的抓取变得简易和通用。同时，企业的个性化需求也可在管理咨询中得到妥善解决。

猜想二：邂逅 BPM。

企业对于业务流程的需求并非空穴来风。美国咨询机构 Forrester Research 调查显示，2006 年在已经上了 ERP 等信息系统的欧美公司中，有 80%的公司表示如果给他们一个机会重新再做 ERP 的话，他们将首先优化生产和管理流程。

作为业务流程这一理念和技术架构的设计者，著名的管理学大师奥加斯特·希尔(August Scheer)教授认为，流程是企业管理的源头。他说，很多人评价一个企业是否成功，会从它的业务效率、管理透明度和创新能力等方面进行考察，但最终会发现流程管理的质量才是问题的源头。企业只有不断维持、优化自身的业务流程，或者能够比竞争对手更快地响应客户的需求，才能更加灵活地随市场条件变化而改变。

在中国，海尔集团是实施 BPM 的典型受益者。海尔流程和 IT 事业部部长刘子力在早些时候接受记者采访时表示，海尔在 2006 年提出人单合一的新管理措施，落实人码、物码和订单码三码合一的全程信息化模式。三码合一让每个人直接面对市场需求，同成果挂钩，通过闭环优化，提升人员工作质量，这背后是流程模式的再造。国内平均的产成品资金占销售额的比例为 30%，而通过流程再造，海尔目前只有 5%；物流成本国内平均水平约为 15%，海尔只有 3%。

从商业模式上看，开源也逐渐成为一个潮流。对于大型企业来说，使用开源的 ERP 可以按照自身需求改写代码，实现个性化定制，同时也可以摆脱对某一家公司软件产品的依赖。对于小企业来说，可以免费先使用开源的 ERP 产品，为企业下一步发展打好基础。

无论是 BI、BPM 还是开源 ERP，ERP 的未来一定是朝着功能化、平台化的方向发展。从这个趋势来看，虽然 SAP、甲骨文等厂商在目前全球 ERP 市场上占据龙头位置，但在 ERP 走向融合、逐渐平台化的过程中，来自平台软件厂商的威胁不容忽视。而作为全球最大的平台软件厂商，微软这几年也正在着力打造管理软件品牌 Dynamics，并通过对 ERP、CRM 和 BI 的整合来拓展管理软件市场。

猜想三：电子商务。

如果和电子商务结合，ERP用户能够享受互联网带来的更大市场。据赛迪顾问统计，2005年我国电子商务市场规模达到6 800亿元，同比增长了41.7%。

面对巨大的市场，用友也在电子商务上有很大投入，新版的用友NC系列产品也较多地引入了电子商务的功能。同时，用友还加强了移动技术产品和搜索技术产品的研发。

与此同时，作为国内电子商务的龙头，阿里巴巴也利用旗下的阿里软件公司来抢夺ERP和电子商务结合后的市场话语权。近年，阿里软件推出了一系列自己的管理软件产品，虽然这些产品具有的分等级实时跟进客户、群发消息、追踪订单、在线比对报价等功能还不能与传统的ERP软件一较高下，甚至都不能称其为ERP软件，但凭借着做B2B服务提供商的经验，阿里巴巴进军ERP市场的动作也牵动了市场的神经。

### 15.2.2 云计算与ERP

在这一节里，我们将重点介绍ERP未来发展中用到的两大互联网技术——云计算和移动互联网技术，帮助读者更清晰地认识ERP的应用前景。

1. *初识云计算*

什么是云计算？

狭义的云计算指IT基础设施的交付和使用模式，指通过网络以按需、易扩展的方式获得所需资源；广义云计算指服务的交付和使用模式，指通过网络以按需、易扩展的方式获得所需服务。这种服务可以是IT和软件、互联网相关设备，也可是其他服务。它意味着计算能力也可作为一种商品通过互联网进行流通。

简单地说，云计算是一种基于因特网的超级计算模式，在远程的数据中心，几万甚至几千万台计算机和服务器连接成一片。所有的资料都储存在这些服务器上，用户需要的时候，直接拿过来用(图15.2)。云计算甚至可以让用户体验每秒超过10万亿次的运算能力，如此强大的运算能力几乎无所不能。用户通过台式计算机、笔记本计算机、手机等方式接入数据中心，按各自的需求进行存储和运算(图15.3)。

图15.2 云计算应用场景图

图 15.3　云计算应用效果图

2. 云计算与 ERP

云计算 ERP 软件继承了 SaaS、开源软件把软件当服务的特性，让客户通过网络得到 ERP 服务，客户不用安装硬件服务器、不用安装软件、不用建立数据中心机房、不用设置专职的 IT 维护队伍，不用支付升级费用，只需安装有浏览器的任何上网设备就可以使用高性能、功能集成、安全可靠、价格低廉的 ERP 软件。

云计算模式下的 ERP 系统运营模式与传统的运营模式有着很大区别。图 15.4 是现有云计算模式下云计算用户与供应商结构简示图。从图中可以看出，传统的 ERP 系统提供商所在的位置处于中间环节，既是数据中心云计算服务商的用户，同时又是终极 ERP 系统用户的 SaaS 服务提供商。在这种模式下，对于 ERP 系统服务提供商来说，他们只需要关注软件的安装、维护和版本的集中控制以及根据用户的需求提供新型的服务；而 ERP 最终用户也可以在任何时间、任何地点访问服务，更容易共享数据和劳动，并安全地将数据存储在基础系统中。对于云计算 ERP 的使用者来说，云计算 ERP 软件应该开放源代码，可以随时使用，随时扩展，只需按使用情况支付服务费而不需要支付版权许可费用。这些完全符合开源软件的定义。通过 SaaS 模式使用云计算软件，用户不需要支付软件许可费用，只需支付服务器、网络等租用的费用。对于用户而言，通过云计算 ERP 则进一步提升了使用的自由，让开源 ERP 在互联网时代有了更实际的意义。

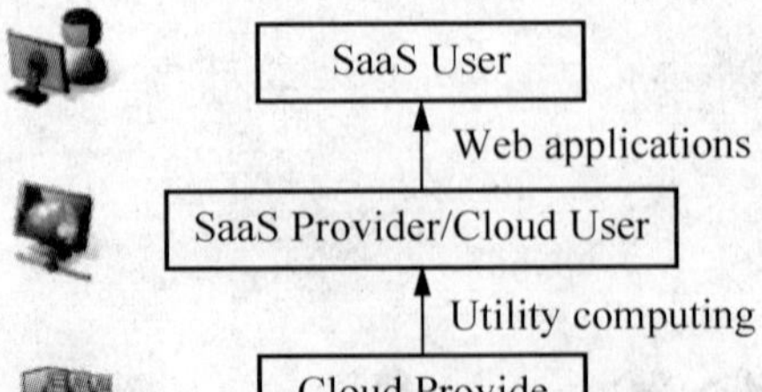


图 15.4　云计算用户和供应商

具体而言，云计算模式为 ERP 系统的发展带来了以下优势。

（1）屏蔽底层环境。对于 ERP 系统服务提供商以及最终用户来说，底层的大多数硬件环境、软件环境都由云计算服务商提供，而软件服务商只需要支付服务费用，不需要操心硬件的扩充与维护，降低了硬件投入成本。

（2）保障双方权利。云计算的模式避免了 ERP 系统的盗版问题。通过对系统的设计，可增加互动交流平台，便于 ERP 系统服务商根据用户的需求维护、升级自己的产品，更加高效地为用户提供服务。同时，由于成本的降低，ERP 系统服务商也可通过免费开放系统，只收取服务费，打破传统的经营理念。

（3）更加安全可靠。由于云计算服务提供商拥有庞大的云(计算资源)支持，即使有部分云出现故障，也不会影响到全局，不会导致用户无法使用资源。另外，专业的云计算提供商由于长期从事相关资源的维护保障工作，积累了大量经验，在安全保障方面会更加专业，减少了由于安全问题给用户带来的损失。

（4）便于深度分析。云计算的优势在于处理海量的数据与信息，通过对不同用户可公开数据资源的深度分析与挖掘，为用户提供更加广泛的附加服务。这一点应该是云计算完全不同于现行 ERP 模式的一个创新点，这一优势的合理利用将给服务商带来无限机会，给用户带来意想不到的收获。

当然，在现行的架构下，ERP 系统的云计算模式也存在着一些不足。

（1）对通讯设施的依赖。现行的模式主要依靠通讯网络为基础，一旦网络发生大面积故障，系统将无法正常地工作。

（2）用户数据私有性的保证。由于 ERP 系统一般涉及一个企业内部运作的大量数据以及商业秘密，如何保障企业的核心机密私有性对于云计算的模式发展是一个具有相当挑战性的课题，涉及制度、法律保障、模型安全设计等多方面的因素。

ERP 系统与云计算模式都处在发展阶段，尤其是云计算模式现在仍然处于最初级的阶段。虽然已经有部分服务商注意到了云计算模式下的 ERP 系统的潜力所在，开始提供相关的服务，但仍处于摸索阶段。因此，ERP 的云计算模式需要一段相当长的发展与改进过程。

### 15.2.3 移动 ERP

ERP 系统对于电脑和网络的依赖，要求所有的操作都必须在特定地点——办公室或者是有固定网络的地方完成。这就决定了企业的 ERP 系统无法具有随时随地的特性。而在当今激烈的市场竞争面前，快速的响应能力在很大程度上决定着企业的市场表现和最终的成败得失。例如，当一项大额供货合同审批请求生成后，往往需要多个职能角色进行层层审批。但是，如果恰巧碰上其中的一位负责人出差在外不能上网，那么审批流程只能被搁置，后续的生产、交货等环节都将因此滞后，企业的生产效率必然会受到严重影响。

因此，ERP 操作的移动化被提上日程。

首先，凭借着无所不在的特性，移动网络很自然地成为 ERP 移动化的载体。

其次，手机无可比拟的随身性也为 ERP 的移动化添加了更大的动力。随着中国 3G 技术的普及，近年来手机上网人数不断增加，手机将成为一个普及度最高的信息化终端，而其作为移动 ERP 信息化载体的功能也日益体现。

最后，伴随着移动通信技术的升级和演进，移动带宽不断增大，与固定网络带宽相当的 3G 网络能够使移动 ERP 提供与传统 ERP 相当的用户体验。

于是在 2005 年，移动办公管理应用出现在中国信息化市场中，一些厂商先后宣布进入移动商务市场，并发布了各自的相关产品系列，例如，用友软件就推出了第一款移动应用产品 UFmobile，以短信方式为主将 ERP 管理从电脑逐渐向手机及其他移动终端进行跨越性延伸，这便是第一代用友 MERP 的雏形。而此后的 2006 年，金蝶也继而推出了名为 iFly 的在线移动商务解决方案，此外还有一些小的厂商推出了短信应用的产品，很多企业都认为一个移动时代已经到来。

但由于当时国内多数企业的传统管理信息化程度不高，并且移动管理应用在技术层面尚存局限性，导致该市场始终未能规模化发展。因此，在这个过程中，许多厂商纷纷成为过客，在无法获得足够收益的情况下选择了停滞或放弃。据艾瑞咨询数据显示，2009 年我国移动互联网市场规模达到 148.8 亿元，其中移动信息化市场占 20%～25%，同比增长约 120%，移动信息化市场潜力巨大。随着国内宽带无线移动通信、智能终端、网络与信息安全、信息技术应用与数字内容等技术的成熟，移动信息化核心技术产业链将更加成熟，各种软件应用将成为移动互联网应用的主导力量，将极大地促进以 ERP 为代表的移动信息化产品和服务的推出。

1. 移动 ERP 的概念和特点

移动 ERP 的载体是传统 ERP，当“ERP”融合了“移动通信网”＋“互联网”多个网络系统，它将成为个性化管理的利器，推进 ERP 延伸到每一个人，让 ERP 随时随地，无处不能！

移动 ERP 以企业运营中变动频繁的关键指标为主轴，以基于移动互联网的个性化格式化数据收集与分析处理平台为工具；ERP 系统与大量 Web 前端应用(Web Front End)进行连接，管理人员可从 ERP 管理系统的海量数据中抽取信息，可以通过短信、手机上网及互联网 Web 进行 ERP 工作处理，随时随地实现个性化的信息化。

企业应用 ERP 的目的在于将企业运作所需的各种资源有效地整合起来，从而使资源最有效、最大化、最快速地发挥作用。然而，伴随着 ERP 应用逐渐走向成熟以及移动通信技术的升级和演进，新的要求开始显现出来：首先是即时管理功能。随着全球化经济背景下企业所面临的市场环境越来越多变，其即时管理的要求越来越多，而移动 ERP 的出现可以使出差在外的商务人士凭借手机等通信终端随时处理重要问题。其次是低成本投入。国内中小企业大多资金有限，其中很多业务终端并没有配备传统 ERP 所需的电脑，而是采用经济的手机等通信终端来进行业务往来。最后是交易灵活性。中小企业的业务模式随着市场区域变化也在不断改变，而移动 ERP 的出现为中小企业的业务拓展提供了更强的灵活性。

2. 移动 ERP 应用中存在的问题

目前，零售、物流、金融等行业已开始在应用移动 ERP。但企业应用移动 ERP 还需要解决如下问题。

(1) 用户认知度不足。

传统的管理软件厂商长期与用户打交道，虽然了解用户的信息化需求，但大多数中小企业对移动 ERP 只是概念上的认知，企业用户需求通常存在着多样性和模糊性，即使对于用户需求比较明显和集中的领域，传统业务审批中必须严格按照流程往下走，从而使得传统企业内部沟通效率比较低，而移动 ERP 作为一种新的应用，虽然已逐渐得到业界广泛认可并使得传统审批获得了更好的解决方案，但支持其业务模式的操作模式、信用体系、支付体系等运作细节还有待继续研究。

(2) 操作方式不够简易。

目前，包括 ERP 在内的移动商务最为普遍的操作方式是通过短信来实现的，移动 ERP 可以将最新的市场数据以短信的形式发布到员工手机上，提高企业销售效率，既快捷又方便，而且成本也不高。但毕竟短信的发送存在使用效率的问题，容易造成信息传递的单向性；同时软件开发商和手机设备商提供的操作界面、操作方式和设备尚有不少缺点，对复杂、高级的 ERP 系统尚难提供充分有效的软硬件支持，制约着移动 ERP 信息化的进一步应用。

(3) 权限管理及安全性。

传统企业给客户发短信通常是漫无目的地采用群发方式，而采用移动 ERP 之后，则可以先分析用户的区域、年龄、购买动机等因素，再有针对性地发送，提高了企业的办公效率。但随着业务终端拓展到手机，这就带来了用户权限的管理以及个人信息安全性等诸多问题。

3. 移动 ERP 发展现状

作为国内软件企业的代表，用友已经实现旗舰产品——NC 的移动化应用，并携手中国电信和联想等产业链伙伴共同进行推广。企业通过 3G 或者 Wi-Fi 等无线通信技术来连接移动应用后台服务器与企业 NC 服务器，从而为中高层管理者提供移动场景下的 ERP 应用。该移动 NC 系统目前支持苹果系统的 iPhone、iPad，联想乐 Pad，以及安卓(Android)系统的平板电脑。后续还将发布联想乐 Phone 以及安卓手机系统的移动应用产品。

移动商务是 ERP 发展的必然趋势，这也是云计算时代赋予软件厂商的新的机遇和挑战。2011 年，另一 ERP 巨头 SAP 也同中国电信建立了合作关系，基于云计算为中国企业客户移动信息化提供“通信/3G+管理软件”的标准化产品、服务及整体解决方案。随着众多领导厂商纷纷推出基于云计算平台的移动产品，国内 ERP 管理软件应用将进入一个全新的时代。移动 ERP 不仅仅是作为管理的辅助手段，而是能为企业产生利益价值的解决方案。

4. 典型移动 ERP 的应用案例——移动办公自动化

企业、政府机构的办公信息化已经经历了两个阶段的重大变更，第一代的办公自动化系统利用计算机技术实现了“无纸化办公”，第二代办公自动化系统则利用网络技术解决了“信息孤岛”问题，使团体协作办公成为了可能。信息化的办公自动化系统在企事业单位内部编织起一套高效、畅通的信息互联体系，极大推动了企事业单位生产力的发展。但与此同时，伴随着企事业单位办公活动范围的扩展和市场化带来的对响应速度的更高要求，完全基于 PC 应用的办公自动化系统突显出不足。企事业单位迫切需要一套可以随时、随地、随手使用的办公自动化系统，使得公司管理者、业务人员不管置身何地，都能随心所欲地和企事业内部系统关联。这就带来了办公信息化的第三次变革——移动办公自动化(OA)。

1）典型的移动办公市场需求

(1) 领导公务繁忙，经常在外，需要有一种方式可以实时了解和查询单位管理工作的情况。

(2) 在出现紧急情况时，办事员需要将事情尽快呈报领导，需要有一种可以在瞬间进行多文件、多资料信息传递的沟通工具。

(3) 领导在进行工作指示和计划落实时，经常涉及跨部门协作，需要有一种便捷的途径能通知到所有相关人员。

(4) 领导在外时，需要有一种方式快速有效地处理重要公文和其他政务，避免由于环境、条件等问题贻误工作。

(5) 政府工作人员经常外出办理事情，需要有一种手段可以即时将重要的文件资料传达给内部系统。

2）移动办公解决方案

移动办公解决方案即利用手机等便携式终端为载体搭建一个移动信息化系统。它可以将企业原有的各种 IT 系统，包括 OA、CRM、ERP 等系统扩展延伸到移动终端，帮助企业摆脱时间和空间的限制，随时随地实现公文处理、移动邮件、通知公告、日程管理、会议管理等功能，享受到真正“自由自在”的信息化办公。移动办公实施结构如图 15.5 所示。

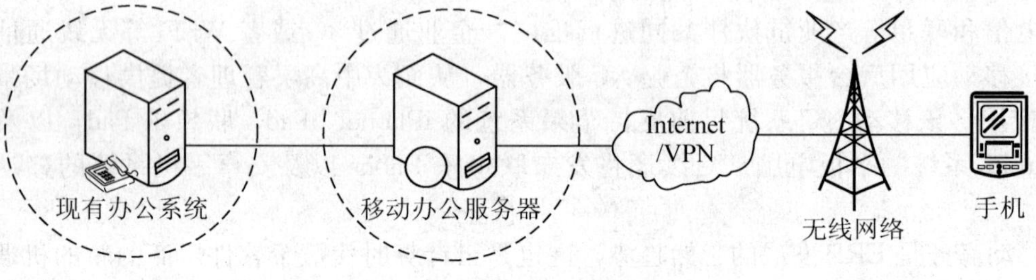


**图 15.5　移动办公实施结构**

3）方案功能

公告通知：手机用户可以通过手机终端查看公告通知列表，手机终端会实时显示公告列表，还可以查阅通知详细内容，可以查看公共通知中的附件等 Office 文档，如 Word、Excel、PPT 等。

批文流转：手机用户可以通过手机终端查看待办事宜的列表，包含各种审批流程，如收发文管理、请假管理、会议管理等一系列管理流程。还可以通过手机进行公文流转签批，如提交、打回、会签、分发等流转流程。审批中可以进行各种签批操作，如输入意见、手写签名等。

通讯录：手机用户可以通过手机终端查看单位内部通讯录(在原系统有通讯录的前提下)，能够进行一次点击快速拨打电话、发送消息、发送电子邮件等操作，方便实用，还可以将通讯录导入本地，离线查看，减少上网流量。

移动邮件：终端提供完善的电子邮件功能，通过手机终端，用户可以进行收邮件、发邮件、回复、转发、删除等各种操作，还可以进行邮件通知。

日程安排：通过手机客户端来查看自己的日程，方便日常工作的开展。

4）方案特点

Pad 支持，支持目前市面上多种平板电脑，如 iPad、乐 Pad、E 人 E 本。

支持办公文件格式，如 SEP、CEB 等政府多用的文件格式。

支持办公常用的控件，如手写签批、签批笔记等。

支持签批流转，多人会签等公文流转功能。

支持主流手机操作系统，如 Android、IOS、Windows Mobile、Symbian 等，提供手机客户端、WAP、短信、彩信等众多无线网络服务。

## 本章小结

本章介绍了 ERP 的社会价值和 ERP 的发展方向，并通过案例介绍了云 ERP 以及移动 ERP 的应用。主要讲述了以下内容。

(1) ERP 的社会价值主要是支撑起国内关系国计民生的行业。企业实施 ERP 能为国民经济整个产业链提供润滑剂。

(2) 云计算 ERP 软件继承了 SaaS、开源软件把软件当服务的特性，让客户通过网络得到 ERP 服务，客户不用安装硬件服务器，不用安装软件，不用建立数据中心机房，不用设置专职的 IT 维护队伍，不用支付升级费用，只需安装有浏览器的任何上网设备就可以使用高性能、功能集成、安全可靠、价格低廉的 ERP 软件。

(3) 云 ERP 应该开放源代码，可以随时使用，随时扩展，用户只需按使用情况支付服务费而不需要支付版权许可费用。通过 SaaS 模式使用云计算软件，用户不需要支付软件许可费用，只需支付服务器、网络等租用的费用。对于用户而言，云计算 ERP 则进一步提升了使用的自由，让开源 ERP 在互联网时代有了更实际的意义。

(4) 移动 ERP 的载体是传统 ERP，当“ERP”融合了“移动通信网”＋“互联网”多个网络系统，它将成为个性化管理的利器，推进 ERP 延伸到每一个人，让 ERP 随时随地，无处不能！移动 ERP 以企业运营中变动频繁的关键指标为主轴，以基于移动互联网的个性化格式化数据收集与分析处理平台为工具；ERP 系统与大量 Web 前端应用(Web Front End)进行连接，管理人员可从 ERP 管理系统的海量数据中抽取信息，可以通过短信、手机上网及互联网 Web 进行 ERP 工作处理，随时随地实现个性化的信息化。

## 思考练习

1. 判断题

(1) 移动 ERP 可以实时了解业务状态，及时得到重要预警，随时随地处理重要任务并制定决策。 (　　)

(2) 移动 ERP 涉及的终端只能是智能手机。 (　　)

(3) 云计算可以认为包括以下几个层次的服务云：基础设施即服务(IaaS)，平台即服务(PaaS)和软件即服务(SaaS )。 (　　)

(4) 云计算的标准目前是统一的。 (　　)

(5) 云计算 100%安全，不受网络攻击。 (　　)

2. 选择题(可多选)

(1) 以下属于云计算的应用范畴的是(　　)。

A. 云输入法　B. 云打印　C. 云主机　D. 以上都是

(2) 移动 ERP 涉及的终端不包含(　　)。

A. 平板计算机　B. 智能手机　C. 手持智能终端　D. 台式计算机

(3) 以下提出云计算标准的公司有(　　)。

A. 亚马逊　B. 阿里巴巴　C. 联想　D. 戴尔

(4) 云计算的特点是(　　)。

A. 大规模　B. 平滑扩展　C. 资源共享

D. 动态分配　E. 跨地域

(5) 未来云计算服务面向哪些客户？(　　)

A. 个人　B. 企业　C. 政府　D. 教育机构　E. 研究所

3. 问答题

(1) 什么是云计算？云计算的常见应用有哪些？

(2) 云计算是如何与 ERP 系统相结合的？云 ERP 与传统 ERP 之间最大的不同是什么？

(3) 什么是移动 ERP？移动 ERP 的优势在哪里？

(4) 移动 ERP 除了用在书中的领域，你认为还可以用在哪些行业？

(5) 云计算目前存在的问题有哪些？

## 实训拓展

拓展阅读

**ERP 拓展阅读 15-1**

### 家电行业“移动派单”实现全程精确管理

采用移动派单来代替传统的人工派单，不仅可以提高企业整体管理水平和工作效率，更能有效提升企业客户满意度。

以家电行业为例，生产厂家或者经营渠道把家电卖出去后，还要负责送货、安装、回访、维修等一系列工作。如何让服务人员更高效地工作、如何提高客户满意度非常重要。国内最大的电器销售渠道苏宁、国美、五星，除了拼价格之外，更重要的是拼服务。谁的工作效率高，谁的成本就低，就能卖出更便宜的价格；谁的服务好，谁就能吸引更多客户。

以苏宁电器为例，苏宁在全国约有 20 000 名送货、安装及维修工人，如果采用原先的人工派单，其处理流程为：管理人员根据销售情况，每天打印好需要送货、安装或维修服务的客户工单，发放给工人。工人完成作业后再将工单交给管理人员，由管理人员录入到信息系统，客服人员定期进行电话回访。

这种处理流程有以下弊端。

首先，人工派单的效率比较低，没有科学化、合理化的工单计划与安排，基本靠人驱动。其次，要安排专人负责将工人回单录入信息系统，浪费人力资源。第三，难以准确及时了解客户需求的变化。第四，安装人员的流动性比较大，培训作业成本高。

通过在工人的手机上安装专用派单应用程序，将手机作业引入到派单流程处理中来，实现移动派单，将会明显改善以上弊端。

首先，移动派单系统会根据当天的销售情况，在电子地图上显示需要派发工单的地址分布，管理人员可通过这种体验良好的操作界面，科学化地安排派单路线。其次，管理人员制定好计划后，安装工人的手机会立刻收到提醒信息，提示当天的派工任务，并有每个派工任务的详细信息。第三，安装工人不需要每天再去公司领派工单，安装工人到达派工地点后，直接按照手机上的操作流程标准化作业，并即时反馈信息，管理人员可以即时看到这些反馈信息，并做出进一步的工作指示。第四，服务人员收到反馈后，可以立刻与客户进行工单确认。不需要等到安装工人回公司后再向用户确认安装情况。第五，派工单发生改变时，管理人员可以即时通知安装工人，不需要人工干预。如业主临时不在家中，有别的紧急工单需要插入的情况。

通过以上人工派单与移动派单的比较，可以看到移动派单带给企业的明显好处。

首先，它改变了传统的粗放管理模式，实现了整个环节的全程精确管理。其次，管理流程清晰化、科学化。第三，提升了企业的应变能力。第四，提升了企业的效率。第五，提升了服务质量和用户满意度。

通过以上对移动派单的分析，可以真实地感受到3G给企业信息化应用带来的新方向。目前烽火通信主推的销售管家业务中，移动派单功能属于主打功能，不光是家电行业，还可以应用于其他多个行业中。

资料来源：通信产业网，2010年8月16日

# 参 考 文 献


[1] [美]玛丽·萨姆纳. ERP-企业资源计划[M]. 张玉亭，等译. 北京：中国人民大学出版社，2005.
[2] [美]托马斯·H. 达文波特. ERP必备指南[M]. 宋学军，译. 北京：机械工业出版社，2007.
[3] 韦沛文，等. 企业信息化教程[M]. 北京：清华大学出版社，2006.
[4] 欧阳锋. 企业信息化管理导论[M]. 北京：清华大学出版社，北京交通大学出版社，2006.
[5] 李东. 企业信息化案例[M]. 北京：北京大学出版社，2002.
[6] 苟娟琼. ERP原理与实践[M]. 北京：清华大学出版社. 北京交通大学出版社，2005.
[7] [美]肯尼思·C. 兰登. 管理信息系统精要[M]. 葛新权，等译. 北京：经济科学出版社，2002.
[8] 陈启申. ERP-从内部基础起步[M]. 2版. 北京：电子工业出版社，2008.
[9] 程国卿，吉国力. 企业资源计划(ERP)教程[M]. 北京：清华大学出版社，2011.
[10] 罗鸿. ERP原理·设计·实施[M]. 3版. 北京：电子工业出版社，2008.
[11] 田俊国. ERP项目管理散记[M]. 北京：清华大学出版社，2009.
[12] 田俊国. ERP项目实施全攻略[M]. 北京：北京大学出版社，2007.
[13] 王小云，杨玉顺，李朝晖. ERP企业管理案例教程[M]. 北京：清华大学出版社，2007.
[14] 闪四清. ERP系统原理和实施[M]. 2版. 北京：清华大学出版社，2008.
[15] 常丹，孟婕，等. ERP系统模拟实验教程[M]. 北京：电子工业出版社，2007.
[16] 赵超. 企业信息化综合实训[M]. 北京：中国铁道出版社，2011.
[17] [美]George W. Anderson. SAP基础教程[M]. 黄佳，译. 北京：人们邮电出版社，2009.
[18] [美]威廉J. 史蒂文森. 运营管理[M]. 张群，等译. 北京：机械工业出版社，2006.
[19] 孙福权，吴迪，等. ERP实用教程[M]. 北京：人民邮电出版社，2009.
[20] 吴迪，宋萍，等. 企业资源计划(ERP)实训教程[M]. 北京：中国铁道出版社，东软电子出版社，2011.
[21] 李清，张朝辉. ERP实验教程[M]. 长春：吉林大学出版社，2008.
[22] 张金城. 管理信息系统[M]. 北京：清华大学出版社，2012.
[23] 谭久均. ERP投资对企业业绩影响的数理分析[J]. 系统工程，2006，(11)：120-123.
[24] 一丁. ERP投资经济效益分析[J]. 管理软件与理论研究，2003，(11)：34-34.
[25] 乔梁. 解析ERP投资需求与收益[J]. 中国计算机用户，2003，(12)：14-17.
[26] 丁峰亭，李郴. 煤炭企业ERP投资分析系统的研究和开发[C]. 第18届全国煤矿自动化与信息化学术会议论文集，389-391.
[27] 杨飞. 企业IT项目投资分析[D]. 上海：上海交通大学，2009.
[28] 张瑞君，石保俊. 中国企业ERP投资关键信息披露问题研究[J]. 会计研究，2008，(2)：55-62.
[29] 全莺歌. ERP项目投资评估研究[D]. 中国海洋大学，2006.
[30] 袁绍华. 吉林石化ERP系统运行后的运营管理模式改进研究[D]. 吉林大学，2011.
[31] 张维平. 论以信息化带动工业化实现经济跨越式发展[J]. 经济学研究，2004，2(2)：52-56.
[32] 庞小利. 浅谈我国企业如何成功实施ERP[J]. 企业管理，2010.
[33] 樊宝平，潘庆洮. 我国工业化进程中的信息化问题研究[J]. 兰州商学院学报. 2002，(12)：31-33.
[34] 李建华，成宝英，杨雪. 新型工业化进程中信息化作用下的科技需求分析[J]. 情报科学，2004，(8)：902-904.
[35] 漆永新. 信息化带动新型工业化[J]. 中国计算机用户. 2005，(9)：45.
[36] 李美洲. 信息化发展对新型工业化进程贡献的统计评价问题研究[D]. 暨南大学，2005.
[37] 何力. ERP技术在K公司生产管理中的应用研究[D]. 重庆大学，2007.

[38] 刘曙光. ERP 技术在移动信息系统中的实现[D]. 电子科技大学，2005.
[39] 黎嘉耀. 中小企业如何利用 ERP 技术提升营运表现之研究[D]. 暨南大学，2007.
[40] 徐晓飞. ERP 技术发展的现状——趋势及思考[J]. 中国制造业信息化，2003，(3)，19-29.
[41] 曾纯青. ERP 技术发展过程——特点及趋势[J]. 特区经济，2007，(10)：303-304.
[42] 李勇. ERP 在我国的发展现状及未来发展趋势[J]. 经济管理，67.
[43] 夏煜. 浅析 ERP 信息管理系统的现状与发展趋势[J]. 计算机光盘软件与应用，2012，(16)：126-127.
[44] 陈晓鹏. 国内主流 ERP 软件发展现状及适用模式分析[D]. 电子科技大学，2005.
[45] 王永贵. ERP 会被即时通讯替代吗[J]. IT TIME，2005，(5)：53.
[46] 周云霄. 企业基础数据管理与 ERP 实施[J]. 中国科技信息，2007，(12)：164-166.
[47] 黄洁婷，李昕. 公路货运企业基础数据维护系统的设计与实现[J]. 网络与信息化，2009，(12)226-228.
[48] 黄志诚，强毅，陈燕南. 制造企业基础数据的分类与编码[J]. 机械工业标准化与质量，2008，(8)：43-46.
[49] 王勇，曹彦平. 人力资源管理概论[M]. 武汉：武汉理工大学出版社，2006.
[50] 陈庄，毛华杨. ERP 原理与应用教程[M]. 北京：电子工业出版社，2006.
[51] 刘星. ERP 综合实验教程[M]. 重庆：重庆大学出版社，2007.
[52] [美]杰克. T. 马丘卡. 信息技术项目管理[M]. 许江林，译. 北京：电子工业出版社，2007.
[53] 陈西宜. 现代企业实施 ERP 前的可行性分析[J]. 河南师范大学学报，2005，32(2)：
[54] 代伟光，刘烨. 中小企业 ERP 系统应用研究[J]. 标准与技术追踪，2005，(12).
[55] 徐光明. 如何选择适合中国国情的 ERP[J]. 机械工业信息与网络，2005，(3).
[56] 王汉新，高峻山. 企业投资 ERP 项目的价值分析[J]. 统计与决策，2005，(7).
[57] 刘守华. ERP 标准化与标准体系[J]. 世界标准化与质量管理，2005，(12).
[58] 王汝林. 移动商务理论与实务[M]. 北京：清华大学出版社，2007.

# 北京大学出版社本科电子商务与信息管理类教材(已出版)

| 序号 | 标准书号 | 书 名 | 主 编 | 定 价 |
|---|---|---|---|---|
| 1 | 7-301-12349-2 | 网络营销 | 谷宝华 | 30.00 |
| 2 | 7-301-12351-5 | 数据库技术及应用教程(SQL Server 版) | 郭建校 | 34.00 |
| 3 | 7-301-17475-3 | 电子商务概论(第 2 版) | 庞大莲 | 42.00 |
| 4 | 7-301-12348-5 | 管理信息系统 | 张彩虹 | 36.00 |
| 5 | 7-301-13633-1 | 电子商务概论 | 李洪心 | 30.00 |
| 6 | 7-301-12323-2 | 管理信息系统实用教程 | 李 松 | 35.00 |
| 7 | 7-301-14306-3 | 电子商务法 | 李 瑞 | 26.00 |
| 8 | 7-301-14313-1 | 数据仓库与数据挖掘 | 廖开际 | 28.00 |
| 9 | 7-301-12350-8 | 电子商务模拟与实验 | 喻光继 | 22.00 |
| 10 | 7-301-14455-8 | ERP 原理与应用教程 | 温雅丽 | 34.00 |
| 11 | 7-301-14080-2 | 电子商务原理及应用 | 孙 睿 | 36.00 |
| 12 | 7-301-15212-6 | 管理信息系统理论与应用 | 吴 忠 | 30.00 |
| 13 | 7-301-15284-3 | 网络营销实务 | 李蔚田 | 42.00 |
| 14 | 7-301-15474-8 | 电子商务实务 | 仲 岩 | 28.00 |
| 15 | 7-301-15480-9 | 电子商务网站建设 | 臧良运 | 32.00 |
| 16 | 7-301-15694-0 | 网络金融与电子支付 | 李蔚田 | 30.00 |
| 17 | 7-301-23803-5 | 网络营销(第 2 版) | 王宏伟 | 36.00 |
| 18 | 7-301-16557-7 | 网络信息采集与编辑 | 范生万 | 24.00 |
| 19 | 7-301-16596-6 | 电子商务案例分析 | 曹彩杰 | 28.00 |
| 20 | 7-301-16717-5 | 电子商务概论 | 杨雪雁 | 32.00 |
| 21 | 7-301-05364-5 | 电子商务英语 | 覃 正 | 30.00 |
| 22 | 7-301-16911-7 | 网络支付与结算 | 徐 勇 | 34.00 |
| 23 | 7-301-17044-1 | 网上支付与安全 | 帅青红 | 32.00 |
| 24 | 7-301-16621-5 | 企业信息化实务 | 张志荣 | 42.00 |
| 25 | 7-301-17246-9 | 电子化国际贸易 | 李辉作 | 28.00 |
| 26 | 7-301-17671-9 | 商务智能与数据挖掘 | 张公让 | 38.00 |
| 27 | 7-301-19472-0 | 管理信息系统教程 | 赵天唯 | 42.00 |
| 28 | 7-301-15163-1 | 电子政务 | 原忠虎 | 38.00 |
| 29 | 7-301-19899-5 | 商务智能 | 汪 楠 | 40.00 |
| 30 | 7-301-19978-7 | 电子商务与现代企业管理 | 吴菊华 | 40.00 |
| 31 | 7-301-20098-8 | 电子商务物流管理 | 王小宁 | 42.00 |
| 32 | 7-301-20485-6 | 管理信息系统实用教程 | 周贺来 | 42.00 |
| 33 | 7-301-21044-4 | 电子商务概论 | 苗 森 | 28.00 |
| 34 | 7-301-21245-5 | 管理信息系统实务教程 | 魏厚清 | 34.00 |
| 35 | 7-301-22125-9 | 网络营销 | 程 虹 | 38.00 |
| 36 | 7-301-22122-8 | 电子证券与投资分析 | 张德存 | 38.00 |
| 37 | 7-301-22118-1 | 数字图书馆 | 奉国和 | 30.00 |
| 38 | 7-301-22350-5 | 电子商务安全 | 蔡志文 | 49.00 |
| 39 | 7-301-22121-1 | 电子商务法 | 郭 鹏 | 38.00 |
| 40 | 7-301-22393-2 | ERP 沙盘模拟教程 | 周 菁 | 26.00 |
| 41 | 7-301-22779-4 | 移动商务理论与实践 | 柯 林 | 43.00 |
| 42 | 7-301-23071-8 | 电子商务项目教程 | 芦 阳 | 45.00 |
| 43 | 7-301-23735-9 | ERP 原理及应用 | 朱宝慧 | 43.00 |